争点
στάσις

原理、逻辑与实战

新公司法诉讼实务十六讲

李　皓｜主　编
陈樱娥｜副主编

PRINCIPLES, LOGIC, AND PRACTICAL APPLICATION

SIXTEEN LECTURES ON NEW CORPORATE LAW

法律出版社 LAW PRESS · CHINA
北京

图书在版编目（CIP）数据

原理、逻辑与实战：新公司法诉讼实务十六讲 / 李皓主编；陈樱娥副主编．-- 北京：法律出版社，2024
ISBN 978-7-5197-9016-5

Ⅰ．①原…　Ⅱ．①李…　②陈…　Ⅲ．①公司法－中国　Ⅳ．① D922.291.915

中国国家版本馆 CIP 数据核字（2024）第 072746 号

原理、逻辑与实战：新公司法诉讼实务十六讲
YUANLI、LUOJI YU SHIZHAN：XIN GONGSIFA SUSONG SHIWU SHILIU JIANG

李　皓　主编
陈樱娥　副主编

责任编辑　朱轶佳
特约编辑　艾学灋
装帧设计　鲍龙卉

出版发行　法律出版社
编辑统筹　司法实务出版分社
责任校对　王　丰　李景美
责任印制　胡晓雅
经　　销　新华书店

开本　710 毫米 ×1000 毫米　1/16
印张　24　　**字数**　352 千
版本　2024 年 6 月第 1 版
印次　2024 年 6 月第 1 次印刷
印刷　三河市龙大印装有限公司

地址：北京市丰台区莲花池西里 7 号（100073）
网址：www.lawpress.com.cn
投稿邮箱：info@lawpress.com.cn
举报盗版邮箱：jbwq@lawpress.com.cn

销售电话：010-83938349
客服电话：010-83938350
咨询电话：010-63939796

书号：ISBN 978-7-5197-9016-5　　**定价**：88.00 元

凡购买本社图书，如有印装错误，我社负责退换。电话：010-83938349

编 委 会

主　编：李　皓

副主编：陈樱娥

撰稿人：（以姓氏拼音为序）

陈樱娥　何健民　晋　柠　李　皓

李逸梦　吴思丝　杨奕钒

序　言

第一次给自己的书写序，似有千言，又不知该从何着笔。想着既然这本书是工作中的副产品，倒不妨从工作说起。高考时，懵懂中选择了法学这个当年的热门专业，毕业后如愿进入法律行业，也算是水到渠成。后来离开体制，转做律师，一切皆是机缘巧合。再回首，今年已是从事律师工作的第十年，站在四十岁的门槛上，感叹倏忽间人生已过半，入行之初的些许雄心已不再清晰。“十年旧梦无寻处，几度新春不在家”倒十分贴近现在的心境。

我猜想，对大部分人而言，工作的日常会成为一种难以察觉的消磨，律师更是会不由自主地陷入繁忙和琐碎。因循变成常态，时间累积之下，工作变成了持久的消耗。偶尔的振作，可以视为一种反抗，带着些悲壮的色彩。某种意义上，这本书就是“反抗”的产物。

律师职业的一大特点是要求从业者持续精进，或被称为“卷”，但我始终认为有价值的学习并不是“内卷”。执业要求越来越高，业务领域日益细分，竞争日趋激烈，身处其中，必然面临压力。但从长远来看，这些都是推动律师职业发展的重要因素，整个行业终将因此获益。我们顺应市场，迎接竞争，也是在为行业发展作贡献。所以，无论是从自身成长，还是从行业发展的角度，提高专业化水平都是一个正确的选择，虽然过程有些许煎熬。

基于此，在新《公司法》出台之际，我们团队做了些实务研究工作，并得到了超出预期的正面反馈，这让我们欣喜不已：在信息爆炸的时代，一点微小的努力能被看到并被认可是多么难能可贵！这种正向激励进一步让我们坚定了选择：我们期待自己能被评价为“专业”，希望能在商事争议解决领域精耕细作，多学习多实践多思考，久久为功；我们希望自己能保持敬业不松懈，以踏实工作赢得信赖和尊重；我们要求自己走大道，日拱一卒，切忌急功近利，唯利是图。

身处职场，常常会面临权衡取舍。在利益面前，鱼与熊掌不可兼得，如何选择，挑战的是人性。尤其在面临经济压力时，这些挑战更具威胁。如何能不屈从于利益，不放弃自己的坚持，既需要克制自己的欲望，也需要让自己能够有安身立命之地，此二者缺一不可。幸运的是，命运眷顾，从业以来，我遇到了诸多优秀的同事和同行，以及很多了不起的客户，他们身上的闪光点不时地为我提供着指引，这些闪光点中最为突出的共同点就是勤奋，努力的人自带光环。正是这些人的存在，让我在工作中少了一些迷茫，多了一些坚定。

更为幸运的是，我的工作绝非孑然弗伦、洗然无尘。每天与一群优秀的人共事，实乃幸运。整个书稿的创作过程既有个人研精致思的忖量，也有团队奇思妙想的智慧碰撞，更多的是互相启发。工作的快乐源于自我提升以及与优秀的人同行，这个过程辛苦但不孤单，艰难但不痛苦，留下的是美好的回忆。

我们身处一个剧烈变革的时代，不确定性激增，个体的努力可能微不足道，只能给予自己内心的安定，勤胜怠义胜利，其意义可能就在于此。希望我们的努力能留下一些印记。最后需要说明的是，书稿写作既是挑战自己的智识（我们的确也为此付出了相当的努力），但也不可避免地会展示自身智识的局限，诚恳希望大家批评指正。

李　皓

2024 年 3 月 14 日

本书高频法律文件全简称对照

文件名称	发布 / 修订日期	简称
《中华人民共和国公司法》(已被修改)	1993 年 12 月 29 日	1993 年《公司法》
《中华人民共和国公司法》(2005 年修订,已被修改)	2005 年 10 月 27 日	2005 年《公司法》
《中华人民共和国公司法》(2013 年修正,已被修改)	2013 年 12 月 28 日	2013 年《公司法》
《中华人民共和国公司法》(2018 年修正)	2018 年 10 月 26 日	2018 年《公司法》
《中华人民共和国公司法》(2023 年修订)	2023 年 12 月 29 日	新《公司法》
《中华人民共和国民法典》	2020 年 5 月 28 日	《民法典》
《中华人民共和国民法通则》(已失效)	1986 年 4 月 12 日	1986 年《民法通则》
《中华人民共和国民法通则》(2009 年修正,已失效)	2009 年 8 月 27 日	《民法通则》
《中华人民共和国民法总则》(已失效)	2017 年 3 月 15 日	《民法总则》
《中华人民共和国企业破产法》	2006 年 8 月 27 日	《企业破产法》
《中华人民共和国证券法》(2019 年修订)	2019 年 12 月 28 日	《证券法》
《中华人民共和国商业银行法》(2015 年修正)	2015 年 8 月 29 日	《商业银行法》
《中华人民共和国合伙企业法》	2006 年 8 月 27 日	《合伙企业法》
《中华人民共和国会计法》(2017 年修正)	2017 年 11 月 4 日	《会计法》
《中华人民共和国民事诉讼法》(2023 年修正)	2023 年 9 月 1 日	《民事诉讼法》
《中华人民共和国企业所得税法》(2018 年修正)	2018 年 12 月 29 日	《企业所得税法》
《中华人民共和国企业国有资产法》	2008 年 10 月 28 日	《企业国有资产法》
《中华人民共和国税收征收管理法》(2015 年修正)	2015 年 4 月 24 日	《税收征收管理法》
《中华人民共和国保险法》(2015 年修正)	2015 年 4 月 24 日	《保险法》
《中华人民共和国中外合资经营企业法》(已失效)	1979 年 7 月 8 日	1979 年《中外合资经营企业法》

续表

文件名称	发布 / 修订日期	简称
《中华人民共和国经济合同法》(已失效)	1981 年 12 月 13 日	1981 年《经济合同法》
《中华人民共和国全民所有制工业企业法》(已失效)	1988 年 4 月 13 日	1988 年《全民所有制工业企业法》
《中华人民共和国反电信网络诈骗法》	2022 年 9 月 2 日	《反电信网络诈骗法》
国务院《关于开展优先股试点的指导意见》(国发〔2013〕46 号)	2013 年 11 月 30 日	《优先股试点指导意见》
《中华人民共和国市场主体登记管理条例》	2021 年 7 月 27 日	《市场主体登记管理条例》
《中华人民共和国市场主体登记管理条例实施细则》	2022 年 3 月 1 日	《市场主体登记管理条例实施细则》
《中华人民共和国中外合资经营企业法实施条例》(国发〔1983〕148 号，已失效)	1983 年 9 月 20 日	1983 年《中外合资经营企业法实施条例》
《中华人民共和国企业法人登记管理条例》(已失效)	1988 年 6 月 3 日	1988 年《企业法人登记管理条例》
中国证监会《关于发布〈公开发行证券的公司信息披露规范问答〉第 3 号的通知》(证监会计字〔2001〕16 号，已失效)	2001 年 6 月 29 日	《信息披露规范问答第 3 号》
中国证监会《关于修订〈公开发行证券的公司信息披露规范问答第 3 号——弥补累计亏损的来源、程序及信息披露〉的通知》(证监会计字〔2006〕8 号，已失效)	2006 年 4 月 10 日	《修订〈信息披露规范问答第 3 号〉的通知》
《上市公司监管指引第 1 号——上市公司实施重大资产重组后存在未弥补亏损情形的监管要求》(中国证券监督管理委员会公告〔2012〕6 号)	2012 年 3 月 23 日	《上市公司监管指引第 1 号》
《上市公司监管指引第 8 号——上市公司资金往来、对外担保的监管要求》(中国证券监督管理委员会公告〔2022〕26 号)	2022 年 1 月 28 日	《上市公司监管指引第 8 号》
最高人民法院《关于适用〈中华人民共和国公司法〉若干问题的规定(一)》(法释〔2014〕2 号)	2014 年 2 月 20 日	《公司法解释(一)》
最高人民法院《关于适用〈中华人民共和国公司法〉若干问题的规定(二)》(法释〔2008〕6 号，已修改)	2008 年 5 月 12 日	2008 年《公司法解释(二)》

续表

文件名称	发布 / 修订日期	简称
最高人民法院《关于适用〈中华人民共和国公司法〉若干问题的规定（二）》（法释〔2014〕2号，已修改）	2014年2月20日	2014年《公司法解释（二）》
最高人民法院《关于适用〈中华人民共和国公司法〉若干问题的规定（二）》（法释〔2020〕18号）	2020年12月29日	《公司法解释（二）》
最高人民法院《关于适用〈中华人民共和国公司法〉若干问题的规定（三）》（法释〔2011〕3号，已修改）	2011年1月27日	2011年《公司法解释（三）》
最高人民法院《关于适用〈中华人民共和国公司法〉若干问题的规定（三）》（法释〔2014〕2号，已修改）	2014年2月20日	2014年《公司法解释（三）》
最高人民法院《关于适用〈中华人民共和国公司法〉若干问题的规定（三）》（法释〔2020〕18号）	2020年12月29日	《公司法解释（三）》
最高人民法院《关于适用〈中华人民共和国公司法〉若干问题的规定（四）》（法释〔2020〕18号）	2020年12月29日	《公司法解释（四）》
最高人民法院《关于适用〈中华人民共和国公司法〉若干问题的规定（五）》（法释〔2020〕18号）	2020年12月29日	《公司法解释（五）》
最高人民法院《关于适用〈中华人民共和国民法典〉合同编通则若干问题的解释》（法释〔2023〕13号）	2023年12月4日	《民法典合同编通则解释》
最高人民法院《关于适用〈中华人民共和国民法典〉有关担保制度的解释》（法释〔2020〕28号）	2020年12月31日	《民法典担保制度解释》
最高人民法院《关于适用〈中华人民共和国企业破产法〉若干问题的规定（一）》（法释〔2011〕22号）	2011年9月9日	《破产法解释（一）》
最高人民法院《关于印发〈全国法院民商事审判工作会议纪要〉的通知》（法〔2019〕254号）	2019年11月8日	《九民纪要》
《中华人民共和国公司法（修订草案）（一次审议稿）》	2021年12月24日	《公司法（草案一）》
《中华人民共和国公司法（修订草案）（二次审议稿）》	2022年12月30日	《公司法（草案二）》
《中华人民共和国公司法（修订草案）（三次审议稿）》	2023年9月1日	《公司法（草案三）》

目录

第一编 新《公司法》修订总览

第二编 公司资本制度

第三编 公司治理机制

第四编 股东权利与股权转让

第一编

新《公司法》修订总览

【概　述】　有破有立：新《公司法》主要修订内容

概　述

有破有立：新《公司法》主要修订内容

2023 年 12 月 29 日，全国人大常委会审议通过了新《公司法》，新法自 2024 年 7 月 1 日起施行。公司系经济主体最为重要的组织形式，本次《公司法》的全面修订，肩负着深化国有企业改革、优化营商环境、加强产权保护、促进资本市场健康发展等重大历史任务，势必对将来相当长一段时间的经济生活产生持久的影响。在新法出台之际，有必要全面检视已有的《公司法》运行实践，以此映照新《公司法》的制度革新，以历史的眼光展望未来。

一、公司法修法历程与价值导向

（一）公司法修法历程

我国《公司法》于 1993 年颁布，1999 年、2004 年修改个别条款，2005 年进行全面修订，2013 年和 2018 年分别围绕注册资本认缴制度和上市公司股权收购制度相关问题作了两次重要修改。

2019 年，全国人大常委会法工委启动第六轮《公司法》修订工作，全国人大常委会分别于 2021 年 12 月、2022 年 12 月、2023 年 8 月和 12 月进行四次审议，过程中形成多份修订草案。最终审议通过的新《公司法》共 15 章 266 条，在 2018 年《公司法》13 章 218 条的基础上，实质新增和修改 110 余条。新《公司法》是在 2018 年《公司法》基本框架和制度基础上的全面系统修改，新设公司登记和国家出资公司组织机构的特别规定两章，完善公司设立和退出制度，进一步优化公司组织机构设置，顺应市场经济发展更新公司资本制度，同时，为强调公司债权人和中小股东利益保护，新《公司法》还特别强化了对控股股东、实际控制人及董事、监事、高管（以下统称董监高人员）的规制。

（二）新《公司法》修订背景

2005年《公司法》运行至今已有18年，依托于配套制度的逐步出台、司法解释的陆续颁布以及两次局部修订，旧法在18年的运行过程中逐步引导市场主体朝着建立现代企业制度的方向迈进。实践出真知，法律运行的过程能够直观地检视规则本身是否妥当、是否完备，经济发展的节奏也催生全新的制度需求。旧法在积极推动市场活动法治化的同时，也确实呈现无法完全迎合商业创新的滞后性。

1. 公司组织形式、治理机制相对僵化

2005年《公司法》以理想化的模式设定公司组织形式和治理机制，基本不区分封闭公司与公众公司。此种设计并不契合我国公司多数为小微公司的现实。以灵活性、低成本为主要需求的小微公司天然排斥过于周全的机构设置要求，由此导致法律设定本身成为小微公司不愿又不得不负担的制度成本，影响了经济运行的效率。

2. 内部监督机制失灵

公司作为法人，其运营本身离不开一个个具体的个人，公司经营天然存在代理成本，因此公司内部监督机制的设置是《公司法》必须面对的重要命题。旧《公司法》未充分考虑小微公司所有权与经营权不分离的客观现实，对于董事、监事的身份定位不清晰、权责设定不周延，导致公司监督机构客观上无法发挥有效的监督功能，既无法有效制衡公司的所有者，也无法有效约束公司的经营者。

3. 公司自治与交易安全的关系紧张

一方面，市场主体需要充分的灵活度以保障其经营效率和创新活力；另一方面，商事组织自治的边界需要由法律设定，否则就会沦为放任，危害交易秩序。对此，原《公司法》基于经济发展的需要和司法政策的选择，在部分制度设计上略显激进，极易导致交易安全受到冲击，债权人利益保护问题凸显。

4. 小股东权益保护机制稍欠精细

2005年《公司法》实施以来，接连颁布的司法解释虽对小股东权益保护给予高度关注，逐步强化小股东保护机制。但相关规则效力层级较低，内容本身不够精细，实际运行效果并不理想，这是新《公司法》修订过程中需要直面的症结。

正是基于以上背景，同时叠加资本市场实践经验、国企改革成果法律化的需

求，启动本次修法工作已成必然。

（三）新《公司法》价值导向

1.“既积极又慎重”，既保持公司法体系稳定，也回应商业实践真实需求

如前所述，新《公司法》是在2018年《公司法》基本框架和制度基础上的全面系统修改，对于2018年《公司法》中已经过实践检视的、行之有效的规则予以承继，对于2018年《公司法》尚未涉及但在实践中能够达成共识的、有利于构建现代企业制度或促进资本市场健康发展的经验予以吸收，而对于现阶段争议较大、突破2018年《公司法》既定框架的问题，为确保立法的稳定性、渐进性，防范制度更迭所带来的巨大社会成本，新《公司法》为公司自治预留了充足空间。例如，关于公司组织形式采用单层制还是多层制的设置，新法将选择权交由市场主体，这既不动摇既存公司组织形式的合法性，也为市场主体供给了新的治理机制。

2.“管控之下的进一步放权”，尊重和鼓励公司理性自治

2018年《公司法》国家管制色彩较浓，私法自治属性淡薄，难以迎合复杂多变的商业实践与日渐激烈的国际竞争，新《公司法》将完善现代企业制度、弘扬企业家精神列入立法目的，凸显其作为私法的自治属性。以公司治理结构为例，过去我国对公司组织结构采取法定主义，公司机构的设置与权力分配均由法律规定，此类机械僵化的制度脱离了市场主体真实需求，徒增公司经营管理成本。新《公司法》对公司组织机构进行大刀阔斧的调整，在机构设置上，新《公司法》立足于现行公司治理机制中监事会机构虚置的现实，不再强制要求公司设置监事会，可以董事会中的审计委员会替代监事会的职能；对于规模较小的有限责任公司，在全体股东一致同意的情况下也可以不再设置监督机构。在职权分配上，新《公司法》在股东会和董事会的职权规定上仍延续以往列举式的立法模式，列举股东会和董事会享有的职权，但新增股东会授权董事会的规定，股东会和董事会的职权范围存在变化。

3.健全资本市场基础性制度，促进市场经济健康发展

资本制度革新是新《公司法》的重要内容。资本制度的重心在于资本发行与公司分配两个环节。就资本发行环节，2018年《公司法》在贯彻法定资本制的基础上实行注册资本完全认缴制；就公司分配环节，以抽逃出资作为兜底规范，与

利润分配、公司减资、股权回购共同构成分配规则群。但前述规则难以周全保护公司债权人等相关主体的利益，司法实践中存在大量公司债权人诉请无法得到落实的裁判案例。对此，就资本发行端，新《公司法》将股份有限公司改为注册资本实缴制，要求发起人在公司成立前按照其认购的股份足额缴纳股款，并配套授权资本制，允许董事会在特定情况下发行股份，这将促使股份有限公司注册资本更贴合其实际资产状况。此外，新《公司法》还专门增加了关于公司债券的规则。同时，就公司分配环节，新《公司法》在旧法的基础上新增简易减资、股东压迫情形下的收购、催缴失权、加速到期等制度。

4. 强化控股股东、实际控制人与董监高人员的责任

董事作为公司经营决策的中枢，新《公司法》中与其相关的修订条文不少于20条，主要围绕董事的职权、义务与责任展开，在“谁是董事”“董事有何职权与义务”“董事违反义务后如何担责、对谁担责”等命题上均作出一定回应。新《公司法》在扩充董事权力的同时，也对之科以沉重的义务与责任，如何避免过高的义务判断标准和严苛的赔偿责任对董事积极性、创造性的压制，将是新《公司法》施行后的热点与难点问题。针对我国多数公司由控股股东或实际控制人实际掌控的现实局面，新《公司法》规定，控股股东、实际控制人指示董监高人员从事损害公司利益或股东利益的行为，与该董监高人员承担连带责任，同时要求实质承担经营管理职能的实际控制人和控股股东亦应承担董事勤勉义务和忠实义务。

5. 激活公司争讼解决机制，提升公司法的可诉性[①]

私法在弱化前端国家管制的同时，应当加强后端权利救济的途径，这要求新《公司法》全面激活公司争讼解决机制，为公司债权人、股东预留充足的司法救济途径。应当看到，新《公司法》为此做出了努力。例如，新增双重股东代表诉讼并赋予股东穿越母公司去查阅子公司相关资料的权利，吸收司法实践成熟经验增加公司决议不成立之诉，完善、细化决议撤销之诉除斥期间起算规则和期限规则，为法定代表人涤除诉讼提供制度基础，明确股权受让人在公司拒绝办理变更登记时可以提起诉讼等。

① 参见刘俊海：《新〈公司法〉的设计理念与框架建议》，载《法学杂志》2021年第2期。

二、新《公司法》主要修订内容

(一)完善公司设立与退出制度

1. 新设公司登记一章,系统规定了公司登记法律制度

第一,明确公司登记事项(第 32 条)。2018 年《公司法》全文使用了 4 次“登记事项”的表述,但并未就登记事项的具体范围作出规定,存在立法漏洞,新《公司法》在总结公司登记实践的基础上,明确登记事项具体内容,并且要求公司登记机关将公司登记事项通过国家企业信用信息公示系统向社会公示。

第二,较为全面地规定了公司登记的法律效力(第 34 条)。2018 年《公司法》对公司登记效力的规定不够系统,仅涉及股权登记公示效力。《民法典》第 65 条规定了法人登记的公示效力,该条明确,“法人的实际情况与登记的事项不一致的,不得对抗善意相对人”。新《公司法》吸收了《民法典》第 65 条的规定,明确新《公司法》第 32 条列示的 6 项登记事项未经登记或者未经变更登记,不得对抗善意相对人。

第三,充分利用信息化建设成果,鼓励电子信息化方式。包括明确电子营业执照的法律效力(第 33 条),确定需要通过国家企业信用信息公示系统公示的信息(第 32 条公司登记事项、第 40 条法定公示事项、第 220 条公司合并信息、第 222 条公司分立信息、第 224 条实质减资信息、第 225 条形式减资信息、第 229 条公司解散事由、第 235 条公司清算信息、第 240 条简易注销信息、第 241 条强制注销信息等),认可公司机关可以采用电子通信的方式召开会议进行表决(第 24 条)等。

2. 完善公司清算制度,新增公司简易注销和强制注销制度

第一,明确董事为清算义务人(第 232 条)。2018 年《公司法》并未明确规定清算义务人,《民法典》第 70 条虽将董事设置为清算义务人,但《民法典》系民商合一体系下的一般法,并未在司法实践中真正发挥裁判指引功能。新《公司法》明确规定,“董事为公司清算义务人,应当在解散事由出现之日起十五日内组成清算组进行清算”,同时,董事亦是默认情况下的清算组成员。清算义务人未及时履行清算义务,给公司或者债权人造成损失的,应当承担赔偿责任。

第二,针对自愿解散创设“挽回规则”(第 230 条)。所谓挽回规则,即如果

公司章程规定的营业期限届满、公司章程规定的解散事由出现或者股东会决议解散公司，只要还没有向股东分配剩余财产，就可以通过股东会决议或修改公司章程使公司继续存续。公司股东会对前述事项的决议，须经2/3多数决通过。

第三，增设了简易注销制度和强制注销制度（第240条、第241条）。为降低企业退出成本，新《公司法》增设简易注销制度，简易注销的前提条件为公司当前没有任何债权债务关系，且全体股东就此作出保证。公司启动简易注销的，无须启动清算程序，在国家企业信用信息公示系统公告20日以上，其间不存在异议即可注销登记。为防止股东将剩余风险转嫁给债权人，在股东承诺不实时，股东就注销前存在的公司债务承担严格的连带责任。另外，新《公司法》还规定了强制注销制度，2018年《公司法》中，公司登记机关只能根据公司的申请依法注销公司登记，为解决长期以来备受困扰的“僵尸企业”等痛点问题，新法明确在公司被吊销营业执照、责令关闭或被撤销、满3年未清算完毕的情形下，公司登记机关可依职权注销公司登记。

（二）完善公司资本制度

1. 有限责任公司股东出资的重大变化

第一，明确将债权、股权列入出资资产范围（第48条、第98条）。2018年《公司法》第27条规定股东可以用货币、实物、知识产权、土地使用权等作价出资，司法实践中就股东能否以债权出资存在一定争议，主流观点认可债权出资方式。新《公司法》明确债权可以作价出资，丰富了股东出资的形式，给此前实践中存在的债权出资方式提供了法律依据。但也应注意到，首先，债权出资存在一定的风险，如债权价值下降、债权出资不实等。其次，规定对债权出资形式未予细化，股东以债权出资包括增量债转股和存量债转股，其中存量债转股是股东以债权抵消了出资义务，新《公司法》是否准许存量债转股仍有探讨空间。另外，股份有限公司的出资形式适用前述有限责任公司规定。

第二，限定有限责任公司认缴出资期限最长为5年（第47条）。总体而言，我国公司出资制度经历了从严到宽的过程，从严格实缴制到完全认缴制，再回到限期认缴制。1993年《公司法》采取了严苛的法定资本制，不仅要求出资一次性缴足、设定较高注册资本最低限额，还要求非货币出资比例不超过20%等。2005年《公司法》放宽了对出资的限制，允许注册资本两年内缴足，并降低了注册资本最低限额。2013年《公司法》进一步采取了注册资本认缴制，取消了对出资期限和最低注册资本的限制。注册资本认缴制实施以来，有相当数量的企业并未按照实际需要设定出资数额与缴付期限，而是尽可能拉长出资周期，认缴制逐渐沦为股东逃避出资责任的通道。鉴于此，新《公司法》在第47条新增了有限责任公司的股东认缴出资应在5年内缴足的规定。

第三，有限责任公司不能清偿到期债务时股东出资义务普遍加速到期（第54条）。根据2018年《公司法》的规定，注册资本完全认缴制下，股东依法享有期限利益，仅在公司具备破产原因、解散事由或者出现《九民纪要》规定的实质破产以及恶意延期情形时，股东的认缴出资期限加速到期。**新《公司法》首次对有限责任公司非破产情形下股东出资义务加速到期制度作出规定，明确在公司不能清偿到期债务时，股东出资义务即须加速到期，公司或已到期债权人有权要求股东提前缴纳出资。该规定几乎取消了加速到期的适用门槛，大大强化了对公司债权人利益的保护力度，可以预见，新《公司法》施行后，涉及股东出资的公司诉讼中，出资义务加速到期将常态化。**

第四，新增催缴失权制度，即股东未按期足额缴纳出资的，在符合条件时公司可以令该股东丧失其未缴纳出资的股权（第51条、第52条、第107条）。2018年《公司法》对公司能否除名个别股东未作明确规定，实务中，部分法院认为，在公司章程已约定除名事由，股东已存在合理预期的情况下，公司可依据章程除名股东。2011年《公司法解释（三）》第17条首次明确了法定的除名事由，即股东未履行出资义务或者抽逃全部出资，经公司催告后仍未缴纳或返还的，公司可以解除该股东资格。但该规定仅限于股东“未履行出资义务或抽逃全部出资”的极端情形，不适用于“未全面履行出资义务或者抽逃部分出资”的常见情形。鉴于此，新《公司法》新增催缴失权规则，其中最核心的调整内容包括：（1）明确催缴义务主体为董事会；（2）将“未全部出资→除名”的法律规制效果调整为“未部分出资→部分失权”，有意扩大规制面，对于只部分出资的股东进行“除权但不除名”；（3）明确公司减资不能的情况下，其他股东负有充实资本的兜底义务。另外，股份有限公司亦适用上述规定。

第五，明确有限责任公司未出资股权转让后的出资责任，新增未届期股权转让后出资义务由受让人承担、转让人承担补充责任的规则（第88条）。在资本完全认缴制下，未实缴出资股权包括两种情况：一种是认缴期内未实缴出资的股权，又称未届期股权；另一种是出资期限届满但未实缴出资的股权，又称已届期股权。2018 年《公司法》并未规定未届期股权转让后的出资责任问题，《公司法解释（三）》第 18 条仅明确已届期股权转让情形，即由原股东承担出资责任，受让人承担连带责任。**新《公司法》回应实践需要，在其第 88 条明确规定，未届期股权转让后，由受让人承担出资义务，转让人承担补充责任；已届期股权转让后，由转让人和受让人承担连带承担出资责任，受让人仅在不知情的情形下不承担责任。**同时新法删除了旧法关于转让人与受让人追偿权的规定，交由当事人自治。

2. 股份有限公司股东出资的重大变化

第一，新增授权资本制，董事会可以在股东会授权范围内决定发行相应股份（第 152 条、第 153 条）。资本形成制度分为法定资本制和授权资本制。法定资本制可简单理解为就公司章程中规定的公司资本总额，需一次性发行并全部认足。而在授权资本制下，公司章程中规定的公司资本总额可分期发行，剩余资本授权董事会在必要时，一次或分次发行或募集。2018 年《公司法》实行单一的法定资本制，这并不利于市场主体高效融资。鉴于此，新《公司法》在股份有限公司中正式引入授权资本制，公司章程或股东会可以授权董事会在 3 年内决定发行不超过已发行股份 50% 的股份。董事会对前述内容的决议应当经全体董事的 2/3 以上通过；此外，以非现金支付方式支付股款的，应当经股东会决议。

第二，将股份有限公司由注册资本认缴制改为实缴制（第 98 条）。2018 年《公司法》中，无论是有限责任公司还是股份有限公司，均实行注册资本完全认缴制度。新《公司法》为配套授权资本制度，对股份有限公司的出资作出了重大调整，明确要求发起人应当在公司成立前按照其认购的股份全额缴纳股款，换言之，股份有限公司实行完全注册资本实缴制。

第三，允许股份有限公司根据章程择一采用面额股或者无面额股（第 142 条）。无面额股，是指股票票面仅记载其所代表的股份数量，而不记载每股票面金额的股票。2018 年《公司法》实行单一的面额股制度，要求股份有限公司将资本划分为股份，每一股的金额相等。面额股制度是法定资本制的配套措施，虽然发挥着维护股东平等、保护债权人利益的功能，但也存在限制公司筹资等问题。新《公司法》为配套授权资本制的落实，引入了无面额股制度，公司可以根据章程规定选择采用面额股或无面额股，公司采用无面额股的，应当将发行股份所得股款的1/2以上计入注册资本。另外，为解决新旧法的衔接问题，新《公司法》还规定公司可以选择将已发行的面额股全部转换为无面额股或进行相反操作。

3. 原则禁止财务资助

新增股份有限公司不得为他人取得本公司或者其母公司的股份提供赠与、借款、担保以及其他财务资助的规定（第163条）。公司财务资助，是指以赠与、借款、担保和其他导致公司净资产减少的方式为他人取得公司或其母公司的股份提供帮助的行为。禁止财务资助制度源自英国，不当的资助行为不仅可能导致虚增资本，也为股东掏空公司提供了机会。2018年《公司法》并未规定财务资助规则，关于财务资助的规定散见于各类部门规章和证券交易所规则之中。**新《公司法》第163条“原则禁止＋例外允许”财务资助，即原则上公司不得为他人取得本公司或者其母公司的股份提供赠与、借款、担保以及其他财务资助，例外情形有二，一是员工持股计划，二是为公司利益且经过决议，但该类财务资助的累计总额不得超过已发行股本总额的10%。**就违法后果而言，新法规定对违法提供财务资助负有责任的董事须承担赔偿责任。

4. 完善利润分配制度

第一，允许公司使用法定公积金和任意公积金弥补亏损后，再使用资本公积金弥补亏损（第214条）。1993年《公司法》曾准许资本公积金用于补亏，但因商业实践中存在“变相”使用资本公积金进行分配损害债权人利益的案例，从2005年起的数次修改，《公司法》均禁止以资本公积金弥补公司亏损。考虑资本公积金弥补公司亏损这一处理只是公司在“所有者权益”项下的相关科目之间的内部调整，并不会直接造成公司责任财产减少，新《公司法》取消了资本公积金补亏禁令，允许公司使用法定公积金和任意公积金弥补亏损后，再使用资本公积金弥补亏损。

第二，将公司利润分配完成时间的最低限制从一年缩短为6个月（第212条）。2018年《公司法》并未规定分配利润决议作出后的分配期限，《公司法解释（五）》将分配期限明确为在分配决议作出之日起的一年内。新《公司法》从保障股东实现利润分配请求权的角度出发，将最低时间限制缩短为6个月。

5. 公司减资制度革新

第一，新增形式减资制度（第224条、第225条）。以公司的净资产是否因减资而产生实质变动，可将公司减资细分为形式减资与实质减资。**形式减资，是指公司使用公积金弥补亏损后仍有亏损的，公司通过减少注册资本的方式弥补亏损的行为。形式减资只降低公司注册资本，股东并未实际从公司取回出资，不导致公司资产减少，不减损公司偿债能力。**鉴于此，新法规定，公司进行形式减资的，应当由股东会作出减少注册资本的决议，并自决议作出之日起 30 日内在报纸上或者国家企业信用信息公示系统公告。相较于实质减资程序，形式减资无须逐一通知债权人，也无须向债权人清偿债务或提供担保。

第二，明确不同比减资由法律规定、章程约定或经全体股东一致同意（第 224 条）。公司减少注册资本意味着股东相应减少出资额或股份额，原则上，全体股东按照相同比例减少相应出资额或股份额，但在某些特定情况项下，只有部分股东参与减资，公司对部分股东进行定向减资。司法实践中对不同比减资的股东会决议表决通过比例存在争议，**新《公司法》直面争议，要求原则上公司应当同比减资，不同比减资应当由法律规定、股份有限公司章程规定或经有限责任公司全体股东一致同意**，这为商业实践中常用的对赌协议预留了一定空间。

第三，规定了违法减资的法律后果，即减资股东应当承担退还资金等恢复原状责任，股东及负有责任的董监高人员承担赔偿责任（第 226 条）。公司法下的减资规则是"极简版"，1993 年《公司法》在明确减资程序规则的基础上，并未进一步确定违反减资程序的法律效力与法律责任，该规则一直沿用至 2018 年《公司法》，2018 年《公司法》第 177 条要求公司减资必须先编制资产负债表，作出减资决议，通知或公告债权人，按照债权人要求清偿债务或提供担保，但若出现公司故意不通知债权人、公司拒绝清偿或提供担保等情况，相关行为对应的法律后果并不明晰。新《公司法》提出，公司违法减资的，由减资股东恢复原状，股东及负有责任的董监高人员承担赔偿责任。

（三）优化公司治理机制

1. 公司组织机构设置调整

第一，有限责任公司组织机构设置的主要变化。一是引入单层制董事会，允许公司设置审计委员会代替监事会（第 69 条），规模较小的有限责任公司经全体股东一致同意，也可以不设监事（第 83 条）；二是明确股东会决议表决要求，一般事项须经代表过半数表决权的股东通过（第 66 条）；三是明确董事解任程序，股东会可以决议解任董事，决议作出之日解任生效（第71条）；四是取消一人有限公司财务会计报告强制审计、一个自然人只能设立一个一人有限责任公司等规定。

第二，股份有限公司组织机构设置的主要变化。一是同样引入单层制董事会，允许公司设置审计委员会代替监事会（第121条），审计委员会由3名以上董事组成，过半数成员不得在公司担任除董事以外的其他职务（第121条），规模较小的股份有限公司可以不设监事会，只设一名监事（第133条）；二是调整董事机构设置，允许规模较小的股份有限公司不设董事会，只设1名董事（第128条）；三是允许一人作为发起人设立股份有限公司（第92条）。

第三，通过增设"授予职权"的董事会职权类型，允许股东会将部分决策权转移至董事会（第59条、第67条）。2018年《公司法》对董事会职权的规定为列举式，以公司章程另行规定进行兜底。**为推动公司治理由股东会中心主义向董事会中心主义过渡，新《公司法》明确，董事会职权由法定职权、章定职权与股东会授予的授权职权三类构成，特别提出股东会可以对其职权范围内的部分事项（如发行公司债券）授权董事会作出决议。**

2. 充实法定代表人制度

第一，扩大了法定代表人的选任范围（第10条）。2018年《公司法》规定，法定代表人由董事长、执行董事或者经理担任。这一规定难以适应商业实践情况，新《公司法》扩大了法定代表人的选任范围，调整为所有代表公司执行事务的董事或经理。

第二，明确了法定代表人的变更规则（第10条、第35条）。2018年《公司法》要求法定代表人变更的应当办理变更登记，司法实践中就法定代表人的变更时间究竟是公司决议作出时还是完成变更登记时存在争议，此类争议在公司控制权争夺诉讼中尤为突出。**新《公司法》明确，公司变更法定代表人的，由变更后的法定代表人签署变更申请书，涤除登记的主体为"变更后的法定代表人"，这意味着变更登记并非法定代表人变更的生效要件**。同时，新《公司法》新增法定代表人辞任起30日内需要确定新的法定代表人的规则（第10条），避免涤除登记义务主体的空缺。

3. 完善国家出资公司组织机构规则

增设"国家出资公司组织机构的特别规定"专章，进一步完善国家出资公司相关规则。一是适用范围扩大（第168条），由2018年《公司法》下的国有独资公司扩大至国有独资公司和国有资本控股公司，包括国家出资的有限责任公司、股份有限公司；二是明确国家出资公司中党的领导（第170条），党组织研究讨论公司重大经营管理事项，支持公司的组织机构依法行使职权；三是国有独资公司不设股东会（第172条）、不设监事会，在董事会中设置由董事组成的审计委员会（第176条），董事会成员中应当过半数为外部董事（第173条），明确国有独资公司的董事、高管原则上不得兼职（第175条）；四是要求国家出资公司建立健全内部监督管理和风险控制制度（第177条）。

4. 公司决议制度的调整

第一，完善决议撤销之诉中撤销权行使期限及其起算规则（第26条）。新《公司法》在2018年《公司法》第22条第2款和《公司法解释（四）》第4条的基础上，进行了两方面调整：其一，填补法律漏洞，明确规定未被通知参加会议情形下撤销权除斥期间自股东知道或应当知道决议作出之日起算；其二，明确规定撤销权可行使的最长期限为决议作出之日起一年。

第二，在2018年《公司法》关于决议无效与决议可撤销的分类的基础上，新增决议不成立规则（第27条）。就公司决议效力，学理上存在“二分法”与“三分法”之争。所谓“二分”，指决议无效与决议可撤销；所谓“三分”，即在二分的基础上，增加决议不成立。2018年《公司法》采用“二分法”，只规定了决议无效与决议可撤销规则。司法实践中，不乏当事人提出确认决议不成立的诉讼，鉴于此，《公司法解释（四）》新增了决议不成立规则。新《公司法》吸收了实践成熟经验，采用前述“三分法”，在出现以下情形时，可以确认决议不成立：一是没有召开会议；二是虽然召开会议但没有进行表决；三是出席会议人数或所持表决权未达到规定；四是同意决议人数或所持表决权未达到规定。

（四）完善股权与股东权利规则

1. 强化股东知情权保障

第一，允许公司股东查阅公司会计账簿、会计凭证（第57条、第110条）。2018年《公司法》允许有限责任公司股东查阅、复制公司章程、股东会会议记录、董事会会议决议、监事会会议决议和财务会计报告；股份有限公司股东查阅公司章程、股东名册、公司债券存根、股东大会会议记录、董事会会议决议、监事会会议决议、财务会计报告。司法实践中，就股东能否查阅会计凭证存在较大争议。**为进一步保障股东特别是小股东利益，新《公司法》统一规定，公司股东可以要求查阅公司会计账簿和会计凭证。**

第二，新增股东穿越查询子公司相关材料的权利（第57条、第110条）。为配合双重股东代表诉讼制度的落实，**新《公司法》在有限责任公司和股份有限公司中都增加了股东穿越行使查阅权的规则**，即股东可以要求查阅、复制全资子公司的公司章程、股东名册、股东会会议记录、董事会会议决议、监事会会议决议和财务会计报告等文件材料，也可以查阅全资子公司的会计账簿和会计凭证等文件材料。

第三，允许股东委托律所、会计师事务所等专业机构查阅公司相关材料（第57条、第110条）。

2. 新增股东双重代表诉讼

允许股东对全资子公司的董监高人员提起代表诉讼（第189条）。股东代表诉讼，是指在公司董监高人员侵害公司利益而公司怠于起诉时，公司股东在符合条件时可以以自己的名义提起诉讼的制度。理论上，股东代表诉讼可分为单层代表诉讼、双重代表诉讼与多重代表诉讼，单层代表诉讼，是指公司股东起诉本公司董监高人员；双重代表诉讼，是指公司股东起诉公司全资子公司董监高人员；多重代表诉讼类推前述逻辑。2018年《公司法》只规定了单层代表诉讼，《公司法解释（四）》过程稿中曾一度出现股东双重代表诉讼的规定，但在当时引起过于激烈的反对，最终未能保留。**考虑商业实践中公司规模不断扩大，新《公司法》重拾旧规，增加了股东双重代表诉讼，在全资子公司董监高人员侵害公司利益时，允许股东对全资子公司的董监高人员提起代表诉讼。**

3. 新增横向法人人格否认制度

增加姐妹公司之间横向法人人格否认规则，在符合条件时否认受同一股东控制的姐妹公司独立人格（第23条）。法人人格否认包括纵向与横向，纵向法人人格否认又可细分为顺向（直接债务人与其股东承担连带责任）与逆向（直接债务人与其所控制公司承担连带责任）；**横向法人人格否认，则是指股东或者实际控制人利用其控制的两个以上公司，滥用公司法人独立地位和股东有限责任，逃避债务，严重损害公司债权人利益时，各公司应当对任一公司的债务承担连带责**

任。2018年《公司法》只规定了纵向法人人格否认，并未规定横向法人人格否认。司法实践中，碍于没有明确法律规定，法院只能通过运用类推适用、基本原则、指导案例等技术作出裁判，横向否认在人员、业务、财务等方面存在交叉或混同的姐妹公司的独立人格。新《公司法》新增横向法人人格否认规则，股东利用其控制的两个以上公司滥用公司法人独立地位和股东有限责任，逃避债务，严重损害公司债权人利益的，各公司应当对任一公司的债务承担连带责任。

4. 完善异议股东回购请求权

第一，在有限责任公司中，将控股股东滥用权利损害公司或股东利益作为新的回购情形（第89条）。异议股东回购请求权指对公司重大变更事项持异议的股东要求公司回购其股权的权利。2005年《公司法》首次引入此项制度，其确立的规则模式一直延续至2018年《公司法》。2018年《公司法》规定，有限责任公司股东在三种情形下享有回购请求权，即具有盈余分配能力的公司长期不分配利润、合并分立和转让主要财产、公司本应依据章程规定解散清算但股东会通过资本多数决使之存续。针对我国公司股权结构较为集中和控股股东占据优势支配地位的现状，**新《公司法》在有限责任公司异议股东回购请求权中引入了“反控股股东压迫条款的”，只要“控股股东滥用股东权利，严重损害公司或者其他股东利益”，其他股东即可要求公司回购其股权。**

第二，将2018年《公司法》中适用于有限责任公司的股东回购请求权引入股份有限公司（第161条）。就股份有限公司，2018年《公司法》第142条只规定股东对股东大会作出的公司合并、分立决议持异议的，可以要求公司收购其股份。新《公司法》在股份有限公司部分作了两项实质修订，一是股份有限公司股东的评估权不再局限于合并和分立，亦包括曾经仅在有限责任公司中适用的三项情形，即具有盈余分配能力的公司长期不分配利润、公司转让主要财产、公司本应依据章程规定解散清算但股东会通过决议使之存续；二是创设“公开市场例外规则”，如果股份有限公司属于公开发行股份的公司，则该等公司的股东不享有评估权。

5. 完善股份有限公司类别股制度

第一，在股份有限公司中引入类别股，允许股份有限公司发行特定种类的股份（第144条、第145条）。2018年《公司法》并未在股份有限公司部分明确规定类别股制度，仅在第131条规定："国务院可以对公司发行本法规定以外的其他种类的股份，另行作出规定。"2013年11月，国务院发布了《优先股试点指导意见》，首次引入中国版本的优先股制度，允许上市公司和非上市公众公司发行利润分配优先股和剩余财产分配优先股。为弘扬企业家精神、促进市场经济稳健运行，新《公司法》正式在股份有限公司层面引入了类别股制度，一是股份有限公司可以按照章程规定发行四类类别股，包括优先或者劣后分配利润或者剩余财产的股份（优先股/劣后股）、每一股的表决权数多于或者少于普通股的股份（特别表决权股）、转让须经公司同意等转让受限的股份（转让受限股）、国务院规定的其他类别股。从条文表述上来看，新《公司法》显然坚守"种类股法定原则"，即只允许股份有限公司发行《公司法》明确规定的股份类别，而不允许公司根据其自身需求量身定制法条之外的其他股份类别。二是禁止上市公司在公开发行股票后发行特别表决权股和转让受限股。

第二，确立了类别股股东权益保护制度（第144条、第146条）。一是明确特别表决权股份在监事或者审计委员会成员的选举和更换上与普通股同股同权。二是针对修改公司章程、增加或者减少注册资本、公司合并、公司分立、公司解散、变更公司形式等重大变更事项，赋予类别股股东特殊表决权，要求相关事务除须获得普通股股东会决议通过外，还必须获得类别股股东会决议批准。

6. 有意明确有限责任公司股权变动模式

将股权变动时点确定为记载于股东名册之时（第86条）。有限责任公司的股权何时发生变动，是我国理论界与实务界亟待回应而又未能达成共识的重大问题。2018年《公司法》并未明确有限责任公司股权变动模式，理论和实践中，对于股权变动时点究竟是股权转让合同生效之时，还是公司将股权受让人载入股东名册之时，或是公司完成变更登记之时，见解不一。为了回应股权变动模式这一理论难题与实践热点，**新《公司法》在"有限责任公司的股权转让"一章专门新增规定，其第86条第2款"股权转让的，受让人自记载于股东名册时起可以向公司主张行使股东权利"的规定，有意将股权变动时点确定为记载于股东名册之时**。在公司未置备股东名册的情况下，以出资证明书、公司章程等作为股东资格的证明材料。公司应当将股权转让等信息通过国家企业信用信息公示系统公示，该公示信息具有对抗效力。股权受让人在公司拒绝配合办理相关手续时可以依法向法院提起诉讼。

7. 持有上市公司股份相关规定

第一，禁止违反法律、行政法规的规定代持上市公司股份（第140条）。对于上市公司股份代持合同效力如何认定的问题，2018年《公司法》未予明确，司法态度徘徊反复。随着金融监管日趋强化，对上市公司股份代持合同效力的司法审查越发严格，以2018年最高人民法院审理的杨某国、林某坤股权转让纠纷案[①]为界，上市公司股份代持合同效力由此前的"原则有效"转变为如今的"原则无效、例外有效"，合同无效的裁判观点呈现不断强化的趋势。**新《公司法》虽然提出禁止违反法律、行政法规的规定代持上市公司股份，但该规定并未直接否定上市公司股份代持合同的效力，而仅是否定违反法律、行政法规的上市公司股份代持合同的效力。**换言之，该规定不能作为否定股份代持合同效力的规范基础，而只是转致条款，此类合同效力具体应结合其他法律或行政法规加以判断。

第二，禁止上市公司与其控股子公司之间交叉持股（第141条）。交叉持股，是指两个或两个以上的公司之间相互持有对方的股权，从而形成彼此互为股东的情形，通常表现为母子公司之间交叉持股。2018年《公司法》并未对交叉持股作出规定。为确保上市公司与其控股子公司之间的独立性，新《公司法》禁止上市公司与其控股子公司之间交叉持股，上市公司控股子公司不得取得该上市公司的股份，这意味着上市公司的控股子公司不得直接或间接购买或持有上市公司的股份。在特殊情形下，如果上市公司控股子公司因公司合并、质权行使等原因持有上市公司股份的，新《公司法》要求上市公司控股子公司不得行使所持股份对应的表决权，并应当及时处分该上市公司股份。

（五）强化对控股股东、实际控制人和董监高人员的规制

1. 引入事实董事和影子董事制度

第一，新增事实董事制度（第180条）。针对我国大多数公司存在控股股东或实际控制人占据支配地位的现状，新《公司法》第180条新增事实董事规则，若公司控股股东、实际控制人不担任公司董事但实际执行公司事务，如参与董事会决议、以董事名义对外订立协议，应当如公司董事一般承担忠实勤勉义务。

---

① 参见最高人民法院民事裁定书，(2017)最高法民申2454号。

第二,新增影子董事制度(第 192 条)。除事实董事外,针对商业实践中控股股东或实际控制人躲在董事、高管背后操纵公司事务的情况,新《公司法》第 192 条新增影子董事、影子高管规则,实际控制人、控股股东“指示董事、高级管理人员从事损害公司或者股东利益的行为的”,应当与该董事、高管承担连带责任。

2. 充实董监高人员的忠实义务和勤勉义务

首次明确了忠实义务和勤勉义务的内涵(第 180 条)。2018 年《公司法》并未界定董事忠实义务与勤勉义务的具体内涵。**新《公司法》明确,忠实义务是一种消极义务,核心在于避免个人利益和公司利益之间发生冲突;勤勉义务是一种积极义务,核心在于要求董事在履职过程中尽到合理注意。**此外,对于忠实义务项下可能涉及的利益冲突场景,如自我交易、公司机会、同业竞争等,本次修订均进一步作出了细致规定。

3. 加强对关联交易的规范

第一,扩大关联方的范围(第 182 条)。关联交易,是指公司与关联方之间的交易。关联交易中,如何界定关联关系或关联方向来是理论与实务难点问题。2018 年《公司法》规定,“关联关系,是指公司控股股东、实际控制人、董事、监事、高级管理人员与其直接或者间接控制的企业之间的关系,以及可能导致公司利益转移的其他关系”。新《公司法》对关联方的概念进行扩张:一是将关联方的范围扩大至董监高人员的近亲属、董监高人员或者其近亲属直接或者间接控制的企业;二是以与董监高人员有其他关联关系作为关联方的兜底判断标准。

第二,增加关联交易报告义务(第 182 条)和回避表决规则(第 185 条)。关联交易是一种中性客观行为,好的关联交易可提升公司经营效益,坏的关联交易则会损害公司利益,法律需要识别对公司有益的关联交易,限制对公司有害的关联交易。为确保董事会或股东会及时充分了解关联交易情况,**新《公司法》要求董监高人员应当就关联交易事项向董事会或股东会报告,并按照公司章程规定经董事会或股东会决议,董事会对关联交易进行审议的,关联董事不得参与表决。**

4. 强化董监高人员维护公司资本充实的责任

第一,董事向欠缴出资的股东催缴出资的义务与相应责任(第 51 条)。新

《公司法》新增董事催缴制度，董事会应当在公司成立后对股东出资情况进行核查，并催缴欠缴出资，如果董事会没有履行前述义务，负有责任的董事应当承担赔偿责任。

第二，抽逃出资时的董监高人员责任（第 53 条）。新《公司法》明确，股东在公司成立之后抽逃出资的，负有责任的董监高人员应当与该股东承担连带赔偿责任。

第三，违法财务资助时的董监高人员责任（第 163 条）。新《公司法》规定，如果公司违反规定，为他人取得本公司股份提供财务资助，给公司造成损失的，负有责任的董监高人员应当承担赔偿责任。

第四，违法分配利润时的董监高人员责任（第 211 条）。新《公司法》明确了违法利润分配的法律后果，即股东应当将违反规定分配的利润退还公司；除此之外公司还有损失的，股东及负有责任的董监高人员应当承担赔偿责任。

第五，违法减资时的董监高人员责任（第 226 条）。与违法分配利润相同，新《公司法》同步规定了违法减资的法律后果，即股东应当退还其收到的资金，减免股东出资的应当恢复原状；给公司造成损失的，股东及负有责任的董监高人员应当承担赔偿责任。

5. 增加董事对第三人责任

新增董事因故意或重大过失损害他人的，应当承担赔偿责任的规定（第 191 条）。根据不同追偿主体，董事责任可分为三类：其一，董事对公司责任；其二，董事对股东责任；其三，董事对第三人责任。2018 年《公司法》仅规定了前两类，而未规定董事对第三人责任。**新《公司法》新增董事对第三人责任，形成了董事责任的完整体系。董事、高管在执行职务过程中，因故意或重大过失造成他人损害的，应当与公司一起承担赔偿责任。**

6. 新增董事责任保险条款

增加公司可以为董事投保责任保险的规则（第 193 条）。新《公司法》在全面扩张董事职权的同时，也大大强化了董事的义务和责任，为避免严苛的赔偿责任对董事积极性、创造性的打压，新《公司法》新增了董事责任保险规则，公司可以在董事任职期间为董事因执行公司职务承担的赔偿责任投保责任保险。为董事投保责任保险或者续保后，董事会应当向股东会报告责任保险的投保金额、承保范围及保险费率等内容。

(六)新增公司债券相关规定

1. 规定债券持有人会议制度

要求公司应当为债券持有人设立债券持有人会议(第 204 条)。新《公司法》规定,公司要为同期债券持有人设立债券持有人会议,债券持有人会议决议应当经出席债券持有人会议且有表决权的持有人所持表决权的过半数通过。除另有规定外,债券持有人会议决议对同期全体债券持有人发生效力。

2. 规定债券受托管理人制度

要求发行人应当为债券持有人聘请债券受托管理人(第 205 条、第 206 条)。新《公司法》规定,发行人应当为债券持有人聘请债券受托管理人,债券受托管理人应当勤勉尽责,公正履行受托管理职责,为债券持有人办理受领清偿、债权保全、与债券相关的诉讼以及参与债务人破产程序等事项。

3. 完善公司债券的其他规定

一是删去国务院授权的部门对公开发行债券注册的规定,呼应将国家发改委的企业债券审核职责划入中国证监会的改革(第 195 条);二是明确公司债券可以公开发行,也可以非公开发行(第 194 条);三是根据实践情况,将债券存根簿改为债券持有人名册(第 198 条)。

三、新《公司法》的实务展望

总览新《公司法》修订内容,虽称不上破而后立,但在维持 2005 年《公司法》基本框架的基础上,其修订幅度也堪称巨大。2005 年《公司法》所搭建的框架,经过了将近 20 年的时间检验,有得有失,经济新常态也呼唤一部更为契合现实需求,能够修订或填补既有缺漏,确保今后相当长一段时间稳定运行的组织规范和行为规范的出台。新法经过数年酝酿终于发布,其影响必将深远,但其运行效果如何,尚待检验。在新法出台之际,笔者姑且先以旧法的运行效果为依托,尝试从实务视角预做评析。

(一)着眼效率,降低公司治理成本、提高经济运行效率

在公司组织形式层面,新《公司法》通过一系列的条文设计,简化了公司治理结构,给予公司对于组织形式的选择权,大量存在的小微公司完全可以采用最

为简单的组织形式，以实现更为高效的运行；在公司运营层面，以简易减资、简易注销、授权资本制等制度，保障公司在运营过程中可以更简便、高效的方式运转、融资。以上种种措施，直接指向实务痛点，新法此类针对性的修改，在实务中应会很快显现效果。

（二）标准趋同，打通不同类型公司、制度设计更为务实

有限责任公司与股份有限公司的区分，无论是从人合 / 资合抑或公众 / 闭锁的角度，似乎泾渭分明，差异明显。基于此种认知，2018 年《公司法》在两种公司的制度设计上呈现明显区别，此种模式也延续至新《公司法》。但确实也能明显看到，本次新法修订中，有相当多的制度已在两种类型的公司之间完全打通，其基础在于，市场经济中，相当数量的股份有限公司无论是在管理模式上还是在结构设置上，与有限责任公司并无本质区别，公众公司的概念更多指向上市公司这一类特殊主体。作为真正意义上的公众公司，上市公司受到全面监管，对其进行规制的需求已基本可在监管层面实现。新《公司法》将相当数量的规则统一适用于两种公司类型，契合商业实践，展现出了更为务实的姿态。

（三）厘清定位，董事权责扩张、助力规范运营

董事以及董事会到底对谁负责，答案似乎显而易见。但基于董事产生的现实状况，意图让董事在公司经营管理当中扮演监督股东的角色，似乎有些强人所难。本次新法修订，在扩大董事职权的同时，显著加重了董事的责任，以权责扩张的方式推动、倒逼董事服务于公司利益，此种方式将有助于制衡股东通过股东会对公司经营事务的不当干预，并将直接推动公司运营的规范性。

（四）鼓励自治，董事治理倾向、减轻司法判断负担

将公司经营中的重大事项交由公司董事会决策，在新《公司法》中呈现迈向“董事会中心主义”的倾向。基于正当程序的保障，以及董事责任的约束，董事会的意见将成为公司重大决策正当性判断的重要标准。此种方式有助于解决此前司法实践中普遍存在的难题，即公司重大事项基于股东会的决策，无法判断系为公司利益服务还是为股东利益服务，尤其当牵涉公司外部债权人的利益保护问题时，因股东与公司之间天然存在利益冲突，发生争议时不得不由司法机关来做商业合理性的判断，司法判断替代商业判断实属无奈之举。新法有意将董事会作为公司运营的中心，这将极大减轻司法机关的负担。

（五）模式选择，单层双层择一、监督功能有待观察

新《公司法》在设置监事会抑或审计委员会上给予市场主体选择权。董事会内置的审计委员会更为靠近公司经营，似乎更有利于发挥内部监督的功能。但公司内部监督的核心在于所有者、经营者定位清晰、权责明确，制衡机制配置完善，而并不在于以何种组织来行使监督职权。审计委员会成员本身也是公司董事，此种机构内的自我监督模式是否确实比单独设置的监事会的外部监督更为有效，似乎依然有待观察。

（六）创新有限，小股东债权人权利保护机制未尽周全

2005 年《公司法》修订以提高可诉性为主要目标，近 20 年累积的实践经验，通过五部司法解释逐渐完善了涉公司诉讼的基本架构。新《公司法》关于小股东及债权人权利保障的条款基本源于此前司法解释中已经成形的规则，除了在异议回购请求权中增加了“反控股股东压迫条款”以及扩大了加速到期的适用情形外，新的规则创设不多。此两类群体的权利保障状况预期将不会发生重大改变。

诚然，我们可以对新《公司法》抱有期待，但经济运行本身不单纯依赖规则，法律承载的功能本来也自有其限度，规则稳定也不排斥实践中的不断调适，相信随着规则的落地，还会有大量的配套措施与制度出台，新法的实施效果如何，我们跟着时间一起观察。

第二编

公司资本制度

专题一

全面终身责任：发起人资本充实责任释解

股东以其出资额为限对公司债务承担责任，学理上称为“有限责任原则”，这是公司这一经济组织区别于其他经济组织的典型特征。但有原则就有例外，《公司法》同时也规定了法人人格否认、公司无法清算等诸多要求股东超出其出资范围承担责任的情形。法律创设的这些例外规则超出了多数商事主体长期沉淀的朴素认识，是商业决策过程中尤需关注的风险所在。其中，发起人资本充实责任即为有限责任原则的例外规则之一。

所谓发起人资本充实责任，是指由公司发起人共同承担的相互担保履行出资义务、确保公司资本按照章程约定缴足的民事责任。简言之，作为公司发起人的股东，不仅要在认缴的出资范围内对公司债务承担责任，而且要对其他发起人的出资承担连带责任。例如，甲、乙共同出资设立目标公司，注册资本为1000万元，其中甲持股1%，对应出资额10万元；乙持股99%，对应出资额990万元。若乙未能按照公司章程缴足出资，则甲需无条件对乙的990万元出资承担连带责任。

司法实践中，因目标公司的财产不足以清偿生效法律文书确定的债务，债权人多另辟蹊径，通过追加目标公司瑕疵出资股东，或对股东瑕疵出资承担连带责任的发起人，来实现债务清偿率的提升。此类纠纷中，如何界定发起人、发起人应否对其他发起人全部出资承担连带责任是一贯难题。下文中笔者抽象出作业过程中碰到的实务问题，立基发起人资本充实责任的新法规则，回归民事合伙的基础理论，尝试对新《公司法》第50条、第99条关于发起人资本充实责任的规定作出一些解读。

一、发起人资本充实责任的立法演变

总体而言，我国发起人资本充实责任的适用范围是逐步扩大。

1993 年《公司法》仅规定了有限责任公司的发起人资本充实责任，在第 28 条明确，有限责任公司发起人作为出资的非货币财产实际价额显著低于公司章程所定价额的，其他发起人应当对此承担连带责任。

2005 年《公司法》新增股份有限公司发起人的资本充实责任。相较于有限责任公司，股份有限公司发起人不仅要对其他发起人非货币财产出资不实部分承担连带责任，还要对货币出资承担连带责任。由此产生的问题是，有限责任公司发起人对其他发起人的货币出资是否承担连带责任？这构成了法律漏洞。

最高人民法院尝试以司法解释的方式填补法律漏洞，2011 年《公司法解释（三）》不再区分有限责任公司与股份有限公司，统一规定股东在公司设立时未履行或者未全面履行出资义务的，债权人可以要求发起人在股东未出资本息范围内承担连带责任。

但这一尝试并未被 2018 年《公司法》所接受，该法延续了 2005 年《公司法》对有限责任公司和股份有限公司发起人资本充实责任的不同规则，有学者提出，“只能理解为立法者的笔误，或者立法技术上的问题”。[①]

新《公司法》全面接受了《公司法解释（三）》的规则，首先，统一有限责任公司与股份有限公司的发起人资本充实责任规则。其次，规定发起人的资本充实责任包括其他发起人的非货币出资和货币出资不实部分。

我国发起人资本充实责任的立法演进和规范演变，分别参见图 2-1、表 2-1。

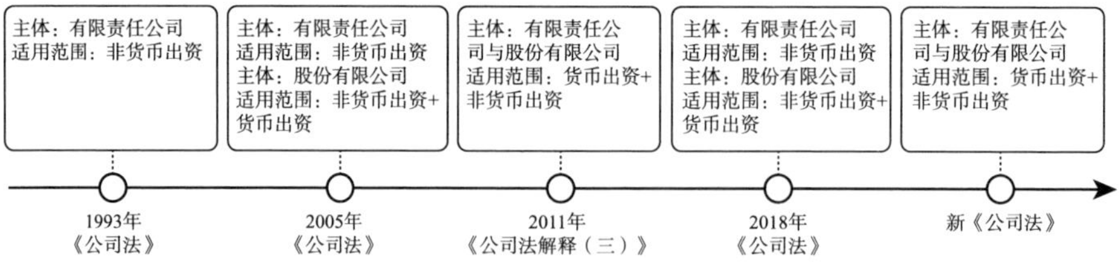

图 2-1 发起人资本充实责任的立法演进

① 参见朱锦清：《公司法学》（第 2 版），清华大学出版社 2019 年版，第 78 页。

表 2-1　发起人资本充实责任的规范演变

法律规定	条文内容
1993 年《公司法》	**第 28 条**　有限责任公司成立后，发现作为出资的实物、工业产权、非专利技术、土地使用权的实际价额显著低于公司章程所定价额的，应当由交付该出资的股东补交其差额，公司设立时的其他股东对其承担连带责任。
2005 年《公司法》	**第 31 条**　有限责任公司成立后，发现作为设立公司出资的非货币财产的实际价额显著低于公司章程所定价额的，应当由交付该出资的股东补足其差额；公司设立时的其他股东承担连带责任。 **第 94 条**　股份有限公司成立后，发起人未按照公司章程的规定缴足出资的，应当补缴；其他发起人承担连带责任。 股份有限公司成立后，发现作为设立公司出资的非货币财产的实际价额显著低于公司章程所定价额的，应当由交付该出资的发起人补足其差额；其他发起人承担连带责任。
2011 年《公司法解释（三）》	**第 13 条第 3 款**　股东在公司设立时未履行或者未全面履行出资义务，依照本条第一款或者第二款提起诉讼的原告，请求公司的发起人与被告股东承担连带责任的，人民法院应予支持；公司的发起人承担责任后，可以向被告股东追偿。
2018 年《公司法》	**第 30 条**　有限责任公司成立后，发现作为设立公司出资的非货币财产的实际价额显著低于公司章程所定价额的，应当由交付该出资的股东补足其差额；公司设立时的其他股东承担连带责任。 **第 93 条**　股份有限公司成立后，发起人未按照公司章程的规定缴足出资的，应当补缴；其他发起人承担连带责任。 股份有限公司成立后，发现作为设立公司出资的非货币财产的实际价额显著低于公司章程所定价额的，应当由交付该出资的发起人补足其差额；其他发起人承担连带责任。
新《公司法》	**第 50 条**　有限责任公司设立时，股东未按照公司章程规定实际缴纳出资，或者实际出资的非货币财产的实际价额显著低于所认缴的出资额的，设立时的其他股东与该股东在出资不足的范围内承担连带责任。 **第 99 条**　发起人不按照其认购的股份缴纳股款，或者作为出资的非货币财产的实际价额显著低于所认购的股份的，其他发起人与该发起人在出资不足的范围内承担连带责任。

二、发起人资本充实责任的理论阐释

（一）发起人资本充实责任的法理依据

总体而言，支持发起人承担资本充实责任的理由主要有以下三点：第一，基于发起人的优势地位促使其权责一致。发起人通常是设立中公司的控制者或者与控制者有紧密联系的人，能够决定公司设立目的、经营理念、主营业务等诸多重大事项，拥有优先认购权、报酬请求权等特别权利，法律有必要供给相应制度以强化发起人责任，最终实现权责统一。① 第二，督促发起人勤勉尽责地设立公司。发起人资本充实责任能够促使发起人更加审慎选择合作伙伴，仔细斟酌公司赛道，避免发起人的投机心理，防范道德风险。第三，保护公司债权人的交易安全，平衡有限责任原则与债权人利益保护之间的紧张关系。②

基于以上理由，学者尝试为发起人资本充实责任寻找其法理依据，其中一个重要理论支撑是合伙关系，有观点提出发起人之间成立合伙关系，这种合伙关系由发起人协议连接和拘束，各合伙人对外需承担连带责任。③ 实务中，最高人民法院民事审判第二庭编著的《最高人民法院关于公司法解释（三）、清算纪要理解与适用》中也提出，**公司的各发起人以设立公司为目的结合在一起，签订公司设立协议、制订公司章程，发起人之间的关系属于民事合伙关系，每个发起人均为合伙成员，作为合伙人的发起人既有义务按照自己认缴注册资本的承诺及时足额缴纳出资，也有义务监督其他发起人履行出资义务，并对其他发起人出资义务承担连带责任。**④

当然，讨伐发起人资本充实责任的声音也时而有之。主要理由包括如下两种：第一种，发起人资本充实责任是对有限责任原则的全面挑战，合伙与公司属于并存的两类投资形式，发起人选择以公司的形式而非以合伙的形式进行创业，正是为了以有限责任原则隔离风险，若硬将发起人之间的关系解释为合伙关系，将极大地削弱了公司这一经济组织的现实价值，沉重地打击全民创业热情，不利于社会总体效益的提升。⑤ 第二种，发起人资本充实责任错误地预设了发起人之间的超强人合性，选择性忽视了发起人监督其他发起人缴足出资的现实可能性。⑥ 推演至极端情形，要求持股 0.01% 的发起人对持股 99.99% 的发起人出资承担连带责任，这无疑过于苛刻，显失公平。

---

① 参见周游：《公司发起人范围界定难题及其破解》，载《中国政法大学学报》2022 年第 5 期。

② 参见周珺：《论公司债权人对未履行出资义务股东的直接请求权》，载《政治与法律》2016 年第 5 期。

③ 参见施天涛：《公司法论》（第 3 版），法律出版社 2014 年版，第 186 页；朱锦清：《公司法学》（第 2 版），清华大学出版社 2019 年版，第 78 页。

④ 参见最高人民法院民事审判第二庭编著：《最高人民法院关于公司法解释（三）、清算纪要理解与适用》，人民法院出版社 2011 年版，第 31 页。

⑤ 参见傅穹：《分期缴纳规则下的公司诉讼》，载《当代法学》2008 年第 4 期。

⑥ 参见印通、李新天：《重访资本充实责任》，载《江汉论坛》2015 年第 8 期。

（二）发起人资本充实责任的域外经验

我国发起人资本充实责任立法汲取与借鉴了域外经验，为了更为全面地理解发起人资本充实责任，有必要考察了解域外法律。

1. 日本公司法

我国学理上所使用的"发起人资本充实责任"一词源于日本，而日本法上关于发起人资本充实责任的适用范围已经逐渐限缩。早年间，《日本商法典》第192条规定的发起人资本充实责任主要包括以下内容：一是发起人认购担保责任、缴纳担保责任，即公司发行的股份未被认购时由发起人认购或补缴；二是发起人差额填补责任，即股东非货币出资实际价额显著低于章程定价时由发起人填补差额。上述发起人责任通常被理解为无过错责任。2005年《日本公司法》大幅度调整发起人责任内容。根据该法第52条、第103条的规定，公司成立时，实物财产出资及受让财产中的标的财产之实际份额明显低于公司章程记载的价额时，发起人就此不足额对公司承担连带的填补责任，但该实物财产出资经过检查人的调查或是发起人能够证明其职务执行的过程中没有过失的除外。募集设立方式中发起人承担无过错责任。2005年《日本公司法》删除了发起人的认购担保责任和缴纳担保责任，并将发起人差额填补责任分为两类，即发起设立时发起人根据过错承担差额填补责任，募集设立时发起人承担无过错责任。[①]

2. 德国公司法

德国公司法关于发起人资本充实责任区分了有限责任公司与股份公司。就有限责任公司而言，《德国有限责任公司法》第20条规定："股东未及时缴纳催缴的基础出资的数额的，负有依法支付迟延利息的义务。"第24条规定："如果基本出资既不能由出资义务人缴纳，也不能通过出售营业份额抵偿，则其余的股东应按其营业份额比例对欠缴出资进行筹集。个别股东不能缴纳的数额，按以上提到的比例由其余股东分担。"在股东无法缴纳出资时，由设立时的股东按照股权比例承担。就股份公司而言，《德国股份法》第46条规定："（1）为设立公司而作出的关于股票认购、股款支付、已支付款项的使用、特别利益、设立费用、实物出资和实物接收的说明，由设立人作为连带债务人对该说明的正确性和完整性向

---

① 参见［日］山本为三郎：《日本公司法精解》，朱大明等译，法律出版社2015年版，第54~55页。

公司负责。此外，他们还应对此负责，一个为了接受基本资本的缴付而确定的机构是适宜的，并且已支付的款项处于董事会自由支配之下。他们应支付欠缴的出资，并补偿未列入设立费用的报酬，对其他情况下产生的损害的赔偿义务不受影响。(2)设立人通过出资、实物接收或者设立费用故意或者出于重大过失而损害公司的，全体设立人作为连带债务人对公司承担损害赔偿责任。”[①] 在股东欠缴出资时，设立时的股东如果存在故意或重大过失的，应当承担损害赔偿责任。

(三)发起人资本充实责任的现实反思

总体而言，域外关于发起人资本充实责任的适用范围相对有限，日本法上甚至呈现不断限缩的趋势。此类限缩体现为两方面：其一，责任形式方面，发起人资本充实责任逐渐由无过错责任走向过错责任，即发起人存在故意或过失的情况下才承担相应责任；其二，适用情形方面，有选择性地要求发起人对其他发起人的货币出资或者非货币出资承担责任。

而与域外经验相反，我国发起人资本充实责任从 1993 年《公司法》至今，呈现全面扩张的态势。目前，新《公司法》业已颁布，发起人应当承担资本充实责任已成现实，从立法论视角讨论应否废除发起人资本充实责任意义有限，法律共同体更为重要的使命是合理解释与规范适用新规。我们应当充分认识到，发起人资本充实责任是对有限责任原则的全面挑战，这种例外规则仅在极端情形下才能打破原则，不应过分依赖而须充分警惕通过发起人资本充实责任实现债权人利益保护。鉴于此，笔者认为，在新《公司法》已经明确规定发起人资本充实责任的情况下，有必要从解释论的意义上，充分限缩发起人资本充实责任的适用范围。下文将秉持这一前提认识，从实务工作者视角解析新《公司法》项下的发起人资本充实责任。

三、发起人资本充实责任的实务解析

(一)发起人的概念

1. 学理与实践关于发起人的概念存在争议

发起人资本充实责任主体限于发起人，但学理与实践对于何为发起人尚未

① 参见《德国商事公司法》，胡晓静、杨代雄译，法律出版社 2014 年版，第 83~84 页。

达成共识。学理上主要存在三种观点，一是形式标准说，即发起人系订立公司章程并在章程上签字的人；二是实质标准说，即发起人是参与公司设立筹办活动并对公司设立事务尽主要义务和职责的人；三是折中说，即以公司章程中记载的发起人推定相关主体具备发起人资格，但若有证据证明相关主体确实参与公司设立活动，即便其未在公司章程中签字也应当确认该类主体的发起人资格。①

《公司法》中只有股份有限公司相关规定直接使用"发起人"一词，有限责任公司仅有设立时股东这一概念。笔者认为，虽然《公司法》在有限责任公司和股份有限公司中区分使用"设立时的股东"和"发起人"的概念，但其实两者在主要规则适用上并无实质差异。《公司法解释（三）》第 1 条明确，"为设立公司而签署公司章程、向公司认购出资或者股份并履行公司设立职责的人，应当认定为公司的发起人，包括有限责任公司设立时的股东"。该规定采用"实质 + 形式"标准，提出发起人应当同时具备"签署公司章程""向公司出资""参与公司设立"三种特征，同时，该规定将有限责任公司设立时的股东一并纳入公司法语境下发起人的范围。

2. 有限责任公司设立时股东与股份有限公司发起设立股东为发起人，发起人身份不因股权转让而丧失

关于发起人的界定需要解决的问题有二：一是如何认定取得发起人身份，二是发起人身份是否因为股权转让而丧失。对于发起人的界定应当在"避免发起人资本充实责任滥用"这一共识的指导下进行，同时还应确保概念的准确明晰，以切实解决实务适用难题。而限制发起人资本充实责任的适用范围有两类解释途径，一是限缩发起人这一概念，二是限缩发起人承担资本充实责任的具体情形或者责任大小。但从前文分析来看，如果过度解释发起人这一概念，可能导致的结果是概念本身失去精准，从而无法指导实务适用问题，例如，将不参与设立活动的股东排除在发起人范围外，但何谓不参与设立活动？该股东签署了公司章程能否解释为参与设立公司？诸如此类的问题不胜枚举。鉴于此，笔者认为，限缩发起人资本充实责任不应通过过度解释发起人概念这一路径。具体意见如下：

① 参见薛波：《论发起人转让出资未届期限股权的规制路径——兼评〈公司法〉（修订草案）相关规定》，载《北方法学》2022 年第 2 期。

第一，发起人应当包括有限责任公司设立时股东与股份有限公司发起设立股东。就有限责任公司而言，其只能由股东发起设立，设立时的全体股东共同签署公司章程、向公司认购出资，并参与公司设立活动。虽有观点提出有限责任公司全体设立时股东并非全部都是发起人，那些没有积极参与公司设立、完全消极被动的初始股东不应认定为发起人。[①] 但司法实践中的主流做法是依据公司章程记载设立时的股东名单认定发起人身份，并未进一步探讨初始股东是否参与公司设立等。[②] 对此，笔者认为，以有限责任公司章程记载的设立时全体股东作为发起人这一做法是清晰而明确的，对于发起人资本充实责任的限制，可以通过后文所述的责任范围限制予以实现，如果在发起人这一概念上过多纠缠，并无法对裁判实务形成良好导向。就股份有限公司而言，其设立方式包括发起设立与募集设立，发起设立中全体发起人需要签订发起人协议，而募集设立中仅有部分发起人签订发起人协议，股份有限公司承担发起人资本充实责任的主体限于签订发起人协议的主体。

第二，发起人身份随着公司的设立行为而固定，其所承担的资本充实责任不随着股权转让而丧失。如果发起人在公司设立之后已经对外转让股权，该主体是否仍须承担发起人资本充实责任？实务中对此问题存在截然相反的观点。一种观点认为，发起人资本充实责任不因发起人后来的股权转让行为而解除。另一种观点则认为，发起人转让股权后对公司完全失去控制，甚至无法了解公司实际经营情况，应当不再承担资本充实责任。笔者认为，发起人的资本充实责任不因其转让股权而丧失，这一观点也契合目前司法实践中的多数裁判观点，例如，北京市第四中级人民法院在苏某夫与李某等股东损害公司债权人利益责任纠纷案[③] 中认为，发起人的资本充实义务是为确保公司财产基础的一项严格的法定责任，这种法定责任无法随着股权的移转而发生移转。

---

① 参见朱锦清：《公司法学》（第 2 版），清华大学出版社 2019 年版，第 78 页。

② 参见东莞勤上光电股份有限公司等诉池州市工业发展投资有限公司借款合同纠纷案，最高人民法院（2016）最高法民申 3764 号民事裁定书；谢某康、曾某平等民间借贷纠纷案，四川省高级人民法院（2022）川民再 131 号民事判决书；中国国际企业合作公司等与润木财富投资管理集团有限公司申请执行人执行异议之诉案，北京市高级人民法院（2020）京民终 684 号民事判决书。

③ 参见北京市第四中级人民法院民事判决书，（2020）京 04 民初 966 号。

（二）发起人资本充实责任的范围

1. 发起人连带责任的范围限于公司设立阶段其他发起人需实缴的出资，不包括其他发起人认缴的出资

发起人对其他发起人出资承担连带责任的范围素来是此类案件中争议较大的问题，讨论度较高的一点是，发起人是对其他发起人认缴但未缴足的出资承担连带责任，还是仅对其他发起人在公司设立时需要实缴而未缴足的出资承担连带责任？例如，其他发起人认缴 1200 万元，公司设立时首期实缴 200 万元，公司设立后 5 年内缴足剩余 1000 万元，发起人是对 200 万元承担连带责任，还是对 1200 万元承担连带责任？

对此，司法实践中存在不同意见，多数裁判观点并不区分发起人实缴出资与认缴出资，笼统地认为，发起人应当对其他发起人全部认缴出资承担连带责任。例如，最高人民法院在东莞勤上光电股份有限公司等诉池州市工业发展投资有限公司借款合同纠纷案中即主张："有限责任公司股东可以一次性缴纳出资，也可以分期缴纳出资，但无论是首期出资还是公司成立后的分期出资，均属于公司设立时所确定的股东出资义务。"[①] 发起人连带责任范围包括其他发起人认缴的出资。极少数裁判观点认为，发起人的责任范围限于公司设立阶段即需实缴的出资，而不包括在设立阶段认缴，但可以在公司成立后分期实缴的出资。[②] 例如，上海市金山区人民法院在上海润冉轴承五金有限公司与顾某中等股东损害公司债权人利益责任纠纷案中提出："发起人责任是基于公司设立阶段，发起人之间属于合伙关系，由此，对于设立阶段即需实缴的出资，发起人之间应负有连带责任。除非法律或当事人之间另有特别约定，发起人之间的合伙关系应于公司成立之时即告终止。公司成立后，公司获得独立法人资格，发起人股东获得有限责任的保护，发起人股东与公司之间及发起人股东之间的关系应按照公司章程来处理。因此，在设立阶段认缴、但可以在公司成立后分期实缴的出资，发起人之

① 最高人民法院民事裁定书，(2016)最高法民申 3764 号。

② 参见上海润冉轴承五金有限公司与顾某中等股东损害公司债权人利益责任纠纷案，上海市金山区人民法院(2021)沪 0116 民初 9732 号民事判决书；无锡中浦电气有限公司、王某虎等股东损害公司债权人利益责任纠纷案，江苏省无锡市锡山区(市)人民法院(2022)苏 0205 民初 4952 号民事判决书等。

间不应承担连带责任。”①

笔者赞同少数裁判观点，就有限责任公司而言，在章程没有约定的情况下，发起人连带责任范围限于公司设立阶段其他发起人需实缴的出资，而不包括其他发起人认缴的出资。就股份有限公司而言，考虑新《公司法》要求发起人实缴出资，不存在认缴出资，发起人的连带责任范围为发起人股东应当实缴的出资。

第一，从文义解释视角，依据新《公司法》第 50 条的规定，发起人资本充实责任是指在“有限责任公司设立时”其他发起人未缴足出资而由发起人承担连带责任的情况，从文义上能够解释出确定发起人连带责任范围的时点是在“公司设立时”。对此，全国人民代表大会宪法和法律委员会在《关于〈中华人民共和国公司法（修订草案四次审议稿）〉修改意见的报告》中明确指出，有限责任公司发起人资本充实责任仅适用于设立时股东未实际缴纳出资或实际出资的非货币财产的实际价额显著低于所认缴的出资额的情形。②

第二，从体系解释视角，在股东出资问题上，新《公司法》基本形成了“设立时出资——发起人”“成立后出资或增资——董事”两条相互平行的规则结构：在公司设立阶段，因发起人承担着公司设立职责，由其督促公司设立时的股东出资；而在公司运营阶段，董事实际掌管公司生产运营，由其催缴公司成立后的股东出资。从学理上看，发起人之间仅成立临时合伙关系，这种临时合伙关系在目的达到时自动解除，即一旦公司成立，发起人的临时合伙关系便自动解除，在此情况下其他发起人承担连带责任缺乏合理基础。③

2. 发起人连带责任不包括抽逃出资情形

公司法中关于股东出资存在的问题可分为两类，一类是股东未履行或者未全面履行出资义务，即股东从未履行、部分履行或者瑕疵履行出资义务，包括实物出资价值低于章程定价等，指向的是股东违约责任；另一类是股东抽逃出资，即股东履行出资义务后又通过各种方式将出资抽回，指向的是股东侵权责任。

---

① 上海市金山区人民法院民事判决书，(2021)沪 0116 民初 9732 号。

② 参见全国人民代表大会宪法和法律委员会：《关于〈中华人民共和国公司法（修订草案四次审议稿）〉修改意见的报告》，载中国人大网，http://www.npc.gov.cn/c2/c30834/202401/t20240102_434036.html。

③ 参见周游：《驱散公司发起人连带责任制度的迷雾》，载《暨南学报（哲学社会科学版）》2013 年第 9 期。

从《公司法解释（三）》第 13 条、第 14 条的体系解释来看，未履行或者未全面履行出资行为与抽逃出资行为相互独立，前者并不包含后者。

司法实践中，就发起人连带责任范围是否包括其他发起人抽逃的出资存在争议。这涉及两个层面的问题：一是如何界定其他发起人的行为是属于抽逃出资还是未履行或者未全面履行出资义务；二是发起人应否对其他发起人抽逃出资承担连带责任。

第一，抽逃出资与未履行出资义务的核心区别在于股东是否曾经履行了出资义务。根据《公司法解释（三）》第 12 条的规定，股东实施以下行为且损害公司利益的，可以认定为抽逃出资：（1）制作虚假财务会计报表虚增利润进行分配；（2）通过虚构债权债务关系将其出资转出；（3）利用关联交易将出资转出；（4）其他未经法定程序将出资抽回的行为。

司法实践中，抽逃出资与未履行出资义务的核心争议在于，股东将出资款项转入公司后又立即转出的行为如何界定？一种观点认为，此时股东已经履行了出资义务，转入的款项属于公司资产，股东未经法定程序将该款项转出，属于侵占公司资产的抽逃出资行为。另一种观点则认为，从实质上来看，股东自始至终就不想履行出资义务，其转入又立即转出的行为不能认定为已经履行出资义务，而应当认定为未履行出资义务。对此，笔者认为，出资后又将款项转回属于抽逃出资行为。一方面，从裁判实务上看，2011 年《公司法解释（三）》第 12 条规定了抽逃出资行为包括“将出资款转入公司账户验资后又转出”，因公司资本制度改革取消了验资程序，2014 年《公司法解释（三）》第 12 条中又将该项规定删除，但这并不意味着前述行为不再构成抽逃出资。相反，股东在汇入出资款后立即或在较短时间内将资金转回，是司法实践中最为典型、最为常见的抽逃出资行为。① 另一方面，从逻辑上看，如果以股东出资后又转让款项导致公司实质上没有收到款项为由将该情形认定为未履行出资义务的话，便不存在抽逃出资这一概念，因为在抽逃出资情形下公司永远处于没有实际收到款项的状态。

① 参见郭某生与王某巧民间借贷纠纷案，最高人民法院（2017）最高法民申 4576 号民事裁定书；上海岳扬投资控股（集团）有限公司与曾某强等追收抽逃出资纠纷案，上海铁路运输法院（2022）沪 7101 民初 1240 号民事判决书。

第二，发起人连带责任范围不包括其他发起人抽逃的出资。发起人连带责任的法理基础是民事合伙理论，各个发起人基于发起人协议而相互拘束和彼此担保，公司设立时，发起人实缴出资便已向全体发起人开示，并记载于公司章程，其他发起人对此形成相应预期，互相负有监督出资到位的义务。在此情况下，发起人对其他发起人未履行或未全面履行出资义务承担资本充实责任并不超出全体发起人合意。而抽逃出资是在公司成立后某发起人将原已实缴到位的出资通过各种隐蔽复杂手段抽回，本质上属于侵占公司财产的侵权行为。此时，其他发起人已妥善履行出资监督义务，根本无法预料某一发起人的抽逃出资行为，也难以施以有效措施予以规制，要求其他发起人对抽逃出资承担连带责任过于苛刻。例如，在上海岳扬投资控股（集团）有限公司与曾某强等追收抽逃出资纠纷案中，法院即认为，抽逃出资本质上属于侵占公司财产的侵权行为，发起人作为小股东，对于公司控股股东将已实缴到位的出资又抽回的情况也难以有效规制，要求发起人对其他发起人抽逃出资承担连带责任不符合发起人资本充实责任的法理基础。①

3. 发起人连带责任不包括其他发起人增资部分

根据新《公司法》第 228 条的规定，有限责任公司股东认缴新增资本的出资依照设立公司缴纳出资的规则执行。由此产生的疑惑是，新《公司法》第 50 条是否适用于公司增资情形，即发起人是否要对其他发起人增资部分承担连带责任？

对此，笔者认为，在贯彻“发起人连带责任范围限于公司设立阶段其他发起人需实缴的出资，而不包括其他发起人认缴的出资”这一认识的前提下，发起人自然无须对其他发起人增资部分承担责任，退一步而言，即使认为发起人资本充实责任包括公司设立时其他发起人认缴的出资，多数裁判观点也明确否定发起人对其他发起人的增资承担连带责任。例如，在浙江康美佳鞋业有限公司、张某海等追收未缴出资纠纷案中，法院明确提出：“公司的发起人对瑕疵出资承担连带责任，应当是在公司设立时而不是在公司增资时。”②

---

① 参见上海铁路运输法院民事判决书，（2022）沪 7101 民初 1240 号。

② 浙江省瑞安市人民法院民事判决书，（2021）浙 0381 民初 8846 号。

（三）发起人资本充实责任的溯及力

回顾我国关于发起人资本充实责任的立法进程，不难发现，就有限责任公司而言，1993 年《公司法》仅规定了有限责任公司发起人对其他发起人非货币出资承担责任，2005 年《公司法》对此未做修改，直到 2008 年《公司法解释（二）》发布，才首次明确了有限责任公司发起人对其他发起人货币出资承担责任。就股份有限公司而言，1993 年《公司法》并未规定股份有限公司的发起人资本充实责任，2005 年《公司法》才首次予以规定。由此引发的问题是，在 2008 年之前设立的有限责任公司、在 2005 年之前设立的股份有限公司的发起人是否需要承担资本充实责任？这涉及溯及力问题。

以法律对其施行之前的事件或行为是否适用为判断标准，如果适用，则具有溯及力，如果不适用，则不具有溯及力。就法律而言，原则上，法律不溯及既往，这是因为法律不能苛求公民遵守尚未施行的规则，而应当保护公民对实定法的期待信赖利益。而就司法解释而言，相较于法律，司法解释的溯及力问题更为复杂，通常理解，司法解释应当溯及至被解释的法律施行之日，因为司法解释“是对如何正确理解和执行法律的具体规定，其内容是法律的已有或应有之义，因而不具有独立的法律地位，应该具有被解释法律的法律效力。在时间上，应当回溯至被解释法律施行之日发生作用”①。但从我国司法实践来看，司法解释发挥的功能远远不止法律解释，在不少场合，司法解释还发挥着法律补充的作用，即在法律没有作出规定，存在法律漏洞的情况下，司法解释通过造法填补漏洞。笔者认为，就法律解释型的司法解释，应当溯及至被解释的法律施行之日，而就法律补充型的司法解释，应当同法律本身一致，不具有溯及力。

具体至发起人资本充实责任，就股份有限公司而言，鉴于 2005 年《公司法》才规定了发起人需要承担连带责任，此后数次《公司法》的修改和相关司法解释的发布对此几乎未做变更，因此 2005 年之前成立的股份有限公司的发起人不应对其他发起人承担资本充实责任。最高人民法院在莱州市高新投资有限责任公司等与烟台银行股份有限公司等借款担保合同纠纷案中即持该观点：“本案是关

① 杨登峰：《民事、行政司法解释溯及力新模式评析——兼论民事、行政司法解释的溯及力》，载《法学研究》2007 年第 2 期。

于担保行为发生时公司发起人对于其他发起人应缴付的出资是否承担连带责任的认定问题，故应当适用担保合同订立时的法律规定，即 2004 年 8 月 28 日修订施行的《公司法》。因该法并未就发起人连带责任作出规定，而承担连带责任应以法律明确规定为前提，故高新投资公司、周某刚在本案中不应因其系公司发起人而对盐业集团未缴足的出资承担连带责任。”①

而就有限责任公司而言，2008 年《公司法解释（二）》发布，才首次明确了有限责任公司发起人对其他发起人货币出资承担责任，该司法解释填补了法律关于有限责任公司发起人资本充实责任的空白，属于法律补充型的司法解释，不具有溯及力。换言之，2008 年之前成立的有限责任公司发起人对其他发起人货币出资不承担资本充实责任。在陕西泾阳鼎源资产投资咨询有限公司与武某、西安市天润城市绿化建设有限公司追偿权纠纷案中，法院即提出：“东升公司成立于 1999 年 8 月 3 日，发起人武某、天润公司转让股权的时间是 2003 年 8 月 8 日，而当时的《公司法》未规定公司发起人对于公司不能清偿债务在未出资范围内承担连带责任。《最高人民法院关于适用〈中华人民共和国公司法〉若干问题的规定（二）》《最高人民法院关于适用〈中华人民共和国公司法〉若干问题的规定（三）》分别于 2008 年和 2011 年颁布实施，在内容上对公司发起人创设了连带责任，并赋予了公司债权人可以追究发起人连带责任的新的实体权利。按照法不溯及既往原则，不应剥夺公司发起人的期限利益，《最高人民法院关于适用〈中华人民共和国公司法〉若干问题的规定（二）》《最高人民法院关于适用〈中华人民共和国公司法〉若干问题的规定（三）》对本案中公司发起人武某、天润公司不应当具有溯及力。”②

四、小结

综上所述，新《公司法》项下发起人资本充实责任规则仍存一定争议，此类争议便是纠纷起源。为降低公司运营风险，以免发起人承担过重责任，笔者建议：

① 最高人民法院民事判决书，（2012）民提字第 113 号。

② 陕西省西安市中级人民法院民事裁定书，（2020）陕 01 民终 4861 号。

第一，可在公司章程中明确发起人的责任范围。如前文所述，发起人的责任范围素有争议，在法律规定存在解释空间的情况下，当事人的意思表示对诉讼发展方向将发挥举足轻重的作用，而公司章程作为发起人意思表示和公司自治规则的载体，其作用更是不容小觑。若发起人愿意限缩资本充实责任的适用范围，因该责任属于法定责任不可完全免除，发起人可在公司章程中明确资本充实责任仅包括首期实缴出资。若发起人之间愿意共担风险以彰显公司实力，可以在公司章程中明确发起人对其他发起人全部认缴出资承担连带责任。

第二，可通过合理分配首期实缴与后续认缴出资比例、公司成立后再增资等方式设置发起人资本充实责任范围。如前文所述，发起人就公司设立时其他发起人首期实缴出资负有连带责任，为避免这一法定责任过度打击合作伙伴的创业热情，同时保持公司资本信用，可考虑合理设置首期实缴与后续认缴出资比例，如注册资本共为 1 亿元，首期实缴为 100 万元，后续认缴 9900 万元，对于后续认缴部分，不应由发起人承担连带责任。

专题二

五年为限：有限责任公司限期认缴制的理解与适用

公司资本制度的改革系本次《公司法》修订的重点内容，其中争议最大之处莫过于将有限责任公司注册资本从完全认缴制改为 5 年内限期认缴制。新《公司法》有意从源头上解决完全认缴制项下股东随意认缴、期限过长、肆意延期的商业乱象。殊值探讨的是，新法能否实现前述制度功能？是否制造了新的司法难题？本专题尝试在回顾立法演变的基础上，对新法与旧规的衔接、新法条文的构成要件等问题进行讨论。

一、注册资本缴纳制度的立法演变

总体而言，我国公司注册资本缴纳管制的趋势为"从严到宽——从宽转严"。[①] 公司资本缴纳制度包括实缴制与认缴制，[②] 实缴制下，股东或发起人应当在公司成立前足额缴纳出资或首期出资，出资期限必须符合法律规定；认缴制下，股东或发起人可以在公司章程中自主约定出资总额、出资期限等。

1993 年《公司法》采纳了最为严格的资本实缴制。该法在四个方面设定了严苛的出资管制规则：第一，有限责任公司股东或股份有限公司发起人须在公司成立前一次性缴足出资；第二，有限责任公司的注册资本按照其行业不得低于法律规定的最低限额，股份有限公司注册资本最低限额为 1000 万元；第三，无论是有限责任公司还是股份有限公司，股东的非货币出资比例均不能超过注册资本的 20%；第四，股东或发起人缴足股款后须经法定验资程序。然而，严格的实缴

---

① 参见朱慈蕴：《有限责任公司全面认缴制该何去何从？——兼评〈公司法（修订草案三审稿）〉第 47 条》，载《现代法学》2023 年第 6 期。

② 参见施天涛：《公司法论》，法律出版社 2014 年版，第 179 页。

制在过往运行过程中制造了诸多问题，并未真正发挥保护债权人利益的预设功能。一方面，公司无法根据复杂多变的现实经营需要增加或调整资本，灵活筹资之需求未得到满足，导致运营丧失灵活性，严重阻碍了资本市场的健康发展；另一方面，为盘活资金利用效率，商业实践中涌现了大量出资款项经法定验资程序后又立即转出的案例。

2005 年《公司法》在坚持资本实缴制的基础上，放宽了法律管制。主要体现在两个方面：一是允许有限责任公司股东、股份有限公司发起人分期缴纳出资，首期实缴出资不得低于注册资本的 20%，剩余认缴出资在 2 年内缴足，投资公司在 5 年内缴足。二是降低注册资本最低限额，有限责任公司为 3 万元，股份有限公司为 500 万元。

2013 年《公司法》进一步放宽管制，公司注册资本缴纳制度转为完全认缴制。2013 年《公司法》取消了对出资期限和最低注册资本的限制，也不再设定股东首期实缴出资比例，废除了强制验资规定，将出资缴纳问题完全交由公司自治。完全认缴制在激发市场活力的同时，[①] 也暴露出注册资本设置不合理、出资期限明显过长等不利于债权人利益保护的问题。[②]

新《公司法》将有限责任公司资本完全认缴制转为限期认缴制，并确立股份有限公司资本实缴制。在放松资本管制与维护资本充实之间，新法选择压实股东出资责任、强化债权人利益保护。一方面，新法第 47 条要求有限责任公司全体股东认缴的出资应当自公司成立之日起 5 年内缴足；另一方面，新法第 98 条明确股份有限公司发起人应当在公司成立前全额缴纳股款。事实上，前述规定在《公司法（草案一）》《公司法（草案二）》中均未出现，《公司法（草案三）》突然新增上述规定一度引发了巨大争议，但最终出台的新《公司法》仍然力排众议，保留了相关规定。

我国注册资本缴纳制度的立法演进和规范演变，分别参见图 2-2、表 2-2。

---

① 参见李建伟：《授权资本发行制与认缴制的融合——公司资本制度的变革及公司法修订选择》，载《现代法学》2021 年第 6 期。

② 参见刘迎霜：《资本认缴制：股东出资自由与公司资本自治》，载《政治与法律》2023 年第 8 期。

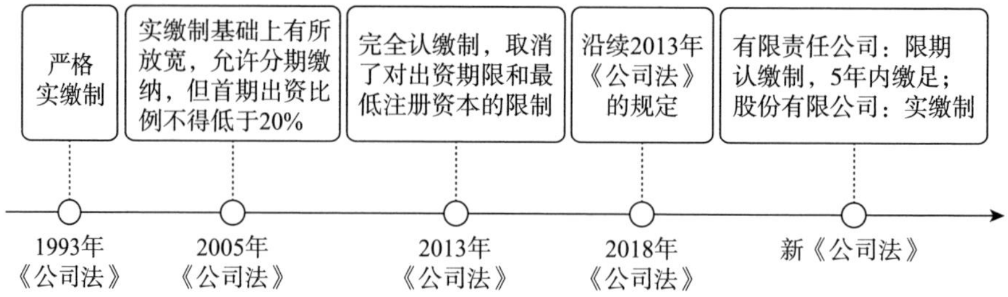

图 2-2　注册资本缴纳制度的立法演进

表 2-2　注册资本缴纳制度的规范演变

法律规定	条文内容
1993 年《公司法》	**第 23 条**　有限责任公司的注册资本为在公司登记机关登记的全体股东实缴的出资额。 有限责任公司的注册资本不得少于下列最低限额： (一)以生产经营为主的公司人民币五十万元； …… **第 24 条**　股东可以用货币出资，也可以用实物、工业产权、非专利技术、土地使用权作价出资。对作为出资的实物、工业产权、非专利技术或者土地使用权，必须进行评估作价，核实财产，不得高估或者低估作价。土地使用权的评估作价，依照法律、行政法规的规定办理。 以工业产权、非专利技术作价出资的金额不得超过有限责任公司注册资本的百分之二十，国家对采用高新技术成果有特别规定的除外。 **第 78 条**　股份有限公司的注册资本为在公司登记机关登记的实收股本总额。 股份有限公司注册资本的最低限额为人民币一千万元。股份有限公司注册资本最低限额需高于上述所定限额的，由法律、行政法规另行规定。 **第 80 条**　发起人可以用货币出资，也可以用实物、工业产权、非专利技术、土地使用权作价出资。对作为出资的实物、工业产权、非专利技术或者土地使用权，必须进行评估作价，核实财产，并折合为股份。不得高估或者低估作价。土地使用权的评估作价，依照法律、行政法规的规定办理。 发起人以工业产权、非专利技术作价出资的金额不得超过股份有限公司注册资本的百分之二十。
2005 年《公司法》	**第 26 条**　有限责任公司的注册资本为在公司登记机关登记的全体股东认缴的出资额。公司全体股东的首次出资额不得低于注册资本的百分之二十，也不得低于法定的注册资本最低限额，其余部分由股东自公司成立之日起两年内缴足；其中，投资公司可以在五年内缴足。 有限责任公司注册资本的最低限额为人民币三万元。法律、行政法规对有限责任公司注册资本的最低限额有较高规定的，从其规定。 **第 81 条**　股份有限公司采取发起设立方式设立的，注册资本为在公司登记机关登记的全体发起人认购的股本总额。公司全体发起人的首次出资额不得低于注册资本的百分之二十，其余部分由发起人自公司成立之日起两年内缴足；其中，投资公司可以在五年内缴足。在缴足前，不得向他人募集股份。

续表

法律规定	条文内容
	股份有限公司采取募集方式设立的，注册资本为在公司登记机关登记的实收股本总额。 股份有限公司注册资本的最低限额为人民币五百万元。法律、行政法规对股份有限公司注册资本的最低限额有较高规定的，从其规定。
2013年《公司法》	**第26条**　有限责任公司的注册资本为在公司登记机关登记的全体股东认缴的出资额。 法律、行政法规以及国务院决定对有限责任公司注册资本实缴、注册资本最低限额另有规定的，从其规定。 **第80条**　股份有限公司采取发起设立方式设立的，注册资本为在公司登记机关登记的全体发起人认购的股本总额。在发起人认购的股份缴足前，不得向他人募集股份。 股份有限公司采取募集方式设立的，注册资本为在公司登记机关登记的实收股本总额。 法律、行政法规以及国务院决定对股份有限公司注册资本实缴、注册资本最低限额另有规定的，从其规定。
新《公司法》	**第47条**　有限责任公司的注册资本为在公司登记机关登记的全体股东认缴的出资额。全体股东认缴的出资额由股东按照公司章程的规定自公司成立之日起五年内缴足。 法律、行政法规以及国务院决定对有限责任公司注册资本实缴、注册资本最低限额、股东出资期限另有规定的，从其规定。 **第98条第1款**　发起人应当在公司成立前按照其认购的股份全额缴纳股款。 **第266条**　本法自2024年7月1日起施行。 本法施行前已登记设立的公司，出资期限超过本法规定的期限的，除法律、行政法规或者国务院另有规定外，应当逐步调整至本法规定的期限以内；对于出资期限、出资额明显异常的，公司登记机关可以依法要求其及时调整。具体实施办法由国务院规定。

二、限期认缴制的理论阐释

（一）出资缴纳制度的域外经验

有限责任公司出资缴纳制度，域外法上主要存在三种模式，分别是全额实缴制、限期缴纳制、分期缴纳制，[①] 具体分述如下。

1. 全额实缴制

全额实缴制要求股东在公司成立前全额缴纳出资，以日本非公开公司出资

① 参见林一英：《公司注册资本认缴登记制的完善》，载《国家检察官学院学报》2023年第6期。

缴纳制度最为典型。1948年以前，《日本商法典》实行的是股东出资分期缴纳制度，仅要求股东第一次出资金额不得低于股本总额的1/4，股东的其他出资要求由公司章程确定或由董事会决定。但这一制度受到众多批判，1948年日本废除了分期缴纳制度，改为全额实缴制。[①]《日本公司法》第578条规定，份额公司股东须在章程制作后至公司设立登记前全额缴纳出资。同时，该法第604条明确，投资者加入公司的，在其完成缴纳出资后才能成为股东。[②]

2. 限期缴纳制

限期缴纳制项下，法律一般对公司股东的出资期限或出资数额等作出一定限制。典型者如德国有限责任公司的出资缴纳规则。《德国有限责任公司法》第7条规定，公司成立时股东就认缴的股份必须至少缴纳1/4的股金，现金出资总数必须至少达到章程规定的初始资本金总数的1/2。[③]

3. 分期缴纳制

分期缴纳制不再要求股东在公司成立前缴足出资，由董事会根据经营情况进行催缴。典型者如《德国股份法》第54条、《英国2006年公司法》第549条等。以《美国特拉华州普通公司法》为例，该法并未对股东出资时间与出资数额作出限制，仅在第163条明确，股东应当按照董事会要求的数额和期数支付股款，在股东支付期限届满后，董事会可以催缴。[④]

（二）限期认缴制的实践需求

新《公司法》将有限责任公司资本缴纳制度从完全认缴制转为限期认缴制，实践中对这一变化不乏质疑之声，有观点认为这是法律的倒退，将导致商事主体在完全认缴制下逐渐建立的资产信用理念又一夜回归资本信用理念，沉重打击万众创业的市场活力。[⑤]但客观而言，旧法项下的完全认缴制存在固有弊端，新法

---

① 参见饭田秀综、温笑侗：《一段往事：日本废除股东出资认缴制》，载微信公众号“北京大学金融法研究中心”2024年1月7日，https://mp.weixin.qq.com/s/ft6Y94Qj7QiA-wNsT8A7oQ。

② 参见［日］前田庸：《公司法入门》（第12版），王作全译，北京大学出版社2012年版，第9页。

③ 参见《德国商事公司法》，胡晓静、杨代雄译，法律出版社2014年版，第28页；高旭军：《中德公司资本认缴制比较及德国法的启示》，载邱勇总编，蔡建春、王红主编：《证券法苑》（第37卷），法律出版社2022年版，第27~48页。

④ 参见《特拉华州普通公司法》，徐文彬等译，法制出版社2010年版，第61~62页。

⑤ 参见黄辉：《新公司法正式通过 意义重大 问题犹存：公司法修订的三大争议点》，载微信公众号“黄辉商法研究”2023年12月31日，https://mp.weixin.qq.com/s/Pj5t6ZiqcxSWrcjX5vrQPg。

确立限期认缴制有其现实需求。

首先，注册资本完全认缴制沦为股东逃避出资责任、损害债权人利益的工具。注册资本完全认缴制项下，大量企业并未按需据实设定出资数额与认缴期限，实践中不乏出资期限动辄几十年甚至上百年、出资数额少至1元多至万亿元的案例。公司注册资本不可避免地在一定程度上误导债权人对公司偿债能力的判断，客观上催生了大量出资相关纠纷，① 自2013年完全认缴制出台至今，债权人要求股东出资加速到期的案件呈几何倍数增长。以"出资""加速到期"为关键词，用"同句"模式进行检索，2014年的相关案件仅为个位数，到2022年，案件数量已超过6000件。可见，债权人与股东之间因完全认缴制引发的矛盾已给后端的司法系统带来沉重负担，从前端的立法对此加以适当规制，或是更为经济可行的方案。

其次，注册资本完全认缴制无益公司长期发展，有碍营商环境质量建设。资本完全认缴制建立于股东能够根据公司现实需求合理缴纳出资、及时纾困输血的前提认识，但这一认识与实际情况并不相符。现实中股东一方面为提升公司资本信用而虚报高额注册资本，另一方面又将个人利益凌驾于公司利益之上，尽可能延长出资周期以规避个人责任。② 资本完全认缴制虽然激发了市场活力，大大增加了我国市场主体的绝对数量，但数量不能决定质量，大量认而不缴的空壳公司、存而不活的"僵尸企业"滥竽充数，不利于我国优化营商环境质量。

鉴于此，新《公司法》要求有限责任公司股东5年内缴足出资。立法机关与多数学者将新法确立的出资缴纳规则称为限期认缴制，这是一种介于完全认缴制与严格实缴制之间的出资缴纳制度，它不要求股东一次性缴足出资，不设定首期实缴出资比例，也不强制法定验资程序，但明确限定股东认缴出资期限为5年以内。新法仍对出资缴纳施以一定程度的法律管制，在这个意义上，究竟将新法确立的出资缴纳规则界定为认缴制还是实缴制，有一定争议空间，但这种称呼的争议更多是一种文字游戏，取决于各方如何理解认缴制与实缴制。目前，新法既成定局，在立法论意义上讨论限期认缴制的存废之争意义有限，下文将从解释论视

---

① 参见朱慈蕴：《有限责任公司全面认缴制该何去何从？——兼评〈公司法（修订草案三审稿）〉第47条》，载《现代法学》2023年第6期。

② 参见蒋大兴：《质疑法定资本制之改革》，载《中国法学》2015年第6期。

角对新法出资缴纳规则的实务适用进行解读。

三、限期认缴制的实务解析

（一）确立有限责任公司注册资本限期认缴制

新《公司法》第47条分为两款，第1款规定了一般情形，即有限责任公司股东认缴出资应当自公司成立之日起5年内缴足。第2款规定了特殊情形，即法律、行政法规或国务院对有限责任公司出资缴纳另有规定的，从其规定。同时，新《公司法》第228条明确，有限责任公司增资按照缴纳出资的相关规定执行。

一般情形下，有限责任公司股东认缴出资期限的起算时点为公司成立之日，最长认缴出资期限不得超过5年。根据新《公司法》第33条的规定，公司营业执照签发之日为公司成立之日。5年的期限设置，则是为了与我国公司的平均寿命相匹配。官方数据显示，我国大量公司的存续期限不超过5年。[①] 也就是说，限定出资期限为5年并不会对此类存续期间有限的公司产生实际影响，至于存活超过5年的公司，则须接受新法出资缴纳制度的检验。

特殊情形下，法律、行政法规或国务院可以对有限责任公司的出资期限、实缴出资、最低出资限额等另作规定。在2013年《公司法》实行资本完全认缴制的情况下，法律、行政法规或国务院仍对银行金融机构、证券公司、保险公司、融资性担保公司等27类公司的出资缴纳实行特别监管，新《公司法》确立资本限期认缴制后，不排除法律、行政法规或国务院进一步强化对此类公司出资缴纳的监管力度。

新《公司法》第228条规定，公司新增注册资本时，股东认缴新增资本的出资依照设立公司时缴纳出资的规则执行。据此，有限责任公司增资应当适用限期认缴制，股东应当自认缴增资之日起5年内完成出资。

（二）明确限期认缴制适用于存量公司

以法律对其施行之前的事件或行为是否适用为判断标准区分法律的溯及力。

---

① 参见《工商总局近日发布全国内资企业生存时间分析报告》，载中华人民共和国中央人民政府网，https://www.gov.cn/gzdt/2013-07/30/content_2458145.htm。

原则上，法律不溯及既往，这是因为法律不能苛求公民遵守尚未施行的规则，而应当保护公民对实定法的信赖利益。但当新法能够更好地保护公民利益、维护社会经济秩序、填补法律漏洞等时，法律例外溯及既往。

就新《公司法》限期认缴制能否溯及适用于存量公司，各界一度存在争议。有观点主张不溯及适用，因为此类存量公司在设立登记时的法律并未设定认缴期限，突然要求股东限期出资，将打破公民对法律的稳定预期。亦有观点主张溯及适用，认为限期认缴制有利于维护公司资本充实、保护债权人利益。

新《公司法》最终在第 266 条明确，新法施行前已登记设立的存量公司，应当逐步将出资期限调整至法定期限以内，对于出资期限、出资额明显异常的公司，登记机关可以依法要求其及时调整。这一举措是为了构建法律适用的统一性，强化交易秩序的稳定性。据国家市场监管总局的统计，2014 年至 2023 年 11 月底，我国新增登记注册的公司数量为 3536 万户，公司数量总计达到 4839 万户，若如此庞大的存量公司不溯及适用限期认缴制，极易造成市场主体辨识存量公司与新设公司的交易成本激增，存量公司成为备受青睐的“壳”资源。

（三）存量公司关于出资期限的调整

在新《公司法》明确存量公司适用限期认缴制后，需要进一步探讨的问题是，哪些存量公司需要调整出资期限，又应如何调整出资期限。

1. 对于“出资期限超过本法规定的期限”的不同理解

新《公司法》第 266 条规定“出资期限超过本法规定的期限”的公司应逐步将出资期限调整至新《公司法》规定的期限以内。对于“出资期限超过本法规定的期限”存在不同的解读方式。如果遵循严格的文义解释，即出资期限超过 5 年，且缴纳出资的期限晚于新法施行之日的都需调整；但此种解读难免过度打击市场主体的法律预期。不过，市场监管总局在目前的指导性文件中并未采取此种严格解释，而是为公司留下了较为宽裕的过渡期。

具体来说，市场监管总局 2024 年 2 月 6 日发布的《国务院关于实施〈中华人民共和国公司法〉注册资本登记管理制度的规定（征求意见稿）》的核心内容包括：第一，设置 3 年过渡期 +5 年出资期限，意见稿明确为存量公司适用新《公司法》关于出资期限相关规定预留了 3 年的过渡期，即股东认缴出资期限超过 5

年的存量有限责任公司，应当于新《公司法》施行之后3年过渡期内将剩余出资期限调整至5年内。换言之，实际上出资期限超过2032年6月30日的有限责任公司才需要调整，调整方式是将出资期限调整到2032年6月30日前。第二，明确出资期限、出资额异常的判定方式，对于出资期限30年以上、出资额10亿元以上的公司，如果登记机关研判认为其存在异常，经省级市场监管部门同意后，可要求公司在6个月内调整出资期限、出资额。如果设立有限责任公司存在注册资本明显过高的情形，登记机关可直接不予登记。第三，为特殊类型公司的出资期限设置例外，意见稿规定，对承担国家重大战略任务、关系国计民生，或者涉及国家安全、重大公共利益的公司，经国务院主管部门或者省级以上人民政府同意，可以按原有出资期限出资。

2. 修改出资期限的具体程序

司法实践中，就有限责任公司能否以股东会多数决方式修改股东出资期限问题素有争议，双方代表性观点如表2-3所示。

表2-3　关于修改出资期限的不同观点

观点	理由
支持观点[1]	1. 公司章程中约定的股东出资期限是缴纳出资的最晚日期，股东的出资义务只是暂缓而非永久免除，在公司经营出现显著变化时，应允许公司及其债权人要求公司股东提前缴纳出资，维持公司资本，保障交易安全
	2. 股东会基于经营需要要求全体股东同比例提前出资，各股东权利义务对等，并非大股东利用控制地位逼迫小股东提前出资的情形
反对观点[2]	1. 股东的出资期限利益系公司各股东的法定权利，如允许公司股东会以多数决的方式决议修改出资期限，则占资本多数的股东可随时随意修改出资期限，从而剥夺其他中小股东的合法权益
	2. 股东出资期限系公司设立或股东加入公司成为股东时，公司各股东之间形成的一致合意，但本质上属于各股东之间的一致约定，而非公司经营管理事项。除法律规定或存在其他合理性、紧迫性事由需要修改出资期限的情形外，不能由股东会通过多数决的方式变更

[1]参见许某聿与江苏德力欣新能源有限公司股东出资纠纷案，江苏省高级人民法院（2019）苏民申3670号民事裁定书。

[2]参见鸿大（上海）投资管理有限公司与姚某城公司决议纠纷案，上海市第二中级人民法院(2019)沪02民终8024号民事判决书；葛某炯与上海佳兆业体育发展有限公司公司决议效力确认纠纷案，上海市第一中级人民法院（2019）沪01民终6865号民事判决书。

笔者认为，原则上公司不能以股东会多数决的方式修改股东出资期限。**包括出资期限在内的出资安排本质上属于股东与股东之间、股东与公司之间的契约，[①] 调整出资期限并非公司经营管理事项，原则上不属于股东会的职权范围。**就新《公司法》项下，存量公司因法定要求而修改出资期限这一具体事由，可按下述方式处理：

若为了实现法定要求而将出资期限调整至法律允许的最长期限内，可通过股东会多数决的方式修改出资期限。例如，如果国务院要求存量公司至少将出资期限提前至2032年6月30日前，公司计划按照规定调整至2032年6月30日前，此类情况可由股东会多数决方式确定股东出资期限，有限责任公司相应修订公司章程并办理公司登记。

若出资期限的提前幅度超过了法律要求的范围，不能通过股东会多数决方式决定。例如，如果国务院只要求存量公司股东将出资期限提前至2032年6月30日前，但大股东希望将全体股东的出资期限提前到2032年6月30日前，小股东对此持反对意见的，此时，不能通过股东会多数决的方式牺牲小股东享有的出资期限利益。笔者认为，此类出资期限的调整需股东各自与公司达成合意，股东之间无权彼此干预。当然，如果全体股东一致同意将出资期限调整至某个时点，也可以股东会决议的形式将此种合意记载下来，但此时的股东会决议实际上仅是记录各个股东与公司合意的载体。

（四）限期认缴制下存量公司的其他应对方式

一是补足出资。对于具备资金实力、监管部门对注册资本有一定要求的有限责任公司，可选择在新法施行后逐步补足出资。就补足出资的期限而言，目前市场监管总局在意见稿中明确过渡期为3年的情况下，最晚应为2032年6月30日，若国务院设定一定过渡期间，最晚出资期限相应顺延。

二是变更出资方式。司法实践中，就股东出资方式能否变更存在争议，主流裁判观点支持股东变更出资方式，但也有部分裁判观点对此持反对意见。例如，在苏州淘玉网络科技有限公司与朱某靖股东出资纠纷案中，法院认为，变更出资

① 参见叶林：《公司股东出资义务研究》，载《河南社会科学》2008年第4期；徐强胜、王亚霈：《从个人信用走向制度信用——基于公司法认缴制改革的观察》，载《经贸法律评论》2019年第1期。

方式不是股东意思自治范畴。[①] 但笔者认为，法律并未禁止股东变更出资方式，若股东以合法出资形式、合理交易对价变更出资方式，并不有损公司资本充实。新《公司法》第 48 条明确规定，股权、债权可作为非货币财产出资，新法实施后，若有限责任公司股东原以货币方式认缴出资的，可以考虑根据自身需求，变更出资方式，以股权、债权、知识产权、土地使用权、实物等多种非货币财产完成出资。**就变更出资方式的具体程序而言，因此类事项变更属于股东与其他股东之间、股东与公司之间的出资合意变更，谨慎而言，需要全体股东一致同意，并办理相应工商变更登记。**

三是减资。新《公司法》区分实质减资与形式减资，分别规定了普通减资程序与简易减资程序。此外，为配套新《公司法》的实施，市场监管总局公布的《国务院关于实施〈中华人民共和国公司法〉注册资本登记管理制度的规定（征求意见稿）》第 5 条新增过渡期内存量公司减少认缴出资的特殊减资程序。因此，新《公司法》及其配套措施一共提供了 3 类减资程序。

就新《公司法》施行后过渡期内存量公司减少认缴出资的减资，应当适用前述意见稿第 5 条规定的特殊减资程序，即存量公司在过渡期内减少认缴出资的，符合以下条件的，公司可以通过国家企业信用信息公示系统向社会公示 20 日，公示期内债权人没有提出异议的，公司凭申请书、承诺书办理注册资本变更登记。该规定设置的三个条件为：(1) 不存在未结清债务或者债务明显低于公司已实缴注册资本等情形；(2) 全体股东承诺对减资前的公司债务在原有认缴出资额范围内承担连带责任；(3) 全体董事承诺不损害公司的债务履行能力和持续经营能力。于存量公司股东而言，上述特殊减资程序的实质结果是，公司减资后该股东仍以原认缴出资为限对存量公司在减资前的债务承担责任，以新认缴出资为限对存量公司在减资后产生的债务承担责任。

此前有观点认为，如果公司为满足“五年缴足”的规定进行减资，债权人可能借此机会要求公司提前清偿债务，导致公司丧失债务偿还的期限利益，给存量公司造成过大压力。故如果存量公司为满足新《公司法》“五年缴足”的规定实施减资、不向股东返还出资的，可仿照简易减资程序，免除向债权人提前清偿的

① 参见江苏省苏州市中级人民法院民事判决书，(2018) 苏 05 民终 5231 号。

步骤。但这一观点并未被国家市场监管总局采纳，笔者赞同国家市场监管总局的处理。笔者认为，考虑到股东对公司负担的出资债务实质上也构成股东向公司债权人作出的单方允诺之债，在免除股东认缴出资义务的同时取消"提前清偿债务或要求提供担保"的债权人保护措施，虽然有利于实现法律对过长认缴期限进行约束和调整的目的，但若此种减资导致公司丧失或者可能丧失偿付已到期以及即将在未来一定期限内到期债务的能力，则这样的调整完全背离了原本保护债权人利益的功能期待，未见合理。

四是股权转让。商业实践中，不乏存量公司股东基于限期认缴制的压力，对外转让股权。但股权虽转，责任难转，根据新《公司法》第 88 条的规定，股东转让未届期股权的，由受让人承担出资义务，转让人承担补充责任，股东转让已届期股权的，转让人与受让人承担连带责任。

五是注销。在新《公司法》下，公司注销的方式有两种，(1)普通注销，此种方式须成立清算组，对公司财产进行清算，并进行公示，随后在市场监管、税务部门办理注销手续。(2)简易注销，此种方式适用于在存续期间未产生债务，或已清偿全部债务的公司。公司须在国家企业信用信息公示系统公告注销信息，公告期满后无异议的，即可向登记机关申请注销登记。但注销无法承担调整出资期限的功能，首先，针对普通注销，依据《公司法解释(二)》第 22 条第 1 款的规定，"公司解散时，股东尚未缴纳的出资均应作为清算财产。股东尚未缴纳的出资，包括到期应缴未缴的出资，以及依照公司法第二十六条和第八十条的规定分期缴纳尚未届满缴纳期限的出资"；其次，针对简易注销，其仅适用于在存续期间未产生债务或已清偿全部债务的公司，若公司未负担任何债务，则完全可以通过普通减资完成出资期限的调整。

四、小结

新法全面维护公司资本充实，大力强化股东出资义务，为债权人利益保护供给周全制度，除 5 年认缴出资期限规则外，债权人还可通过以下配套措施落实自身权益。

(一)债权人追究股东责任

一是通过出资义务加速到期要求现股东履行出资责任。根据新《公司法》第

54 条规定，如果公司不能清偿到期债务，债权人有权要求未届出资期限的股东提前缴纳出资，债权人在诉请公司清偿债务时，可一并将相关股东列为被告。

二是通过股权转让出资责任规则要求原股东承担相应责任。根据新《公司法》第 88 条的规定，股东转让未届期股权的，由受让人承担出资义务，转让人承担补充责任；股东转让已届期股权的，转让人与受让人承担连带责任。如果公司现行股东无力清偿，债权人可考虑将前手转让股东一并列为被告。

三是通过发起人资本充实规则要求发起人承担相应责任。根据新《公司法》第 50 条、第 99 条的规定，发起人对设立时其他发起人实缴出资承担连带责任。在公司发起人股东明显缺乏清偿能力时，债权人可考虑要求其他发起人股东承担连带责任。

四是适用减资规则要求违法减资股东恢复原状。根据新《公司法》第 226 条的规定，股东违法减资的，应当承担返还资金等恢复原状义务，给公司造成损失的，股东还应当赔偿损失。若公司存在未通知债权人等违法减资行为，债权人可依据新《公司法》第 226 条的规定要求违法减资股东承担返还责任。

五是适用利润分配规则要求违法分配股东恢复原状。根据新《公司法》第 211 条的规定，公司违法分配利润的，股东应当退还分配的利润，给公司造成损失的，股东还应当赔偿损失。若公司存在不具备利润分配条件而违法分配利润的情况，债权人可据此要求违法分配利润的股东返还相应款项。

六是适用抽逃出资规则要求股东返还出资。根据新《公司法》第 53 条的规定，股东抽逃出资的，应当返还抽逃的出资，给公司造成损失的，股东还应当赔偿损失。若债权人发现股东有抽逃出资行为的，可据此要求该股东返还出资。

七是适用注销规则要求股东承担相应责任。根据新《公司法》第 240 条的规定，如果公司在经营期间没有产生债务或已经清偿全部债务，在全体股东承诺对公司或有债务承担责任的情况下，公司可以简易程序注销公司登记。若公司注销之后被发现存在债务的，债权人可以要求对此作出承诺的股东承担相应责任。

（二）债权人追究董事责任

一是追究董事清算责任。根据新《公司法》第 232 条、第 238 条等的规定，如果董事未及时履行清算义务或怠于履行清算职责，给债权人造成损失的，应当承担赔偿责任。

二是追究对公司资本充实的责任。新《公司法》规定，董事未履行催缴出资义务、协助抽逃出资、违法提供财务资助、违法进行利润分配、违法进行减资的，应当承担赔偿责任。若公司董事存在前述情形，第三人因对公司享有债权，可以通过代位权等制度进而对公司董事享有请求权，要求董事承担相应责任。

（三）债权人追究实际控制人责任

新《公司法》第180条和第192条新增事实董事和影子董事规则。事实董事，是指虽不具有董事头衔，但实际执行董事职务之人；影子董事，是指公司董事执行公司事务时遵循其安排、听从其指令之人。[①] **如果公司实际控制人构成事实董事或影子董事，债权人可按照追究董事责任的行权路径，追究实际控制人的责任。**

① 参见刘斌：《重塑董事范畴：从形式主义迈向实质主义》，载《比较法研究》2021年第5期。

专题三

快慢不由人：出资义务加速到期的常态化

2013 年《公司法》确立的完全认缴制，在激发市场活力的同时，[①] 也产生了巨大的制度成本。[②] 无约束的出资期限成为股东逃避出资义务的工具，加剧了公司自治与交易安全之间的紧张关系。股东的出资期限利益与债权人利益保护，恰似天平的两端，一端以公司自治与鼓励创业为导向，另一端则以法律管制与资本充实为原点，二者之间天然的矛盾与微妙的平衡决定了对公司自治行为的规制必要。

既有的破产、清算机制对于实现债权人权益和制衡公司自治的作用有限，故需进一步限制股东期限利益，出资义务加速到期规则应运而生。股东出资义务加速到期，是指在一定条件下，已认缴出资但未届出资期限的股东提前缴纳出资。《企业破产法》规定了破产情形下的加速到期，《公司法解释（二）》明确了解散情形下的加速到期，相比既有机制，新《公司法》第 54 条进一步放宽出资义务加速到期的适用条件，在公司"停止支付"时即可加速到期。加速到期常态化与限制认缴、催缴失权等制度相互衔接，体现了新法压实股东出资义务的整体倾向，这既是对历史上完全认缴制的回调矫正，也是对将来限期认缴制的长期管束。笔者尝试结合既有实践和理论资源，以新法为核心对股东出资义务加速到期制度进行解读。

一、出资义务加速到期的立法演变

我国《公司法》对于股东出资义务加速到期呈现制度从无到有、适用从严至

---

① 参见李建伟：《授权资本发行制与认缴制的融合——公司资本制度的变革与公司法修订选择》，载《现代法学》2021 年第 6 期。

② 参见刘迎霜：《资本认缴制：股东出资自由与公司资本自治》，载《政治与法律》2023 年第 8 期。

宽的整体态势。

（一）资本实缴制下的加速到期规则

2013 年之前，出资义务加速到期主要适用于公司破产和解散两类法定情形，对债权人保护效果有限。1993 年《公司法》基于严格的实缴制，不存在股东出资的期限设置。2005 年《公司法》虽允许股东分期缴纳出资，但鉴于期限设置较短，少有债权人要求股东出资义务加速到期。《企业破产法》第 35 条、《破产法解释（二）》第 20 条①确立了破产情形下的出资加速到期规则。2008 年《公司法解释（二）》第 22 条第 1 款②明确规定了解散情形下的出资加速到期规则。但是，上述规则对于债权人的保护效果较为有限，一方面，实务中，大量的负债企业往往没有动力自行申请破产或者清算。另一方面，司法机关处理破产、解散清算案件的能力不足，效率低下。司法机关尚未做好全面接纳破产、清算案件的准备，立案周期之长远甚于普通诉讼案件，加之破产、清算案件适用非诉程序，无审限约束，进一步弱化了破产、解散清算制度对债权人的及时保护功能。

（二）完全认缴制下的加速到期规则

2013 年之后，出资义务加速到期的适用扩张至公司不具备偿债能力的情形。2013 年《公司法》实施完全认缴制之后，对注册资本、出资期限的全面放开，客观上催生了大量认缴金额巨大、出资期限畸长的公司。在经济震荡之下，当公司经营不善，清偿能力不足时，债权人必然会锚定债务人公司未届期的大额出资，意图将此类认缴出资提前纳入债务人责任财产范围之内。但此种需求在债务人未进入破产、解散程序时，没有直接的法律依据。各地法院对债务人非破产、解散情形下能否扩张适用加速到期规则观点不一。

部分法院支持非破产、解散情形下对股东出资加速到期。主要裁判思路如

---

①《破产法解释（二）》第 20 条规定："管理人代表债务人提起诉讼，主张出资人向债务人依法缴付未履行的出资或者返还抽逃的出资本息，出资人以认缴出资尚未届至公司章程规定的缴纳期限或者违反出资义务已经超过诉讼时效为由抗辩的，人民法院不予支持。管理人依据公司法的相关规定代表债务人提起诉讼，主张公司的发起人和负有监督股东履行出资义务的董事、高级管理人员，或者协助抽逃出资的其他股东、董事、高级管理人员、实际控制人等，对股东违反出资义务或者抽逃出资承担相应责任，并将财产归入债务人财产的，人民法院应予支持。"

② 2008 年《公司法解释（二）》第 22 条第 1 款规定："公司解散时，股东尚未缴纳的出资均应作为清算财产。股东尚未缴纳的出资，包括到期应缴未缴的出资，以及依照公司法第二十六条和第八十条的规定分期缴纳尚未届满缴纳期限的出资。"

下：首先，在普通诉讼中，将《公司法解释（三）》第13条第2款中的“未履行或者未全面履行出资义务的股东”的内涵扩张至兼含“认缴而实缴期限未届至的股东”，要求认缴出资股东对公司债务不能清偿的部分承担补充赔偿责任。[①]其次，在执行异议之诉中，依据最高人民法院《关于民事执行中变更、追加当事人若干问题的规定》第17条[②]的规定，追加认缴出资股东为被执行人，法院认为，“未缴纳或未足额缴纳出资的股东”并未明确限定于已届缴资期限的情形，在公司财产不足以清偿时股东出资义务应当加速到期。[③]最后，部分法院出于债权人利益保护[④]和延长出资期限构成滥用权利[⑤]的目的，实现出资义务加速到期。**笔者认为，无论从文义还是体系解释来看，两部司法解释规制的内容均不指向认缴而未届期的股权，法院依据前述司法解释规则对股东出资进行加速到期，实乃在规则缺位与债权人利益保护现实需要之间作出的无奈选择。**

相较而言，反对非破产、解散情形下出资加速到期的意见仍占据主导。反对的理由主要有两种，一种理由认为，常态加速到期违背完全认缴制的设立初衷，有损股东的期限利益。2013年《公司法》修订以“资本制度的宽松化”为主要目的，以“降低创业成本，激发社会投资活力”为价值取向，在完全认缴制下，《公司法》明文规定了股东依法享有分期缴纳出资的期限利益。在股东出资缴纳情况已公示的前提下，主张股东出资义务常态加速到期违背认缴制的设立初衷，有损股东的期限利益。[⑥]另一种理由认为，常态加速到期不利于全体股东利益保护。

---

① 参见湖北凯蒂珂广告装饰有限公司等诉沈某民间借贷纠纷案，湖北省高级人民法院（2017）鄂民申2997号民事裁定书；曾某强诉河南永信珠宝玉石有限公司等合同纠纷案，河南省郑州市中级人民法院（2017）豫01民终14521号民事判决书；刘某振、刘某孝等与曾某合同纠纷案，北京市石景山区人民法院（2016）京0107民初201号民事判决书。

② 最高人民法院《关于民事执行中变更、追加当事人若干问题的规定》第17条规定：“作为被执行人的营利法人，财产不足以清偿生效法律文书确定的债务，申请执行人申请变更、追加未缴纳或未足额缴纳出资的股东、出资人或依公司法规定对该出资承担连带责任的发起人为被执行人，在尚未缴纳出资的范围内依法承担责任的，人民法院应予支持。”

③ 参见刘某彪、周某等追加、变更执行人异议之诉案，湖南省湘潭市中级人民法院（2021）湘03民终1552号民事判决书。

④ 参见杭州鸿景装饰材料有限公司等诉东方天润（厦门）建筑装饰股份有限公司买卖合同纠纷仲裁调解案，福建省厦门市中级人民法院（2017）闽02执异134号执行裁定书。

⑤ 参见许某文诉浙江优选中小企业投资管理有限公司营业信托纠纷执行案，北京市高级人民法院（2016）京执复106号执行裁定书。

⑥ 参见郗伟明：《股东出资义务“常态加速到期理论”之反思——兼论对不诚信认缴出资行为的可行规制》，载《法商研究》2022年第3期。

如果债务人不能清偿债务，其往往已符合破产条件，债权人应申请破产，按破产法的规定使股东出资加速到期，实现全体债权人的公平清算，[①]否则必然导致个别清偿下的执行争抢，进而使大量案件淤积于执行程序中，加剧以公司为被执行人案件的执行难问题。[②]

（三）《九民纪要》谨慎拓宽出资加速到期规则

2019 年发布的《九民纪要》明确将实质破产和恶意延长出资期限作为出资义务加速到期的两类情形，其他情形下不加速到期。司法机关借道《公司法解释（三）》第 13 条曲线救济债权人之路，确与该条的规范意旨不符，其扩张适用冲击了司法解释本身的体系性，越发强烈的现实需求呼唤一个更具针对性的明确规则。根据《九民纪要》第 6 条的规定，下述两种情形下股东需对公司不能清偿的债务承担补充责任：情形一是公司作为被执行人的案件，法院穷尽执行措施无财产可供执行，已具备破产原因但不申请破产的。该事由针对的是实质破产情形，通过诉讼路径有效绕开了冗长的破产程序，给予债权人更为及时的救济。情形二是公司债务产生后，公司股东（大）会决议或以其他方式延长股东出资期限的，体现的是对恶意的惩罚，其背后机理应为侵害债权理论及债权人撤销权制度。

实务中，因《九民纪要》规定的上述情形一缺少破产程序的正式认定，往往以债权人申请执行案件的“终本裁定”为依据。根据《企业破产法》第 2 条的规定，债务人具备破产原因需要同时符合两个条件：一是不能清偿到期债务，二是资产不足以清偿全部债务或明显缺乏清偿能力。[③]《破产法解释（一）》第 2 条明

---

① 最高人民法院《关于当前商事审判工作中的若干具体问题》规定：“一种意见认为，债务人公司无法清偿到期债务，而股东又有出资款未到期，此时通过出资义务加速到期的方式即可以解决债务清偿问题，所以应当许可此时出资义务加速到期，债权人可以直接向股东主张清偿债务。另一种意见认为，如果公司不能清偿单个债权人到期债权，那么其往往也资不抵债，或者明显缺乏清偿能力，或者有丧失清偿能力可能。此时按照《企业破产法》第二条，公司已经符合破产条件，所以更应当保障全体债权人的利益。单个的债权追及诉讼不尽符合《企业破产法》第三十一、三十二条的精神。债权人应当申请债务人破产，进入破产程序后再按照《企业破产法》第三十五条使股东出资义务加速到期，最终在真正意义上保护全体债权人利益。以上两种意见中，我们倾向于按照后一种意见处理。”

② 参见赵旭东：《资本制度变革下的资本法律责任——公司法修改的理性解读》，载《法学研究》2014 年第 5 期。

③ 《企业破产法》第 2 条第 1 款规定：“企业法人不能清偿到期债务，并且资产不足以清偿全部债务或者明显缺乏清偿能力的，依照本法规定清理债务。”

确，不能清偿到期债务指债务到期但未完全清偿。[①] 同时该解释第3条规定，资产不足以清偿全部债务指资产负债表、审计报告等显示公司资不抵债。[②] 根据该解释第4条，即使公司账面资产大于负债，如果资产不能变现导致无法清偿，或债务人经强制执行无法清偿，或存在长期亏损且扭亏困难等情形，属于明显缺乏清偿能力的情形，也符合破产条件。[③] **司法实践中，多数法院以执行终本作为判断公司是否具备破产原因的标准。客观而言，《九民纪要》规定的上述情形一以执行终本为前提，对于债权人利益保护的力度十分有限，债权人往往需要经历漫长的诉讼、执行程序才能要求股东出资义务加速到期，冗长的前置程序要求也给了尚未实缴出资的股东转移资产、逃避将来责任的机会。**

（四）新《公司法》确立出资加速到期常态化规则

新《公司法》新增出资义务加速到期常态化规则，仅需公司不能清偿到期债务即可加速到期股东出资义务。《公司法（草案一）》曾经以“公司不能清偿到期债务，且明显缺乏清偿能力的”作为加速到期的适用条件，但最终出台的新《公司法》删除了“明显缺乏清偿能力”，仅保留“公司不能清偿到期债务的”这一适用条件，一定程度上可佐证立法者意在放宽加速到期的适用条件。

对于新《公司法》第54条规定的“公司不能清偿到期债务”的理解，可与《破产法解释（一）》第2条的理解保持一致，即公司同时存在债权债务关系依法成立、债务履行期限已经届满、未完全清偿债务三种情形。最高人民法院指出，“不能清偿到期债务是指债务人以明示或默示的形式表示其不能支付到期债务，其强调的是债务人不能清偿债务的外部客观行为，而不是债务人的财产客观状况”，“不论债务人的客观经济状况如何，只要其没有完全清偿到期债务的，均构

---

① 《破产法解释（一）》第2条规定：“下列情形同时存在的，人民法院应当认定债务人不能清偿到期债务：（一）债权债务关系依法成立；（二）债务履行期限已经届满；（三）债务人未完全清偿债务。”

② 《破产法解释（一）》第3条规定：“债务人的资产负债表，或者审计报告、资产评估报告等显示其全部资产不足以偿付全部负债的，人民法院应当认定债务人资产不足以清偿全部债务，但有相反证据足以证明债务人资产能够偿付全部负债的除外。”

③ 《破产法解释（一）》第4条规定：“债务人账面资产虽大于负债，但存在下列情形之一的，人民法院应当认定其明显缺乏清偿能力：（一）因资金严重不足或者财产不能变现等原因，无法清偿债务；（二）法定代表人下落不明且无其他人员负责管理财产，无法清偿债务；（三）经人民法院强制执行，无法清偿债务；（四）长期亏损且经营扭亏困难，无法清偿债务；（五）导致债务人丧失清偿能力的其他情形。”

成不能清偿到期债务。”①

新《公司法》项下，认缴出资的加速到期不以公司具备实质破产条件为前提，而以“不能清偿到期债务”这一更易形成形式判断的要件替代实质破产要件。这一规则将大大降低债权人的举证难度，同时也意味着被纳入加速到期情形的争议案件将显著增加。

我国出资义务加速到期的立法演进和规范演变，分别参见图2-3、表2-4。

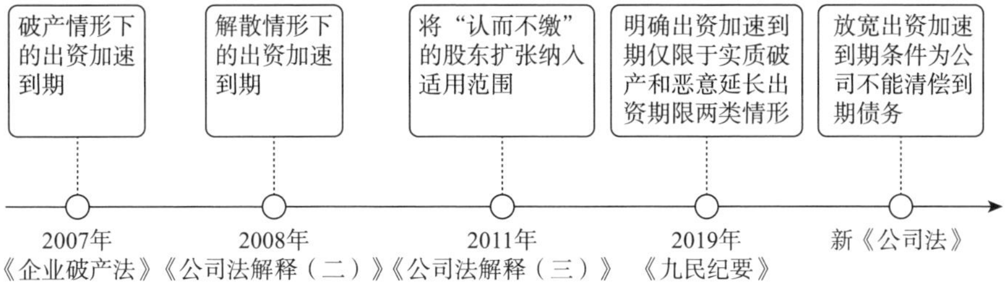

图2-3　出资义务加速到期的立法演进

表2-4　出资义务加速到期的规范演变

法律规定	条文内容
《企业破产法》	**第35条**　人民法院受理破产申请后，债务人的出资人尚未完全履行出资义务的，管理人应当要求该出资人缴纳所认缴的出资，而不受出资期限的限制。
2008年《公司法解释（二）》	**第22条第1款**　公司解散时，股东尚未缴纳的出资均应作为清算财产。股东尚未缴纳的出资，包括到期应缴未缴的出资，以及依照公司法第二十六条和第八十一条的规定分期缴纳尚未届满缴纳期限的出资。
2011年《公司法解释（三）》	**第13条第1款、第2款**　股东未履行或者未全面履行出资义务，公司或者其他股东请求其向公司依法全面履行出资义务的，人民法院应予支持。 公司债权人请求未履行或者未全面履行出资义务的股东在未出资本息范围内对公司债务不能清偿的部分承担补充赔偿责任的，人民法院应予支持；未履行或者未全面履行出资义务的股东已经承担上述责任，其他债权人提出相同请求的，人民法院不予支持。

① 《最高人民法院民二庭负责人就〈关于适用中华人民共和国企业破产法若干问题的规定（一）〉答记者问》，载最高人民法院网2011年10月28日，https://www.court.gov.cn/shenpan/xiangqing/3271.html。

续表

法律规定	条文内容
《九民纪要》	6. 在注册资本认缴制下，股东依法享有期限利益。债权人以公司不能清偿到期债务为由，请求未届出资期限的股东在未出资范围内对公司不能清偿的债务承担补充赔偿责任的，人民法院不予支持。但是，下列情形除外： （1）公司作为被执行人的案件，人民法院穷尽执行措施无财产可供执行，已具备破产原因，但不申请破产的； （2）在公司债务产生后，公司股东（大）会决议或以其他方式延长股东出资期限的。
新《公司法》	**第 54 条** 公司不能清偿到期债务的，公司或者已到期债权的债权人有权要求已认缴出资但未届出资期限的股东提前缴纳出资。

二、出资义务加速到期的理论阐释

关于非破产、解散情形下股东出资义务可否加速到期，存在肯定说与否定说两派观点：否定说以加速到期违背了认缴制的初衷，债权人应另行通过撤销权、公司法人人格否认[①]或者破产[②]等制度寻求救济，否则可能导致债权人之间受偿不公[③]为由，否认出资加速到期的必要性。[④]同时，股东出资期限系公示信息，[⑤]债权人与公司交易应当风险自担。[⑥]肯定说则以股东滥用出资期限制度损害了债权人利益为出发点，认为股东与公司的内部约定不得约束外部债权人，[⑦]以制度灵活性、行权成本低，[⑧]对债权人的保护更周延等理由持支持的观点。[⑨]两相比

① 参见杰络企业管理（上海）有限公司、黎某俊、王某飞、刘某波与四川多多生态农业有限公司服务合同纠纷案，四川省内江市中级人民法院（2016）川 10 民终 403 号民事判决书。

② 参见刘某振、刘某孝等与曾某合同纠纷案，北京市第一中级人民法院（2017）京 01 民终 3562 号民事判决书。

③ 参见张双原：《非破产情形下股东出资加速到期制度反思与重构》，载《中南法律评论》2021 年第 0 期。

④ 参见夏正芳等：《破解审判难题 统一司法尺度——江苏高院关于公司纠纷案件的调研报告》，载《人民法院报》2016 年 7 月 7 日，第 8 版。

⑤ 参见李霖：《非破产情形下有限公司股东出资义务不应加速到期——江苏泰州高新区法院判决吴红兵诉冠星公司等委托合同纠纷案》，载《人民法院报》2016 年 12 月 22 日，第 6 版。

⑥ 参见杰络企业管理（上海）有限公司、黎某俊、王某飞、刘某波与四川多多生态农业有限公司服务合同纠纷案，四川省内江市中级人民法院（2016）川 10 民终 403 号民事判决书。

⑦ 参见张双原：《非破产情形下股东出资加速到期制度反思与重构》，载《中南法律评论》2021 年第 0 期。

⑧ 参见赵旭东：《资本制度变革下的资本法律责任：公司法修改的理性解读》，载《法学研究》2014 年第 5 期。

⑨ 参见李建伟：《认缴制下股东出资责任加速到期研究》，载《人民司法》2015 年第 9 期。

较,两种观点并无理论上的明显优劣之分,核心还是在于现实需求如何通过制度解决。

新《公司法》已明确采纳肯定说,债权人行权的理论基础或为代位权制度。新《公司法》下,出资义务加速到期的放宽适用已成定局,肯定说与否定说之辩意义有限,我们更应关注制度背后的法理基础,为没有直接交易关系的债权人与股东之间搭建联系。

学理上,债权人通过加速到期规则,穿过公司人格直接要求股东承担责任的理论基础包括:第一,代位权制度,债权人以公司为债务人、股东为次债务人行使代位权。[①] 在加速到期的场合,债权人代位权的行使不再以债务人对次债务人的债权到期为前提,故新《公司法》作此特别规定。但是,《民法典》第 537 条实质肯定了代位权的直接受偿规则,与新《公司法》加速到期项下的入库规则存在明显差异,代位权制度直接作为加速到期规则的理论基础。第二,第三人侵害债权制度。在股东抽逃出资[②] 或者出资期限届满不履行出资义务时,第三人侵害债权理论存在解释空间。[③] 而在出资期限尚未届满的场合,难以将股东未缴纳出资的行为认定为因故意实施导致公司债权人债权目的不能实现的侵权行为,[④] 第三人侵害债权制度适用余地有限。[⑤] 第三,来自美国的法定债务理论[⑥]、"信托基金"理论[⑦]、

① 参见朱锦清:《公司法学》(第 2 版),清华大学出版社 2019 年版,第 81 页。

② 参见上海银行股份有限公司杨浦支行与上海国宏置业有限公司股东损害公司债权人利益责任纠纷案,上海市黄浦区人民法院(2016)沪 0101 民初 6037 号民事判决书。

③ 参见赵旭东:《违反出资义务的法律后果》,载《人民法院报》2002 年 2 月 1 日,第 3 版。

④ 为平衡行为自由与法益保护,限制侵权客体范围,第三人侵害债权的过错要件应限定为故意。参见中国长城资产管理股份有限公司吉林省分公司与吉林市中小企业信用担保集团有限公司、吉林市人民政府国有资产监督管理委员会侵权责任纠纷、股东损害公司债权人利益责任纠纷案,载《最高人民法院公报》2019 年第 3 期。

⑤ 参见钱玉林:《股东出资加速到期的理论证成》,载《法学研究》2020 年第 6 期。

⑥ 法定债务理论(The Statutory Obligation Theory)是对于股东对公司负有的缴资义务的延伸,关注的是股东未足额支付购股对价时,公司债权人对该股东有无要求其向公司缴资的诉权,而不是股东缴资期限未至,公司债权人能否直接请求股东承担公司债务。See Bayless Manning & James J.Hanks, Jr, *Legal Capital*, Foundation Press, 1990, p.52.

⑦ "信托基金"理论认为,公司的注册资本是专为债权人的利益建立的信托基金,如果股份不足价,债权人随时可以起诉要求补足。参见朱锦清:《公司法学》(第 2 版),清华大学出版社 2019 年版,第 81 页。

第二编　公司资本制度

"展示"理论[①]等，但这些理论均聚焦于股东出资不实时债权人对股东的诉权，而非股东认缴出资后实缴出资期限未届至的状态，参考意义有限。加速到期规则本质上是我国立法者在平衡公司、股东、债权人等各方利益后作出的具有中国特色的尝试，其法理基础、规则效果为何，且待实践检验。

三、出资义务加速到期的实务解析

新《公司法》直接将加速到期的适用条件放宽为"公司不能清偿到期债务"，充分展现了强化债权人保护和压实股东资本充实责任的价值取向。下文将区分要求股东出资加速到期的不同主体，针对实践中如何把握加速到期适用标准，以及加速到期规则如何与其他制度相互衔接，展开进一步分析。

（一）债权人要求股东出资加速到期

1. 出资义务加速到期的适用标准

债权人要求股东出资加速到期仅需公司不能清偿到期债务，无须公司缺乏偿债能力。修法过程可见，立法机关在最终的条文中删去"明显缺乏清偿能力"，以"不能清偿到期债务"作为唯一条件，有助于司法机关进行判断。就该条件，笔者认为可参照《破产法解释（一）》第2条的规定："下列情形同时存在的，人民法院应当认定债务人不能清偿到期债务：（一）债权债务关系依法成立；（二）债务履行期限已经届满；（三）债务人未完全清偿债务。"按此理解，则该条件的成就不以债权人执行不能为前提，债权人甚至无须提起诉讼，仅凭向公司催款的过程以及债务届期的基础事实，就足以认定公司不能清偿到期债务，若对于债务本身有争议，在一个诉讼中也完全可以一次性作出认定。如此一来，债权人行权时间大大提前，效率显著提高。

2. 出资义务加速到期的法律责任

（1）责任主体：不含设立时的其他股东，包含股权转让前后手股东。

出资义务加速到期的股东主体范围可包括债权人要求加速到期时的公司

---

① "展示"理论认为，公司用注册资本向债权人展示了其"缓冲垫"有多厚实，债权人在放债时信赖了公司的展示，当事后发现这一展示虚假时就可以起诉。参见朱锦清：《公司法学》（第2版），清华大学出版社2019年版，第81页。

全体股东自不必说，问题在于，是否包括设立时的其他股东和股权转让前后手股东？

一方面，若被债权人要求出资加速到期的股东为设立时股东，债权人可否基于新《公司法》第 50 条[①]请求其他设立时股东承担连带责任？笔者持否定意见，因为发起人责任范围应仅限于公司设立阶段其他发起人需实缴的出资，而不包括其他发起人认缴的出资。[②]

另一方面，股权转让前后手股东应当属于出资加速到期的股东范围。笔者认为，后手股东自应承担责任，因为其属于债权人要求加速到期时的公司股东，只要公司不能清偿相应债务，债权人即可要求后手股东出资加速到期。前手股东的责任需根据债权人要求出资加速到期的时点和转股的时点的先后顺序进行判断。若先加速到期，后转让股权，则适用新《公司法》第 88 条第 2 款[③]，前手股东需要承担出资责任；若先转让股权，后加速到期，则适用新《公司法》第 88 条第 1 款[④]，前手股东对后手股东未按期缴纳的出资承担补充责任。

（2）责任形式：债权人有权要求股东直接向其清偿。

新《公司法》对于股东责任形式的规定留有空白。根据法条文义，如果是公司主张股东的出资加速到期，自然应由股东将出资提前缴纳至公司，遵循"入库规则"。从立法沿革来看，加速到期制度系为保护债权人利益而设，对于债权人如何运用该条规则，新《公司法》第 54 条并无进一步的明确规定，条款表述的法律后果是股东"提前缴纳出资"，似有"入库"之后令债权人平等受偿之意。

但笔者认为，债权人存在要求股东直接向其清偿，无须遵循"入库规则"的主张空间。实践中，加速到期制度的运用场景大多为债权人行权的过程中，如债权人行权的后果是股东向公司缴纳出资，不能直接用于清偿债权，债权人的行权

---

① 新《公司法》第 50 条规定："有限责任公司设立时，股东未按照公司章程规定实际缴纳出资，或者实际出资的非货币财产的实际价额显著低于所认缴的出资额的，设立时的其他股东与该股东在出资不足的范围内承担连带责任。"

② 参见本书专题一"全面终身责任：发起人资本充实责任释解"。

③ 新《公司法》第 88 条第 2 款规定："未按照公司章程规定的出资日期缴纳出资或者作为出资的非货币财产的实际价额显著低于所认缴的出资额的股东转让股权的，转让人与受让人在出资不足的范围内承担连带责任；受让人不知道且不应当知道存在上述情形的，由转让人承担责任。"

④ 新《公司法》第 88 条第 1 款规定："股东转让已认缴出资但未届出资期限的股权的，由受让人承担缴纳该出资的义务；受让人未按期足额缴纳出资的，转让人对受让人未按期缴纳的出资承担补充责任。"

积极性必将大受冲击，似与制度设立的初衷不符。首先，从文义来看，新《公司法》虽未涉及此项内容，但结合修法背景、立法目的，如不允许债权人基于股东出资加速到期直接受偿，则该项制度将形同虚设：单一债权人大概率不会为了所有债权人共同利益而承担诉讼成本。其次，从诉讼结构来看，债权人立足于债权人代位权制度获得受偿亦有合法路径。最后，从配套制度来看，债权人个别受偿并不有损公平，破产法的规则足以保护其他债权人，也就是说，其他债权人依然可以申请债务人破产，以应对单一债权人个别受偿可能带来的不公平。新《公司法》第 54 条与《企业破产法》相关制度的衔接，既能推动债权人积极行权，同时也有可能促使其他债权人尽早启动破产程序，从提升市场整体效率的角度考虑，显然有益无害。据此可判断，债权人要求股东直接清偿债务的模式应为今后出资加速到期制度的主要适用场景。

（3）责任范围："债权数额 + 未出资部分" 双重限制。

债权人可通过出资加速到期实现的追偿范围应当同时小于其债权数额和被告股东 "认而未缴" 的出资数额。理由如下：第一，从代位权内在逻辑来看，债权人可追偿范围应同时受到债权人对债务人的债权数额、债务人对次债务人的债权数额的双重限制。第二，从既有实践和规范来看，债权人可追偿范围仅限于 "（股东）未出资范围" 和 "公司（对债权人）不能清偿的债务"。[①] 例如，债权人的债权数额为 100 元，被告股东认缴出资 200 元，实缴出资 20 元，则债权人可通过加速到期制度向该股东追偿的数额应同时小于 100 元和 180 元，即股东仅需向债权人支付 100 元，加速到期后其 "认而未缴" 的出资为 80 元。

（二）公司要求股东出资加速到期

除责任形式存在差别外（股东向公司还是债权人 "缴纳" 出资），无论是债权人还是公司要求股东出资加速到期，在适用条件、责任主体、责任范围方面并无差异。问题在于，公司要求股东出资加速到期时，加速到期制度与催缴失权制度为何关系？如何选择加速到期的对象股东？

1. 出资义务加速到期与催缴失权制度的衔接

公司董事会应在公司不能清偿到期债务时向股东催缴出资。新《公司法》第

① 参见《九民纪要》第 6 条的规定，前文表 2-3 中已有列明，此处不再重复。

51条第1款设定了有限责任公司董事会对股东出资的催缴义务。[①] 其中对于“未按期”的认定是否包含加速到期情形，实务中可能存在争议，对此问题的理解甚至牵涉董事的法律责任。**笔者认为，加速到期制度确立后，鉴于其法定情形简单易判断，“不能清偿到期债务”基本是一个客观标准，董事会作为公司运营机构对公司经营状况应完全掌握，故董事会有权对出资应否加速到期作出判断，并据此进行催缴。**

然而，进一步的问题在于，如果股东对于加速到期的判断有异议，未按催缴通知的要求缴纳出资，董事会能否根据新《公司法》第52条的规定宣布股东失权？此问题似乎更需慎重判断。

笔者认为，失权制度不能适用于加速到期的场景。理由如下：首先，从文义来看，失权制度适用的情形是“股东未按照公司章程规定的出资日期缴纳出资”，加速到期是对公司章程约定的突破，显然不能适用。其次，从失权制度的设置来看，其设置目的源于规制股东的违约行为，但在加速到期情形下，可类比为合同履行中的情势变更，股东无违约的恶意，自然不应对其适用最为严重的惩罚手段。最后，如果赋予董事会此种权力，则可能出现对于董事会决策影响力较大的股东借此使其他股东失权的股东压迫问题。

2. 出资义务加速到期的对象股东选择

通常情况下，债权人会要求全体股东的出资都加速到期，以增大获偿的可能。但如果公司为行权主体，作为公司代表的董事会有无权利选择性地要求部分股东提前缴纳出资？如果董事会未能一视同仁，被选择的股东能否挑战？又应通过何种路径挑战？

除全体股东按比例提前认缴出资外，其他加速到期对象股东选择方案暂无统一标准。可以初步设想，在公司对外债务无法清偿的情形下，公司要求股东提前缴纳出资，可能存在几种模式：(1)要求全体股东按比例提前缴纳出资；(2)按照认缴义务期限届满的时间顺序，要求股东提前缴纳出资；(3)根据股东资产状况及出资可能性确定提前缴纳出资的顺序。除第一种之外，其他方案可能均会

---

① 新《公司法》第51条第1款规定：“有限责任公司成立后，董事会应当对股东的出资情况进行核查，发现股东未按期足额缴纳公司章程规定的出资的，应当由公司向该股东发出书面催缴书，催缴出资。”

面临挑战，但现行法律似乎并未提前预设救济路径，如前所述，如公司内部催缴不足以成为股东失权的基础，则股东不予配合似无法律责任。只有在公司提起诉讼的情况下，才有可能直接威胁到股东的切身利益，此种情形下，应交由司法机关进行判断，判断路径无外乎基于公平原则考量或者完全尊重公司的商业判断两种。具体如何选择，恐无法给出统一标准，尚需结合个案判定。

四、小结

对于出资加速到期的讨论，从完全认缴制实施以来，至今已有 10 年。新《公司法》在对认缴制作出修正的同时，吸收并扩大了司法实践经验，确立加速到期常态化规则，与催缴失权、限期认缴等制度配套使用，形成一套“组合拳”，将大大消弭完全认缴制所带来的负面影响。可以说，相较于其他制度，出资期限加速到期更多的是回应过去，而非面向未来。解决历史问题，5 年认缴期限的全面落地可能更有实践价值，在此视角之下，加速到期的宣示意义更为浓厚，资本制度的基石并不会因认缴制而发生变化，股东的出资义务将切实并及时地与公司经营状况直接挂钩，这才是认缴资本的意义所在。

专题四

转不走的责任：股权转让后出资责任规则解析

在注册资本认缴制之下，股权转让时被转让的股权极有可能处于出资未实缴的状态，对于此时被转让股权由谁负责出资的问题，《公司法》一直未予明确。新《公司法》在吸纳《公司法解释（三）》规则的基础上，区分出资义务未届期和已届期的股权转让情形，明确了股权转让后的出资义务承担主体和责任形态，即**未届期股权转让后由受让人承担出资义务，转让人承担补充责任，已届期股权转让后由受让人与转让人承担连带责任，受让人善意的情况下由转让人承担出资责任**。新法直面司法实践难题，供给股权转让后出资责任制度，这一新增规则如何适应市场经济活动，殊值研究。

一、股权转让后出资责任的立法演变

未实缴出资的股权包括两种情况：一种是认缴期内未实缴出资的股权，又称未届期股权；另一种是出资期限届满但未实缴出资的股权，又称已届期股权。

旧法并未对股权转让后出资责任的承担供给一套行之有效的规则。2011 年颁布的《公司法解释（三）》第 19 条规定，有限责任公司股东在未履行或未全面履行出资义务的情形下转让股权的，应由原股东履行出资义务，知情受让人承担连带责任，受让人承担责任后可以向原股东追偿。2013 年《公司法》将注册资本缴纳制度由实缴制改为完全认缴制后，2014 年的《公司法解释（三）》仍然沿用 2011 年的规则，其第 18 条并未对已届期股权与未届期股权作出区分。由此产生的疑问是：其一，已届期股权的转让毫无疑问属于该规定适用范围[①]，但未届期股

① 参见刘莉、贾鹏等案外人执行异议之诉案，最高人民法院（2021）最高法民再 218 号民事判决书。

权的转让是否受到该规定规制？其二，该规定要求"知道或者应当知道"的受让人承担连带责任，是否对受让人进行过错推定？一般情形之下受让人应否被追究连带责任？[①] 对此，2018年《公司法》亦未予以明确。

司法实践中，就未届期股权转让后出资义务的承担存在重大分歧。注册资本完全认缴制项下，商业实践中不乏公司股东设定超长出资期限，在出资期限届满前恶意转让股权的案例，此时，债权人能否要求转让人对出资义务承担相应责任？由于立法和法律解释层面欠缺明确规则，各地法院对未届期股权转让后出资义务承担的裁判观点并不相同，最高人民法院曾尝试以发布典型案例的方式统一裁判尺度，如最高人民法院第六巡回法庭在2019年推选的年度民商事参考案例之一——曾雷诉甘肃华慧能数字科技有限公司、冯亮、冯大坤股权转让合同纠纷案就明确表示，未届期股权转让不适用《公司法解释（三）》第18条，转让股东的出资义务可以免除；[②] 但最高人民法院推选的2020年全国法院十大商事案例之一的上诉人许勤勤、常州市通舜机械制造有限公司、周洁茹与被上诉人青岛铸鑫机械有限公司加工合同纠纷案，又提出股东在出资期限届满前转让股权的，出资义务并不随股权一并转让，转让股东仍要在出资不足的范围内对公司债务承担连带责任。[③]

理论界对此也众说纷纭，主要争议点集中在股权转让后未届期的出资义务是否发生移转等问题。部分学者立足于出资义务的法定性、资本维持原则的要求和公司债权人及交易安全的保护，否定出资义务随股权变动发生移转，认为转让股东在股权转让之后仍需要承担出资责任。[④] 另有学者从股东期限利益保护、股权转让自由和商事外观主义的价值出发，认为出资义务随着股权变动移转给受让股东，转让人不再承担出资责任。[⑤] 还有学者对这两派观点进行折中，出于对

① 参见王振民、吴革主编：《公司股权指导案例与审判依据》，法律出版社2011年版，第128~132页。

② 参见最高人民法院民事判决书，(2019)最高法民终230号。

③ 参见山东省青岛市中级人民法院民事判决书，(2020)鲁02民终12403号。

④ 参见李志刚等：《认缴资本制语境下的股权转让与出资责任》，载《人民司法（应用）》2017年第13期；崔艳峰、丁巍：《未出资股权转让后的出资义务——兼评〈公司法（修订草案）〉第89条》，载《学术交流》2022年第6期。

⑤ 参见俞巍、陈克：《公司资本登记制度改革后股东责任适法思路的变与不变》，载《法律适用》2014年第11期；李志刚等：《认缴资本制语境下的股权转让与出资责任》，载《人民司法（应用）》2017年第13期；刘敏：《论未实缴出资股权转让后的出资责任》，载《法商研究》2019年第6期；陈景善、郜俊晖：《股权转让后的未届期出资义务承担》，载《国家检察官学院学报》2022年第6期。

股东利益和债权人利益的平衡，提出根据区分债权形成时间来判定转让股东是否需要承担出资责任的观点。[①] 但无论如何，目前学术界对此问题仍没有达成一致意见。

新《公司法》全面升级股权转让后出资责任承担规则。第88条的主要内容包括以下三点：一是明确未届期股权转让后，由受让人承担出资义务，转让人承担补充责任；二是就已届期股权转让出资责任问题，新《公司法》要求由转让人和受让人承担连带责任，受让人仅在不知情的情形下不承担责任；三是删除了旧法关于转让人与受让人追偿权的规定，交由当事人自治。

我国股权转让后出资责任承担的规范演变如表2-5所示。

表2-5　股权转让后出资责任承担的规范演变

法律规定	条文内容
《公司法解释（三）》	**第18条**　有限责任公司的股东未履行或者未全面履行出资义务即转让股权，受让人对此知道或者应当知道，公司请求该股东履行出资义务、受让人对此承担连带责任的，人民法院应予支持；公司债权人依照本规定第十三条第二款向该股东提起诉讼，同时请求前述受让人对此承担连带责任的，人民法院应予支持。 受让人根据前款规定承担责任后，向该未履行或者未全面履行出资义务的股东追偿的，人民法院应予支持。但是，当事人另有约定的除外。
新《公司法》	**第88条**　股东转让已认缴出资但未届出资期限的股权的，由受让人承担缴纳该出资的义务；受让人未按期足额缴纳出资的，转让人对受让人未按期缴纳的出资承担补充责任。 未按照公司章程规定的出资日期缴纳出资或者作为出资的非货币财产的实际价额显著低于所认缴的出资额的股东转让股权的，转让人与受让人在出资不足的范围内承担连带责任；受让人不知道且不应当知道存在上述情形的，由转让人承担。

二、股权转让后出资责任的理论阐释

股权转让后出资义务或责任如何承担，大陆法系国家和英美法系国家的公司立法在此问题上存在较为明显的差异。大陆法系国家侧重资本充实，要求转让人与受让人承担连带责任，对转让人承担责任的期限作出限制；英美法系国家

① 参见梁昕：《论未届期的股权转让后出资责任承担》，载《中山大学青年法律评论》（第5卷），法律出版社2020年版，第130页。

侧重交易安全，仅要求恶意的受让人承担连带责任。

（一）德国公司法

《德国有限责任公司法》没有明确提出已届期股权与未届期股权的区分，笼统要求受让人与转让人共同承担出资义务。《德国有限责任公司法》对公司股东的出资期限或出资数额等作出一定限制，要求公司成立时股东就认缴的股份必须至少缴纳 1/4 的股金，现金出资总数必须至少达到章程规定的初始资本金总数的 1/2。[①] 根据《德国有限责任公司法》第 16 条的规定，对营业份额尚未付清的出资，受让人自被载入商业登记簿成为营业份额持有人后，与转让人共同承担出资义务。[②] 同时，该法第 22 条明确了多重股权转让的责任承担顺位，若现股东未履行出资义务，先由最后一个前权利人承担责任，只有权利继受者未能出资时，一个较早的前权利人才承担责任，并且前权利人的责任仅限于缴纳 5 年内催缴的出资。[③]

（二）英国公司法

《英国 2006 年公司法》第 588 条规定了"后续股份持有人的责任"，未出资股份转让后由受让人共同连带承担出资责任，除非受让人在有偿购买中不知道出资瑕疵，或者受让人是从不负有责任的人处取得股份的。[④] 相较而言，英国对于受让人出资责任的要求更为宽松，受让人可以从自身善意或者前手免责等角度切断责任承担。

（三）美国公司法

《美国特拉华州普通公司法》第 162 条对股份转让后出资责任的承担作出了较为详细的规定：一是明确在公司资产不足以清偿债务时，股份持有人应当付清股份对价的未付余额；二是赋予债权人直接要求股东承担个人责任的基础，在针对公司的执行令状没有得到执行后，债权人可以未履行出资义务的公司股东为被告要求其承担个人责任；三是不知道、也不应知道对价没有完全付清的任何

① 参见《德国商事公司法》，胡晓静、杨代雄译，法律出版社 2014 年版，第 28 页；高旭军：《中德公司资本认缴制比较及德国法的启示》，载邱勇总编，蔡建春、王红主编：《证券法苑》（第 37 卷），法律出版社 2022 年版，第 27~48 页。

② 参见《德国商事公司法》，胡晓静、杨代雄译，法律出版社 2014 年版，第 32 页。

③ 参见《德国商事公司法》，胡晓静、杨代雄译，法律出版社 2014 年版，第 35 页。

④ 参见《英国 2006 年公司法》，葛伟军译，法律出版社 2012 年版，第 377~378 页。

人，善意地成了股份受让人或者股份认购的受让人的，不对对价中未付清的部分承担个人责任，但转让人应当承担责任；四是股份发行后超过 6 年的，不得再向股东主张前述责任。[①]

三、股权转让后出资责任的实务解析

总体来看，新《公司法》对于未届期股权转让和已届期股权转让后的出资义务或责任承担采取不同的态度：就未届期股权转让，出资义务主体由转让人变为受让人，原则上由受让人在出资期限届至时承担出资义务，转让人只需要承担补充责任；而就已届期股权转让，由转让人和受让人承担连带责任，但在受让人不知情的状态下仅由转让人承担出资责任。因此，对于股权转让后的出资责任规则，需要区分出资义务未届期和已届期的情况分别进行讨论。

（一）针对出资义务未届期的股权转让

1. 新增未届期股权转让后由受让人承担出资义务规则

如前所述，司法实践中对未届期股权转让后出资义务的承担问题一直争论不休。[②]该问题的分歧在于对出资义务究竟是一种法定义务还是约定义务，或者二者兼而有之的不同认识，本质上要去探究出资义务能否随当事人之间的股权变动发生移转，进而影响股东在股权转让之后的出资责任承担。对此，学理上存在的观点主要有以下三种：一是法定义务说，理由是出资义务所涉及的资本维持原则并不完全属于意思自治范畴；[③]二是约定义务说，即股东的出资义务源于出资认缴协议，实际上是股东对公司负担的债务，可以随股权的变动发生移转；[④]三是双重属性说，即出资义务具有法定性和约定性的双重属性，既是股东与公司及其他股东达成出资协议而负有的合同法上的义务，也是股东作为公司成员而负

---

① 参见《特拉华州普通公司法：最新全译本》，徐文彬、戴瑞亮、郑九海译，中国法制出版社 2010 年版，第 60~61 页。

② 参见刘敏：《论未实缴出资股权转让后的出资责任》，载《法商研究》2019 年第 6 期。

③ 参见李志刚等：《认缴资本制语境下的股权转让与出资责任》，载《人民司法（应用）》2017 年第 13 期。

④ 参见彭真明：《论资本认缴制下的股东出资责任——兼评“上海香通公司诉昊跃公司等股权转让纠纷案”》，载《法商研究》2018 年第 6 期；蒋大兴：《公司法的观念与解释Ⅲ——裁判逻辑 & 规则再造》，法律出版社 2009 年版，第 372 页。

担的组织法上的义务，约定性表现为可以通过契约自由实现转让自由，法定性表现为通过法律规定保障债权人的合法利益。①

新《公司法》第88条第1款采纳了双重属性观点，认可出资义务可以经由当事人的约定发生移转，未届期股权转让后由受让人承担出资义务。笔者认为，出资义务虽然是股东的法定义务，不能予以免除，但这并不意味着出资义务不能发生移转，即出资义务的法定性并不等同于出资义务主体的恒定性。在未届期转股的情形下，转让人并不存在出资违约行为，受让人为出资期限届期时股东资格的拥有者，自然承接转让人的出资义务，负有法定的缴纳出资的义务，因此新《公司法》并不限制出资义务随着股权转让移转至受让人。

2. 要求未届期股权转让人对受让人的出资义务承担补充责任

立法者在设计未届期股权转让出资义务规则时，需要平衡两方面的利益，一方面，转让人在注册资本认缴制项下的股权转让自由；另一方面，防止转让人以转让股权方式逃避出资义务而有损公司利益。新《公司法》对此作出了努力，第88条在明确未届期股权受让人承担出资义务的同时，要求转让人在受让人未按期足额缴纳出资的范围内承担补充责任。

相较于《公司法（草案一）》仅由受让人承担出资义务的规则，新《公司法》对于转让人补充责任的规定实际上是在股东利益和债权人利益之间进行了折中。不过此种补充责任的立法考量和法律性质究竟为何？是否具有合理性？这些问题都值得探究。

（1）追究转让人责任的立法考量

是公司资本充实和债权人利益保护的需要。公司资本是公司经营的重要物质基础，也是交易相对人判断公司资信水平和偿债能力的重要依据。股东通过认缴出资而产生的出资义务实际上是通过未来履行出资义务充实公司清偿能力的允诺，起到担保公司未来清偿能力的作用。②在认缴制之下，股东可能会因

① 参见王军：《公司资本制度》，北京大学出版社2022年版，第274页；梁昕：《论未届期的股权转让后出资责任承担》，载《中山大学青年法律评论》（第5卷），法律出版社2020年版；叶敏、张晔：《合同视角下未到期出资转让的法律分析》，载《江南大学学报（人文社会科学版）》2020年第5期。

② 参见陈景善、郜俊晖：《股权转让后的未届期出资义务承担》，载《国家检察官学院学报》2022年第6期。

为公司经营状态较差等原因转让股权来逃避实缴出资的义务，如果受让人的资产状况并不良好，缺少承担出资义务的能力，将造成对公司资本的实质侵蚀。新《公司法》为避免出现"富裕股东"为逃避出资义务将股权转让给"穷亲戚"进而影响债权人利益的道德风险，规定转让人不能因股权转让行为而完全免除出资责任。

二是商事外观主义的要求，认缴制之下股东身份仍然具有可信赖性。随着公司资本制度向认缴制转变，公司信用的产生已经由资本信用转向了资产信用。有观点认为，因认缴制对应的是资产信用，公司股东实缴的出资才构成公司债权人的信赖资本，而股东未缴纳的出资则不会产生信赖，促成公司债权人达成与公司的交易。[①] 但登记在册的股东信息亦有可能成为债权人与公司开展交易时的信赖信息，出资未届期的股东转让股权后，公司债权人决策的信赖基础也会发生变动，公司资本作为公司对外偿债的物质基础，出资主体的调整无疑也会影响债权人受偿的概率，自然不能令股东因股权转让而完全"解套"，将风险转嫁给债权人。

三是域外立法例存在成熟的参考经验。《德国有限责任公司法》也对前手股东的责任进行了规定，在股权继受人未能出资时，此前5年内曾持有该股权的前手需要依次承担缴纳出资的责任。[②] 新《公司法》对于转让人补充责任的规定与德国法类似，不过未对前手股东承担责任的期间进行限制，但考虑第47条新增认缴出资需在5年内缴足的规定，本质上也是将未届期转股中转让人的责任限制在了5年。因为在5年实缴期限的规定之下，至多5年认缴出资的期限便会届至，不会再出现股东转让股权多年后出资期限才到来，进而再追究转让人责任的情况。

（2）转让人补充责任的法律性质

对于未届期股权转让人补充责任的法律性质，有学者将其解释为"与出资相关的责任"，此种责任并不是因为转让人自身违反了出资义务而产生，而是基于

① 参见刘玉姝：《认缴资本制视野下公司减资制度的构建》，载《法律适用》2016年第7期。

② 参见《德国商事公司法》，胡晓静、杨代雄译，法律出版社2014年版，第35页。

其他归责原因产生的责任。[①] 股权转让人即使在股权转让之后也要保证其曾经持有的股权上的出资得到真实缴纳。[②]

也有学者将转让人补充责任界定为一种担保责任。新《公司法》既要求前手股东对其后手的出资义务承担责任，又将此种责任限定为后顺位的补充责任而非连带责任，责任范围限于受让人未能按期足额缴纳出资的部分。此种补充责任在责任性质上类似于一般保证人的责任，即在受让人无法履行出资义务的情况下，转让人在受让人未能履行出资义务的范围内担保出资义务的履行。[③]

（3）对转让人补充责任的合理性反思

司法实践中确实存在一些“富翁拉穷人垫背”的现象，但这并非股权交易的常态。应当看到，在更多的股权交易中，转让人可能并不具有逃避出资义务的恶意，例如，转让人特意选择资产状况良好的受让人，但后续受让人的资产状况可能发生恶化，在出资期限届至时无力履行出资义务。而受让人后续出资能力的变化并非转让人在进行股权转让时就可以预料和控制的，况且在资本认缴制之下，公司本来就会面临认缴期限内股东财产能力发生变化而无法实缴资本的风险，要求转让人对这一远超其控制范围的风险承担补充责任，担保受让人能够在出资义务届至时全面履行出资义务，这无疑是对转让人的过分苛责。鉴于此，有学者提出，转让人适用补充责任要满足存在逃避债权等不法目的的要件，[④] 实务中也有法院将恶意作为转让人承担补充责任的构成要件之一。[⑤] 该观点殊值赞同，**笔者认为，法律不能预设转让人存在逃避出资义务的恶意，应当看到，在正常的股权交易模式下，一概要求转让人承担责任并不合理，应允许转让人以不存在逃避出资义务的恶意进行抗辩。**

股权转让人逃避债权的不法目的，可依据股东转让股权时的客观状态推断，

---

① 参见王东光：《论股权转让人对公司债权人的补充责任》，载《法律科学（西北政法大学学报）》2020 年第 2 期。

② 参见王东光：《论股权转让人对公司债权人的补充责任》，载《法律科学（西北政法大学学报）》2020 年第 2 期。

③ 参见王东光：《论股权转让人对公司债权人的补充责任》，载《法律科学（西北政法大学学报）》2020 年第 2 期。

④ 参见陈群峰、张衡：《论出资未届期股权转让后原股东的补充责任》，载《首都师范大学学报（社会科学版）》2022 年第 3 期。

⑤ 参见边某萍与谷某弛执行异议之诉案，北京市高级人民法院（2019）京民终 193 号民事判决书。

基于各种信息进行综合考量。[①] 可考量要素包括:第一,出资未届期股权的转让时间。如果公司股东在明知公司资产无法偿还公司债务的情形下,在公司债务快届期、债权人提起诉讼时等时间节点转让未出资股权,导致债权人无财产可供执行,则有逃避债权之嫌疑。第二,公司经营投入情况。例如,公司成立后,股东一直未实缴任何资金,[②] 或实际投入与经营隐含风险显著不匹配,[③] 在发生债权债务关系后,原股东转让股权等。第三,受让人的偿还能力。例如,转让人将股权转让给岁数较大、缺乏经济来源等不具有出资能力的受让人。

3. 追究公司董事责任的可能

股权转让具有组织法和交易法的双重属性,除了股权转让合同本身的合同法问题外,还涉及公司法上的股权的变动、受让人资格的确认等问题,所牵涉的法律关系也十分复杂,既涉及转让人和受让人之间的权利义务关系,又涉及与其他股东、公司和公司债权人之间的关系。

对于股权转让的程序而言,新《公司法》在第 86 条第 1 款增加了书面通知公司和请求公司办理变更手续的内容,第 2 款进一步明确股东自记载于股东名册时起可以向公司主张行使股东权利,这体现出公司在股权转让过程中的参与,突出了股权转让之中公司意思的介入,也强化了公司在股权转让中的作用。有学者进一步提出董事负有忠实和勤勉义务,根据商业判断发现股权转让可能会损害公司和债权人利益时,其应当通过拒绝办理变更登记来约束股权转让行为,否则就需要承担赔偿责任。[④]

新《公司法》中新增加速到期制度和催缴失权制度,可以考虑将二者结合起来进行解释,实现债权人保护功能。**具体而言,在公司无法清偿到期债务时,股东未届期的出资义务应当加速到期。而对于已届期的出资义务,董事则负有催**

---

① 参见陈群峰、张衡:《论出资未届期股权转让后原股东的补充责任》,载《首都师范大学学报(社会科学版)》2022 年第 3 期。

② 参见文某华、李某萍、胡某娥等其他案由执行案,广东省广州市白云区人民法院(2018)粤 0111 执异 58 号执行裁定书。

③ 参见金华市精工汽车齿轮有限公司与魏某、王某芳申请执行人执行异议之诉案,四川省成都市成华区人民法院(2019)川 0108 民初 1759 号民事判决书。

④ 参见叶敏、张晔:《合同视角下未到期出资转让的法律分析》,载《江南大学学报(人文社会科学版)》2020 年第 5 期。

缴的职责。若在公司已经无法清偿到期债务的情形下，股东仍选择将股权转让给资产状况较差的受让人，此时出资义务的移转无疑会导致公司和债权人利益受到损害。若董事未要求股东缴足出资，仍然配合完成股权转让的程序，导致受让人无法按期足额缴纳出资，给公司和公司债权人利益造成损失的，也存在被追究赔偿责任的可能。

（二）针对出资义务已届期的股权转让

新《公司法》对于已届期股权转让后出资责任承担问题并未完全吸纳《公司法解释（三）》第 18 条的规定，而是存在一定的调整，在细化适用情形的基础上，将受让人的主观状态作为免责要件，同时删除了受让人追偿权的相关规定。

1. 原则上由转让人和受让人承担连带责任，受让人免责需要自证善意

新《公司法》第 88 条第 2 款将《公司法解释（三）》第 18 条中“未履行或者未全面履行”的表述明确为“未按照公司章程规定的出资日期缴纳出资”或者“作为出资的非货币财产的实际价额显著低于所认缴的出资额”两种情形，与该条第 1 款“已认缴出资但未届出资期限”的情形进行了区分，使该条的两款分工明确，回应了理论界和实务界长久以来关于认缴期内未履行出资义务是否属于“未全面履行出资义务”的争议。

对于瑕疵出资股东进行股权转让后应当承担资本充实责任，各国公司法的规定近似，不同之处在于受让人是否一体承担此种责任，大陆法系国家和英美法系国家的公司立法在此问题上存在较为明显的差异。大陆法系国家侧重资本充实，要求已届期股权转让后的持有人承担连带责任；[①] 英美法系国家侧重交易安全，仅要求恶意的受让人承担连带责任，善意受让人可以免责。[②]《公司法解释（三）》采取了更像英美法“禁止出资义务移转 + 知情受让股东承担连带责任”的规制模式，而新《公司法》在此基础上进一步吸纳大陆法系国家的规定，原则上要求转让人和受让人承担连带责任，受让人在不知情的状态下可以免责。

---

① 例如，《德国有限责任公司法》第 16 条第（3）项，对于在申报时尚未缴纳的出资额，取得人与让与人共同负责。参见《德国商事公司法》，胡晓静、杨代雄译，法律出版社 2014 年版，第 33 页。

② 例如，《美国特拉华州普通公司法》第 162 条规定，不知道，也不应知道对价没有完全付清的任何人，善意地成了股份受让人或者股份认购的受让人的，不对对价中未付清的部分承担个人责任，但转让人应当承担责任。参见《特拉华州普通公司法》，徐文彬、戴瑞亮、郑九海译，中国法制出版社 2010 年版，第 60 页。

在新《公司法》已经明确将“有限责任公司股东认缴和实缴的出资额、出资方式和出资日期”列为公示事项的情况下，交易相对人很容易查询到股东出资缴纳的情况，很难存在对出资瑕疵的事实不知情的状态。因此，受让人在股权交易时的主观状态应当被推定为“知道或者应当知道”。受让人若想免于承担出资责任，需要提出反证，证明自己“不知道且不应当知道”出资瑕疵，这存在巨大困难。因此，对于出资义务已届期的股权转让，受让人原则上都需要承担连带责任，很难因不知情而免责。

2. 删除追偿权的规定，交由股东当事人自治

《公司法解释（三）》第 18 条规定了受让人承担出资责任后的追偿权规则，即受让人有权向未履行或者未全面履行出资义务的股东追偿。但是，双方另有约定的除外。新《公司法》第 88 条第 2 款删除了追偿权的规定，不再采取“当然追偿主义”的立法，[①] 这具有合理性。

在受让人对瑕疵出资事实知情的前提下，双方是在意思表示真实的基础上达成合意，转让人和受让人的股权转让合同中应包含出资责任在内部已经移转至受让股东的意思，双方也应该已经在股权对价之中进行了合理安排，无须法律再行干涉。在承担连带责任之后，受让人追偿的数额也应当结合交易对价进行判断。

若受让人是在对瑕疵出资事实不知情的状态下受让股权的，在其对外承担责任之后，也可以借助转让合同的瑕疵担保责任或者依据欺诈、重大误解等事由撤销合同等内部关系向转让人追偿，无须法律再特别规制。

（三）股权多次转让情形下的交易主体责任顺位

前文已经就股权转让后的出资责任规则进行分析，在股权进行多次转让的情形下，股权交易链条上存在多位前手股东，公司和债权人在追究股东出资责任时，将会涉及责任主体和责任顺位的问题。

对于已届期的股权转让，转让人和受让人原则上需要承担连带责任，因此债权人可以选择将交易链条上的所有主体一并起诉并请求承担连带责任，在诉讼

---

① 参见吴金水、刘金妫：《论股权受让人履行资本充实义务后的追偿规则》，载《法学》2019 年第 5 期。

程序和执行程序中不存在主体的先后顺位，责任范围上也不存在差别。

对于未届期的股权转让，转让人的地位类似于一般保证人，因此前手的转让人实际上享有先诉抗辩权，仅在受让人无法履行出资义务的范围内承担补充责任，这涉及程序上的主体确定和实体上的责任分配。

其一，就实体问题而言，在股权经过多次转让的情况之下，若此前都是未届期转股，在最后登记的受让人未足额缴纳出资的情况下，公司和公司债权人可以首先要求由最后一位股权转让人承担补充责任，若该转让人未能承担责任，则可以进一步“由近及远”，由其他转让人依次承担补充责任，也就是说，只有在某一转让人无法承担责任时，才能请求他的前手转让人承担责任。[①] 若在某一手股权转让过程之中出资义务已届期，则在此之后的股权转让属于已届期股权转让，出资期限届至时登记在册股东的出资义务不再随股权转让而发生移转，在此之后的后手受让人需要承担连带责任，在此之前的前手转让人承担补充责任。

其二，就程序问题而言，在诉讼阶段，对于股权转让的前手和后手，债权人可以选择一并起诉，但不能在未起诉后手股东的情形下径直起诉前手股东；在财产保全阶段，债权人必须先申请对后手股东的财产进行保全，如果不申请对后手股东的财产进行保全或保全的后手股东的财产足以清偿其全部债权，则不能申请对前手股东的财产进行保全；在执行阶段，债权人必须先申请执行后手股东的财产，在其财产执行完毕仍无法清偿或者其无财产可供执行的情况之下，才可以申请对前手股东的财产强制执行。

四、小结

如前所述，新《公司法》全面更新升级了股权转让后出资规则，为降低公司运营风险，笔者建议：

第一，在公司章程中规定股权转让程序。鉴于新《公司法》全面强化董事职权和义务，在受让人无法按期履行出资义务时董事可能被追究赔偿责任，建议公司在章程中对于股权转让的程序进行明确，要求股东在股权转让时明确告知受

① 参见王东光：《论股权转让人对公司债权人的补充责任》，载《法律科学（西北政法大学学报）》2020 年第 2 期。

让人的具体情况，以便公司董事对受让人的资产状况和出资能力进行调查。

第二，在转让合同中明确出资义务和追偿权。考虑新《公司法》在法律条文之中已经对股权转让后的出资责任作出安排并且删除了“追偿权”的相关规定，建议股权转让双方在进行股权交易时结合股权出资的情况和此后可能承担的出资责任，在合同之中对于股权价款进行调整，并对承担出资义务之后的追偿权明确安排，提前进行风险分配，避免双方权利义务的失衡和后续的诉讼风险。

第三，股权受让人在交易时应当注重审查转让人的出资状况并保留证据。新《公司法》对于已届期股权转让的规则仍然区分了受让人的主观状态，在受让人“不知道且不应当知道”的情形下，仅由转让人承担出资责任。因此，受让人在股权交易前对转让人的出资状况进行调查时，一是要注意保留调查的记录和其他能够证明自己善意的记录，二是应提前在股权转让合同之中对于可能存在的出资义务进行安排，在对外承担责任之后方便向转让股东进行追偿。

第四，公司债权人可考虑补充责任之外的其他救济路径。公司债权人在公司无法清偿到期债务进而依据《公司法解释（三）》第 13 条的规定追究股东出资责任之时，除了考虑依据新《公司法》第 88 条的规定要求转让人和受让人承担责任外，还可以结合公司法中的其他债权人保护规则寻求救济。例如，若转让人为发起人股东，可以考虑要求其他发起人承担连带的资本充实责任。

专题五

从除名到失权：股东出资责任的体系性重塑

一方面，有限责任公司能否除名股东、剥夺股东身份，在理论上与实践中素有争议；另一方面，2005年《公司法》引入部分认缴的缓和性规定后，对于股东"认而不缴"的实务现象始终缺乏有效的司法规制手段。2011年《公司法解释（三）》中的"除名规则"对此予以了一定程度的回应，但适用效果并不理想。

鉴于此，新《公司法》第51条、第52条新增股东催缴失权制度，即股东未按期足额缴纳公司章程规定的出资，经董事会催告后仍未缴纳的，公司可以向该股东发出失权通知，该股东自通知发出之日起丧失其未缴纳出资的股权。失权规则是对《公司法解释（三）》中除名规则的全面改造升级，但作为一项新兴制度，催缴失权制度在实际适用过程中可能面临诸多问题，后续仍需立法及司法进一步明确和完善，完成从单一规则到系统规制的体系性建构。

一、股东催缴失权制度的立法演变

（一）原除名规则及其实务困境

可以认为，新《公司法》新增的股东失权规则脱胎于《公司法解释（三）》中的股东除名规则，但又与除名规则存在显著区别。为厘清规则改造的原因与意旨，有必要先就除名规则进行初步介绍。

相较于股份有限公司，有限责任公司体现了高度人合性的特点，股东的个性、能力以及相互之间的关系对于公司的经营发展至关重要。当公司内部存在严重损害其他股东或公司利益的"个别破坏分子"时，相较于解散公司，将该名股东驱逐出公司，维持公司继续运转无疑是更为经济合理的选择，这也是有限责任公司股东除名制度存在的正当性来源。我国《公司法》对于公司能否除名个别股东未作明确规定，实务中部分法院指出，由于除名是对股东最为严厉的惩罚措施，故应对除名事由和除名程序进行严格限制，防止小股东遭受排挤，被随意除名。[①] 但除名事由、除名程序是否正当，在《公司法》无明确规定的情况下，就完全落入了法官的自由裁量范围内。

为此，《公司法解释（三）》第 17 条首次明确了有限责任公司股东的法定除名事由和除名程序，即“有限责任公司的股东未履行出资义务或者抽逃全部出资，经公司催告缴纳或者返还，其在合理期间内仍未缴纳或者返还出资，公司以股东会决议解除该股东的股东资格，该股东请求确认该解除行为无效的，人民法院不予支持。在前款规定的情形下，人民法院在判决时应当释明，公司应当及时办理法定减资程序或者由其他股东或者第三人缴纳相应的出资。在办理法定减资程序或者其他股东或者第三人缴纳相应的出资之前，公司债权人依照本规定第十三条或者第十四条请求相关当事人承担相应责任的，人民法院应予支持”。不少学者认为，该规定填补了我国《公司法》上股东除名制度之空白[②]，并为特定情形下除名决议的正当性提供了司法裁判准则[③]。从文义上看，该除名规则的具体适用条件、适用程序等可拆解如表 2-6 所示。

表 2-6　除名规则要点

要点	具体内容
适用条件	股东未履行出资义务或者抽逃全部出资
前置程序	公司应当先履行催缴程序
除名程序	公司应召开股东会，以股东会决议的形式解除该股东的股东资格
救济措施	被除名股东可起诉，请求法院确认股东会决议无效
法律责任	公司办理完减资程序或股东、第三人缴纳相应出资之前，公司债权人有权要求该股东承担补充赔偿责任

不可否认，该规定在法律续造层面具有积极意义，一方面，清除了以逃避出资的形式严重损害公司利益的极端恶劣股东；另一方面，通过倒逼股东履行出资

① 参见北京冠美伟业企业管理有限公司与李某明股东资格确认纠纷案，北京市第三中级人民法院(2021)京 03 民终 17739 号民事判决书。

② 参见郝磊：《公司股东除名制度适用中的法律问题研究》，载《法学适用》2012 年第 8 期。

③ 参见李建伟：《有限责任公司的股东除名制度研究》，载《法学评论》2015 年第 2 期。

义务弥补了公司资本规制不足的问题。但从第17条在《公司法解释（三）》中的体系位置可以看出，相比于发挥除名制度对公司人合性的维系功能，该规定的规范意旨明显更偏重维护公司资本制度，保护公司债权人的合法利益，因而在学术界也引发了该规则在性质和体系定位上是否为除名制度的争议。①

抛开理论争议不谈，仅从制度设计而言，笔者认为，该除名规则在实务适用中存在以下明显问题：

第一，在适用条件上，股东较易通过部分履行实现规避适用。除名规则最受人诟病之处在于其适用条件仅限于股东“不履行出资义务或抽逃全部出资”之极端情形，而不适用于“未全面履行出资义务或者抽逃部分出资”之常见情形。规则起草者解释，其考量主要在于解除股东资格的救济方式过于严厉，也最为根本，故不宜放开适用。② 实务中，法院基本以此为由，认定公司在非极端情形下作出的股东除名决议无效。③ 由此极大压缩了除名规则的适用空间，从而导致股东极易通过“履行极少的出资义务或抽逃大部分出资”的方式架空该规则。为弥补此种规制不足，少数法院在司法案例中进行了“部分失权”的探索，认为在股东未履行部分出资义务的情况下，公司剥夺股东未出资部分的股权体现了权利义务相对等的原则，并不违反法律规定。④

第二，在前置程序上，催缴的实施欠缺精细化规定。根据该条规定，公司作出除名决议前应进行催缴。但尚未明确的是：其一，是否必须催缴。若未经催缴程序，除名程序是否会因欠缺程序正当性而丧失效力（对此，实务中多数法院认

---

① 参见马艳丽：《有限责任公司股东除名规则构造论》，载《河北法学》2016年第11期。

② 参见《规范审理公司设立、出资、股权确认等案件——最高人民法院民二庭负责人答本报记者问》，载《人民法院报》2011年2月16日，第3版。

③ 参见威海汤泊温泉度假有限公司、烟台虹口大酒店有限公司等公司决议效力确认纠纷案，最高人民法院（2022）最高法民再215号民事判决书；百营物业发展（武汉）有限公司与百营地产（中国）有限公司决议效力纠纷案，最高人民法院（2018）最高法民申3057号民事裁定书；西藏域腾民爆有限责任公司、西藏全顺爆破建设工程有限公司决议效力确认纠纷案，西藏自治区高级人民法院（2021）藏民申292号民事裁定书；定西金帆现代物流有限公司与张某东、肖某勇等公司决议效力确认纠纷案，甘肃省高级人民法院（2018）甘民申814号民事裁定书等。

④ 参见黑龙江农垦完达山贸易有限公司与王某力等公司决议效力确认纠纷案，北京市第二中级人民法院（2018）京02民终12476号民事判决书。

为催缴为必经程序，未经催缴不得除名[①])。其二，谁来催。谁有权代表公司进行催缴，以及催缴执行主体未尽催缴义务是否应承担相应责任。因权责规定不明，实务中公司往往催缴动力不足。其三，如何催。催缴执行主体应以何种形式进行催缴，尤其所谓“合理期限”应如何确定，完全交由法官自由裁量，可能会出现裁判尺度不一的问题，例如，有法院认为公司给股东预留5天的缴纳期限难谓合理，[②]但也并未从正面回应合理期限应如何认定。

第三，在除名程序上，以股东会决议进行除名可能面临决议通过障碍。《公司法解释（三）》第16条对于瑕疵出资股东的权利限制仅列举了利润分配请求权等股东自益权，似有意排除了表决权等股东共益权，由此导致拟被除名股东可否对除名决议行使表决权存在较大争议。若该股东认缴股比较高，则可能导致除名决议无法作出。实务中，部分法院认为，在法律没有明确规定且公司章程未有明确约定的情况下，不得限制瑕疵出资股东的表决权。[③]但也有法院从实现规范意旨的角度提出，如拟被除名的股东仍享有表决权，将使得除名规定虚置。股权来自出资，未出资却享有股东权利，明显有违公平原则，亦损害其他股东利益，对瑕疵出资股东的表决权进行限制是必要且合理的。[④]对此，笔者认为，无论从公司资本充实原则、公司债权人利益保护还是规范意旨实现角度，后者观点更为合理。但不可否认，瑕疵出资股东表决权的限制确实缺乏明确、直接的规定依据。

第四，在救济措施上，仅赋予被除名股东单方救济权，极易导致公司陷入被动局面。股东会作出除名决议后，在被除名股东拒绝配合又不提起确认决议无效之诉的情况下，登记机关往往难以仅根据除名决议就直接办理变更登记，进而导致除名决议无法得到有效执行，不少公司被迫主动起诉请求确认除名决议有效。

---

① 参见裕顺实业有限公司、烟台中翔置业有限公司股东资格确认纠纷案，山东省高级人民法院（2020）鲁民终1382号民事判决书。

② 参见张某萍、臧某存公司决议纠纷案，最高人民法院（2018）最高法民再328号民事判决书。

③ 参见威海汤泊温泉度假有限公司、烟台虹口大酒店有限公司等公司决议效力确认纠纷案，最高人民法院（2022）最高法民再215号民事判决书。

④ 参见张某萍、臧某存公司决议纠纷案，最高人民法院（2018）最高法民再328号民事判决书；北川金翔汽车内饰件有限公司、王某玲公司决议效力确认纠纷案，四川省高级人民法院（2018）川民申511号民事裁定书；威海汤泊温泉度假有限公司、烟台虹口大酒店有限公司、王某京等公司决议效力确认纠纷案，山东省高级人民法院（2020）鲁民终2501号民事判决书。

但现有规则未明确赋予公司此种权利，有法院认为，司法介入公司治理应保持谦抑性，法院根据法律规定仅能受理公司决议效力瑕疵诉讼，而不宜受理法律未规定的确认公司决议有效之诉。[①] 但也有法院认为，为消除股东与公司之间法律关系不明的状态，避免公司利益遭受损失，在被除名股东不主动起诉的情况下，应当允许公司主动起诉确认。[②] 对此，笔者亦认可后者观点，公司切实存在诉的利益，仅以诉讼形式限制公司诉权，理由似乎并不充分。

（二）新失权规则及其法律构造

正是由于现有除名规则未能真正发挥设想的制度功能，本次新《公司法》在原除名规则的基础上进行了调整，构建了所谓的“失权规则”。**其中最核心的调整内容是将法律规制效果由“未出资→除名”调整为“未部分出资→部分失权”，对于只部分出资的股东进行“除权但不除名”，扩大了规制面，显著提高了该规则的实用性和威慑力，更有助于落实公司资本充实原则。**与《公司法解释（三）》的除名规则对比，新《公司法》新增的失权规则的调整变化如表 2-7 所示。

表 2-7 《公司法解释（三）》除名规则与新《公司法》失权规则的内容对比

法律规定	条文内容
《公司法解释（三）》	**第 17 条** 有限责任公司的股东未履行出资义务或者抽逃全部出资，经公司催告缴纳或者返还，其在合理期间内仍未缴纳或者返还出资，公司以股东会决议解除该股东的股东资格，该股东请求确认该解除行为无效的，人民法院不予支持。 在前款规定的情形下，人民法院在判决时应当释明，公司应当及时办理法定减资程序或者由其他股东或者第三人缴纳相应的出资。在办理法定减资程序或者其他股东或者第三人缴纳相应的出资之前，公司债权人依照本规定第十三条或者第十四条请求相关当事人承担相应责任的，人民法院应予支持。
新《公司法》	**第 51 条** 有限责任公司成立后，董事会应当对股东的出资情况进行核查，发现股东未按期足额缴纳公司章程规定的出资的，应当由公司向该股东发出书面催缴书，催缴出资。 未及时履行前款规定的义务，给公司造成损失的，负有责任的董事应当承担赔偿责任。

① 参见张某香、黄某根公司决议效力确认纠纷案，贵州省高级人民法院（2017）黔民终 502 号民事裁定书；大连金石滩三和旅游汽车有限公司、兴联盛有限公司公司决议效力确认纠纷案，辽宁省高级人民法院（2017）辽民终 1227 号民事裁定书；襄阳市吉祥时代物业服务有限责任公司、崔某杰公司决议效力确认纠纷案，湖北省高级人民法院（2022）鄂 06 民终 3894 号民事裁定书。

② 参见福建启盛实验设备科技有限公司、吴某平股东资格确认纠纷案，福建省高级人民法院（2022）闽 08 民终 1019 号民事判决书。

续表

法律规定	条文内容
	第 52 条　股东未按照公司章程规定的出资日期缴纳出资，公司依照前条第一款规定发出书面催缴书催缴出资的，可以载明缴纳出资的宽限期；宽限期自公司发出催缴书之日起，不得少于六十日。宽限期届满，股东仍未履行出资义务的，公司经董事会决议可以向该股东发出失权通知，通知应当以书面形式发出。自通知发出之日起，该股东丧失其未缴纳出资的股权。 依照前款规定丧失的股权应当依法转让，或者相应减少注册资本并注销该股权；六个月内未转让或者注销的，由公司其他股东按照其出资比例足额缴纳相应出资。 股东对失权有异议的，应当自接到失权通知之日起三十日内，向人民法院提起诉讼。 **第 107 条**　本法第四十四条、第四十九条第三款、第五十一条、第五十二条、第五十三条的规定，适用于股份有限公司。

第一，将"除名"规制调整为"失权"规制。原除名规则的适用场景过于狭窄，且极易被股东规避。本次修订将适用条件从"未出资"拓宽至"未足额出资"，相应法律后果从"除名"调整为"失权"，即将剥夺股东权利与剥夺股东资格相分离，实现"除权"而不必须"除名"。另外值得关注的是，原除名规则对于股东未履行出资义务采用广义概念，即包括"未出资"及"抽逃出资"。本次修订过程中，相对于《公司法解释（三）》第 17 条的规定，《公司法（草案一）》第 46 条删除了"抽逃出资"，增加了"出资不实"。但最终通过的新规定又略有收紧，删除了"出资不实"，仅保留了"未足额出资"，从文义上来看，失权规则的适用范围似不包括抽逃出资情形。

第二，明确催缴执行主体、义务主体为董事会。为解决因权责不明导致的制度运行乏力问题，新《公司法》明确董事会为催缴执行主体，并应承担执行不力的相应责任。值得一提的是，《公司法解释（三）》第 13 条第 4 款[①]规定，董事对于公司增资时的股东认缴出资负有催缴义务，失权规则在此基础上更进一步明确了董事的催缴出资义务不限于公司增资场景，催缴客体应无差别地扩展至公司设立时的股东认缴出资。从另一角度看也是对董事勤勉义务内容的扩张，这

① 《公司法解释（三）》第 13 条第 4 款规定："股东在公司增资时未履行或者未全面履行出资义务，依照本条第一款或者第二款提起诉讼的原告，请求未尽公司法第一百四十七条第一款规定的义务而使出资未缴足的董事、高级管理人员承担相应责任的，人民法院应予支持；董事、高级管理人员承担责任后，可以向被告股东追偿。"

与本次修订强化董事会在公司治理中的决策权和管理责任的整体倾向相契合。

第三，失权的决策机构由股东会变更为董事会。原除名规则将剥夺股东资格的权利赋予股东会，看似符合有限责任公司人合性的特点，但实际未兼顾效率原则。对于规模较大，尤其是存在境外股东的公司，股东会的召开并非易事。且我国尚未建立起系统化的瑕疵出资股东表决权限制制度，在表决上难免存在争议。为此，《公司法（草案三）》将失权的决策主体表述为“公司”，即不再强制要求召开股东会，但未明确表示赋权于董事会。多数学者根据该条的逻辑和体系定位认为，决定、通知失权的主体也应当是董事会，且公司章程及股东会决议都不能剥夺或限制董事会这一职权。[①] 但也有学者认为，股东失权直接关涉股东权利的获得与丧失，仍有必要由股东会进行决议。[②] 最终，新《公司法》明确将其表述为“公司经董事会决议”可发出失权通知，董事会作出催缴、失权的决策、执行主体不再有争议。

第四，明确公司减资不能的情况下，其他股东负有充实资本的兜底义务。原有除名规则仅概括性规定股东被除名后，公司应尽快做减资或补足出资处理。但实务中若公司负债较高、减资不能，也就代表公司可能不具有继续投资的价值，第三人受让或其他股东补足基本难以实现，公司资本充实原则难以落实。对此，新《公司法》明确其余股东为失权部分的出资义务兜底方，并附有最迟履行期限，对债权人的利益保护更为周全。

第五，明确失权股东异议期限为收到失权通知之日起的 30 日。原除名规则规定异议股东可起诉请求确认决议无效，但该规定可能存在两方面缺漏：其一，未明确股东可就决议程序性瑕疵等问题在 60 日内诉请撤销股东会决议；其二，决议无效确认之诉无行权期限限制，易影响法律秩序的安定性。对此，新《公司法》不再限制异议内容和方向，且参考《合伙企业法》第 49 条第 3 款的规定，将失权股东的异议期限明确为收到失权通知之日起的 30 日内。

第六，将失权规则扩展适用至股份有限公司。原除名规则仅规定有限责任公司可经股东会决议除名未出资股东，排除了股份有限公司的适用。但应当看

① 参见王东光：《股东失权制度研究》，载《法治研究》2023 年第 4 期。

② 参见王琦：《有限责任公司股东失权程序的建构路径》，载《法律适用》2022 年第 7 期。

到，就充实公司资本和规制股东出资行为而言，有限责任公司与股份有限公司应不存在明显差异。鉴于此，新《公司法》第107条规定，股份有限公司同样适用股东失权规则。综上所述，《公司法解释（三）》的除名规则与新《公司法》的失权规则的差异要点如表2-8所示。

表2-8　《公司法解释（三）》除名规则与新《公司法》失权规则的差异要点

对比项目	《公司法解释（三）》除名规则	新《公司法》失权规则
适用条件	股东未履行出资义务或者抽逃全部出资	股东未按期足额缴纳公司章程规定的出资
前置程序	公司应当先履行催缴程序	公司向该股东发出书面催缴书，催缴出资。载明缴纳出资的宽限期不得少于60日
除名程序	股东会决议解除该股东的股东资格	公司经董事会决议可以向该股东发出失权通知
救济措施	被除名股东可起诉，请求法院确认股东会决议无效	股东对失权有异议的，应当自收到失权通知之日起30日内，向法院提起诉讼
资本充实兜底方式	公司应当及时办理法定减资程序或者由其他股东或者第三人缴纳相应的出资	6个月内未转让或者注销的，由公司其他股东按照其出资比例足额缴纳相应出资
失权股东法律责任	公司办理完减资程序或股东、第三人缴纳相应出资之前，公司债权人有权要求该股东承担补充赔偿责任	无相关规定

二、股东催缴失权制度的理论阐释

从上述对比可以看出，相较于原除名规则，新《公司法》增设的股东催缴失权规则绝不仅是适用范围的扩展，其在实施程序、实施主体、法律后果上均存在重大变化。究其原因，笔者认为，可能是立法者有意在制度定位上明确该规则为失权制度，而非除名制度。在此，笔者以域外立法经验为参照，对两项制度的内容、功能、程序、制度设计进行简要介绍。

（一）除名制度的域外经验

除名制度旨在弥补公司的人合性裂痕，故在程序设计上更偏重公平价值。失权制度与除名制度均源自德国法，德国法上涉及股东丧失股东资格并退出公司的方式有两种，即失权和除名。除名制度，是指当股东出现导致公司解散之重大事由时，公司可以股东会决议的形式将其除名，剥夺其股东资格的一项制度。

在除名事由上，股东需出现足以导致被除名的“重大事由”。结合德国相关司法判例，“重大事由”可总结为：(1)股东自身出现重大事由，如年老患病，丧失股东所必备的资格或身份；(2)股东行为出现重大事由，如股东滥用权利损害公司利益等。[①] 可参考我国《合伙企业法》中的当然退伙和除名退伙规定。当股东出现该“重大事由”时，即认为其对公司的人合性产生冲击，需以除名股东的方式化解公司内部矛盾，维系公司运营发展。

在除名程序上，因除名是对公司人合性矛盾的处理，故无论公司章程是否有明确规定，除名都必须以股东会决议的形式进行，只是被除名股东对此不享有表决权。公司形成除名决议后还应向法院提起除名之诉，由法院对除名决议进行实质审查并作出判决，避免其他股东滥用除名制度排挤异议股东。[②] 德国联邦法院曾认为，只有公司向被除名股东支付份额收购对价之时，除名才发生效力。但这种观点也被部分学者质疑在生效时点的问题上走得太远。[③]

在法律后果上，如前所述，股东被除名是由于其对公司人合性的破坏，与其是否履行了出资义务无必然联系。那么，由此需要解决的问题是，倘若被除名股东已足额缴付出资或部分缴付出资，其在丧失身份性权益后，对已出资份额是否还享有经济性权益？《德国商法典》第 140 条规定，被除名股东与公司之间的财产分配以提起除名之诉时的公司财产状况为准。《德国有限责任公司法》第 33 条同时规定，公司回购自己的股份以该份额对应的出资已缴足为前提。[④] 总结而言，就已出资部分，被除名股东可请求公司收购其股份，并支付对价。就未出资部分，则只能通过向第三方转让或公开拍卖的方式缴清欠付出资。若转让或拍卖所得价款高于被除名股东欠付的出资，该股东还可获得余款。也就是说，无论被除名股东是否已足额缴纳出资，其均享有获得名下股份对应市场价值的权利，

① 参见葛伟军：《从股东资格解除到股东失权的嬗变》，载《北京理工大学学报》2022 年第 5 期。

② 参见曾佳：《股东失权制度功能定位与体系化适用——以〈公司法(修订草案)〉第 46 条为中心》，载《北京理工大学学报》2023 年第 2 期。

③ 参见[德]格茨·怀克、[德]克里斯蒂娜·温德比西勒：《德国公司法》，殷盛译，法律出版社 2010 年版，第 346 页。

④ 参见《德国商事公司法》，胡晓静、杨代雄译，法律出版社 2014 年版，第 13 页、第 38 页。

只不过其可获取的股份价值以补足出资为前提。

（二）失权制度的域外经验

失权制度旨在维系公司资本，故在程序设计上更偏重效率价值。**失权制度，是指股东对公司欠缴出资（可能是部分欠缴，也可能是全部欠缴），且在宽限期内仍未足额缴付，公司可宣告股东丧失已认购的股份和已缴纳的股款（已缴纳的出资归公司所有），从而丧失股东资格的一项制度。**

在失权程序上，《德国有限责任公司法》第 21~25 条规定，股东未按期足额缴纳出资，公司可对其发出催告通知，督促其在一定期限内缴足出资。若超过期限股东仍未实缴，为了公司利益，公司可以挂号信方式声明该股东丧失其营业份额和已缴纳出资，已缴纳的出资归公司所有。①

在法律后果上，被声明失权后，股东丧失股东资格，但仍需对公司的损失承担赔偿责任。若该股权存在前手，则所有前手均需向公司承担责任。只是在追责顺位上，后手较前手须先承担责任。实际承担责任的前手在缴足出资后可获得被宣告失权的该部分股权。若该股权不存在前手，或前手也无法缴纳出资，则公司可公开拍卖该股权或进行减资。通过所有途径均无法处理该部分股权时，由其他股东按比例缴足出资。另外，失权股东已缴纳的出资部分直接被公司没收，失权股东对该部分股权不享有除名制度下的市场价值请求权。② 综上所述，失权制度实际是一种“社团罚”，相较于除名制度，其以惩罚性威慑股东按期履行出资义务，所追求的是在短期内实现公司资本的充实和真实。

（三）失权制度与除名制度的关系之辨

除名制度与失权制度在法律结果上存在一定相似性，均剥夺了股东资格，但在制度目的、适用情形、适用程序等多个方面存在显著差异。

第一，在制度目的和适用条件上，除名制度立足于公司人合性，失权制度着眼于公司资本信用。除名制度的出现是为了弥补公司在人合性上可能出现的裂缝，及时清除问题股东。因而除名事由较为宽泛，从股东自身原因到股东行为不当，只要严重影响股东之间的合作关系，皆可成为除名事由。而失权制度立足于

---

① 参见《德国商事公司法》，胡晓静、杨代雄译，法律出版社 2014 年版，第 34~35 页。

② 参见凤建军：《公司股东的“除名”与“失权”：从概念到规范》，载《法律科学（西北政法大学学报）》2013 年第 2 期。

公司资本的充实与维持，是为防范股东拖欠出资妨碍公司资本筹集、浪费社会资源而设置的快捷补救手段，失权的唯一适用场景即股东未完全履行出资义务。[①]当然，出资作为最重要的股东义务，可以认为对未足额缴付出资的股东宣告失权也实现了除名制度维系公司人合性的效果，但这并非失权制度最主要的制度目标。

第二，在适用程序上，除名的决议机关为股东会，失权的决议机关为董事会。如前文所述，除名制度指向公司人合性，因此对于人合性的修补也需通过公司决议机关作出意思表示，在法律价值上偏重真实（团体意思真实）和公平（除名结果具有相当性）。但失权制度指向公司资本的充实，意在及时实现对公司及公司债权人的利益保护，在法律价值上偏重效率。由董事会负责催缴和失权的决策和执行，是由于认缴制的核心在于赋予公司运用资金的自主权和弹性空间。能第一时间掌握公司经营情况，了解公司资金需求的非董事会莫属，将董事会作为决策和执行机关无疑更符合失权制度对效率的追求。[②]

第三，在法律后果上，被除名的股东仍享有一定财产性权利，被宣告失权的股东不再享有任何财产性权利。股东被决议除名后，其股份对应的财产性权益仍受法律保护，即其对公司享有收购请求权，或转让、拍卖股权后的剩余价值请求权。但股东被宣告失权后，其就已出资份额对公司不再享有任何财产性权利，同时也不因失权而豁免对公司的赔偿责任。

（四）原除名规则与新失权规则的制度定位

从上述分析不难看出，《公司法解释（三）》第17条确立的除名规则在规范意旨上更靠近失权制度，但其中又掺杂了部分除名制度的要素。

首先，在适用条件上，第17条只限于股东未缴纳出资的情况，与德国法上失权制度的单一事由更为接近。不同的是，德国法的失权制度不限于股东完全未履行出资义务，股东部分未履行出资义务也可被宣告失权。相比之下，《公司法解释（三）》第17条明显进一步收缩了适用范围。

---

① 参见李建红、赵栋：《股东失权的制度价值及其对中国的借鉴意义》，载《政治与法律》2011年第12期。

② 参见袁碧华：《“认”与“缴”二分视角下公司催缴出资制度研究》，载《中国法学》2019年第2期。

其次，在适用程序上，《公司法解释（三）》第 17 条规定公司必须先履行催缴程序，该制度设计无疑是对德国法失权制度的借鉴。但催缴后以股东会决议的形式进行除名，又参考了德国法除名制度的规定。

最后，在除名效力上，《公司法解释（三）》第 17 条肯认除名权是形成权，除名效果无须司法确认，仅赋予被除名股东提起决议无效诉讼的司法救济途径。相较于德国法除名制度中除名决议须经除名之诉实质审查始生效力，《公司法解释（三）》第 17 条依据公司意思变动股权关系更接近德国法失权制度的规定。

综上所述，《公司法解释（三）》第 17 条对两种制度的混合使得除名规则所侧重的法律价值不明，进而影响到其实施效果。另外值得关注的是，该条对于被除名股东是否还享有财产性权利保持了沉默。被除名股东因完全未履行出资义务，自然不享有对公司的股权收购请求权。但股权转让后，其是否仍享有补足出资之后的剩余股权价款，该条未明确表态。一方面，可能是立法留白，交由司法裁判在个案中处理；另一方面，也可能表达了立法者的否定态度。[①] 理由在于基于权利义务对等原则，被除名股东既未履行任何出资义务，也不应保留任何权利。同时，我国法律传统一向重财产关系、轻人身关系。被除名股东既已丧失股东身份资格，则更应丧失股东财产性权利。

相较而言，新《公司法》增设的失权规则在制度定位上更加明确，同时存在本土化创新。失权规则在规范功能上锁定公司资合性，以便捷、高效的程序在短期内实现公司资本的充实和真实，落实认缴资本的信息传递功能。其在吸收域外法失权制度的基础上做了如下本土化改良：将“股东未足额缴纳出资→完全失权、丧失股东资格”的法律后果改良为“股东未足额缴纳出资→就未缴纳部分丧失股权”，且未赋予公司罚没股东已缴付出资的特殊权利，以免该制度被滥用，不当侵害股东合法权利。可以说，新《公司法》失权规则在追求效率、保护公司及公司债权人利益的同时，也适当兼顾了正当性和公平性。[②]

---

① 参见申长慧：《除名抑或失权：我国被除名股东的财产权保留研究》，载《民商法论丛》2020 年第 2 期。

② 理论上，股东丧失部分股权在性质上可归入合同部分解除的范畴。即基于股权的可分性，允许公司对未履行部分行使解除权，而非对整体行使解除权。参见王琦：《有限责任公司股东失权程序的建构路径》，载《法律适用》2022 年第 7 期。

三、股东催缴失权制度的实务解析

作为一项新兴制度，股东催缴失权规则在实务运用中面临诸多疑问，如董事违反催缴义务后应承担何种赔偿责任、股东失权后是否还需向公司债权人承担责任、承担资本补足义务的股东范围应如何确定，等等。因其在实际适用中极易与公司资本维持、发起人连带责任、出资加速到期等其他公司法制度产生碰撞，制度之间的交融、协调关系也为其具体适用进一步提升了难度。

（一）失权规则之体系关系

对于新《公司法》的失权规则与《公司法解释（三）》的除名规则之间是何关系，目前存在争议。有观点认为，新《公司法》的失权规则是对原除名规则的演化和改良，两条规则在“股东失权”的概念下是合并统一关系。[①] 也有观点认为，除名制度和失权制度是两种截然不同的制度，失权规则与《公司法解释（三）》的除名规则应在各自的制度范畴内发挥不同的作用，两者为并列关系。[②]

笔者认为，《公司法解释（三）》的除名规则并未真正建立起股东除名制度，相反，其内容和法律后果已被新《公司法》的失权规则所吸纳。前述争议的根源在于部分学者认为《公司法解释（三）》第 17 条代表的是除名制度在我国《公司法》领域的适用。但此种观点可能难以成立，理由如下：

在规范意旨上，司法解释起草者实际是借鉴了除名制度的规定，有意规范股东“认而不缴”的出资问题。最高人民法院将《公司法解释（三）》第 17 条称为“股东资格解除规则”，[③] 非特指向除名制度或失权制度，因而该条在适用条件、适用程序、法律后果上呈现除名制度与失权制度相糅合的特点。与一般意义上的股东除名制度相比，该条的适用范围过于狭窄，只能勉强视之为“法定除名事由”。但在该事由之外，多数法院在审理除名决议纠纷时，仍较为谨慎地认为除名事由应由章程事先约定。对于章程未事前约定的、股东在公司经营过程中突

---

① 参见王琦：《有限责任公司股东失权程序的建构路径》，载《法律适用》2022 年第 7 期。

② 参见曾佳：《股东失权制度功能定位与体系化适用——以〈公司法（修订草案）〉第 46 条为中心》，载《北京理工大学学报》2023 年第 2 期。

③ 参见《规范审理公司设立、出资、股权确认等案件——最高人民法院民二庭负责人答本报记者问》，载《人民法院报》2011 年 2 月 16 日，第 3 版。

然出现的重大破坏性行为,司法一般较难直接认可除名决议的效力。[①] 也就是说,《公司法解释(三)》第 17 条对于与出资无关的股东除名纠纷并无明显参考和借鉴意义。

在法律后果上,失权规则规定公司经董事会决议,可通知股东丧失未缴纳出资部分的股权,除名规则的法律后果便是失权规则的极端适用情形,即股东完全未缴纳出资,被宣告丧失全部股权、剥夺股东资格。在法律效果被失权规则涵盖的同时,除名规则的程序性要求更高(股东会决议除名),程序性规定更粗糙(未规定最短宽限期),这都将导致除名规则可能被失权规则"架空"。无论《公司法解释(三)》第 17 条是否是司法解释起草者对除名制度所作的有益尝试,在新《公司法》的失权规则实施后,其都存在沦为具文的可能。

(二)失权规则之适用范围

1. 出资不实与抽逃出资

新《公司法》将失权规则的适用条件规定为"未按期足额缴纳出资",未明确非货币出资不实与抽逃出资是否适用。

从解释论的角度出发,抽逃出资和非货币出资不实能否适用失权规则可能存在争议。从草案变化过程来看,较《公司法解释(三)》的除名规则,《公司法(草案一)》删除了抽逃出资的适用条件,《公司法(草案二)》又进一步删除了非货币出资不实的适用条件,立法者似乎是有意而为之。从制度整体设计看,相较于未缴纳出资,抽逃出资具有隐蔽性,非货币出资不实缺乏明确判断依据。一方面,董事会享有催缴权力,依据不明容易招致权利滥用;另一方面,董事会负有催缴责任,若对董事科以过高的资本核查和实质判断要求,无异于要求董事变相为股东的出资义务兜底,可能存在混淆勤勉义务与出资义务边界之嫌。制度的设计往往牵一发而动全身,董事会权责安排的合理性可能也是立法者的实际考量之一。

但从规则检视的角度出发,笔者认为,失权规则的适用范围应当包括抽逃出资和非货币出资不实。首先,从违约实质而言,无论是抽逃出资还是非货币出

① 参见南京安盛财务顾问有限公司诉祝鹏股东会决议罚款纠纷案,载《最高人民法院公报》2012 年第 10 期。

资不实，其最终结果都表现为股东未能足额缴纳出资，从违约结果和违约实质来看，三者并无明显差异。事实认定上可能存在的复杂性似乎并不能构成排除失权规则适用的充分理由。且相较于未缴纳出资，抽逃出资与非货币出资不实的股东存在隐瞒的主观恶意，更存在被剥夺股权的正当性。其次，从规制角度而言，尽管针对抽逃出资和非货币出资不实，新《公司法》均存在相关责任主体负赔偿责任、连带责任的规定，但此种规制均仅针对公司资本充实原则，而失权规则的另一个重要意义是在股东之间重新公平分配股权比例。从这个角度而言，失权规则具有不可替代性，与前述规制一并构成瑕疵出资股东的完整责任体系。最后，从比较法视角而言，《德国有限责任公司法》在表述上将失权制度的适用范围限定于货币出资（不包含非货币形式的其他出资），是因为在德国，货币出资在公司设立或公司增资时仅需缴纳最低发行价的 1/4，而非货币出资必须在申请商事登记之前全额缴纳。[①] 但出资不实后引发的差额补足责任同样是股东以货币形式补足出资，与货币出资并无本质不同。随着法律发展和公司章程对失权规则适用范围的普遍扩张，失权规则也已同样适用于非货币出资可能出现的出资不实情况。[②]

2. 约定提前出资与法定加速到期

董事会催缴以认缴期限到期为前提，那么失权制度就可能与认缴期限变更的相关规则联系起来。仍有疑义的是，董事会是否可以根据公司经营发展需要，决定股东认缴期限提前到期，进而适用失权规则？对此，有学者认为，根据体系解释，新《公司法》第 51 条的催缴出资也应包含第 54 条加速到期规则的适用。[③] 但笔者认为，体系解释并不足以构成解读制度之间相互关系的充分理由，对于董事会能否宣布出资期限提前到期、能否适用失权规则的回答，仍应立足于认缴期限变更制度本身的适用条件和规范意旨。

约定变更的情形下，董事会无权决定出资期限加速到期。认缴期限变更存在约定变更和法定变更两种情形，约定变更的情况下，法院多认为需要股东会

① 参见《德国商事公司法》，胡晓静、杨代雄译，法律出版社 2014 年版，第 28~29 页。

② 参见王东光：《股东失权制度研究》，载《法治研究》2023 年第 4 期。

③ 参见于莹、申玮：《股东失权制度的法律构造》，载《吉林大学社会科学学报》2023 年第 6 期。

一致决才能提前出资期限。理由在于，股东出资方式及期限是股东的固有权益，与资本多数决可以确定的公司经营管理事项有本质区别。否则大股东极易滥用股东权利，侵犯个别股东的出资期限利益。[①] 除非该股东自行同意提前出资，否则其他股东无法变更该股东的认缴期限。相反观点认为，股东之间应视为存在“隐形合意”，即为实现公司利润最大化，共同同意授权董事会决定是否提前股东出资义务。[②] 但笔者认为，董事由股东委派，多代表背后股东的利益而相互博弈。**为避免董事成为大股东压迫小股东提前出资的工具，不宜直接赋予董事会宣布股东认缴期限提前到期，进而为适用失权规则创造条件的权利。反之，若股东会全体一致同意提前个别股东的出资期限，则视为该股东与公司合意变更出资期限。此种情况下，董事会催缴出资实际是执行股东会决议内容。**若股东经催缴无法按提前时间履行出资义务，则构成对公司的根本违约，董事会可宣告失权。

法定加速到期的情形下，董事应履行催缴义务，但不应适用失权规则。法定变更即出资加速到期制度，新《公司法》第 54 条规定，“公司不能清偿到期债务的，公司或者已到期债权的债权人有权要求已认缴出资但未届出资期限的股东提前缴纳出资”。从文义看，若公司出现清偿不能的情况，则公司有权要求股东提前缴纳出资，进而衔接失权规则。笔者认为，出资加速到期后，董事有权代表公司进行催缴，但催缴不能后，董事不能宣告股东失权。原因在于失权制度的基础是股东未能按章程约定缴纳出资，构成根本违约，公司有权部分解除合同。但因公司经营情况不佳、对外清偿不能而导致股东出资期限被法定提前的情况下，股东并未违反与公司之间的出资约定。**在非破产情形下，股东出资加速到期的本质不是股东丧失出资期限利益，而是股东应以其认缴的出资额为限对公司承担责任，是股东有限责任的实质内容。**[③] **法定加速到期的情形下，股东既未违约，就不存在失权制度适用的空间，董事会自然也无权决定股东失权。**

---

① 参见刘某、青岛安胜泰物流有限公司公司决议效力确认纠纷案，山东省青岛市中级人民法院(2021)鲁 02 民终 15097 号民事判决书。

② 参见李海燕、李盛聪：《资本认缴制下的董事催缴制度》，载《延边大学学报(社会科学版)》2018 年第 3 期。

③ 参见钱玉林：《股东出资加速到期的理论证成》，载《法学研究》2020 年第 6 期。

（三）失权规则之决议程序

如前所述，失权规则已免除股东会的强制召开，公司经董事会决议即可通知股东失权，但在具体实施层面仍然可能存在三大疑问：

第一，董事会决定股东失权是否必须作出董事会决议。对此，笔者认为，失权规则原则上要求董事会作出决议，但鉴于与公司内部治理相关的公司法规定多非强制性规定，特殊情况下可能存在董事会决议被豁免的空间。在尊重公司自治的同时，也需防范个别董事滥用权力的问题，同时兼顾股东合理预期。笔者认为，下列情况或可免除董事会决议：(1)公司未设董事会，仅存在一名董事，董事个人意见即为“董事会”意见，决议本身只是形式问题；(2)公司章程存在规定，失权决定无须经董事会决议，而是交由个别董事行权。股东认可此种事前授权或至少对此存在预期，是董事会决议被豁免的正当性基础。

第二，董事会召开时，个别董事的表决权是否可能受限。一般而言，有限责任公司的董事均由股东委派，与委派股东的利益一致。若对于失权事项，董事会议事规则要求全体一致决，那么失权决议可能因该瑕疵出资股东委派的董事投反对票而无法通过。为此，笔者认为，参照关联交易股东表决回避的规定，关联董事对此项表决内容也应当进行回避。

第三，若无董事会决议，失权股东应当如何救济。如无决议载体，失权股东可能难以找到合适的救济路径。对此，笔者认为，失权股东可跳脱公司决议效力确认之诉的限制，直接尝试提起股东资格确认之诉，确认内容包含股权份额、股权比例。但由于该诉讼本质上仍是对失权通知的异议，故仍应受30日除斥期间的约束。尽管法官在审查时需对公司的自治行为作出法律评价，存在不当干预公司自治之嫌，但评价的对象是否仅局限于决议似乎只是形式问题，更为重要的是评价的维度是否超越了程序正当性和法律规定。若未超越该评价维度、未对自治行为产生实质上的内容干预，笔者认为仍然符合正当性要求。也就是说，公司是否需要作出决议、是否存在决议载体，都不应影响失权股东的合法救济权利。

（四）失权规则之法律后果

1. 股东失权之非强制性

根据新《公司法》的规定，催缴具有强制性，即股东未按期足额缴纳出资，董事会应当就全部欠缴出资及时催缴，不存在是否催缴、催缴多少的决策空间。但相比之下，失权不具有强制性，股东经催缴在宽限期内仍不履行出资义务，并不必然发生丧失相应股权的后果。[①] 原因在于公司资本的需求程度存在弹性空间，董事会可根据公司经营状况判断股东未及时缴纳出资是否客观严重影响了公司的经营发展，进而需要通过失权规则及时以其他形式补足出资。故董事会的义务仅为催缴义务，而非通知失权义务，失权仍属公司自治范畴，由公司自行决策。但如此一来，仍有疑问的是：

第一，董事的催缴责任是否会流于形式。董事只需要完成催缴的动作就可避免承担相应责任，看似董事对公司资本充实负有监督管理义务，但实际上其只要完成"规定动作"就可免于担责。催缴义务和责任的设置可能实施效果有限。

第二，失权与否是否完全属于公司自治范畴而不受任何约束。失权规则在结果上延伸了公司债权人可能追责的义务主体（其余股东需兜底承担出资义务）。从公司资本充实的强制性来看，失权与否完全交由公司自行决策似乎未见合理。如《德国有限责任公司法》第 19 条第 1 款规定，催缴出资应当适用平等原则，即对于同样欠缴的股东，做出不同处理需具备一定正当性。例如，对于仍存在清偿能力的欠缴股东，就不应对其适用失权制度，而应及时起诉；对于已明显不具有清偿能力的欠缴股东，则可通知失权，以其他方式补足出资。否则失权制度将成为排挤特定股东的工具，失权将因违反同等对待原则而无效。[②] 不过，失权规则强制性不足的问题可通过董事勤勉义务的实质性判断得到矫正，最终由董事承担过失决策责任。

2. 股东失权后的赔偿责任

依据现有除名规则，公司完成减资或补足资本之前，参照《公司法解释（三）》第 13 条、第 14 条的规定，被除名股东仍应对外承担补充赔偿责任。实务中，公司债权人依据该除名规则要求被除名股东承担补充赔偿责任，法院一般予以支持。[③] 但笔者未检索到被除名股东实际承担补充赔偿责任后再回头诉请确认

---

① 参见王琦：《有限责任公司股东失权程序的建构路径》，载《法律适用》2022 年第 7 期。

② 参见王东光：《股东失权制度研究》，载《法治研究》2023 年第 4 期。

③ 参见朱某来等与钟某春股东损害公司债权人利益责任纠纷案，北京市第三中级人民法院（2022）京 03 民终 1805 号民事判决书；中国动漫集团有限公司与王某案外人执行异议之诉案，山西省太原市中级人民法院（2018）晋 01 民终 5384 号民事判决书。

除名决议无效的相关案例。在不存在明确规定的情况下，即便股东提起诉讼，可能也难以获得法院支持。如此一来，补充赔偿责任实际构成对被除名股东的"惩罚"，与德国法上的失权制度相似。

当然，现有除名规则下若股东被除名后可免于承担出资义务，在公司减资不能且资本无法补足的情况下，公司债权人几乎难以获得有效救济。将无过错的债权人的损失转移至有过错的被除名股东身上，在价值考量上似乎存在一定正当性。但在失权规则中，兜底补足出资的义务方已明确为其余股东，此种情况下是否仍有必要给予公司债权人双重保护，似乎需要进一步考量。更值得关注的是，三次审议稿及最终通过的规定中均未规定失权股东的补充赔偿责任，是否意味着失权股东不必再对外承担相应责任？

笔者认为，失权股东仍需向公司债权人承担补充赔偿责任。失权规则存在两方面的制度意义：一方面，在违约股东和守约股东之间重新分配股权比例，实现内部公平；另一方面，在股东未及时缴纳出资的情况下，公司化被动为主动，通过其他方式补足出资，实现对外部债权人的有效保护。

从第一个方面来说，公司内部治理结构、分配机制的变化不应，也无法对抗公司外部债权人。虽然有观点可能会质疑，外部债权人信赖的是公司资本而非特定股东，失权规则已规定其他股东承担出资补足义务，公司资本已存在保障机制，似乎并未损害债权人的信赖利益。但现实的问题是，实务中债权人对于公司资本的信赖实际依托于股东的缴纳出资能力，这也是商业交易中带有国资背景的企业更容易获得青睐的原因。

从第二个方面来说，通知失权和要求补足出资是股东未及时缴纳出资场景下公司非此即彼的选择，但无论公司如何选择，瑕疵出资股东的责任不应有所变化。[①] **否则在公司经营情况不佳的情况下，个别股东可能会借用失权制度逃避出资，将出资义务转移至根本不具有履行能力的其他股东身上，进而严重危害公司债权人利益。**此种风险若由债权人承受，显然违反了制度原意和保护债权人利益的公司法基本立场。

但失权股东需向公司债权人承担补充赔偿责任的观点下，仍需回应以下问

① 参见于莹、申玮：《股东失权制度的法律构造》，载《吉林大学社会科学学报》2023年第6期。

题：第一，若该规定的请求权基础为债权人代位权，股东被除名后已不对公司负有缴纳该部分出资的义务，债权人似无代位基础。第二，股东对债权人承担补充赔偿责任后，是否因承担了出资义务而重新获得相应部分的股权；若不是，从权利义务相对等的角度看，失权股东不再享有该部分股权，却仍需变相承担出资义务，似对失权股东不公；若是，将使得股东与公司之间的关系长期处于不稳定状态，且完全取决于失权股东的履行意愿，似对其他按期缴纳出资的股东不公。第三，在失权规则删除了补充赔偿规定的情况下，公司债权人应依据何请求权基础诉请失权股东承担责任。对于上述问题，笔者认为：

第一，就债权人代位问题，《公司法解释（三）》第 13 条、第 14 条规定的请求权基础应为法定的股东资本充实义务，而非债权人代位权。代位权理论要求债权人具有“代位保全之必要性”，即债务人（公司）怠于行使债权。但《公司法解释（三）》第 13 条、第 14 条对此未作要求。第 13 条、第 14 条请求权基础并非源于民法理论中的债权人代位权，而是源于股东在公司法上的资本充实义务。[①] 资本维持原则的内在要求是股东对公司的责任财产承担出资范围内[illegible]担保责任，[②] 且此种担保责任不以保有股东身份为前提，被通知失权后，失权股东[illegible]不能完全免责。

第二，就股权自动恢复问题，为维持公司治理的稳定性，失权通知发出[illegible]股东主动履行出资义务不产生自动恢复股东权利的法律效果。如前所述，失[illegible]后果应区分内部法律效果和外部法律效果。失权股东对外在欠缴出资的范围[illegible]承担补充赔偿责任，不代表其对内可自动恢复该部分出资对应的股权。由于我国尚未建立起明确带有惩罚性内容的股东失权制度，故从公平角度出发，笔者认为，股东被通知失权后如主动向公司缴纳款项，或向公司债权人承担了补充赔偿责任，其所支付的款项可通过股东借款或第三人清偿等方式转化为对公司的普通债权，由公司进行清偿。

第三，就请求权基础问题，若《公司法解释（三）》中的除名规则在新《公司

---

① 参见杨秋雨：《论公司债权人对未出资股东的直接请求权》，载《大连海事大学学报》2017 年第 3 期。

② 参见冯果、南玉梅：《论股东补充赔偿责任及发起人的资本充实责任——以公司法司法解释（三）第 13 条的解释和适用为中心》，载《人民司法（应用）》2016 年第 4 期。

法》通过后未被立即废止，则债权人可直接请求参照除名规则追索失权股东的责任。依据的法律适用原则为“举重以明轻”，即被除名股东丧失股东资格后都仍应对公司债权人承担责任，失权股东仅丧失部分认购股权，更无理由完全脱责。若《公司法解释（三）》中的除名规则后续被废止，则债权人可主张参照适用新《公司法》第88条的规定，要求失权股东对于瑕疵出资股权在出资不足的范围内承担连带责任。股东对于原始出资义务持续承担类似担保责任，失权股东的股权虽被公司决定收回，但股权流转的原因和方式不影响其作为前手应承担的责任。

3. 股东失权后的股权转让

公司通知股东失权后，对该部分股权可能存在三种处理方式，即注销、转让和补足。其中较容易理解是注销和补足，转让场景下，可能产生疑问的是谁是待转股权的权利主体，并享有转股决定权、收益权。

笔者认为，公司暂时持有该部分股权，并经由股东会决定转让事项，失权股东不享有任何转让收益权。股东被通知失权后应丧失相应部分的股权，自然也包括股权的处分权。但除法定情形外，公司也不得持有本公司的股权，如此一来则导致该部分股权处于无主状态，进而直接影响股权转让的具体实现。对此，较为合理的解释和操作方式可能是公司基于该规定（法定原因）先无对价从失权股东处收回该部分股权，并暂时持有。若股东会决议不做减资处理，则应在6个月内确定受让主体。由于此情况下可能引入新股东，基于有限责任公司的人合性，股权转让、转让价格、支付方式须经股东会决议确定。且同等情况下，现股东依法享有优先购买权。

至于失权股东是否还可能享有股权转让后的收益权，如前文所述，笔者倾向于认为立法者在除名规则和失权规则下未作明确规定可能均暗含否定态度，以实现权利义务相一致的原则。故股权转让后的收益应直接补足公司资本，超过资本的部分可进行增资或体现为资本公积金，失权股东不享有任何转让收益权。

4. 补足出资的股东范围

根据失权规则，就宣告失权的该部分份额，若公司转让不能、减资不能，则应由“其他股东”承担补足出资的义务。从公司设立到股东认缴出资到期，从催缴到失权，再到公司实际完成该部分出资的处理，前述过程中的任何时点均可能发生股权的流转与股东的变更。从规则条文来看，确定“其他股东”的范围，可能存在几个关键时点：一是失权股东出资到期的时刻；二是公司通知股东失权的时刻；三是公司减资不能、股权转让不能，6 个月期限到期的时刻。在失权规则未做明确规定的情况下，应以哪一时刻确定责任股东的范围，将可能成为实务争议点。

以德国法为参照，笔者认为，应以失权股东出资义务到期的时点确定“其他股东”范围。德国法的失权规则下，“其他股东”同样需要承担补足责任，但法律也未明确责任股东范围的确定时点。对于这一争议问题，1996 年德国联邦最高法院在相关判决中认为，在失权股东出资义务到期之时，公司其他股东的出资补足义务就已被确定，只是因条件限制而被推迟。如果允许股东在此期间以转让股权的方式逃避补足责任，则不利于债权人保护。[①] 当然，可能会有观点认为即便公司通知股东失权，在 6 个月期限到期前，其他股东未必会确定承担出资补足义务，将确定责任主体的时刻提前至失权股东出资到期之时，无疑加重了股东责任，且变相限制了股东的转股自由。对此笔者认为：

第一，失权股东出资义务到期之时，其他股东的补足义务虽未完全确定，但不能排除其他股东将股权转让给缺乏出资能力的受让方，从而影响公司对外清偿能力的情况出现。公司的债权人对于公司股权的转让完全不具有控制力，对于受让方也不享有选择权，此种风险由其承受明显不公，也不符合公司法保护公司债权人利益的基本立场。

第二，该规则并未限制股东转股自由，相反可与瑕疵出资股权转让制度相衔接，以此督促股东转让股权时审慎选择受让方。根据新《公司法》第 88 条的规定[②]，若是在 6 个月到期前，其他股东对外转让股权，相当于转让已认缴出资但未届缴资期限的股权，一旦 6 个月到期，补足义务确定发生，应由受让人承担补足义务，转让人承担补充责任；若在 6 个月到期后，其他股东对外转让股权，因补足义务已确定发生，相当于转让已届缴资期限的股权，无论转让方是否存在逃避出资的恶意，都由转让方承担补足义务，受让方根据主观状态确定是否

---

① 参见王东光：《股东失权制度研究》，载《法治研究》2023 年第 4 期。

② 新《公司法》第 88 条规定：“股东转让已认缴出资但未届出资期限的股权的，由受让人承担缴纳该出资的义务；受让人未按期足额缴纳出资的，转让人对受让人未按期缴纳的出资承担补充责任。未按照公司章程规定的出资日期缴纳出资或者作为出资的非货币财产的实际价额显著低于所认缴的出资额的股东转让股权的，转让人与受让人在出资不足的范围内承担连带责任；受让人不知道且不应当知道存在上述情形的，由转让人承担责任。”

承担连带责任。

5. 补足出资的股东责任形式

根据失权规则，其他股东应按出资比例承担补足义务，但新《公司法》第 50 条同时规定发起人应对未缴纳的出资部分承担连带责任。由此可能产生的疑问是，若“其他股东”中存在发起人，两条规定之间是否存在适用冲突？不同股东之间的责任形式和责任比例是否会存在差异？

有观点认为，此种情况下不应适用发起人连带责任条款，而应统一适用失权规则。理由在于发起人资本充实责任的基础是未缴纳出资的股东仍对公司负有出资义务，其余发起人基于发起人协议的连接和拘束，才负有连带责任。但通知失权后，失权股东已被“部分解约”，不负有相应部分的出资义务，其余发起人对于该部分的资本充实责任已不存在责任基础，此时新《公司法》第 50 条已无适用空间，而应直接适用失权规则下的比例责任规定。

但笔者认为，不同股东之间的责任可能有所不同，即对于失权部分的出资补足义务，发起人应承担连带责任，非发起人股东应按照出资比例承担责任。尽管公司通知失权后，失权股东就失权部分对公司已不负有出资义务。但基于公司资本维持原则和对公司债权人交易信赖的保护，在公司减资不能、股权未能转让的情况下，失权股东对于公司债权人仍负有补充赔偿责任。发起人对失权股东原出资义务的担保责任相应转化为对失权股东赔偿义务的连带担保责任，责任具体内容的变化并不改变责任性质的同一性。且无论公司选择继续催缴还是通知失权，内部选择均不应给公司债权人带来负外部性风险。故对于失权股东应承担的补充赔偿责任，发起人仍应按规定承担连带责任。若发起人也与其他股东一样在出资比例范围内承担责任，则相当于发起人因失权股东的“违约行为”而获得减责优待，似不具有正当性。

（五）失权规则之董事责任

失权规则出台前，《公司法解释（三）》第 13 条第 4 款[①] 规定董事对于公司增

① 《公司法解释（三）》第 13 条第 4 款规定：“股东在公司增资时未履行或者未全面履行出资义务，依照本条第一款或者第二款提起诉讼的原告，请求未尽公司法第一百四十七条第一款规定的义务而使出资未缴足的董事、高级管理人员承担相应责任的，人民法院应予支持；董事、高级管理人员承担责任后，可以向被告股东追偿。”

资时的股东认缴出资负有催缴义务，但对于公司设立时的股东认缴出资董事是否也负有催缴义务，素来存在极大争议。

最高人民法院在2019年的斯曼特微显示科技（深圳）有限公司、胡某生、薄某明等损害公司利益责任纠纷案（以下简称斯曼特案）[①]中首次明确，董事负有的催缴出资义务不具有阶段性。深圳斯曼特成立于2005年1月11日，系外国法人斯曼特微显示科技有限公司（以下简称开曼斯曼特）独资的有限责任公司，认缴注册资本为1600万美元。其公司章程规定，公司成立后90天内股东应缴付300万美元，第一次出资后一年内应缴付剩余1300万美元。但认缴期限到期后，开曼斯曼特仍欠缴5,000,020美元，经强制执行，仍欠缴4,912,376.06美元。后深圳斯曼特被申请破产，破产管理人代表深圳斯曼特诉请胡某生、薄某明等6名董事对股东欠缴的出资承担连带赔偿责任。

一审法院从2018年《公司法》第147条第1款（董监高人员忠实勤勉义务）中解释出董事对于公司设立时的股东认缴出资负有催缴义务，但认为董事未履行催缴义务与股东欠付出资之间无必然联系，以因果关系不成立为由否定了董事应当承担赔偿责任。二审法院维持了一审判决结果，更进一步认为，在法律未明确规定且公司章程未约定的情况下，董事不负有监督股东出资的义务。但最高人民法院在再审判决中全面颠覆了一审、二审判决理由，其对《公司法解释（三）》第13条第4款进行了扩张解释，认为"在公司注册资本认缴制下，公司设立时认缴出资的股东负有的出资义务与公司增资时是相同的，董事、高级管理人员负有的督促股东出资的义务也不应有所差别"，并认为开曼斯曼特欠缴出资的行为与6名董事的消极不作为共同造成损害的发生、持续，董事未履行催缴义务与损害之间存在法律上的因果关系。遂改判6名董事连带赔偿深圳斯曼特4,912,376.06美元。

斯曼特案明确了董事催缴出资的义务客体应囊括公司设立时的股东认缴出资，但在董事赔偿责任的形式和范围上仍面临巨大争议。《公司法解释（三）》之所以将董事催缴义务限定于公司增资阶段，系遵循"设立时出资——发起人""成立后增资——董事"的双轨制结构，区分公司设立阶段和增资阶段，分别

① 参见最高人民法院民事判决书，(2018)最高法民再366号。

规定不同的责任主体：公司设立阶段，发起人之间基于临时合伙关系对外承担连带补足出资责任；公司增资阶段，发起人之间的合伙关系因公司的成功设立而消灭，公司的经营管理权由董事掌握，则由其接替发起人承担催缴出资义务。但该论证思路只能解释发起人为何无须对公司设立后股东认缴的增资承担督促义务和担保出资责任，却无法解释董事为何无须对公司设立时股东认缴的出资承担督促义务，毕竟设立时股东未按期缴纳出资的事实发生在董事任职期间。故最高人民法院敏锐地提出董事催缴出资的勤勉义务生发于董事作为管理层的职能定位，贯穿于董事任职期间，没有理由区分股东认缴出资的时点。在比较法上，美国法院通过一系列判例确立了董事对公司负有监督义务，可涵盖董事对股东出资的监督义务。[①]《日本公司法》甚至规定，公司设立时的股东未按期缴纳出资的，董事需承担连带赔偿责任。[②] 故董事催缴义务的“无阶段性”在比较法上具备充实的理论基础。本次公司法修订新增的股东催缴失权制度中未对董事的催缴义务进行阶段性区分，正是对前述司法观点的立法回应。

但斯曼特案对于董事赔偿责任问题的处理引发了更多的争议和讨论。有学者认为，董事在公司设立后承担的催缴出资义务与发起人在公司设立时承担的督促出资义务具有同质性，那么董事违反勤勉义务也应当类比发起人承担补充赔偿责任，而不应完全替代股东履行出资义务。[③] 也有学者认为，董事的赔偿方案无疑是两种，要么就股东未出资部分承担连带责任，要么根据原因力及过错，按比例承担责任。但前者可能更具合理性，后者无疑加重了法院的裁判负担，且不利于债权人保护原则的贯彻。[④]

笔者认为，董事与股东之间存在责任顺位，董事之间以连带责任为原则，但应当以原因力、因果关系等限制赔偿范围。

第一，董事未履行催缴义务给公司造成损失的，应承担赔偿责任。但需注意

① 参见邹学庚：《论董事对股东出资的监督义务——兼评“斯曼特”损害公司利益责任纠纷案》，载《甘肃政法大学学报》2022年第2期。

② 参见吴建斌编译：《日本公司法》，法律出版社2017年版，第25~27页。

③ 参见王瑜：《董事勤勉义务在公司催缴出资中的适用——兼评“斯曼特微显示科技（深圳）公司与胡秋生损害公司利益责任纠纷案”》，载《社会科学家》2020年第9期。

④ 参见邹学庚：《论董事对股东出资的监督义务——兼评“斯曼特”损害公司利益责任纠纷案》，载《甘肃政法大学学报》2022年第2期。

的是,股东未履行出资义务是公司受损的直接原因,董事未尽勤勉义务只是辅助原因。所以公司的损失范围应是股东履行不能的欠缴出资部分,董事实际享有顺位利益。在股东未经执行的情况下,公司债权人一并起诉股东及董事,董事应承担的是补充赔偿责任;在股东已经执行的情况下,公司债权人就剩余执行不能的部分起诉董事,董事实际已享有顺位利益。

第二,董事之间的责任形式,应以连带责任为原则。董事履行催缴义务往往是集体决策后的执行行为,在此过程中董事个人的过错和原因力不存在明显分别,若要求法官针对不同董事的不同行为精细区别责任比例,确实存在不符合司法经济原则的问题,在加重法院裁判负担的同时,也不利于债权人保护原则的贯彻。①

第三,相较于责任形式,更重要的是赔偿范围问题。目前的司法和学术观点似认为董事应对股东履行不能的欠缴出资承担全部责任,但此种观点忽视了股东导致公司受损的绝对主要原因力。即便是对于剩余欠缴部分,根据原因力,董事应承担的补充赔偿责任也不应超过 50% 的最高责任比例。虽然作为不真正连带责任,一般认为董事可向股东追偿,但笔者认为,在追偿前要求董事承担完全责任的依据似乎不足,保护债权人的基本立场也不能直接引申出董事应当被置于替代股东出资的巨大风险之中。

第四,董事还可举示股东认缴出资到期时的相关资信证据,证明即便董事及时催缴,股东也不具备或不完全具备清偿能力,以切断或部分切断因果关系的方式实现免责或减责。毕竟董事的赔偿责任不具有惩罚性,不应当允许公司债权人通过此种方式获得额外利益,变相通过董事责任弥补公司责任财产的不足。

四、小结

无论是在贯彻公司资本充实原则、重新调整公司内部股权比例方面,还是在激发董事治理能动性等方面,股东失权规则无疑都是《公司法》修订的一大亮点。其对现有除名规则的调整不仅立足于实践问题,其背后更存在正本清源、重

① 参见邹学庚:《论董事对股东出资的监督义务——兼评"斯曼特"损害公司利益责任纠纷案》,载《甘肃政法大学学报》2022 年第 2 期。

新确定制度定位和制度目标的体系化考量。对于一项规则或者制度的运用，相较于“是什么”，只有知道“为什么”，才能回答实务中“怎么做”的一系列问题，才能以一种体系化的思维、方式、逻辑去构建公司治理框架和规制体系。当然，股东失权规则目前还缺乏体系性的制度支持，本土化创新下也还有诸多问题亟待明确，后续仍需在实践过程中不断完善自身。

专题六

“减”不断理还乱：公司减资制度的守旧与革新

减资，是指公司在存续过程中，因为资本过剩或是存在亏损等，按照法定程序减少注册资本的行为。[①] 虽然公司注册资本并不完全决定公司偿债能力，但在公司减资时，注册资本的减少往往伴随着公司资产的减少或公司负债的增加，可能导致公司责任财产缩水，进而威胁债权人的债权实现。应当看到，减资制度既属于股东退出公司的法定途径之一，又可能是股东损害债权人利益的便利通道，如何在减资过程中调和公司股东与债权人之间的利益冲突，是当下必须面对和解决的难题。[②] 本专题基于商业实践对减资制度的不同需求，讨论新《公司法》项下实质减资与形式减资的具体适用、违法减资的法律效力与法律责任。

一、公司减资制度的立法演变

（一）旧法减资规则的实务困境

我国公司分配包括公司减资、利润分配、股份回购、抽逃出资四项制度，[③] 其中公司法对于股份回购、利润分配和抽逃出资的规制均是通过财源限制，即公司需要满足特定财务标准方能实现分配，公司法并未对公司减资设定特定财务条件，而是通过“决议—通知或公告—清偿或担保”这一系列复杂的减资程序实现债权人保护，这意味着减资程序合法是减资合法的重要基础。

但遗憾的是，旧公司法项下的减资规则是“极简版”的。[④]1993 年《公司法》

① 参见冯果：《公司法》（第 3 版），武汉大学出版社 2017 年版，第 155 页。

② 参见王军：《公司资本制度》，北京大学出版社 2022 年版，第 441 页。

③ 参见王军：《抽逃出资规则及公司分配制度的系统性改造》，载《法学研究》2021 年第 5 期。

④ 参见王军：《公司资本制度》，北京大学出版社 2022 年版，第 441 页。

在明确减资程序规则的基础上，并未进一步确定违反减资程序的法律效力与法律责任，该规则一直沿用至2018年《公司法》，2018年《公司法》第177条要求公司减资必须先编制资产负债表，作出减资决议，通知或公告债权人，按照债权人要求清偿债务或提供担保，但若公司故意不通知债权人、公司拒绝清偿或提供担保等，相关行为对应的法律后果并不明晰。

旧公司法的减资规则造成了两难局面，一方面，制度运行成本过高，烦琐的减资程序过分加重公司负担，无论公司基于何种目的、在何种情形下减资，均需启动债权保护机制，甚至还要提前清偿债务；另一方面，债权人保护实际效果不佳，违反减资程序的效力规则缺位，商业实践中不乏抱有侥幸心态先行绕过减资程序实现减资的操作，致使减资规则无法发挥其应有的保护债权制度价值。①

（二）新法减资规则的内容革新

新《公司法》关于减资规则的重点修改内容包括如下三点：

第一，区分实质减资与形式减资，简化形式减资的程序，降低制度运行成本。**以公司的净资产是否因减资而产生实质变动，可将公司减资细分为形式减资与实质减资。形式减资，是指在公司使用公积金弥补亏损后仍有亏损的，公司通过减少注册资本的方式弥补亏损的行为。形式减资只降低公司注册资本，股东并未实际从公司取回出资，不导致公司责任资产减少，不减损公司偿债能力。**新《公司法》新增了形式减资规则，公司选择进行形式减资的，仅需在报纸或者国家企业信用信息公示系统公告形式减资，而无须逐一通知债权人并按债权人要求清偿债务或提供担保。

第二，明确不同比例减资需由法律规定或经全体股东一致同意。公司减少注册资本意味着股东相应减少出资额或股份额，**原则上，全体股东按照相同比例减少相应出资额或股份额（以下简称同比减资），但在某些特定情况项下，只有部分股东参与减资，公司对部分股东进行定向减资（以下简称不同比减资）**。司法实践中对不同比减资的股东会决议表决通过比例存在争议，新《公司法》直面争议，明确不同比减资需由法律规定、章程约定或经全体股东一致同意。

第三，规定违法减资的法律后果，即减资股东应当承担退还资金等恢复原状

---

① 参见王军：《公司资本制度》，北京大学出版社2022年版，第468页。

责任，股东及负有责任的董监高人员承担赔偿责任。司法实践中对违反法定程序的减资效力存在相对无效说与绝对无效说等争议，对于违法减资的法律责任亦各执一词。新《公司法》第226条新增规定，提出公司违法减资的，由减资股东恢复原状，股东及负有责任的董监高人员承担赔偿责任。

我国公司减资制度的立法演进和规范演变，分别参见图2-4、表2-9。

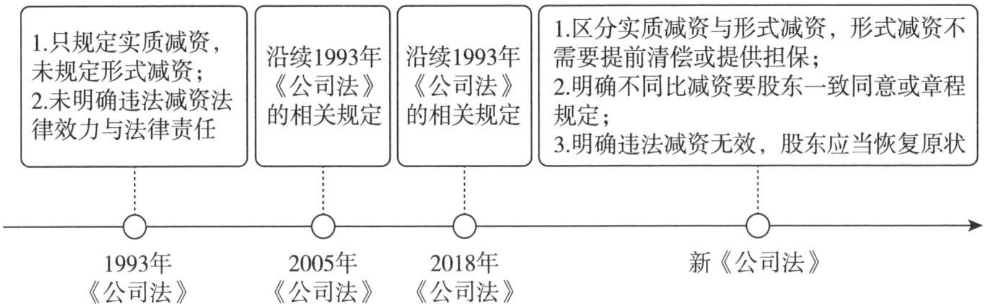

图2-4 公司减资制度的立法演进

表2-9 公司减资制度的规范演变

法律规定	条文内容
1993年《公司法》	**第186条** 公司需要减少注册资本时，必须编制资产负债表及财产清单。 公司应当自作出减少注册资本决议之日起十日内通知债权人，并于三十日内在报纸上至少公告三次。债权人自接到通知书之日起三十日内，未接到通知书的自第一次公告之日起九十日内，有权要求公司清偿债务或者提供相应的担保。 公司减少资本后的注册资本不得低于法定的最低限额。
2018年《公司法》	**第177条** 公司需要减少注册资本时，必须编制资产负债表及财产清单。 公司应当自作出减少注册资本决议之日起十日内通知债权人，并于三十日内在报纸上公告。债权人自接到通知书之日起三十日内，未接到通知书的自公告之日起四十五日内，有权要求公司清偿债务或者提供相应的担保。
新《公司法》	**第224条** 公司减少注册资本，应当编制资产负债表及财产清单。 公司应当自股东会作出减少注册资本决议之日起十日内通知债权人，并于三十日内在报纸上或者国家企业信用信息公示系统公告。债权人自接到通知之日起三十日内，未接到通知的自公告之日起四十五日内，有权要求公司清偿债务或者提供相应的担保。 公司减少注册资本，应当按照股东出资或者持有股份的比例相应减少出资额或者股份，法律另有规定、有限责任公司全体股东另有约定或者股份有限公司章程另有规定的除外。 **第225条** 公司依照本法第二百一十四条第二款的规定弥补亏损后，仍有亏损的，可以减少注册资本弥补亏损。减少注册资本弥补亏损的，公司不得向股东分配，也不得免除股东缴纳出资或者股款的义务。

续表

法律规定	条文内容
	依照前款规定减少注册资本的，不适用前条第二款的规定，但应当自股东会作出减少注册资本决议之日起三十日内在报纸上或者国家企业信用信息公示系统公告。 公司依照前两款的规定减少注册资本后，在法定公积金和任意公积金累计额达到公司注册资本百分之五十前，不得分配利润。 **第 226 条** 违反本法规定减少注册资本的，股东应当退还其收到的资金，减免股东出资的应当恢复原状；给公司造成损失的，股东及负有责任的董事、监事、高级管理人员应当承担赔偿责任。

二、公司减资制度的理论阐释

公司减资制度的重要内容之一是对减资类型的区分。以资产负债表的变动情况作为判断标准，公司减资可分为三类：一是资产与所有者权益同时减少，或者负债增加而所有者权益减少的减资，主要表现为公司向股东返还出资；二是资产负债表不发生任何改变的减资，如减免股东认缴出资；三是资产负债表所有者权益内部科目之间发生变动的减资，如公司减少股本以弥补亏损。

（一）资产负债表视角下的减资类型

1. 资产与所有者权益同时减少，或者负债增加而所有者权益减少的减资

资产负债表基于会计等式“资产 = 负债 + 所有者权益”而编制，其左右结构中，左边列资产，右边为负债和所有者权益。变动前的资产负债表如表 2-10 所示。

表 2-10 变动前的资产负债表

单位：万元

资产		负债和所有者权益	
货币资金	1500	短期借款	2000
存货	2500	应付票据	0
应收账款	0	应付账款	0
其他应收款	0	其他应付款	0
其他流动资产	0	……	
固定资产	1000	**负债合计**	**2000**
无形资产	0	股本（或实收资本）	1700

续表

资产		负债和所有者权益	
长期待摊费用	0	资本公积	250
……		盈余公积	50
		未分配利润	1000
		所有者权益合计	**3000**
资产合计	**5000**	**负债和所有者权益合计**	**5000**

(1)资产与所有者权益同时减少的减资

此类减资主要包括两种情形，一是公司资本过剩，公司按照新《公司法》第224条的规定减少注册资本；二是公司收购股权，根据新《公司法》第89条、第161条的规定，股东在特定情形下可以要求公司按照合理的价格收购其股权。同时，新《公司法》第162条规定，股份有限公司为减少公司注册资本、员工股权激励、维护市值等可以收购本公司股份。公司回购股权后应当依法转让或者注销，若公司选择注销的，则涉及减资规则。前述两种情形均涉及公司向股东返还出资，在资产负债表上表现为：负债保持不变，资产和所有者权益同时减少相应数额。例如，因公司向股东返还了500万元出资，资产项下货币资金科目从1500万元减少至1000万元，同时因公司注销相应出资，所有者权益项下股本科目从1700万元减少至1200万元，如表2-11所示。

表2-11 资产负债表(资产与所有者权益同时减少)

单位：万元

资产		负债和所有者权益	
货币资金	**1000**	短期借款	2000
存货	2500	应付票据	0
应收账款	0	应付账款	0
其他应收款	0	其他应付款	0
其他流动资产	0	……	
固定资产	1000	**负债合计**	**2000**
无形资产	0	股本(或实收资本)	1200
长期待摊费用	0	资本公积	250

第二编 公司资本制度

续表

资产		负债和所有者权益	
……		盈余公积	50
		未分配利润	1000
		所有者权益合计	**2500**
资产合计	**4500**	**负债和所有者权益合计**	**4500**

（2）负债增加而所有者权益减少的减资

此类减资情形与前述资产与所有者权益同时减少的减资情形一致，区别在于此类减资下，公司在注销出资后并没有直接向减资股东返还出资，而是将公司应当返还减资股东的出资款项记为负债，在资产负债表上表现为：资产保持不变，负债增加相应数额而所有者权益减少相应数额。例如，因公司注销 500 万元出资，所有者权益项下股本科目从 1700 万元减少 1200 万元，同时，因公司负有向股东返还相应出资的义务，负债项下其他应付款科目从 0 增至 500 万元，如表 2-12 所示。

表 2-12　资产负债表（负债增加而所有者权益减少）

单位：万元

资产		负债和所有者权益	
货币资金	1500	短期借款	2000
存货	2500	应付票据	0
应收账款	0	应付账款	0
其他应收款	0	其他应付款	**500**
其他流动资产	0	……	
固定资产	1000	**负债合计**	**2500**
无形资产	0	股本（或实收资本）	**1200**
长期待摊费用	0	资本公积	250
……		盈余公积	50
		未分配利润	1000
		所有者权益合计	**2500**
资产合计	**5000**	**负债和所有者权益合计**	**5000**

2. 资产负债表不发生任何改变的减资

公司注册资本由完全实缴制改为完全认缴制后，引发的一个争议是，对于股东认缴而未实缴的注册资本，公司如何进行会计处理？根据《企业会计准则——应用指南》的附录《会计科目和主要账务处理》的规定，并参照《监管规则适用指引——会计类第 1 号》[①] 的相关规定，股本或实收资本科目核算的是公司接受股东投入的实收资本，公司接受股东出资时，借记“银行存款”“固定资产”“无形资产”等科目，贷记“股本或实收资本”科目和“资本公积——资本溢价或股本溢价”科目。“实收资本”科目只确认实际收到的注册资本，不确认股东认缴而未实缴的注册资本。就股东认缴的注册资本，因该项出资尚未实缴，只是股东对公司的一项承诺，无法在会计上确认入账，实践中普遍不进行账务处理，等到股东实际缴纳时才进行记账。**换言之，资产负债表中的股本或实收资本记载的仅是股东实缴的注册资本，不包括股东认缴的注册资本。**

在注册资本认缴制下，因认缴出资尚未计入资产负债表，如果公司减少股东认缴的注册资本，此时公司的资产负债表不发生任何变动。例如，根据新《公司法》第 51 条、第 52 条的规定，股东未按期足额缴纳公司章程规定的出资的，公司可以向股东催缴出资，若股东在催缴期限届满后仍未履行出资义务的，公司可以发出失权通知，股东丧失其未缴纳出资的股权。对于该部分股权，公司可以相应减少注册资本并注销该股权，在该情形下，公司的资产负债表没有发生变动。

3. 资产负债表所有者权益内部科目之间发生变动的减资

资产负债表中，所有者权益项下包括股本、资本公积、盈余公积和未分配利润等科目。在公司存在亏损的情况下，未分配利润科目金额为负数，若公司通过减资补亏，可将未分配利润科目负数金额与股本或实收资本相应金额进行抵消，所有者权益内部科目之间进行调整，所有者权益总额不变。以表 2-13 为例，因公司减资补亏，股本或实收资本由 4000 万元减至 3000 万元，未分配利润由 -1000 万元变为 0，变动情况如表 2-14 所示。

---

① 《监管规则适用指引——会计类第 1 号》“1-1 特殊股权投资的确认与分类”中规定：“认缴制下，投资方在未实际出资前是否应确认与所认缴出资相关的股权投资，应结合法律法规规定与具体合同协议确定，若合同协议有具体约定的，按照合同约定进行会计处理；合同协议没有具体约定的，则应根据《公司法》等法律法规的相关规定进行会计处理。对于投资的初始确认，若合同明确约定认缴出资的时间和金额，且投资方按认缴比例享有股东权利，则投资方应确认一项金融负债及相应的资产；若合同没有明确约定，则属于一项未来的出资承诺，不确认金融负债及相应的资产。”

表 2-13　资产负债表（变动前）

单位：万元

资产		负债和所有者权益	
货币资金	1500	短期借款	2000
存货	2500	应付票据	0
应收账款	0	应付账款	0
其他应收款	0	其他应付款	0
其他流动资产	0	……	
固定资产	1000	**负债合计**	**2000**
无形资产	0	股本（或实收资本）	4000
……		资本公积	0
		盈余公积	0
		未分配利润	-1000
		所有者权益合计	**3000**
资产合计	**5000**	**负债和所有者权益合计**	**5000**

表 2-14　资产负债表（所有者权益内部科目之间发生变动）

单位：万元

资产		负债和所有者权益	
货币资金	1500	短期借款	2000
存货	2500	应付票据	0
应收账款	0	应付账款	0
其他应收款	0	其他应付款	0
其他流动资产	0	……	
固定资产	1000	**负债合计**	**2000**
无形资产	0	股本（或实收资本）	3000
……		资本公积	0
		盈余公积	0
		未分配利润	0
		所有者权益合计	**3000**
资产合计	**5000**	**负债和所有者权益合计**	**5000**

(二)新《公司法》语境中的减资类型

前述从资产负债表变动情况观察到的三类减资情形，可分别归入公司法语境下的实质减资和形式减资两种方式中。

1. 实质减资

实质减资包括以下几类：一是资产与所有者权益同时减少，这是商业实践中最为典型的实质减资，如公司减资后直接向股东返还资金。二是负债增加而所有者权益减少，公司将股东实缴的注册资本转为其他应付款，这也属于实质减资规制范畴。① 该情形下，减资股东虽然尚未通过减资程序取得公司财产，但该行为已对公司偿债能力造成不利影响，主要表现为两点：第一，减资股东原本劣后于公司债权人的剩余索取权被转化成债权，取得了与债权人同等受偿的优势地位；第二，虽然公司资产没有减少，但公司负债增加，资产负债率上升，对于债权人而言，确保债务得以清偿的公司单位责任财产减少。三是减少股东认缴出资，注册资本认缴制下，股东虽然享有出资期限利益，无须立即就认购股权向公司实缴出资，但仍应按照认缴出资期限足额缴纳出资，认购股权出资到位后会作为公司财产对外承担责任，即股东认缴而未实缴的出资仍属于公司责任财产的范围，减少认缴出资也属于实质减资。②

实质减资将导致公司财产流向或可能流向股东，减损公司偿债能力，是各国公司法规制的重点对象。例如，《德国股份公司法》要求此类减资决议须经股东会代表 3/4 以上资本的股东同意，债权人有权要求公司清偿债务或提供担保，公司须将减资决议交由商事登记机关登记，只有当登记公告经过 6 个月，同时债权人已获清偿或已得担保后，公司才能向股东进行支付。③

2. 形式减资

形式减资，是指公司在使用公积金补亏后仍有亏损，通过减少注册资本的方式补亏，对应的是资产负债表所有者权益内部科目之间发生变动的减资。形式

---

① 参见许某、沈某与中国农业银行股份有限公司苏州吴中支行公司减资纠纷案，江苏省苏州市中级人民法院(2019)苏 05 民终 9614 号民事判决书。

② 参见邢某智等与华科智慧科技股份有限公司等股东损害公司债权人利益责任纠纷案，北京市第三中级人民法院(2022)京 03 民终 3560 号民事判决书；上海博达数据通信有限公司与杨某林、陈某兰买卖合同纠纷案，上海市高级人民法院(2020)沪民再 28 号民事判决书。

③ 参见《德国商事公司法》，胡晓静、杨代雄译，法律出版社 2014 年版，第 170~171 页。

减资之下，公司注册资本虽然减少，但减资股东并未从公司取回财产，形式减资对于公司当下的偿债能力几无影响。但不能忽视的是，公司选择以减少注册资本的形式补亏，而非以未来利润补亏，若公司将来产生利润，相较于减资之前，公司可以把更多的未来利润分配给股东，这对债权人利益的实现存在一定影响。①

总体而言，形式减资服务于公司融资等多种实践需求，对公司偿债能力的影响相对有限，从降低减资成本的角度考虑，各国公司法往往倾向于简化形式减资具体程序。例如，《德国股份公司法》规定，在公司为弥补公司资产减值、弥补亏损或将股本转为资本公积时，可以实施形式减资。同时，该法要求公司先以公积金补亏、弥补资产减值或转增资本公积，并对形式减资后公司利润分配作出一定限制。②

三、公司减资制度的实务解析

新《公司法》立基商业实践需求，对减资规则进行大幅调整，包括新增形式减资制度、规定不同比例减资的表决比例，更重要的是，规定了瑕疵减资后的法律效力和法律责任。

（一）新增形式减资制度

新《公司法》出台之前，司法实践中已有认可形式减资的裁判案例。若公司长期陷于亏损困境，既无法向股东分红，也难以融资自救，形式减资是解决这一困境的方式之一，但 2018 年《公司法》仅规定了实质减资，并未规定形式减资，只要公司减资，就必须履行系列减资程序。司法实践中，部分公司基于商业需求进行形式减资，债权人以减资股东违反公司法关于实质减资程序的规定为由，要求减资股东对公司债务承担连带责任。对于此类案件，有的法院严守 2018 年《公司法》文义，认定减资程序违法，要求减资股东在减资范围内承担连带责任。③有的法院打破陈规，提出实质减资与形式减资的区分，认为形式减资并未损害公司偿债能力，不能要求形式减资股东承担责任，例如，在宋某云等与孙某飞追加、变更被执行人异议之诉案中，法院认为，形式减资后，股东并未从公司取回减资款项，公司责任财产并未减少，若要求形式减资股东在减资范围内承担赔偿

① 参见王军：《公司资本制度》，北京大学出版社 2022 年版，第 449~450 页。

② 参见《德国商事公司法》，胡晓静、杨代雄译，法律出版社 2014 年版，第 173 页。

③ 参见北京市第二中级人民法院民事判决书，(2023) 京 02 民终 442 号。

责任，则无异于让债权人获得额外利益而股东承担额外损失。①

新《公司法》在旧法基础上，增加形式减资制度。为了贴合商业实践需求，顺应司法裁判趋势，新《公司法》第 225 条新增了形式减资的简易程序规定，公司进行形式减资的，应当由股东会作出减少注册资本的决议，并自决议作出之日起 30 日内在报纸上或者国家企业信用信息公示系统公告。相较于实质减资程序，形式减资无须逐一通知债权人，也无须向债权人清偿债务或提供担保。这是因为实质减资导致公司责任财产减少，公司既需要在内部形成减资的股东合意，也需要与公司外部债权人达成减资合意，而形式减资时，股东并未从公司拿回财产，只需公司内部达成合意即可，无须经过债权人同意。②

为避免公司滥用形式减资制度损害债权人利益，新《公司法》对形式减资实施“前项”“中项”“后项”三项管控措施。首先，“前项”管控措施是限制适用范围，不允许公司通过形式减资向股东分配或免除股东缴纳出资的义务。**考虑到目前商业实践中资产负债表只记录实收股本科目，不记录认缴而未实缴的资本，在此情况下，为弥补亏损而减资不可能涉及免除股东缴纳出资的义务，笔者认为，新《公司法》第 225 条的立法表述有待精进。在目前的文本设计下，要使第 225 条第 1 款后半句尽量发挥作用，在解释论层面可赋予其三项功能。**一是第 225 条第 1 款后半部分实际上旨在强调禁止通过减少注册资本的方式减免股东认缴出资义务，发挥宣示作用；二是若股东以非货币方式出资，财产已经交付公司，但该财产的实际价值远低章程记载的价值，公司要提资产减值损失，公司当年利润就有可能成为负利润，公司存在通过简易减资弥补亏损的可能性，此时，第 225 条第 1 款后半部分能够实际发挥价值，禁止此类情形下免除瑕疵出资股东的补足责任。三是如果未来会计准则改革，需要资产负债表中显示包括认缴部分在内的注册资本，那么第 225 条第 1 款也可预留为保护债权人利益的限制措施。

---

① 参见周某桂等与方某等股东损害公司债权人利益责任纠纷案，北京市第三中级人民法院(2022)京 03 民终 5725 号民事判决书；丰汇世通（北京）投资有限公司、黑龙江省农业生产资料公司案外人执行异议之诉案，最高人民法院(2019)最高法民再 144 号民事判决书；徐某兰、赵某宏执行异议之诉案，新疆维吾尔自治区高级人民法院(2023)新民申 1331 号民事裁定书；于某珍、徐某博等追加、变更被执行人异议之诉案，山东省淄博市中级人民法院(2023)鲁 03 民终 661 号民事判决书。

② 参见陈克：《公司减资微观视角之观察——兼评公司法二草中的减资制度》，载微信公众号“天同诉讼圈”2023 年 2 月 7 日，https://mp.weixin.qq.com/s/kMD76ggicop5-jxCd0M0CQ。

其次，“中项”管控措施是限定补亏顺位，要求公司需先按照新《公司法》第214条弥补亏损，仍有亏损的，才能启动注册资本补亏。该条具体规定，公司的公积金可以用于弥补公司亏损，公司使用公积金弥补公司亏损的，应当先使用任意公积金和法定公积金，最后使用资本公积金。**结合新《公司法》第214条、第225条的规定，可用于公司补亏的财产顺位为：公司利润＞任意公积金和法定公积金＞资本公积金＞公司注册资本。**

最后，“后项”管控措施是限制形式减资后的利润分配。新《公司法》第225条规定，公司以注册资本补亏后，在法定公积金累计额达到公司注册资本50%前，不得分配利润。

（二）减资程序类型

1. 减资程序类型

新《公司法》区分实质减资与形式减资，分别规定了普通减资程序与简易减资程序。此外，为配套新《公司法》的实施，国家市场监管总局于2024年2月6日公布了《国务院关于实施〈中华人民共和国公司法〉注册资本登记管理制度的规定（征求意见稿）》，该征求意见稿第5条新增过渡期内存量公司减少认缴出资的特殊减资程序。因此，新《公司法》及其配套措施共供给三类减资程序。

就普通减资程序而言，其适用范围为新《公司法》施行后新设立公司包括减少实缴出资与认缴出资在内的实质减资、存量公司减少实缴出资的减资、新《公司法》过渡期后存量公司减少认缴出资的减资。根据新《公司法》第224条的规定，普通减资程序至少包括以下6个环节：（1）董事会制订减资方案；（2）股东会作出减资决议；（3）公司编制资产负债表与财产清单等；（4）通知公司债权人并在报纸或国家企业信用信息公示系统公告；（5）按照债权人要求清偿债务或提供担保；（6）修订程序并进行减资登记。就简易减资程序而言，其适用范围为新《公司法》施行后新设立公司的补亏形式减资。

根据新《公司法》第225条的规定，简易减资程序在普通减资程序的基础上，删除了通知公司债权人、向债权人清偿债务或提供担保这两个环节。

就特殊减资程序而言，其适用范围为新《公司法》过渡期内存量公司减少认缴出资的减资。鉴于新《公司法》第47条将有限责任公司注册资本制度从完全认缴制转为限期认缴制，要求股东自公司成立之日起5年内缴足认缴出资，打破了存量公司股东原本关于出资稳定的预期，为缓解存量公司股东的过激情绪，《国务院关于实施〈中华人民共和国公司法〉注册资本登记管理制度的规定（征求意见稿）》第 5 条专门设置特殊减资程序。根据该规定，存量公司在过渡期内减少认缴出资的，符合以下条件的，公司可以通过国家企业信用信息公示系统向社会公示 20 日，公示期内债权人没有提出异议的，公司凭申请书、承诺书办理注册资本变更登记。该规定设置的三个条件为：（1）不存在未结清债务或者债务明显低于公司已实缴注册资本等情形；（2）全体股东承诺对减资前的公司债务在原有认缴出资额范围内承担连带责任；（3）全体董事承诺不损害公司的债务履行能力和持续经营能力。于存量公司股东而言，上述特殊减资程序的实质结果是，公司减资后该股东仍以原认缴出资为限对存量公司在减资前的债务承担责任，以新认缴出资为限对存量公司在减资后的债务承担责任。

三类减资程序的具体流程如图 2-5 所示。

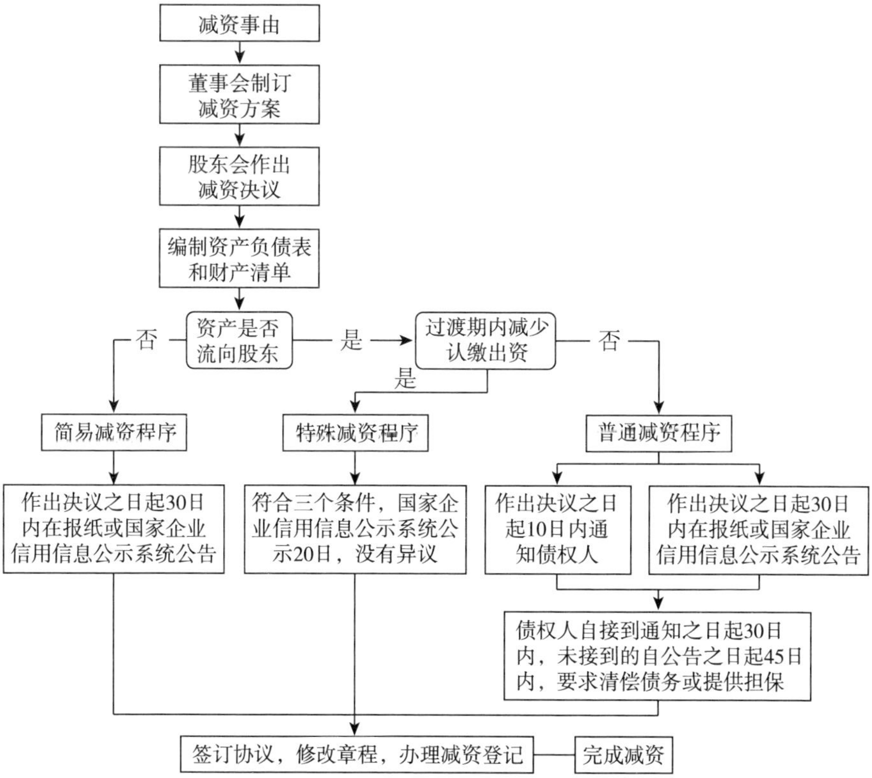

图 2-5 三类减资程序的具体流程

2. 减资通知事项

就通知方式而言，公司不能简单以公告替代通知债权人。新《公司法》规定，公司应当将减资事项通知债权人并进行公告。实际操作中，存在大量公司仅公告而未通知债权人的案例。此类案件的争议点为，公司能否以公告替代通知义务？对此，笔者认为，公告是通知的补充手段，公司仅在无法联系债权人时方能以公告方式拟制通知。一方面，获知公司减资信息对债权人而言十分重要。如果债权人无法及时获知公司减资信息，客观上也难以行使“要求公司清偿债务或提供担保”的权利，公告平台包括报纸或国家企业信用信息公示系统，但债权人并不负有每天查询报纸或国家企业信用信息公示系统以获知债务人减资信息的义务，[①]公告信息往往无法触及债权人。另一方面，根据新《公司法》第224条的规定，公司在减资过程中的通知与公告是并列关系。通知与公告针对不同类型的债权人，对于已知并且能够联系的债权人应采取通知的方式，对于无法联系或不特定的潜在债权人才采用公告的方式，在这个意义上，公告作为一种拟制通知方式，是对直接通知的补充和完善。对此，在上海德力西集团有限公司诉江苏博恩世通高科有限公司、冯军、上海博恩世通光电股份有限公司买卖合同纠纷案中，最高人民法院即认为，公司减资时对已知或应知的债权人应履行通知义务，不能在未先行通知的情况下直接以登报公告形式代替通知义务。[②]

就被通知主体而言，公司应当通知减资登记之前已到期债权或未到期债权的权利主体。[③]新《公司法》第224条要求公司将减资事项及时通知债权人，司法实践中对于债权人的界定存在两点争议。一是公司应否通知未到期的债权人或担保权人？例如，在江苏华佳控股集团有限公司、江苏盛氏国际投资集团有限公司等与南京银行股份有限公司苏州分公司、吴江市盛泽金涛染织有限公司等金融借款合同纠纷案中，小贷公司为某公司债务向银行提供担保，小贷公司以该债务尚未到期，银行不属于小贷公司债权人为由，主张其在减资时无须通知银行。

---

① 参见大连宏广商品混凝土有限公司、陶某敬等买卖合同纠纷民事案，辽宁省大连市中级人民法院(2023)辽02民终4922号民事判决书；许某、沈某与中国农业银行股份有限公司苏州吴中支行公司减资纠纷案，江苏省苏州市中级人民法院(2019)苏05民终9614号民事判决书。

② 参见《最高人民法院公报》2017年第11期。

③ 参见张俊勇：《论公司法修订中减资制度的完善》，载《法律适用》2023年第1期。

法院经过审理认为，小贷公司在进行减资之前，已向银行提供担保，银行系小贷公司的债权人，小贷公司应当将减资事项通知南京银行。[①] 该裁判观点殊值赞同，新《公司法》并未对“债权人”这一概念进行限缩，公司债务应当包括已到期债务和未到期债务。二是减资决议作出之后发生的债权债务，公司应否通知相关权利主体？笔者认为，虽然现有规定对此类情形未予明确，但在公司办理完毕减资登记之前，相关主体是依据公司登记公示信息与公司进行交易的，对公司的登记公示信息具有一定信赖利益，公司应当通知减资决议作出之后、工商变更登记之前的债权人。上海市高级人民法院在上海博达数据通信有限公司诉梅斯信息科技（苏州）有限公司、杨某、陈某等买卖合同纠纷案中即持上述观点。[②]

（三）明确不同比减资需全体股东一致同意

司法实践中，就不同比减资是否需要全体股东一致同意存在争议。实质减资之下，减资股东将在减资范围内取得公司财产或被豁免出资义务，减资范围的确定与股东利益息息相关。商业实践中，减资范围的确定有两种方式：一是全体股东按照相同比例减少相应出资额，即同比例减资；二是公司对部分股东进行定向减资，即不同比减资。根据2018年《公司法》的规定，公司减资需由三分之二多数决，同比减资当由股东实行三分之二多数决自无争议，但不同比减资的表决比例存在较大争议。有观点认为，不同比减资亦属于减资类型之一，应当适用2018年《公司法》关于减资三分之二多数决的规定；另有观点则提出，不同比减资改变了公司股权结构，应当实行全体股东一致决。司法实践中，不少法院类推适用公司增资时股东优先认缴权的规则，认为不同比减资应经全体股东一致同意。例如，在沈某、安娜贝尔英语培训无锡有限公司等合同纠纷案中，法院认为，“不同比减资情形下改变公司股权架构，通常情况下，公司法对减资决议仅要求‘特别多数决’，但定向减资则不同，定向减资会直接突破公司设立时的股权分配情况，如只需三分之二以上表决权股东通过即可做出定向减资决议，实际上是以多数决形式改变公司全体股东一致合意所形成的股权架构，故对于定向减资，除全体股东或者公司章程另有规定外，应当由全体股东一致同意，否则股东会决议

① 参见江苏省苏州市中级人民法院民事判决书，（2018）苏05民终7383号。

② 参见上海市高级人民法院民事判决书，（2020）沪民再28号。

不成立。”[①]

新《公司法》明确不同比减资需由法律或章程规定，或经全体股东一致同意。根据新《公司法》第 224 条的规定，公司进行实质减资的，原则上应当由全体股东同比减资，例外的不同比减资情形应当由法律规定，或者是有限责任公司全体股东另有约定、股份有限公司章程另有规定。其中，法律规定的不同比减资情形包括：新《公司法》第 52 条规定的失权股东股权注销、第 89 条规定的有限责任公司异议股东股权收购、第 161 条规定的股份有限公司异议股东股份收购及第 162 条规定的股份有限公司员工股权激励等。

（四）违法减资的法律效力

如前所述，完整的减资程序包括制订减资方案、编制财务报告、作出减资决议、通知或公告、清偿或提供担保、减资登记六个环节，不同环节的违法行为对应不同的法律效果，而每一环节的错误或缺失，又应进行整体评价。[②] 司法实践中，对于减资行为法律效力的挑战，主要包括两种类型，一是以公司违反减资程序、股东滥用权利损害公司利益等为由主张减资决议无效、可撤销或不成立，此类诉讼以公司股东作为原告的居多；二是以公司未履行通知公告义务为由，主张减资无效或对特定债权人不发生效力，此类诉讼多由公司债权人发起，要求股东对公司债务承担补充赔偿责任。第一种类型属于常见的公司决议效力诉讼，第二种类型是公司减资特有诉由，下文将对第二种类型展开分析。

对于公司违反通知义务的减资效力，学理上存在相对无效说与绝对无效说之争。

持相对无效说观点的学者认为，若公司在未通知特定债权人的情况下径行减资，减资行为仅对该债权人不发生效力，而非整体无效。[③] 也就是说，对于未被

---

① 江苏省无锡市中级人民法院（2022）苏 02 民终 4501 号民事判决书。类似裁判观点可参见江阴联通实业有限公司与陈某和公司决议效力确认纠纷案，江苏省高级人民法院（2019）苏民申 1370 号民事裁定书；华某伟诉上海圣甲虫电子商务有限公司公司决议纠纷案，上海市第一中级人民法院（2018）沪 01 民终 11780 号民事判决书；屈某林与上海磐缔投资管理有限公司公司决议效力确认纠纷案，上海市青浦区人民法院（2022）沪 0118 民初 890 号民事判决书。

② 参见陈克：《公司减资微观视角之观察——兼评公司法二草中的减资制度》，载微信公众号“天同诉讼圈”2023 年 2 月 7 日，https://mp.weixin.qq.com/s/kMD76ggicop5-jxCd0M0CQ。

③ 参见刘玉妹：《认缴资本制视野下公司减资制度的构建》，载《法律适用》2016 年第 7 期。

通知的债权人，减少注册资本对应的财产仍为公司清偿该债务的责任财产，而对于已被通知的债权人而言，减资并未减损其权益，公司减资行为仍然有效。此类观点的主要理由为，公司在减资过程中难以通知全部债权人或获得全部债权人同意，若仅以部分债权人未获通知为由一律认定减资行为整体无效，不仅将严重增加公司运营成本，耗费公司已经支出的时间、人力等，还可能影响公司其他经营投资行为，导致商业交易处于不安稳状态。① 例如，公司存在甲、乙、丙、丁四个债权人，公司已将减资事项通知乙、丙、丁并按照要求清偿未到期债务，公司遗漏通知甲，此时若认定减资行为整体无效，意味着公司对乙、丙、丁的提前清偿欠缺事由，公司能否要求三方返还？

持绝对无效说观点的学者认为，公司未能履行通知债权人义务，减资行为整体无效。② 虽然2018年《公司法》并未直接规定违反减资的法律效力与法律后果，但2018年《公司法》在法律责任一章第204条要求监管机构对违法减资公司责令改正并处相应罚金，其中责令改正即为恢复原状，即减资股东应当返还资金，公司应当恢复原来登记的注册资本，这体现了立法者对违法减资整体效力的否定。从反面来看，如果违反通知义务的减资仅是相对无效，可能产生逆向激励效果：履行了通知义务公司则需按照要求提前清偿或提供担保，而不履行通知义务最坏的结果也无非是减资股东在减资范围内承担补充责任，即股东减资违法成本至多是向特定未被通知的债权人清偿债务，此类违法成本并不超过股东按照法律规定正常履行减资程序所需付出的成本，相当于鼓励公司怠于履行通知义务。③

司法实践中普遍认为，公司违反通知义务的，减资行为对于特定债权人不发生效力。**2018年《公司法》并未明确违法减资的法律效力与法律责任，司法实践中普遍类推适用《公司法解释（三）》第14条关于抽逃出资的规定，认定违法减资行为相对无效，要求减资股东在减资范围内承担补充赔偿责任。**例如，在上海

---

① 参见高春乾：《有限责任公司减资违反通知义务与股东责任承担》，载《人民司法》2011年第16期。

② 参见薛波：《公司减资违反通知义务时股东的赔偿责任——〈最高人民法院公报〉载“德力西案”评释》，载《北方法学》2019年第3期；余斌：《公司未通知债权人减资效力研究——基于50个案例的实证分析》，载《政治与法律》2018年第3期。

③ 参见王军：《公司资本制度》，北京大学出版社2022年版，第460页。

德力西集团有限公司诉江苏博恩世通高科有限公司、冯军、上海博恩世通光电股份有限公司买卖合同纠纷案中，最高人民法院即提出，公司减资时未依法履行通知已知或应知的债权人的义务，公司股东应对债权人承担补充赔偿责任。① 类似裁判观点还可见江苏华佳控股集团有限公司、江苏盛氏国际投资集团有限公司等与南京银行股份、吴江市盛泽金涛染织有限公司等金融借款合同纠纷案，法院认为："在公司未履行通知债权人并应债权人要求而提供担保或提前清偿债务的情况下，股东不得以减资行为对抗债权人，亦不得主张减资范围内对公司出资义务的免除，这种权利义务形态与股东未履行或者未全面履行出资义务较为相似，应由股东对公司债务不能清偿的部分承担补充赔偿责任。"② 总体而言，多数法院不约而同地认定此类减资行为相对无效的考虑有二：一是路径依赖，③ 自 2011 年《公司法解释（三）》公布以来，就瑕疵出资、抽逃出资等问题，法院大多依据该解释第 13 条、第 14 条判令相关股东承担补充赔偿责任，在《公司法》没有明确规定违法减资法律后果时，类推适用瑕疵出资、抽逃出资的相关规定，是法院最为便捷稳妥的操作；二是利益衡量，确认减资绝对无效的裁判在执行上会面对一定困难，对与减资相关的公司外部行为也存在不可估量的影响，而多数法院认为认定减资对特定债权人不发生效力，判令减资股东承担补充赔偿责任已经足以补救债权人损失。④

新《公司法》明确公司违反通知义务的减资行为绝对无效，股东应当恢复原状。新《公司法》第 226 条规定，"违反本法规定减少注册资本的，股东应当退还其收到的资金，减免股东出资的应当恢复原状"。其中，"违反本法规定减少注册资本"包括公司违反新《公司法》第 224 条关于通知债权人的规定，"股东退还资

① 参见《最高人民法院公报》2017 年第 11 期。

② 江苏省苏州市中级人民法院民事判决书，(2018) 苏 05 民终 7383 号。类似裁判观点可参见中储国际控股集团有限公司、山西煤炭运销集团曲阳煤炭物流有限公司公司减资纠纷案，最高人民法院 (2017) 最高法民终 422 号民事判决书；许某、沈某与中国农业银行股份有限公司苏州吴中支行公司减资纠纷案，江苏省苏州市中级人民法院 (2019) 苏 05 民终 9614 号民事判决书；上海博达数据通信有限公司与杨某林、陈某兰买卖合同纠纷再审案，上海市高级人民法院 (2020) 沪民再 28 号民事判决书；许某松等与上海音栋贸易有限公司等股东损害公司债权人利益责任纠纷案，上海市第二中级人民法院 (2023) 沪 02 民终 5930 号民事判决书等。

③ 参见王军：《公司资本制度》，北京大学出版社 2022 年版，第 460 页。

④ 参见刘玉妹：《认缴资本制视野下公司减资制度的构建》，载《法律适用》2016 年第 7 期。

金”或“恢复原状”暗含减资行为整体无效后股东失去取得或保有财产的基础，应当恢复原状，向公司退还财产或恢复出资义务。至少从新《公司法》第226条的文义来看，立法者倾向于减资行为绝对无效说，这一立法倾向与此前司法实践主流裁判观点存在出入。

有观点提出，新《公司法》这一重大改变将直接影响债权人的救济路径，在减资相对无效的情形下，债权人的救济路径应为：债权人诉请公司清偿债务，并要求股东在违法减资范围内承担补充赔偿责任，在诉讼结果上股东直接向债权人承担责任，而非先向公司返还出资再由公司向债权人承担责任。而在减资绝对无效的情形下，债权人的救济路径稍显烦琐，须先确认减资无效，再由股东返还出资，最后才是公司向债权人承担责任。笔者并不赞同前述观点，相对无效与绝对无效的区别是无效范围，而非股东返还的出资是否需要入库。笔者认为，无论是相对无效还是绝对无效，债权人均可直接要求股东在违法减资范围内承担赔偿责任。

（五）股东违法减资的法律责任

1. 减资股东对违法减资的责任

（1）减资股东因法律规定或股东承诺须对违法减资承担法律责任

新《公司法》实施之前，若债权人请求违法减资股东对公司债务承担责任，法院在此类案件中首先需要解决的问题是，减资属于公司行为，在法律没有明确规定违法减资法律后果的情况下，减资股东为何要对公司债务和公司行为承担相应责任？

司法实践中，法院追究减资股东的法律责任往往诉诸两种路径，一是类推抽逃出资规则，法院提出虽然减资是公司行为，但减资所依据的股东会决议体现的是股东意志，股东违法减资与股东违法抽逃出资的实质以及对债权人造成的损害后果，本质上并无不同，减资股东应予承担的责任可比照抽逃出资相关的原则和规定加以认定。[①] 二是基于减资股东在办理减资登记手续时向登记部门提交的

① 参见上海东方报业有限公司与吴某股东损害公司债权人利益责任纠纷案，上海市静安区人民法院（2023）沪0106民初26562号民事判决书；宋某云等与孙某飞追加、变更被执行人异议之诉案，北京市第二中级人民法院（2023）京02民终442号民事判决书；上海博达数据通信有限公司与梅斯信息科技（苏州）有限公司与杨某林、陈某兰买卖合同纠纷案，上海市高级人民法院（2020）沪民再28号民事判决书。

对公司债务的承诺声明书，要求减资股东承担责任。减资行为的最后一道程序是办理减资登记，法律要求登记部门依法监督公司的减资行为，商业实践中，有些地方的登记部门为预防违法减资行为，往往要求公司提交一份由全体股东签署的承诺声明书，载明类似“因减资而导致债权人经济上的损失，由本公司及公司的全体股东承担所有责任”的内容。此类承诺声明书大多被法院认定为签字股东对公司债务的担保承诺，作为股东承担公司债务的依据之一。[①]

新《公司法》明确减资股东承担违法减资法律责任。新《公司法》第 226 条规定，公司违法减资的，应当由股东承担返还出资等恢复原状义务。新法实施后，笔者认为，至少存在以下三个方面的影响。

一是登记部门可能不再强制要求减资公司提交承诺声明书，因旧法并未规定违法减资法律后果，登记部门要求减资公司提交承诺声明书实乃法律规则缺失下的无奈之举，在新法已经明确违法减资法律责任的情况下，笔者认为登记部门无须再通过承诺声明书的形式夯实违法减资责任。

二是法院认定减资股东承担法律责任有法可依，而无须为类推适用抽逃出资规则额外承担论证负担，但这里可能产生的新问题是，新法仅要求减资股东向公司返还出资，并未规定减资股东直接向债权人清偿公司债务，那么债权人能否要求减资股东直接向其清偿债务？对此，笔者认为，在新《公司法》没有明确规定的情况下，债权人可依据代位权规则请求减资股东直接向其清偿债务，新《公司法》实施之后，配套的司法解释或许能够作出有效补位。

三是债权人除依据新《公司法》第 226 条的规定追究减资股东的责任外，还可按照一般侵权规则向减资股东索赔。新《公司法》第 226 条实质上是站在合同法意义上处理违法减资法律后果的，这是一种严格责任，无论减资股东是否存在过错，只要违法减资的，公司或债权人均可要求其按照新《公司法》第 226 条的规定承担恢复原状等法律责任。除此之外，公司或债权人还可以按照一般侵权规则追究减资股东的责任，即股东故意违法减资共同损害公司或债权人利益的，

---

① 参见江阴市恒盛橡塑制品有限公司与上海达优塑模有限公司、胡某志等买卖合同纠纷案，江苏省江阴市人民法院（2017）苏 0281 民初 10810 号民事判决书；上海东方报业有限公司与吴某股东损害公司债权人利益责任纠纷案，上海市静安区人民法院（2023）沪 0106 民初 26562 号民事判决书。

公司或债权人可要求共同侵权股东承担连带责任，这是一种过错责任。相较而言，侵权法意义上的股东责任更重，但证明难度更大。

(2)减资股东承担责任的范围

减资股东应当先返还出资或恢复原状，给公司造成损失的，还应当承担赔偿责任。法律行为无效后，应当恢复至各方当事人在法律行为实施前的状态，当事人基于无效法律行为而取得的财产应当予以返还，若有孳息，则孳息应一并返还，违约方还应当赔偿损失。[①]新《公司法》明确公司违法减资行为绝对无效，鉴于此，减资股东应当返还出资，返还范围包括因减资行为而取得的资金及其利息。如果公司减少的是股东认缴出资，减资股东应当恢复出资义务。此外，公司若因减资行为而受有损失的，减资股东还应当赔偿损失，如公司在减资之前存在一个投资回报固定为年化17%的投资机会，公司因减资而无法进行投资等情况。但应当看到，此类损失大多难以举证证明。

减资股东在减资范围内承担责任后不享有追偿权。当公司存在多个减资股东时，某一减资股东向公司债权人清偿债务后，能否向其他减资股东追偿？例如，公司对外债务为300万元，减资股东甲、乙、丙分别减资700万元、200万元和100万元，甲向债权人全额清偿300万元债务后，能否向乙、丙追偿？一种观点认为，甲有权向乙、丙追偿，追偿额应当按照各自减资额占总体减资额的比例来确定，即甲可以向乙追偿50万元[计算方式为300万元 ×（200万元 ÷1000万元）]，可以向丙追偿30万元[计算方式为300万元 ×（100万元 ÷1000万元）]。对此，笔者认为，减资股东无权向其他股东追偿。新《公司法》第226条的法律逻辑是“违法减资—减资无效—恢复原状与赔偿损失”，即在减资无效的情况下，各个减资股东均负有向公司返还出资等恢复原状义务，某一股东对外清偿公司债务后，其对公司的返还出资义务相应消灭，这已经实现权利义务对等，而无须再赋予其额外的追偿权。

2. 其他非减资股东对违法减资的责任

减资有同比减资与不同比减资之分，在同比减资项下，全体股东按照相同比例减少出资，全体股东皆为减资股东，在不同比减资项下，部分股东定向减资

① 参见叶名怡：《〈民法典〉第157条（法律行为无效之法律后果）评注》，载《法学家》2022年第1期。

而其他股东并未减资，此时存在的问题是，其他非减资股东应否对违法减资承担责任？

新《公司法》实施之前，存在法院支持非减资股东与违法减资股东承担连带责任的案例。法院支持的理由主要为，非减资股东同意公司减资的决议或非减资股东存在其他行为构成减资协助人。例如，在上海博达数据通信有限公司诉梅斯信息科技（苏州）有限公司、杨某、陈某等买卖合同纠纷案中，法院认为："陈某虽未减资，但股东会决议由杨某、陈某共同作出。陈某同意杨某的减资，导致公司无法以自身财产清偿债务的后果，陈某应与减资股东杨某在减资范围内承担连带责任。"① 在许某松等与上海音栋贸易有限公司等股东损害公司债权人利益责任纠纷案中，法院认为，其他股东虽未减资，但其作为未清偿债务的担保人、具有明确过错的减资协助人，应对减资股东的补充赔偿责任承担连带责任，最终法院判令各减资股东在减资范围内承担补充赔偿责任，但要求非减资股东对各个减资股东的补充赔偿责任承担连带责任，相当于非减资股东的责任范围远远大于减资股东。②

笔者认为，原则上其他非减资股东不应承担违法减资责任。按照新《公司法》第 226 条预设的法律逻辑，减资股东承担恢复原状、赔偿责任是因为减资股东与公司之间的减资合意无效，减资股东按照法律行为无效承担相应法律后果，而非减资股东与公司之间并不存在减资合意，也未从公司取得相应财产，公司减资行为绝对无效后，在合同法意义上，非减资股东缺乏承担无效法律后果的正当理由。但这种原则存在两种例外情况：其一，若非减资股东按照登记部门要求在承诺声明书上签字，则非减资股东基于该承诺声明书需要承担相应责任，非减资股东承担责任的范围具体应结合承诺声明书内容在个案中分析。其二，若非减资股东与减资股东存在侵害公司或债权人利益的共同侵权行为，在侵权法意义上，非减资股东应当与减资股东承担连带责任。笔者认为，非减资股东在股东会会议中同意减资的这一行为属于正当行使股东权利，不能仅因此要求其承担侵权责任，如果非减资股东明知公司减资不符合减资条件、减资可能导致公司无法

① 上海市高级人民法院民事判决书，(2020)沪民再 28 号。
② 参见上海市第二中级人民法院民事判决书，(2023)沪 02 民终 5930 号。

清偿债务等，仍同意减资，此时应当承担侵权损害赔偿责任。[①]

四、小结

第一，债权人可通过国家企业信用信息公示系统及时跟踪公司减资信息，主张法定权利。2018年《公司法》要求公司将减资信息通知债权人并在报纸上公告，但债权人通过报纸获知公司减资信息的可能性几乎为零，鉴于此，新《公司法》要求公司在报纸或国家企业信用信息公示系统公告减资信息，债权人可通过国家企业信用信息公示系统查询公司减资信息，及时要求公司清偿债务或提供担保。颇为遗憾的是，若严格按照新《公司法》第224条的文义，公司享有选择公告方式的权利，既可同时在报纸和公示系统公告，也可二者任选其一，这将极大地削弱债权人对国家企业信用信息公示系统关于公司减资信息的依赖。新法实施后，为解决前述问题，不排除登记机关将国家企业信用信息公示系统的减资公告作为公司减资的必要材料之一。

第二，股东违法减资责任加重，应关注减资合法程序，注意留痕处理。新法实施之前，鉴于主流裁判观点认定违法减资相对无效，股东违法减资责任大多体现为未被通知且已起诉的债权人的债务本息范围，违法减资成本可能远远低于正常减资成本。但新法实施之后，违法减资绝对无效，股东需要承担退还资金本息等恢复原状责任，给公司造成损失的，还需要另外赔偿公司损失，违法减资成本大为提升。这就要求股东或董事合理制定减资策略，依法履行减资程序，妥善保存通知证据等。

---

① 参见肖雄：《股东自己责任抑或替代责任？——以“德力西案”与“十三治”案为切入点》，载《安徽大学学报（哲学社会科学版）》2019年第6期。

专题七

稳中有变，变中有忧：公司利润分配制度的革新与展望

作为公司资本性交易的最重要一环，利润分配制度直接与股东投资回报和公司对外清偿能力相关，是多方利益平衡之下的产物。新《公司法》在维持现有制度框架的基础上，调整和增设了部分规则，其中，尤以取消资本公积补亏禁令和增加违法分配责任主体为最大亮点。但利润分配问题之繁杂，恐难以通过数个条文进行全面规制。在肯定立法修订积极意义的同时，也须意识到相关规则仍未能全面回应实务关切。在此，笔者仅就本次修订关于利润分配制度的调整变化及背后成因进行理论探析，并明确相关规则的具体适用问题。

一、利润分配制度的立法演变

（一）旧法利润分配制度基本框架

2018 年《公司法》与利润分配相关的规定散见于各个章节，核心内容主要集中于第 166 条。相关条文所构建的公司利润分配制度可大致概括如下：

第一，利润分配的前提和顺序。公司分配利润的前提是当年度公司盈利，且盈利在向股东分配前应先按以下顺序处理，以确定“可分配利润”：弥补亏损→缴纳税款（5 年以内的亏损可向以后年度转结）[①]→提取 10% 作为法定公积金→提取任意公积金（或有）。[②]

---

① 《企业所得税法》第 18 条：“企业纳税年度发生的亏损，准予向以后年度结转，用以后年度的所得弥补，但结转年限最长不得超过五年。”

② 2018 年《公司法》第 166 条第 1 款至第 3 款规定：“公司分配当年税后利润时，应当提取利润的百分之十列入公司法定公积金。公司法定公积金累计额为公司注册资本的百分之五十以上的，可以不再提取。公司的法定公积金不足以弥补以前年度亏损的，在依照前款规定提取法定公积金之前，应当先用当年利润弥补亏损。公司从税后利润中提取法定公积金后，经股东会或者股东大会决议，还可以从税后利润中提取任意公积金。”

第二，利润分配的内部程序。公司的利润分配方案由董事会制定，交由股东会审议批准。① 利润分配不属于《公司法》规定的特别多数决事项，但股东会表决通过比例仍需根据公司章程规定的议事规则确定。

第三，利润分配的原则和例外。有限责任公司的利润分配以“按股东实缴出资比例分配”为原则，股份有限公司的利润分配以“按照股东持有的股份比例分配”为原则，公司章程另有规定除外。② 作为例外的是，公司持有的本公司股份不得分配利润。③

第四，违法分配的后果。若公司未按以上顺序弥补亏损、提取法定公积金，直接向股东分配利润，股东须向公司返还违法分配利润。④

第五，利润分配的救济。公司连续 5 年符合利润分配条件却不向股东分配利润，有限责任公司的异议股东可请求公司收购其持有的股权；⑤ 若公司已作出载明具体分配方案的股东会或者股东大会决议，但董事会未按照决议载明时间或章程规定时间及时完成分配，股东可诉请公司分配利润。⑥

第六，公司公积金的使用及限制。利润分配与公积金的提取、使用直接相关，《公司法》允许公积金用于弥补亏损、扩大生产或转增注册资本，但绝对禁止资本公积金用于补亏。⑦

综上所述，公司利润分配制度与公司经营商业决策、机构职权分配、财务会

---

① 2018 年《公司法》第 46 条规定：“董事会对股东会负责，行使下列职权：……（五）制订公司的利润分配方案和弥补亏损方案……”第 37 条规定：“股东会行使下列职权：……（六）审议批准公司的利润分配方案和弥补亏损方案……”

② 2018 年《公司法》第 166 条第 4 款规定：“公司弥补亏损和提取公积金后所余税后利润，有限责任公司依照本法第三十四条的规定分配；股份有限公司按照股东持有的股份比例分配，但股份有限公司章程规定不按持股比例分配的除外。”

③ 2018 年《公司法》第 166 条第 6 款规定：“公司持有的本公司股份不得分配利润。”

④ 2018 年《公司法》第 166 条第 5 款规定：“股东会、股东大会或者董事会违反前款规定，在公司弥补亏损和提取法定公积金之前向股东分配利润的，股东必须将违反规定分配的利润退还公司。”

⑤ 2018 年《公司法》第 74 条规定：“有下列情形之一的，对股东会该项决议投反对票的股东可以请求公司按照合理的价格收购其股权：(一) 公司连续五年不向股东分配利润，而公司该五年连续盈利，并且符合本法规定的分配利润条件的……”

⑥ 《公司法解释（四）》第 14 条规定：“股东提交载明具体分配方案的股东会或者股东大会的有效决议，请求公司分配利润，公司拒绝分配利润且其关于无法执行决议的抗辩理由不成立的，人民法院应当判决公司按照决议载明的具体分配方案向股东分配利润。”

⑦ 2018 年《公司法》第 168 条规定：“公司的公积金用于弥补公司的亏损、扩大公司生产经营或者转为增加公司资本。但是，资本公积金不得用于弥补公司的亏损。法定公积金转为资本时，所留存的该项公积金不得少于转增前公司注册资本的百分之二十五。”

计处理等多项问题直接相关，且内含公司用资需求与股东投资回报、公司债权人利益保护和商事投资活力激发、公司经营自由和大股东滥权不当压迫等几组矛盾关系。相关规则实际共同形成了公司分配的底线规则群，即违反底线要求，分配无效，需进行返还和追责；符合底线要求，公司有权自主决定利益分配方案。

（二）新法利润分配制度主要内容

新《公司法》在保持原有制度框架不变的情况下，增设了违法分配利润的责任主体，改变了过去对资本公积补亏的反对态度，整体强化了对债权人利益的保护，并推动了公司资本的合理运用。新旧法利润分配制度具体规定对比如表2-15所示。

表 2-15　新旧法利润分配制度具体规定对比

对比项目	旧法	新法
违法分配后果	**2018年《公司法》第166条第5款**　股东会、股东大会或者董事会违反前款规定，在公司弥补亏损和提取法定公积金之前向股东分配利润的，股东必须将违反规定分配的利润退还公司。	**新《公司法》第211条**　公司违反本法规定向股东分配利润的，股东应当将违反规定分配的利润退还公司；给公司造成损失的，股东及负有责任的董事、监事、高级管理人员应当承担赔偿责任。
利润分配完成时间	**《公司法解释（五）》第4条**　分配利润的股东会或者股东大会决议作出后，公司应当在决议载明的时间内完成利润分配。决议没有载明时间的，以公司章程规定的为准。决议、章程中均未规定时间或者时间超过一年的，公司应当自决议作出之日起一年内完成利润分配。 决议中载明的利润分配完成时间超过公司章程规定时间的，股东可以依据民法典第八十五条、公司法第二十二条第二款规定请求人民法院撤销决议中关于该时间的规定。	**新《公司法》第212条**　股东会作出分配利润的决议的，董事会应当在股东会决议作出之日起六个月内进行分配。
公积金用途及限制	**2018年《公司法》第168条**　公司的公积金用于弥补公司的亏损、扩大公司生产经营或者转为增加公司资本。但是，资本公积金不得用于弥补公司的亏损。 法定公积金转为资本时，所留存的该项公积金不得少于转增前公司注册资本的百分之二十五。	**新《公司法》第214条**　公司的公积金用于弥补公司的亏损、扩大公司生产经营或者转为增加公司注册资本。 公积金弥补公司亏损，应当先使用任意公积金和法定公积金；仍不能弥补的，可以按照规定使用资本公积金。 法定公积金转为增加注册资本时，所留存的该项公积金不得少于转增前公司注册资本的百分之二十五。

具体变化主要体现在以下几点：

第一，将负有责任的董监高人员与股东一并列为违法分配的责任主体。2018 年《公司法》仅规定违法分配场景下，股东负有返还责任，但未明确若公司因违法分配受有损失，股东是否应承担赔偿责任，是否参照民法上的不当得利规定，善意股东仅在受有利益的范围内承担返还责任。此外，因利润分配采取的是董事会制定方案、股东会批准方案的决策模式，2018 年《公司法》亦未回答若股东需对违法分配承担责任，董监高人员是否也应共同担责的问题。对于前述问题，新《公司法》在一定程度上予以了回应，即股东及负有责任的董监高人员均应承担赔偿责任。另外值得注意的是，相较于《公司法（草案三）》将违法分配的适用条件限缩于“未按规定弥补亏损和提取法定公积金”，新《公司法》最终删除了前述限定语，似有意将其他具有同质化经济效果的分配行为涵摄入内。

第二，将公司利润分配完成时间的最低限制从 1 年缩短为 6 个月。《公司法解释（五）》规定公司最迟应在分配决议作出之日起 1 年内完成利润分配，新《公司法》从保障股东实现利润分配请求权的角度出发，将最长时间限制缩短为 6 个月。且相较于《公司法（草案三）》，新《公司法》删除了“公司章程或者股东会决议另有规定的除外”的规定，防范大股东不当压迫。但相较于司法解释的规定，新《公司法》未明确若公司章程与分配决议对利润分配完成时间存在矛盾，以何者为准，进而引申出股东可否以“决议约定时间违反章程规定”为由诉请法院撤销该部分决议内容的问题。对此，司法解释规定持“有限的决议优先”立场，即决议约定时间短于章程规定的，以决议约定为准（特别约定优先）；决议约定时间长于章程规定的，以章程规定为准（最长期限）。在新《公司法》未有明确规定的情况下，笔者认为，或可参照司法解释立场进行补充解释。不过，笔者经检索发现，实务中章程规定与决议约定相矛盾的情形较少，更多是章程未明确规定、协议未明确约定。在新《公司法》进一步缩短最长期限的情况下，章程与决议对股东利润分配时限利益的影响可能更为有限。

第三，准许资本公积弥补公司亏损，并进一步细化补亏顺序。新《公司法》一改 2018 年《公司法》严禁资本公积补亏的立场，回归 1993 年《公司法》准许资本公积用于补亏的基本轨道。但为防止公司在亏损年度直接将资本公积用于补亏，从而释放当年度利润，进行利润分配，参照其他国家或地区的规定，新《公司法》对补亏顺序作出了明确限制，明确盈余公积应先于资本公积补亏。

二、利润分配制度的理论阐释

新《公司法》在利润分配制度层面的两大亮点即允许资本公积补亏和明确违法分配的责任主体。针对此两大变化，下文将重点从立法演变历程及比较法视野探析规则变化成因，并明确其理论基础。

（一）资本公积补亏的认识误区及立法纠正

1.资本公积用于补亏的立法迂回

从立法演变过程看，我国《公司法》曾准许资本公积用于补亏。资本公积补亏是公司经营过程中较为常见的一项财务处理方式，也得到了多国的立法认可，如《德国股份法》第150条规定，在年度盈余和以前年度盈余不能弥补年度赤字和以前年度亏损结余的情况下，可以用法定公积金和资本公积金弥补亏损。①《日本商法典》第289条规定，资本公积金或者盈余公积金，除弥补公司的亏损之外，不得使用。②我国1993年《公司法》虽未明确规定资本公积可用于补亏，但第179条规定，“公司的公积金用于弥补公司的亏损”，其中，“公司的公积金”自然也包括资本公积。可作为佐证的是，2001年中国证监会发布的《信息披露规范问答第3号》中明确规定，上市公司任意盈余公积、法定盈余公积不足以补亏的，可使用资本公积明细科目加以弥补。2005年《公司法》修订前，涉及资本公积补亏的法律法规如表2-16所示。

表2-16　2005年前允许资本公积补亏的相关规定

法律规定	条文内容
1993年《公司法》	**第179条**　公司的公积金用于弥补公司的亏损，扩大公司生产经营或者转为增加公司资本。
《信息披露规范问答第3号》	一、上市公司弥补累计亏损的来源： （一）公司当年对累计亏损的弥补，应按照任意盈余公积、法定盈余公积的顺序依次弥补。法定公益金不得用于弥补亏损。 （二）公司采用上述方式仍不足以弥补累计亏损的，可通过资本公积中的股本溢价、接受现金捐赠、拨款转入及其他资本公积明细科目部分加以弥补。 （三）公司应根据经审计的财务报告拟定累计亏损弥补方案。

① 参见《德国商事公司法》，胡晓静、杨代雄译，法律出版社2014年版，第145~146页。

② 参见王保树主编：《最新日本公司法》，于敏、杨东译，法律出版社2006年版，第255页。

续表

法律规定	条文内容
2005 年《公司法》	**第 169 条第 1 款**　公司的公积金用于弥补公司的亏损、扩大公司生产经营或者转为增加公司资本。但是，资本公积金不得用于弥补公司的亏损。
《修订〈信息披露规范问答第 3 号〉的通知》	一、上市公司弥补累计亏损的来源： （一）公司当年对累计亏损的弥补，应按照任意盈余公积、法定盈余公积的顺序依次弥补。法定公益金不得用于弥补亏损。 （二）公司应根据经审计的财务报告拟定累计亏损弥补方案。
《上市公司监管指引第 1 号》	……对于上市公司因实施上述重组事项可能导致长期不能弥补亏损，进而影响公司分红和公开发行证券的情形，现明确监管要求如下： 一、相关上市公司应当遵守《公司法》规定，公司的资本公积金不得用于弥补公司的亏损。 ……

立法态度的转变源于上市公司郑百文股份有限公司（以下简称郑百文）重组事件。2000 年 3 月 3 日，中国信达资产管理公司向河南省郑州市中级人民法院提出宣告郑百文破产的申请，这是中国历史上第一例债权人申请上市公司破产的案件，引起轰动。后据报道，郑百文起初不具备上市资格，是通过将亏损做成盈利才得以上市，后续引发了大量证券虚假陈述案件，造成了极为恶劣的社会影响。2001 年年初，郑百文进行破产重组，当时公司亏损高达 18 亿元，净资产不足 5 亿元。重组方三联集团作为郑百文最大的债权人，同意豁免 14.47 亿元债权，进而形成了巨额资本公积金。资本公积直接补亏后，郑百文彻底抛掉历史亏损包袱，净资产由负转正，一时舆论哗然。郑百文事件也使其他上市公司发现了一条创造收益的新途径——上市公司纷纷在年底突击性债务重组，扭亏为盈，以粉饰年度报告。紧接着在 2005 年《公司法》修订时，立法者的态度急剧转变，资本公积补亏禁令由此而来。此后监管规则亦步亦趋，中国证监会在 2006 年发布的《修订〈信息披露规范问答第 3 号〉的通知》中删除了资本公积补亏规定，2012 年发布的《上市公司监管指引第 1 号》更是直接明确资本公积不得补亏。

深究其因，禁令背后可能是立法者对资本公积补亏与公司利益受损之间的关联性存在误解。**仅就资本公积弥补公司亏损这一财务处理而言，其实质只是公司在会计层面对“所有者权益”项下的相关科目进行调整，并无直接资产流出公司。**以资产负债表、损益表和现金流量表进行说明，资本公积和累计亏损都是资产负债表下的项目，而公司盈利反映在当期损益表，资本公积和累计亏损相互抵销并不直接改变公司利润情况。也就是说，一般而言，资本公积补亏并不会直接产生公司虚抬利润或责任财产减少的情况，只是可能无法反映公司真实的经营状况。**由于资本公积作为一项会计科目，极具专业性，法学领域的相关研究相对匮乏，加之社会性事件所引发的舆论压力，才使得立法者可能将资本公积补亏与公司利益受损直接做等同化处理。**

2.资本公积补亏禁令的取消原因

如前所述，资本公积补亏禁令的出台存在特定历史原因。本次《公司法》修订取消了该禁令，除纠正认识误区、与世界各国通行做法保持一致外，可能还存在以下现实原因：

第一，公司通过资本公积转增注册资本后减资补亏的方式，可合法规避资本公积补亏禁令。打开资本公积补亏新思路的是安徽飞彩车辆股份有限公司（以下简称 ST 飞彩）补亏事件。ST 飞彩作为一家连年亏损的上市公司，亏损高达 7.7 亿元，即便债务重组后具备了一定的盈利能力，想要扭亏为盈，以当年度利润逐年补亏仍需数十年时间。但与此同时，其因股本溢价等历史原因积累了 7.5 亿元的资本公积。受限于“资本公积不得补亏”的规定，ST 飞彩通过先将资本公积转增注册资本，而后决议减资补亏的方式，迂回地实现了资本公积用于补亏的目的，且决议程序、减资程序完全符合法律规定，即资本公积补亏禁令完全可以通过合法合规的方式被规避。从合理性上而言，一般认为资本公积属于所有者权益范畴，与注册资本无本质差异。在公司累计亏损过高、已造成登记资本与实际清偿能力严重不符的情况下，注册资本都可进行形式减资用以补亏，资本公积更无理由不可。

第二，相较于资本公积先增资后减资补亏，资本公积直接补亏在程序上的简便性并不会导致其丧失正当性。资本公积迂回补亏（先增资后减资补亏）与资本公积直接补亏的差别主要体现在程序方面，前者在减资时属于本次新《公司法》新增的“形式减资”，需履行决议、公告、登记等一系列程序，后者则不涉及。一方面，资本公积直接补亏的操作程序更为便捷，更有利于公司债权人尽快获偿。另一方面，直接补亏不履行公告程序也未损害公司债权人的利益。形式减资与实质减资不同，公司财产并未实际流出，故形式减资下，公告程序也不要求公司逐一通知债权人，更无须征得债权人同意，或对债权人提前清偿、提供担保，公告程序更多是为了让潜在债权人了解公司经营状况及即将发生的资本变动情况，而资本公积直接补亏并不会导致登记层面的资本变动，故也无须履行公告程序。因此资本公积补亏路径的缩短同样具有正当性。

第三，公司无法自主调整资本公积将使得资本僵化，并引发强制投资问题。资本公积的组成较广，但用途有限，容易导致公司资本僵化。若公司通过股东投资等多种方式累积了高额资本公积，却既不能补亏，也不能分配，想实现扭亏为盈只能通过当年度利润逐年补亏，这对于上市公司而言，极易导致融资困难或引发退市风险。同时，**高额的资本公积对于股东而言无异于强制储蓄，对于公司而言无异于强制投资，**[①] **为避免资本僵化，公司只能使用资本公积对外投资，但此种非理性投资可能并不符合公司和股东的真实意愿。**

第四，影响股东投资收益权的实现，可能催生抽逃出资、关联交易等问题。如前所述，资本公积补亏只是公司美化财务报表的一种手段，调整的只是资产负债表上的抽象数字，并未发生真实交易，也不存在资金流出。但基于对公司资本信用的过度迷信，严格管制公司分配可能导致的结果是相较于公司资本维持、公司债权人利益保护，股东的收益权长期处于被忽略的状态，并可能引发股东以抽逃出资、关联交易等方式变相实现利润分配等一系列问题。

（二）违法分配后果的本土化规定

《公司法》中股东必须退还违法分配利润的规则与两大法系的一般规则相异。2018 年《公司法》规定股东必须将违法分配的利润退还公司，新《公司法》对此仅做了表述上的调整，仍持“绝对返还”立场。但无论是大陆法系还是英美法系，对于股东因违法分配产生的责任规定基本趋于一致，即股东是否应当返还违法分配利润应视其受领分配时的主观状态决定，只有知道或应当知道利润分配违法的恶意股东才负有返还义务。[②] **总结而言，两大法系对于公司违法分配场景下的保护顺位为：善意股东 > 公司债权人 > 恶意股东。理由在于法律不仅保护交易主体的“合法权利”，也保护交易主体对于正常市场环境的“信赖利益”。**

---

① 参见赵亚辉：《资本公积补亏规制中的误解及其制度根源》，载《经济法论坛》2014 年第 1 期。

② 比较法上，公司违法分配时，只有受领时知悉或者应当知悉违法分配的股东才应当返还。德国法状况，参见《德国商事公司法》，胡晓静、杨代雄译，法律出版社 2014 年版，第 38 页、第 90 页；法国法状况，参见《法国商法典（上册）》，罗结珍译，北京大学出版社 2015 年版，第 400 页。

如同善意取得人的信赖利益优先于真正权利主体的所有权一般，比较法上的立法选择是优先创造一个让股东可以安心接受利润分配，而不用时刻担心利润被追回的商事交易环境。[①] 相比而言，我国的立法选择显然存在差异。

此种规制的成因既包含价值选择，也受特定历史背景影响，并与我国目前的公司治理模式相关。我国持“绝对返还”立场可能存在三个方面的原因：[②] 第一，以保护公司债权人利益为先的价值顺位考量。如前所述，善意股东是否须返还受领的利润实际牵涉权利保护顺位问题。纵观我国《公司法》修订历程，虽存在尊重公司自主经营、激发资本活力的整体趋势，但始终未改变保护公司债权人利益的立场倾向。与前述“资本公积补亏禁令”的出发点相同，违法分配返还问题直接与公司的清偿能力挂钩，故立法者有意做出了取舍。第二，法律移植路径下的历史原因。我国《公司法》的主要框架基本借鉴了当时的《日本商法典》，而日本在借鉴德国规定的时候进行了本土化改良，规定股东一律应返还违法分配利润。故我国《公司法》因法律移植路径的原因，间接受到日本法规定的影响。第三，“股东会中心主义”权力配置的结果。2018 年《公司法》在公司治理上呈现“股东会中心主义”的组织架构特点，“善意股东保护优先”存在股东不参与公司经营，不知晓利润分配违法的普遍性假设。但我国多数中小企业所有者与经营者高度一致，股东往往知晓违法分配事实，甚至可能是主导者。为避免股东通过举证优势规避返还责任，此种立法选择可能更符合概率上的正义。

股东承担赔偿责任的理论基础明显并非不当得利制度，其本土化合理性仍有待考量。在公司违法分配利润的司法案例中，部分法院判决股东在返还利润的同时，需承担从分配之日到实际返还之日的资金占用损失。[③] 也有部分法院判决股东仅在违法受领利润的范围内对公司债权人承担责任，[④] 未要求股东承担利

① 参见徐方亮：《公司违法分配责任机理与规则完善——基于公司法和民法双重视角的分析》，载《当代法学》2023 年第 5 期。

② 参见徐方亮：《公司违法分配责任机理与规则完善——基于公司法和民法双重视角的分析》，载《当代法学》2023 年第 5 期。

③ 参见新疆一鸣房地产开发有限公司与金胜利公司关联交易损害责任纠纷案，新疆维吾尔自治区高级人民法院（2019）新民再 50 号民事判决书。

④ 参见中电科能源股份有限公司与耀强洛阳机械制造有限公司买卖合同纠纷案，河南省高级人民法院（2021）豫民再 76 号民事判决书。

息损失。为消除实务分歧，新《公司法》明确规定股东需承担损失赔偿责任，且《公司法草案（一）》中曾明确存在“股东必须将违反规定分配的利润并加算银行同期存款利息退给公司”的表述。值得一提的是，部分案例将此类纠纷定性为“不当得利”纠纷，[①] 但其请求权基础显然并非民法上的不当得利条款。最为明显的差异在于：第一，股东获得投资回报系基于对公司的资本性投入，而非完全缺乏法律依据。第二，根据《民法典》第986条的规定，善意股东应仅以现存的所得利益为限予以返还，无法解释为何仍需额外承担赔偿责任。因此，股东需承担赔偿责任的规定实际构成独立请求权基础，但从反面考虑，如果无法从传统民法和域外规定上得到理论支持，此种本土化规定是否合理可能仍需进一步考量。

三、利润分配制度的实务解析

就公司利润分配制度，本次修订变化虽不多，但在规则适用上仍留下了丰富的解释空间。加之相关问题在实务中早有争议，笔者结合热点问题，尝试对相关规则的具体适用进行初步解析，并为公司利润分配具体场景下各方利益主体如何把握违法分配本质、维护自身合法权益提供部分破题思路。

（一）利润分配与承包经营

经检索发现，司法实务中，违法分配利润总会与公司承包经营产生联系。所谓承包经营，是指公司股东决议将公司交由部分股东或其他第三方承包经营，由承包方自负盈亏，发包股东仅从承包方处获得固定收益。具体而言，若在承包方的经营之下，公司实际盈利，发包股东也仅能向承包方收取固定承包费，而无权再参与公司的利润分配，公司利润均由承包方享有。若在承包方的经营之下，公司实际亏损，根据协议约定，承包方或需自行弥补公司亏损，但发包股东仍可向承包方索要固定承包费。也就是说，发包股东的收益与公司盈利状况完全脱钩。

对于仅参股又不掌握公司经营才能和技术的中小股东而言，承包经营模式有效地控制了投资风险，并推动了公司经营的“专业化”，在国有企业参股的公

---

① 参见云南特安呐制药股份有限公司、唐某文不当得利纠纷案，云南省文山壮族苗族自治州中级人民法院（2021）云26民终600号民事判决书。

司中较为常见。但由此可能产生的问题是：若承包方经营失败，公司存在高额负债，股东却凭借承包费获得投资回报，是否违反了公司利润先行补亏、再行分配的规则精神，等同于股东违法分配公司利润？

此类案件中，多数法院认为股东收取承包费与公司分配利润存在本质区别，不受公司利润分配制度约束。主要理由如下：第一，承包经营与公司分配是两种法律关系，费用指向亦不相同。[①] 股东分红是公司在盈利中按比例支付给投资者的红利，法律基础在于投资行为；股东收取承包费，是股东让渡公司经营管理权所获得的对价，[②] 法律基础在于合同约定，与公司盈亏完全无关。[③] 第二，承包费的支付与公司无关，不会损害公司及公司债权人的利益。承包经营的本质是公司治理结构的变更，并未直接增加公司债权人无法获偿的风险。且承包费是由承包方支付给发包股东，与公司完全无关，更谈不上损害公司及公司债权人利益。[④]

但部分法院持相反观点，认为股东收取承包费本质上等同于违法分配公司利润，若未经补亏、提取公积金等法定程序，股东应当返还。法院的主要理由如下：第一，公司才是承包经营合同的发包方而非股东，[⑤] 承包费应属公司财产，未经利润分配程序不得直接分配到股东个人。[⑥] 公司股东可以决定公司的承包经营事项，但股东本身不会因行使表决权而成为公司承包经营的发包主体。承包方将承包费直接打入股东而非公司账户，实际是将公司财产作为股东的个人财产

---

① 参见珠海经济特区兴淮工贸公司等诉鞍山市糖酒副食品总公司承包合同纠纷案，最高人民法院（2016）最高法民申 1065 号民事裁定书；余某林、林某友企业承包经营合同纠纷案，江西省高级人民法院（2018）赣 07 民终 4539 号民事判决书。

② 参见宝利华投资香港有限公司、孙某助合同纠纷案，江西省高级人民法院（2019）赣民终 723 号民事判决书。

③ 参见贵州湘能实业有限公司、盘州市科学技术协会损害股东利益责任纠纷案，贵州省高级人民法院（2019）黔民终 563 号民事判决书。

④ 参见张某华、杨某伟、高某东、许某、海安鑫祥混凝土有限公司与李某娟合同纠纷案，江苏省高级人民法院（2013）苏商终字第 0136 号民事判决书；丁某赏与方某顺合同纠纷案，浙江省高级人民法院（2015）浙民申字第 1999 号民事裁定书。

⑤ 参见方某河、广西德保华宏糖业有限公司企业承包经营合同纠纷案，最高人民法院（2019）最高法民终 145 号民事判决书；吴某栋、重庆林泉建材有限公司与肖某、陈某刚企业承包经营合同纠纷案，重庆市高级人民法院（2014）渝高法民终字第 00106 号民事判决书。

⑥ 参见王某富与华某良、陈某伟企业承包经营合同纠纷案，最高人民法院（2014）民申字第 1434 号民事裁定书；林某荣、陈某章合同纠纷案，福建省高级人民法院（2020）闽民申 340 号民事裁定书。

直接分配，存在损害公司及公司债权人利益的可能性。[①] 第二，公司承包经营的约定应区分内部评价与外部评价，在股东及公司内部有效，但不得对抗公司债权人。就内部关系而言，该约定改变的是公司内部治理的权利义务关系，不损及他人利益，未被法律禁止，应当有效；就外部关系而言，该约定涉及的公司盈余分配违反了利润分配制度，破坏了公司人格独立原则，应认定为无效。[②]

对此，**笔者认为，部分法院将两者直接等同的观点难以成立，以此要求股东返还承包费的逻辑难以自洽，存在过度干预公司自治之嫌。**第一，股东处分的是自身享有的表决权、经营管理权，而非公司的责任财产。从权利义务相对等的角度看，收取承包费的主体显然应当是股东而非公司。要求承包方将费用支付至公司，再分配至股东个人的观点明显不合逻辑。第二，承包方从自己的责任财产中支付承包费一般而言不会直接损害公司利益。部分法院认为存在此种可能的假设性前提是承包方经营公司后，未将公司经营收入按财务要求入账，直接不当获取公司财产，用以支付承包费。笔者认为确有此种可能，但仍需以事实为依据，让发包股东为假设性事实买单并无合理性。第三，倘若承包方确实存在违法分配公司利润的情形，能否追究其他发包股东的责任，应根据发包股东主观是否知情、构成滥用股东权利进一步甄别。但即便可以追究发包股东的责任，公司债权人追索的数额也应当以承包方违法分配的数额为限，与发包股东收取的承包费数额无关。即利润分配与承包经营本身并不直接关联。

（二）违法分配之返还范围

如前所述，公司利润分配存在前提限制、决策程序限制等多重限制，如不符合法律规定，则导致分配违法。仍有疑义的是，违法分配的定性下，是否必然导致公司分配无效，股东返还所得利润？以及如果分配无效，是部分无效还是全部无效，股东应返还的范围如何确定？若多名股东需返还违法所得，返还责任在股东之间应如何分配？

首先需明确的是，违法分配并不必然导致分配无效。实务中最常出现的违

① 参见舒某伟与阿克苏华盛达建材有限责任公司、王某杰等合同纠纷案，新疆维吾尔自治区高级人民法院（2019）新民申 1388 号民事裁定书。

② 参见颜某裕与江门市盈基混凝土发展有限公司、刘某荣、黎某文企业承包经营合同纠纷案，广东省江门市中级人民法院（2020）粤 07 民终 1672 号民事判决书。

法分配场景为公司未按规定提取公积金就直接向股东分配利润，对此，多数法院认为“补亏→提取公积金→分配利润”的规定只是利润分配的程序性规定，公司的实际分配程序与规定不一致，如未提取法定公积金，并不必然导致分配决议无效，[①] 法定公积金的提取可以嗣后补充，关键是看公司当时的盈余利润是否足以提取法定公积金。[②] 也有法院在该问题上走得较远，认为公司必须预留了该部分费用，或后续实际补足了法定公积金，才能认定分配有效。[③]

一方面，法定公积金是弥补公司亏损的后备资金，法定公积金的提取关乎公司的对外偿债能力。未依法提取公积金应当导致分配无效，这是《公司法》对于公司债权人利益保护的强制性规定。另一方面，笔者也认可法定公积金可嗣后补充提取的观点，只是若以公司是否实际补充提取作为判定利润分配合法性的依据和确定时点，将会使利润分配的合法性从决议作出后到公司实际提起公积金前这一期间内处于不稳定状态。故笔者认为，利润分配的合法性应以决议作出时（如无决议，则为实际向股东分配利润时）的公司状态判断，若公司当时存在提取公积金的条件，则分配有效，股东无须返还。即便公司嗣后未补充提取公积金，也应当追究董监高人员的赔偿责任，而不应要求股东返还。

其次，分配无效并非必然导致全额返还，返还范围与公司是否存在分配决议、违法分配的具体原因等因素相关。在公司未形成分配决议，股东私自从公司获得财产的情况下，法院一般要求股东全额返还。[④] 审批决议方案是股东会的职权内容，在股东会通过分配方案之前，是否进行分配、分配多少均不确定，公司可分配利润不能直接等同于拟分配利润，故此种违法分配的场景下，要求股东全额返还较为合理。但在公司已存在分配决议的情况下，如因分配决议中未包含补亏、提取公积金等内容而导致违法分配，多数法院往往直接认定分配决议全部无

---

① 参见宿州同辉房地产开发有限公司、李某七合同纠纷案，安徽省高级人民法院（2019）皖民终950号民事判决书。

② 参见阮某琴、惠州食为天餐饮服务管理有限公司与林某麟、舒某岩、汪某正公司盈余分配纠纷案，广东省惠州市中级人民法院（2020）粤13民终7383号民事判决书。

③ 参见张某鹤、王某敏等与公司有关的纠纷案，内蒙古自治区赤峰市红山区人民法院（2021）内0402民初7809号民事判决书。

④ 参见哈尔滨乔仕房地产开发有限公司、乔某损害公司利益责任纠纷案，黑龙江省高级人民法院（2019）黑民终70号民事判决书。

效或要求股东全额返还，但此种观点未见合理。从规定文义看，股东返还的范围应局限于“违法分配的部分”，如未提取公积金的，股东返还的范围应是10%的公积金，而非全部。

当然，有观点可能会质疑，要求法院精确识别违法原因并确定返还数额，司法成本过高，理论上法院判决分配无效，股东全额返还后，公司也可重新作出合法的分配决议。但笔者认为，限制返还范围对股东而言仍有意义。因为一旦股东返还分配利润，该利润就重新成了公司的责任财产。若公司在上次分配后经营不善，资不抵债，新出现的公司债权人基于公司目前的偿债能力原本面临清偿不能的巨大风险，但在股东因违法分配返还全部分配利润后，新债权人可抢先在公司更正作出合法的分配决议之前从公司处获得清偿。股东的利润分配请求权应以当时的公司财产状况为基础，而不应受到后续变化的溯及影响。此种情况下，笔者认为，股东重新获得合法利润分配的请求权在情理上具有优先性，但在法律规范上缺乏明确依据。由此可能导致的结果是股东实际以个人财产替公司清偿债务，公司债权人借助违法分配制度在返还范围上的模糊性不当扩张了公司的责任财产范围。故笔者认为限制返还范围对于保护股东合法收益权仍有必要。

最后，若多名股东须返还违法所得，返还责任在股东间的分配视公司内、外部法律关系可能有所不同。所谓公司内、外部法律关系，是指在违法分配场景下，追索主体分两类：一类是内部追索，即公司作为追索主体，要求股东向公司返还违法分配利润。此种情况下返还责任应是两个“全部”，全部股东均应返还全部涉及违法分配的利润。此时，若董事代表公司仅要求部分股东返还，或仅要求全部股东部分返还违法分配利润，要么违反股东平等原则，要么涉嫌董事违反勤勉义务或忠实义务。故此种情况下，两个“全部”返还应不存在明显争议。

另一类是外部追索，即公司债权人作为追索主体，要求股东向其直接返还违法分配利润。此种情况下，公司债权人行使代位权应以其债权金额为限。若公司违法分配的金额大于其债权金额，且存在多名违法分配的股东，那么债权人的请求金额在股东之间应如何分配可能存在争议。对此笔者认为：

第一，债权人可选择部分股东返还其违法分配利润，也可概括要求全部股东在其债权金额内返还违法分配利润。一方面，公司内部的股东平等原则不应限制债权人对追索主体的合法选择权；另一方面，股东的返还责任具有相对独立性，每个股东仅以各自违法分配所得为限承担责任。若债权人未明确各股东之间的责任比例，法院可按股权比例划定责任范围。

第二，若债权人仅要求部分股东承担返还责任，承担责任的股东也不得根据股东平等原则在公司内部要求其他未承担的股东分担其责任。理由在于，一旦法院在个案中认定公司构成违法分配，即便公司债权人受到债权金额限制，仅主张部分股东返还，董事也应尽勤勉义务、忠实义务，要求其他股东全部返还，自然就不存在股东之间的责任分担问题。若董事未积极履职，则可能存在董事责任，但也只是损害公司利益，而不构成对已返还股东的侵害。已返还股东不得主张董事对自己的赔偿责任，也不能以董事的失职行为为由要求其他股东将本应返还公司的违法利润先行返还给自己，以达到违法状态下的一时性股东平等。

（三）违法分配之赔偿责任

关于违法分配的责任承担，新《公司法》仅规定股东及负有责任的董监高人员应当承担赔偿责任。但未明晰两个重要问题：第一，“股东”的主体范围如何确定，是返还不能的股东，还是对分配方案投赞成票的股东，抑或全体股东？第二，董监高人员的赔偿责任与股东的赔偿责任是何关系，即董监高人员应承担何种责任？

试举以下简单案例进行说明：某公司往年存在高额负债，但未先行补亏，而是将当年度盈利直接分配。分配方案由 D、E、F 三位董事制作，A、B、C 三位股东一致决议通过。A 股东分得 200 万元，B 股东分得 300 万元，C 股东分得 500 万元。后债权人诉请股东返还分配所得，直接向债权人清偿。A、B 股东均全额返还，并支付资金占用利息，但 C 股东返还了 100 万元后便返还不能。对于剩余 400 万元及利息损失，应当如何在股东 A、B、C 及董事 D、E、F 之间分配？

1. 股东赔偿责任

笔者认为，根据作出决议时的主观状态，若股东 A、B 为善意，则不应对该损失承担责任；反之，则相反。

一般情况下，股东 A、B 引发该损失的行为仅为决策行为，即对分配方案投了赞成票。那么可能令人疑问的是，如果董事因决策违法应承担赔偿责任，股东是否也应承担决策失误责任。对于该问题的回答应首先厘清股东承担责任的理论基础。分配方案先由董事会制定、通过后，再由股东会投票通过。同样是投票行为，董事在此过程中对公司负有信义义务，而股东可能不负有（当然，股东尤其控股股东是否负有信义义务素来存在争议）。理由在于股东是为自己的利益而投票，董事是为他人的利益而决策。[①] 信义义务源于委托关系，即董事受托于股东处理公司事务，需尽心尽责，尽到与处理自己事务一样的注意义务。但股东不参与公司经营管理，仅为个人利益而投票，法律应尊重此种利己选择，这也是比较法上仅恶意股东需承担返还责任，善意股东无须承担决策责任的原因。当然，若控股股东已构成实质董事则另当别论。

由于股东返还利润的责任基础并非集体性决策失误，每个股东的返还及赔偿责任实际具有一定独立性。我国虽基于保护公司债权人立场，要求善意股东返还分配利润，但要求善意股东对其他股东的返还责任承担相互担保责任，似缺乏理论基础。但是，若股东知晓违法分配的事实仍然投赞成票，此时实质转化为股东滥用股东权利损害公司及公司债权人的利益，那么参照权利滥用规定，恶意股东就应当对公司损失承担连带赔偿责任。

2. 董事赔偿责任

笔者认为，董事 D、E、F 应就该损失向公司债权人承担连带责任，向 C 股东追偿不能的部分，在董事内部以平均分配为原则。

就股东与董事之间的责任关系而言，在上述案例模型中，C 股东已经诉讼、执行清偿不能，故董事直接获得了清偿顺位利益。仍有疑问的是，在 C 股东未经执行，公司债权人一并起诉的情况下，董事应当与股东承担连带责任还是仅承担补充赔偿责任？**对此，笔者认为，公司的损失实际是 C 股东返还不能后的结果，故只有先对 C 股东进行执行，才能确定损失范围，从该角度考虑，董事应享有履行顺位利益，承担补充赔偿责任为宜。董事与股东之间基于不同的原因而担责，实际构成不真正连带债务关系。由于股东是实际得利人，故应当由股东承担终局性责任。董事承担责任后可向股东进行追偿。**

就董事对债权人的责任形式而言，如前所述，董事责任系基于集体性决策失

---

① 参见徐方亮：《公司违法分配责任机理与规则完善——基于公司法和民法双重视角的分析》，载《当代法学》2023 年第 5 期。

误而产生，故应先判断董事个人是否存在过错，董事可以商业判断规则、与损失之间无因果关系等作为免责抗辩。区分出有过错的董事后，有过错的董事之间因集体决策而相互形成连带关系。

就董事内部责任分配而言，以平均分配为原则，但若部分董事存在故意，则可根据董事主观恶性的不同调整责任比例。为符合司法经济原则，董事应先向股东追偿，追偿不能的部分，再相互追偿。由于董事内部追偿诉讼缺乏明确的请求权基础，也为避免董事二次诉讼遭受诉累，建议法院在公司债权人诉请董事赔偿的诉讼中一并确认内部分配比例，作为后续内部追偿的依据。

（四）资本公积之补亏限制

新《公司法》仅原则性地规定资本公积可用于补亏，但资本公积的内容日渐庞杂，并非所有资本公积均可用于补亏。

从资本公积的产生原因看，资本公积可大致分为两类。一类是企业在经营过程中取得的、导致所有者权益切实增长的实际收入，如传统的资本溢价，接受他人赠与，因债务重组而被豁免的债务。会计上的“收入”特指公司因经营活动获得的财产增加，前述财产非来源于公司的经营活动，所以归入“资本公积”科目。另一类是因会计程序而引起的所有者权益的账面增长，如公司基于特定需要（如改制、合并等）进行资产评估时，因资产当下市值高于原账面价值而产生的评估增值等，此类资本公积有两大特点：一是资产价值随着市场状况上下波动，资产评估所固定的也仅为当时市价。二是该部分资产流入公司的价格为原账面价格，只有在资产流出公司时（实际处分时）才能确定增值部分能否实现。①

根据前述分类，笔者认为，只有第一类资本公积可用于补亏，第二类不可以。理由在于第一类财产曾切实进入公司，且其价值在进入公司时已确定。而第二类财产本质只是账面调整，并不存在真实的资产流入。更为重要的是，在公司实际处置此类财产之前，其能否实现盈余价值、能实现多少盈余价值均无法确定。一旦先行补亏而后续资产市值下跌，则实际等于不当释放了当年度的盈利额度，形成与违法分配近似的法律后果。故立法仍需进一步明确资本公积“有限补亏”的相关规制。

① 参见刘燕：《新〈公司法〉的资本公积补亏禁令评析》，载《中国法学》2006 年第 6 期。

四、小结

利润分配制度旨在解决三大问题：什么是利润分配、利润分配存在何种限制、违反限制存在何种法律后果。本次《公司法》修订聚焦于后两者，一方面，通过准许资本公积补亏，放开了公司利润分配的部分限制，降低了利润分配的门槛和难度；另一方面，通过增设违法分配责任主体，明确赔偿责任，进一步强化了对公司债权人的利益保护。

但较为遗憾的是，在违法分配的法律后果问题上，本土化规定更倾向于公司债权人保护立场，未对善意股东的收益权予以充分关注，导致公司内部资本性交易的稳定性可能受到冲击。同时在责任主体、责任性质、责任范围、责任形式等具体问题上供给不足，极易在实务层面引发争议，或招致司法裁量权的滥用。但更为重要的是，整个利润分配制度的地基与难点正是“何为利润分配”。现有的违法分配规则仅能约束形式分配，但对于实务中形态多样的实质分配行为却未能起到有效的规制作用。究其原因，《公司法》立法层面尚未以实质分配为核心，对“违法分配行为”作出规范性界定。

仅从“违反本法规定分配利润”的规范表述看，本次立法似有意进行统一规制的创造性尝试。但如抽逃出资、财务资助等规定仍散见于各个章节，相关规则与利润分配的关系、在公司资本制度中的定位仍需进一步厘清。**笔者认为，立法仍有必要与司法协同，明确利润分配的内涵和外延，对同质化的经济行为进行统一规制、协调处理，并以此为基础形成集决策、执行、追责为一体的利润分配约束机制。**

专题八

助人不常乐：公司财务资助行为的全面规制

财务资助，是指公司为他人取得本公司或者控股公司的股份提供包括赠与、借款、担保、债务减免等导致公司资产流向投资者或潜在投资者的资助行为。[①] 公司财务资助因其本身较为异常，极有可能存在利益输送、变相分配、循环增资等损害公司或债权人利益的情形，故被各国公司法所普遍禁止。[②]

本次《公司法》修订之前，我国各类部门规章或多或少涉及了对财务资助行为的规制，新《公司法》第163条将散落在各类部门规章中的财务资助规则提炼总结，正式在法律层面规定了财务资助制度。新法构建了“原则禁止—例外允许”的规范体系，即公司原则上不得为他人取得本公司或控股公司股份提供财务资助，但上述原则存在两个例外，一是公司实施员工持股计划的除外，二是为公司利益，经特定决议程序，财务资助的累计总额不得超过已发行股本总额的10%的除外。但新《公司法》中的财务资助概念尚欠周延，新法没有明确违反财务资助规则的合同效力如何、违规提供财务资助时董监高人员的责任如何认定等问题。下文尝试在梳理财务资助制度立法演变的基础上，对相关问题进行探讨。

一、财务资助制度的立法演变

（一）旧法财务资助制度主要内容

新《公司法》之前，关于财务资助的规定散见于各类规章和交易所规则之

---

① 参见沈朝晖：《财务资助行为的体系化规制——兼评释2021〈公司法（修订草案）〉第174条》，载《中国政法大学学报》2022年第5期。

② 参见沈朝晖：《财务资助行为的体系化规制——兼评释2021〈公司法（修订草案）〉第174条》，载《中国政法大学学报》2022年第5期。

中。大部分关于财务资助的规定系针对上市公司制定，主要是禁止上市公司在收购、定向发行、股权激励等特定交易中提供借款、担保等财务资助。主要包括：《上市公司股权激励管理办法》第21条明令禁止上市公司为股权激励对象提供贷款以及其他任何形式的财务资助；《上市公司收购管理办法》第8条要求公司董监高人员不得利用公司资源向收购人提供任何形式的财务资助；《证券发行与承销管理办法》第38条规定上市公司不得直接或者通过利益相关方向发行对象提供财务资助或者其他补偿。参考《深圳证券交易所上市公司自律监管指引第1号——主板上市公司规范运作》第6.1.8条的规定，被禁止的财务资助行为主要表现为如下几点：第一，有偿或无偿提供借款或资金；第二，有偿或无偿提供实物资产或无形资产；第三，为他人承担费用；第四，设定低于行业标准的收费水平；第五，预付高于行业标准的款项比例等。受篇幅所限，笔者将主要规定梳理在本专题末附表中，以供了解。

新《公司法》颁布前的财务资助规则主要存在五个方面的问题：一是效力层级低。此类财务资助规则散见于各类部门规章、规范性文件之中，司法实践中往往难以直接依据此类规则判定财务资助相关合同的效力。二是缺乏统一性。各个部门出台的规范性文件、不同交易所发布的监管规则有所区别，甚至不乏相互矛盾之处。三是概念不清晰。各个规范性文件立基商业实践，归纳总结了常见的公司财务资助表现形式，但对于如何定义财务资助、公司资助行为是否需要与他人取得本公司股份之间存在因果关系等问题，相关规则并未予以明确。四是合同效力不明。现行财务资助规则更多是监管机构基于管理需求而制定的规范性文件，对违反此类财务资助规则的合同效力如何，既有规则并未进一步讨论。五是法律责任较轻。实践中，许多上市公司违规提供财务资助的结果只是被监管部门出具警示函要求予以纠正，董监高人员与实际控制人并未受到处罚，由此导致财务资助的违法成本较低，违规情况屡见不鲜。

（二）新法财务资助及其适用情形

1. 新法财务资助规则的具体内容

为解决既有财务资助监管规则存在的问题，新《公司法》增设财务资助规则。新法第163条的主要内容包括：第一，原则禁止财务资助行为。新法明确股份有限公司不得为他人取得本公司或者母公司的股份提供包括赠与、借款、担保等在内的财务资助行为。其中，“取得”既包括新股发行，也包括旧股转让，“为他人取得本公司或者母公司的股份”强调的是公司资助行为与股份取得之间的因果关系，“赠与、借款、担保以及其他财务资助行为”指向的是对他人积极利益的给予和消极利益的减免。[①] 第二，例外允许财务资助行为。新法设定了两种例外情形，第一种情形被有的学者称为“具体例外”，[②] 即在股份有限公司实施员工持股计划这一具体情形下，允许财务资助行为；第二种情形被称为“一般例外”，[③] 即当财务资助行为同时符合“为公司利益”“经股东会决议，或者董事会按照公司章程或者股东会的授权作出决议”“累计总额不得超过已发行股本总额的百分之十”这三项限定条件后，被例外允许实施。

2. 新法财务资助常见规制情形

新《公司法》第 163 条尝试搭建股份有限公司财务资助行为的规范体系，为便于读者了解该条意图规制的对象，笔者尝试梳理了常见的财务资助行为。**总体而言，商业实践中直接以借款方式为投资者或潜在投资者提供财务资助的情形较为少见，更为常见的是以担保、保底承诺等方式提供资助。**

一是公司直接提供借款，或以其他方式间接提供资金。公司向投资者或潜在投资者提供借款是最为典型的财务资助行为，鉴于既有监管规则已对此类典型行为予以规制，商业实践中不乏以收购诚意金、预付高比例款项等名义变相提供资金，或通过多层架构间接提供财物、免除债务的财务资助行为，新《公司法》实施后，这类行为可以通过目的解释的方式纳入新法规制范围。

二是公司为投资者提供担保。公司以其信用或资产直接为投资者提供担保，包括投资者增资入股时公司向金融机构等第三方提供担保，和投资者受让股份时公司向原股东应当收取的交易价款提供担保。

三是以公司股份质押融资帮助投资者筹措投资款项。在投资者资金有限的情形下，以标的公司股份质押对外融资系常见操作。一种模式是原股东直接以

---

① 参见皮正德：《禁止财务资助规则的公司法建构》，载《法学研究》2023 年第 1 期。

② 参见沈朝晖：《财务资助行为的体系化规制——兼评释 2021〈公司法（修订草案）〉第 174 条》，载《中国政法大学学报》2022 年第 5 期。

③ 参见沈朝晖：《财务资助行为的体系化规制——兼评释 2021〈公司法（修订草案）〉第 174 条》，载《中国政法大学学报》2022 年第 5 期。

持有的标的公司股份为投资者融资提供担保，如图 2-6（a）所示；另一种模式是投资者先通过对外借款支付第一期股份转让价款，待股份过户后再以所持的标的公司股票对外质押融资以支付剩余转让价款，如图 2-6（b）所示。不过，原股东或投资者通过质押标的公司股份获取融资并不属于公司为他人取得本公司股份提供资助，不会落入新《公司法》第 163 条的规制范围中。

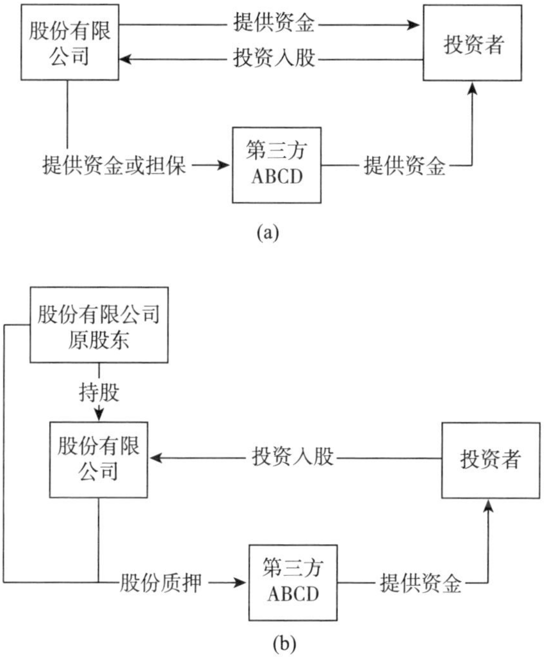

图 2-6　以公司股份质押融资的两种常见模式

四是循环增资。新《公司法》颁布之前，备受关注的财务资助行为是安邦集团的循环增资。最为简单的循环增资形式为：A 公司向 B 公司增资 500 万元，B 公司向 C 公司增资 500 万元，C 公司又转而向 A 公司增资 500 万元，如此一来，A 公司最初投入的 500 万元得以回收，同时 A 公司、B 公司、C 公司的注册资本均得到扩充，如图 2-7（a）所示。稍微复杂一些的循环增资形式可表现为：A 公司以自有资金 1000 万元、B 公司以过桥资金 9000 万元共同出资设立 C 公司，C 公司成立后，A 公司出资 1000 万元、C 公司出资 8000 万元共同设立 D 公司，D 公司以 9000 万元交易价款收购 B 公司持有的 C 公司股份，如此一来，B 公司的 9000 万元过桥资金得以回收，如图 2-7（b）所示。2018 年《公司法》语境下，由于循环增资过程中，各个公司在投入资金的同时也取得了股份份额，无法直接以抽逃出资行为定性循环出资，也难以以其他资本规则予以规制。在新《公司法》项下，除了可以考虑将此类循环增资纳入第163条规定的财务资助规则规制范围外，还可以通过第141条规定的禁止上市公司与子公司之间交叉持股这一规则予以规制。

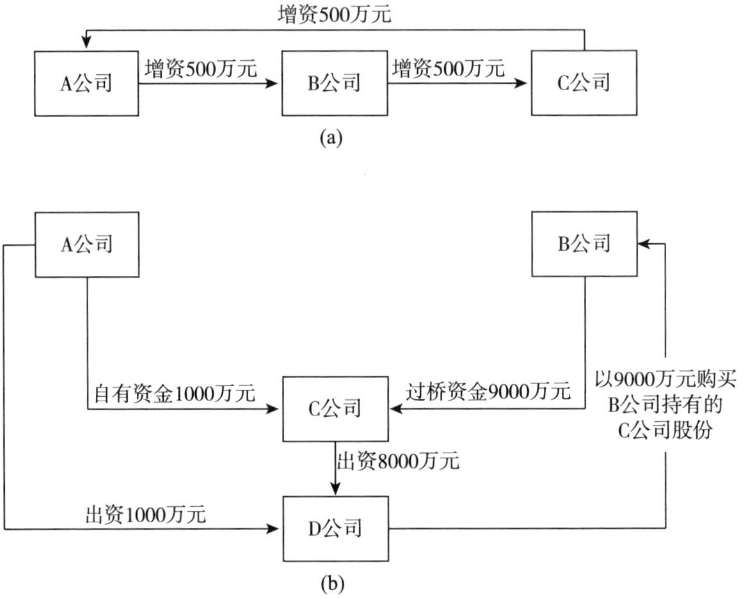

图2-7　循环增资的两种常见形式

五是公司与投资者对赌或者公司为股东对赌提供担保。对赌场景下，投资者既可能与公司股东对赌，由公司为股东履行合同义务提供担保或借款，也可能直接与公司对赌，由公司承担业绩补偿、股份回购等合同义务。

就投资者与公司股东对赌情形，若股东在触发对赌条款后回购投资者持有的公司股份，目标公司对此承担担保责任的，属于公司为股东取得投资者股份提供财务资助，从形式上看似乎应落入新《公司法》第163条的规制范围。至于投资者直接与公司对赌是否属于新《公司法》第163条规定的财务资助行为，争议可能会更大。有观点认为，投资者与公司对赌属于典型的财务资助行为，如果公司拒绝签订对赌条款，则投资者大多放弃投资入股，公司承担对赌义务与投资者取得股份之间存在因果关系，而公司是通过回购股份或补偿业绩的方式进行对赌的，这属于新《公司法》第 163 条规定的其他财产资助形式。

但也有观点认为，对赌原则上均不属于财务资助规制范围，对赌是一种估值调整机制，用于解决因信息不对称导致的投资者与被投者对企业估值意见不同而产生的观念分歧以及公司经营中的代理成本问题，投资者已为取得公司股份支付了充足的财产对价，进行对赌的交易目的并不是取得公司财务资助，而是希望通过设置股份回购、业绩补偿等对赌条款督促公司实现预期业绩，毕竟公司成功上市或者财务业绩良好的情况下，投资者从中获取的收益远超对赌情形。① 此外，对赌情形下的公司补偿属于或有事项，并非必然发生，即使触发对赌条款，公司也是在投资者入股数年之后才进行支付的。比较法上，英国也存在将类似于对赌的情形排除在财务资助规制范围之外的操作。② 也有观点认为，投资者与公司对赌属于典型的财务资助行为，如果公司拒绝签订对赌条款，则投资者大多放弃投资入股，公司承担对赌义务与投资者取得股份之间存在因果关系，而公司是通过回购股份或补偿业绩的方式进行对赌的，这属于新《公司法》第 163 条规定的其他财产资助形式。

笔者认为，在新法原则禁止财务资助的情形下，将对赌全面纳入财务资助规制范围，难免过度打击业已成熟的商业样态，但若将对赌完全剔除在财务资助概念之外，又将对财务资助概念体系产生冲击。商业实践的需求是为对赌协议保留适度生存空间，新《公司法》的需求是贯彻财务资助概念的精准认定，**全面衡量二者，或可实现的操作路径是，在概念定义上将对赌情形纳入财务资助行为范围，在效力认定上谨慎否定对赌协议效力。**

---

① 参见张曜：《财务资助视角下的对赌协议效力分析》，载《黑龙江省政法管理干部学院学报》2015 年第 2 期。

② 在巴克莱银行诉英国联邦控股公司案（Barclays Bank plc *v.* British and Commonwealth Holding plc）中，股东取得的是可赎回股份，在公司未能回赎股份时，股东有权将股份卖给第三方。同时，公司与第三方约定，公司有义务将资产价值维持在一定水平。最后公司既未能赎回股份，也未将公司资产维持在约定水平上。股东行使了出售股份的期权，第三方起诉公司，主张违约损害赔偿。上诉法院面临的问题之一是，这份合同是否等同于对股东或者第三方取得股份的财务资助。上诉法院认为合同的目的是安抚股东，而非提供财务资助。参见［英］艾利斯·费伦、［马来西亚］何禄赞：《公司金融法律原理》（第 2 版），罗培新、沈志韬译，北京大学出版社 2021 年版，第 292 页。

二、财务资助制度的理论阐释

（一）禁止财务资助的规范意旨

禁止财务资助诞生于遏制杠杆收购、强化资本维持原则的背景下。禁止财务资助制度起源于英国，最初目的是规制当时盛行的杠杆收购。“一战”后，英国的收购方利用银行过桥贷款收购足以获得公司控制权的股份后，旋即更换董事会，由新董事会作出决议将公司资产借给收购方偿还过桥贷款。更有甚者，收购方可能与被收购公司管理层或大股东存在利益勾连，二者共同以公司的资产偿还收购产生的融资款。杠杆收购完成后，如果经营不当导致公司资不抵债，收购人的损失极为有限，但将对公司债权人、小股东形成重创。[①] 英国立法委员会认为，此类收购类似于公司以自己的资产购买自己的股份，与公司回购股份应先确保债权人债权安全的理念相抵触，实质上产生了公司资产被返还给股东的效果，有必要予以规制。[②]

同时，禁止财务资助有利于防止公司资产的不当减少。事实上，财务资助并不必然违反资本维持原则，无论公司是以借款还是担保的方式提供资助，公司资本并不会直接减少，只是资产形态发生了变化，公司甚至可能因向被资助方收取利息而获益。因此，美国法并不禁止财务资助，而是通过禁止欺诈转让等制度保护债权人利益。[③] 但是，如果投资者根本就不具备充足的资金实力，一旦其无法偿还贷款则必然需要公司代偿，危及少数股东及债权人的利益。

禁止财务资助也有助于事先防范股东及管理层滥用权利。鉴于为投资者提供财务资助本身具有高度可疑性，立法上选择将财务资助行为默认为违反受信义务的行为予以规制，以预防公司实际控制人与董监高人员滥用权利，向股东或潜在投资者进行不当的利益输送或进行变相分配。[④]

---

① 参见沈朝晖：《财务资助行为的体系化规制——兼评释 2021〈公司法（修订草案）〉第 174 条》，载《中国政法大学学报》2022 年第 5 期。

② 参见皮正德：《禁止财务资助规则的公司法建构》，载《法学研究》2023 年第 1 期。

③ 参见皮正德：《禁止财务资助规则的公司法建构》，载《法学研究》2023 年第 1 期。

④ 参见沈朝晖：《财务资助行为的体系化规制——兼评释 2021〈公司法（修订草案）〉第 174 条》，载《中国政法大学学报》2022 年第 5 期。

客观上，对财务资助进行规制有其本土必要性，也符合目前强化债权人保护的立法思路和防止脱实向虚的政策导向。从我国证券市场的既往经验来看，不少收购并非源于对公司价值的看好，而是希望在炒作股价后减持套现或是为了通过买卖上市公司的“壳资源”获益。尤其在杠杆收购中，无论是通过银行还是资管计划或是第三方委托贷款取得资金，借款协议中往往约定有严格的交叉违约条款，一旦投资者认为利益可能受损，即可能导致收购失败，继而导致上市公司股价剧烈波动。

（二）财务资助规则的域外经验

关于财务资助行为的内涵，比较法上主要存在三种界定方式：[①] 一是单纯列举具体的财务资助表现形式。二是除列举具体财务资助行为外，还兜底规定了财务资助行为的实质认定标准，例如，《英国 2006 年公司法》第 677 条采取的即是列举 + 实质标准，被禁止的具体财务资助行为包括赠与、担保或补偿、免除义务或放弃权利、贷款，财务资助的实质认定标准是导致公司净资产实质性地减少。[②] 三是笼统禁止公司为他人取得本公司股份而提供财务资助的行为。

关于禁止财务资助的范围，虽然有相当数量的国家在立法上禁止财务资助，但总体而言各国的立法趋势是通过例外规定等方式逐渐限缩财务资助制度的适用范围。其背后的主要理由有三：[③] 一是财务资助制度最初是为了规制杠杆收购而生，但杠杆收购并非必然损害公司利益。如果收购方本身具有出色的经营能力，只是欠缺部分资金，公司资助其完成收购其实有利于日后发展。二是比较法上的财务资助规则往往较为复杂且表述具有灵活性，从制度运行经验来看，交易主体时常难以确定特定交易行为是否构成违法的财务资助，故其不得不就此寻求专业的法律意见，甚至可能在咨询后仍无法完全排除被认定为财务资助的风险。由此阻碍了交易的正常进行，也增加了不必要的交易成本。三是财务资助并非完全不可取代，其制度目的在一定程度上可以通过董事的信义义务等其他规则实现。

① 参见皮正德：《禁止财务资助规则的公司法建构》，载《法学研究》2023 年第 1 期。

② 参见《英国 2006 年公司法》，葛伟军译，法律出版社 2012 年版，第 431~432 页。

③ 参见张弓长：《论公司财务资助的价值面向和规制结构》，载《华东政法大学学报》2023 年第 3 期；参见张巍、徐岩：《禁止公司为取得股份者提供财务资助——理论与实践上的一些思考》，载微信公众号“北京大学金融法研究中心”2024 年 1 月 8 日，https://mp.weixin.qq.com/s/r6lhJaD62uZnimk0QeHypw。

故此，为了减少对公司自治的干预，降低中小公司的交易成本，不少国家规定财务资助制度仅适用于特定类型的公司。例如，英国、新加坡的公司法均规定财务资助制度仅适用于公众公司。此外，许多国家和地区在禁止财务资助的同时设置了诸多例外情形，主要有以下三种：[①]（1）最常见的例外是金融机构正常业务活动例外和员工持股例外，这在欧盟、英国等司法辖区均有规定。我国新《公司法》即规定了员工持股例外，且一度试图规定金融机构例外，具体将在后文予以展开。（2）较典型的还有"无实质损害"例外，即可以在不严重损害公司利益、股东利益或公司对其债权人的偿付能力的情况下，提供财务资助，且资助可不经过公司股东大会或股东的审批。澳大利亚、新西兰、新加坡均规定了此种例外。（3）决议例外。根据澳大利亚、新加坡、新西兰，以及欧盟、中国香港特别行政区等国家和地区的公司法，如股东会决议通过了财务资助事项，则应予执行。不过亦有国家对股东决议附加了严格的限制条件，相当于对财务资助设定了程序及实体的双重限制。例如，《新加坡公司法》第 76 条不仅要求股东会批准，还要求董事作出偿债能力声明。

值得一提的是，也有国家或地区规定了财务资助的异议机制，以期在防止财务资助对公司正常交易形成不当打击和保护股东、债权人利益之间寻求平衡。例如，《新加坡公司法》第 76 条规定，如果公司作出了资助决议，则公司股东、债权人等主体可在决议公开后的 21 日内向法院提出异议。

三、财务资助制度的实务解析

新《公司法》第 163 条采用"原则禁止，例外允许"的规范体系。原则上，公司法禁止股份取得中的财务资助行为。例外情形有二，一是员工持股计划，二是

① 本段涉及的比较法，《英国 2006 年公司法》第 677~683 条参见 *Companies Act 2006*, legislation, https://www.legislation.gov.uk/ukpga/2006/46/part/18/chapter/2；《新加坡公司法》第 76 条参见 *Companies Act 1967*, Singapore Statutes Online, https://sso.agc.gov.sg/Act/CoA1967?ProvIds=P14-#pr76-；我国香港特别行政区《公司条例》第 274~276 条参见《第 622 章〈公司条例〉》，载香港版电子法例网，https://www.elegislation.gov.hk/hk/cap622?xpid=ID_1438403542973_004&SEARCH_WITHIN_CAP_TXT=%E8%B4%A2%E5%8A%A1%E8%B5%84%E5%8A%A9；《新西兰 1993 年公司法》第 76~81 条参见 *Companies Act 1993* , New Zealand legislation , https://www.legislation.govt.nz/act/public/1993/0105/latest/DLM320421.html；《欧盟公司法》第 64 条参见 *Document 32017L1132*, EUR-Lex, https://eur-lex.europa.eu/legal-content/en/TXT/?uri=CELEX:32017L1132。

为公司利益且经过决议，同时有资助总额的限制。就违法后果而言，对违法提供财务资助负有责任的董监高人员承担赔偿责任。

（一）原则禁止财务资助行为

新《公司法》第 163 条第 1 款仅列举了“赠与”“借款”“担保”三种典型的财务资助情形，未详细界定财务资助的概念和构成要件，笔者就此详细解读如下。

首先，财务资助规则的适用对象限于股份有限公司。新《公司法》吸收域外立法经验，在一定程度上限缩了财务资助制度的适用范围。第 163 条关于财务资助的规定位于第六章“股份有限公司的股份发行与转让”中，故该规定仅适用于股份有限公司，不适用于有限责任公司，第 163 条规定的“本公司或者其母公司”均指股份有限公司。就有限责任公司而言，新《公司法》并未限制有限责任公司对外担保或进行投资的目的，有限责任公司在公司章程限定数额内，履行新《公司法》第 15 条规定的决议程序，即可提供财务资助。① 实务中较为常见的有限责任公司为原股东退出时的股权转让款的支付提供担保，在新《公司法》出台后不受影响。

其次，财务资助行为包括直接方式与间接方式。除新法第 163 条已经明确列举的赠与、贷款、担保等之外，财务资助也包括对债务的豁免或放弃，通过合同变更让渡和变更权利至新股东等。② 结合此前上市公司公告和监管函件中披露的信息，财务资助形式在实践中可能呈现为以下情形：(1)代为偿还债务、垫支费用、承担成本和其他支出；(2)有偿或者无偿出借资金，含委托贷款；(3)委托收购方及其关联方进行投资或理财；(4)开具没有真实交易背景的商业承兑汇票；(5)在没有商品和劳务对价情况下或者明显有悖商业逻辑情况下以采购款、资产转让款、预付款等方式提供资金；③(6)以实物资产、无形资产等对外提供资助，

---

① 参见张弓长：《论公司财务资助的价值面向和规制结构》，载《华东政法大学学报》2023 年第 3 期。

② 参见陈克：《陈克：公司资本制度的整体化改进——公司法草案评析（三）（下）| 民商辛说》，载微信公众号“天同诉讼圈”2022 年 6 月 7 日，https://mp.weixin.qq.com/s/gDPOzmVqL2CC2efOYOC6Cg。

③ 例如，上市公司航新科技与关联方天弘航空科技有限公司（上市公司持股 40% 的联营企业，以下简称天弘航空）和南通华夏飞机工程技术股份有限公司（以下简称南通华夏）分别签署买卖合同，上市公司以 5964 万元价格向前者采购两架飞机机身，再以 6022 万元的价格转售给后者。广东证监局调查后发现，该笔交易不具有真实的业务基础，故认定该等买卖合同的交易实质为上市公司以采购飞机资产包名义向天弘航空提供借款，并以向南通华夏销售的名义收回借款本息，其确认的销售利润实为相关借款利息。

无偿提供资产使用权或者收取资产使用权的费用明显低于行业一般水平，支付预付款比例明显高于同行业一般水平；等等。

再次，财务资助的目的是为他人取得本公司或母公司股份。所谓股份，包括股份本身，也包括可转换债券，但不包括纯粹的债券。新《公司法》第163条禁止的财务资助行为，是指为他人购买本公司或母公司股份而进行的资助行为，不包括其他不具有取得股份目的的资助行为。例如，《上市公司监管指引第8号》第5条要求，上市公司不得将资金直接或者间接地提供给控股股东、实际控制人及其他关联方使用，[①] 这类监管规则并没有"取得股份"这一限制，其所规制的资助行为即非新《公司法》第163条规定的财务资助行为。另外，如果财务资助背后存在多个商业目的，或者财务资助是为了另一个更大的商业目的，则不应属于该条规制的范围。[②] 例如，某集团为化解公司僵局进行资产重组，作为其中一环的股权转让有公司资金支持，则不属于违法的财务资助。[③]

最后，财务资助的时间可以是在股份取得之前、之中甚至之后。商业实践千变万化，法律规定需要透过现象抵达本质，就财务资助而言，无论是投资者在取得股份之前获得公司提供的资金等资助，还是投资者在取得股份之后，公司以清偿债务、提供担保等方式予以资助，均属于新《公司法》第163条的财务资助范围。

---

① 《上市公司监管指引第8号》第5条规定："上市公司不得以下列方式将资金直接或者间接地提供给控股股东、实际控制人及其他关联方使用：（一）为控股股东、实际控制人及其他关联方垫支工资、福利、保险、广告等费用、承担成本和其他支出；（二）有偿或者无偿地拆借公司的资金（含委托贷款）给控股股东、实际控制人及其他关联方使用，但上市公司参股公司的其他股东同比例提供资金的除外。前述所称'参股公司'，不包括由控股股东、实际控制人控制的公司；（三）委托控股股东、实际控制人及其他关联方进行投资活动；（四）为控股股东、实际控制人及其他关联方开具没有真实交易背景的商业承兑汇票，以及在没有商品和劳务对价情况下或者明显有悖商业逻辑情况下以采购款、资产转让款、预付款等方式提供资金；（五）代控股股东、实际控制人及其他关联方偿还债务；（六）中国证券监督管理委员会（以下简称中国证监会）认定的其他方式。"

② 英国的戴门特诉博易登案（Dyment *v.* Boyden）中，公司的一名股东收购了其他两名股东的股权，对价是离开的股东取得公司的房产的所有权，并以每年66,000镑租给公司。随后，留在公司的股东声称，因为房产的市场价值是每年37,000镑，故差额部分相当于公司提供了非法财务资助，因此租约无效。法院认为，公司接受租约并不是"为了取得股权"。参见［英］艾利斯·费伦、［马来西亚］何禄赞：《公司金融法律原理》（第2版），罗培新、沈志韬译，北京大学出版社2021年版，第291页。

③ 参见陈克：《陈克：公司资本制度的整体化改进——公司法草案评析（三）（下）| 民商辛说》，载微信公众号"天同诉讼圈"2022年6月7日，https://mp.weixin.qq.com/s/gDPOzmVqL2CC2efOYOC6Cg。

（二）禁止财务资助的例外情形

1. 一般例外：为公司利益，经股东会决议或董事会决议，财务资助的累计总额不得超过已发行股本总额的10%

新《公司法》第163条第2款规定的例外情形包括三项要件，一是为公司利益；二是经过股东会决议或董事会2/3决议；三是财务资助的累计总额不得超过已发行股本总额的10%。

关于第一项要件"为公司利益"，公司利益本身是一个复杂多变、十分模糊的概念，[①] 立法者将"为公司利益"作为财务资助一般例外情形的构成要件之一，虽然有利于拓宽财务资助例外情形的适用，但也势必造成司法审判难题，何为公司利益？何时判断是否符合公司利益？何人对公司利益作出判断？诸如此类的问题即将困扰司法实践。**较为稳妥的理解或许是，为公司利益是指董事经商业判断，提供财务资助不会损及公司净资产和偿债能力。**关于董事作出决策时需考虑的要素，欧盟法及新加坡法的标准可作参考——包括市场行情、受资助方的信用情况、公司在交易中可以获得的利益，以及公司实施财务资助后的资产状况。[②] 并且，财务资助金额越高，董事作出决议时就越应谨慎。

关于第二项要件"经过决议"，新《公司法》第163条规定，公司作出财务资助行为的，需经股东会或董事会决议，新法未对股东会此项决议通过比例作出特别限制，但要求董事会的此项决议需由全体董事的2/3以上通过。**笔者认为，公司能否进行财务资助行为属于董事会经营决策范围，应当交由董事会作出商业判断，新《公司法》第163条第3款也为董事违法进行财务资助配置了个人责任，在此情况下，新法另外赋予股东会决策财务资助行为的权力，这极易导致权责不明，妨碍董事正常决策。**

关于第三项要件"资助限额"，应理解为公司历次提供的全部财务资助总额不得超过已发行股本总额的10%。不过，在计算累计总额时，此前财务资助中已履行完毕的金额应当从中扣减。

---

① 参见蒋大兴、沈晖：《公司利益不确定性的控制机制》，载《北京理工大学学报（社会科学版）》2022年第6期。

② 参见皮正德：《禁止财务资助规则的公司法建构》，载《法学研究》2023年第1期。

2. 具体例外：员工持股计划例外

新《公司法》仅规定了员工持股计划例外，删去了《公司法（草案一）》中的金融机构例外。

规定员工持股计划例外的现实逻辑在于，掌握专门知识和稀缺技术的员工乃公司长期价值的实质来源，但信息不对称和道德风险问题导致公司难以测度员工实际投入和公司价值增长之间的因果关系。实施员工持股计划，将剩余索取权配置给员工，由其持有公司一定比例的股份，不仅有助于实现公司内部民主、增强员工的认同感，还可以激励员工勤勉努力、为公司的最佳利益行事。但鉴于某些员工薪酬收入较低，故允许公司在实施持股计划过程中为员工提供财务资助。

《公司法（草案一）》规定金融机构例外的现实逻辑在于，部分金融机构的主要经营范围就是对外提供贷款和担保，其在正常经营过程中对外提供贷款和担保时通常依照公司既定的统一标准进行判断，会衡量借款方的资信水平、信用风险、借款条件、增信措施等，通常不会出现损害公司利益的情形。但也有观点认为，金融机构同样不能为他人获取本公司或子公司股份提供财务资助。新《公司法》最终删去了此种例外。

（三）违法财务资助的合同效力

1. 违法财务资助的合同效力争议

新《公司法》第 163 条原则禁止股份有限公司提供财务资助，但并未明确违法提供财务资助的合同效力如何。对此，学理上存在争议。

一种观点以新《公司法》第 163 条属于《民法典》第 153 条第 1 款所述的强制性规定为由，主张违反该条的财务资助合同应属无效。从文义解释的角度看，新《公司法》第 163 条使用的是“不得”提供财务资助的明确禁止性表述。从目的解释的角度看，该条的目的在于防范公司资本流失、保护股东和债权人利益，关乎公共利益，有理由认为违反将导致合同无效。更重要的是，从规范意旨来说，如果认为违反不影响合同效力，那么原则禁止财务资助这一规则将失去意义。①

---

① 参见陈克：《陈克：公司资本制度的整体化改进——公司法草案评析（三）（下）| 民商辛说》，载微信公众号“天同诉讼圈”2022 年 6 月 7 日，https://mp.weixin.qq.com/s/gDPOzmVqL2CC2efOYOC6Cg。

另一种观点认为，新《公司法》第 163 条不属于《民法典》第 153 条第 1 款的强制性规定，违反该条并不直接导致合同无效。[①] 不过，如果有证据证明财务资助合同明显侵害公司小股东和债权人的利益，甚至影响证券市场的稳定性，可依据《民法典》第 153 条第 2 款的公序良俗条款否定其效力。

笔者认为，应当秉持尽量促使合同有效的认识前提，不应当轻易否定财务资助的合同效力。

首先，结合立法背景，对《民法典》第 153 条第 1 款的强制性规定应作限缩解读，仅包括公法上的强制性规定。根据最高人民法院的解读，为防止《民法典》第 153 条第 1 款承担的任务过重，造成适用上的混乱，该条的“强制性规定”应仅指公法上的强制性规定，合同违反私法上的强制性规定，应通过解释适用《民法典》的其他规定来解决，不宜纳入该条的适用范围。[②] 该解读反映的思路是，只有在合同违反公法上的强制性规定（如合同标的是法律禁止买卖的枪支），即合同行为一旦发生即绝对地损害国家利益或公共利益的情况下，法院才应当认定合同无效。而新《公司法》第 163 条显然不属于公法上的强制性规定。

其次，从体系解释的角度也可推导出违反禁止财务资助的规定不至触发合同无效的后果。根据《民法典合同编通则解释》第 16 条的规定，即使合同履行对公共秩序有影响，只要影响显著轻微，且行为人承担公法上的行政及刑事责任已能够实现强制性规定的立法目的，而认定合同无效将导致案件结果有失公平的，合同即不应被认定为无效。相较而言，财务资助情形下，如果被资助的主体资信能力较佳，公司在提供借款时约定的利息又较高，则资助不损害公司利益，履行合同对社会公共秩序无任何不利影响，认定合同无效反而可能导致被资助方能够逃避合同约定的高额利息，对公司显然不公。

再次，从规制必要性来说，不宜轻易认定违反财务资助的合同一律无效。从行为恶性来说，财务资助并不当然损害公司、股东和债权人利益，甚至公司可能通过收取利息等方式在财务资助中获益。从既往的司法实践来看，特定行为是

① 参见张弓长：《论公司财务资助的价值面向和规制结构》，载《华东政法大学学报》2023 年第 3 期。

② 参见最高人民法院民事审判第二庭、研究室编著：《最高人民法院民法典合同编通则司法解释理解与适用》，人民法院出版社 2023 年版，第 189~190 页。

否必然损害公共利益和他人利益一贯是法院判定合同效力时的重要考虑因素。在此前规范性文件禁止上市公司提供财务资助的情况下，有法院即指出，如果提供保底承诺或财务资助的并非上市公司而是其股东，并不当然损害公司其他股东的利益和社会公共利益，也不明显扰乱金融安全和市场秩序，故相关协议有效。[①]

最后，比较法上其他法域的做法也可支持此种理解。英国及我国香港特别行政区的公司法均规定，合同不因违反财务资助而直接无效，至于具体合同的效力，可由法官在个案中自行判断。[②] 横向比较各国家和地区关于财务资助的立法，我国新《公司法》对财务资助设定的例外情形有限且条件较为严格，如果再认为财务资助合同一律无效，将对公司自治和交易自由形成过度侵蚀。

2. 违反财务资助合同的效力认定路径

立基不轻易否定合同效力的这一认识，参考既有司法实践成熟经验，对于财务资助合同效力的认定存在两种路径：一是参考公司对外担保的合同效力认定路径，在构成越权担保的情况下，以相对人的善意与否决定合同是否对公司发生效力。二是参考公司对赌合同的效力认定路径，不因合同履行问题而否定合同效力，在无其他理由导致财务资助合同无效的情况下，认定此类合同有效，但合同的履行需要符合新《公司法》关于财务资助的规定。**笔者认为，在新《公司法》实施之后，财务资助合同需要同时接受两道检验：一是效力认定上，参考公司对外担保效力认定路径，财务资助合同对公司是否发生效力取决于相对人的善意与否；二是合同履行上，参考公司对赌情形的规制路径，财务资助行为需要满足**

① 最高人民法院认为："第一，《中华人民共和国信托法》第三十四条、《中华人民共和国证券法》第五条并未明确禁止上市公司股东、高级管理人员对非公开发行股票采取增信措施。第二，《上市公司非公开发行股票实施细则》第二十九条虽然规定，上市公司及其控股股东、实际控制人、主要股东不得向发行对象作出保底保收益或变相保底保收益承诺，且不得直接或通过利益相关方向发行对象提供财务资助或者补偿，但上述规定属于部门规章，且案涉《合作协议》系王某雷、德豪投资公司作为德豪润达公司的法定代表人和股东，为自身利益及上市公司的经营发展，吸引资金投入而与华鑫信托公司签订的协议，因提供保底收益的义务主体是王某雷、德豪投资公司而非上市公司德豪润达公司本身，故无证据证明《合作协议》损害了上市公司其他股东的利益和社会公共利益、明显扰乱金融安全和市场秩序。故原审认定《合作协议》有效并无不当。"参见芜湖德豪投资有限公司、王某雷等证券交易合同纠纷案，最高人民法院（2021）最高法民申 4815 号民事裁定书。

② 参见［英］艾利斯·费伦、［马来西亚］何禄赞：《公司金融法律原理》（第 2 版），罗培新、沈志韬译，北京大学出版社 2021 年版，第 302 页。

新法资本维持相关规则。

就财务资助合同效力而言,可从越权代表的角度解读公司违法提供财务资助的法律后果。根据《民法典合同编通则解释》第 18 条的规定,法律虽使用了“不得”等表述,但是该规定旨在限制或者赋予民事权利,行为人违反该规定将构成无权处分、无权代理、越权代表的,法院应当依据法律、行政法规规定的关于违反该规定的民事法律后果认定合同效力。新《公司法》第 163 条应属于对公司对外提供资助的能力(或者说权利)的法定限制。如果资助符合新《公司法》第 163 条规定的例外情况,则资助合同对公司发生效力,否则构成越权提供财务资助。在越权资助的情况下,资助合同是否对公司发生效力取决于相对人(收购方)是否善意。如果财务资助的相对人属于善意,则法定代表人构成表见代表,合同有效;反之,则应认为相对人非善意,合同对公司不发生效力,公司无须履行合同约定的资助义务,但需承担可能的缔约过失责任。

关于善意的判断,笔者认为标准不宜过高,相对人能够结合新《公司法》第 163 条第 2 款举证其履行了相对合理的审查义务即可。具体来说,第一,资助至少从表面上看不应违反“公司利益”。如果是以借款形式提供资助,法院可考虑的因素包括利率是否过低、还款期限是否过长、被资助主体的资信如何;如果是以担保形式提供资助,则主要需考虑主债务人的资信能力。原则上,除非有明确证据,否则不宜轻易认定资助违反公司利益。第二,关于决议问题,相对人应当举证取得了公司的适格决议。原则上相对人应取得公司的股东会决议;如果取得的是董事会决议,还应当举证公司章程中规定董事会有权就财务资助作出决议,或者董事会系经过股东会授权作出决议。至于决议上的签名是否系伪造则不在相对人的审查范围内。第三,关于资助限额问题,实践中相对人客观上很难对资助的累计总额是否超过已发行股本总额的 10% 进行实质审查。因为尽管相对人可以查询公司发行的股本,但难以查证此前是否提供过财务资助及相关合同的履行情况。综合考虑审查难度及交易成本,笔者认为,如果该次资助的总额不超过公司已发行股本总额的 10%,且有一定证据显示债权人对资助总额符合法律规定有善意信赖,例如,公司决议中也显示资助的累计总额不超过已发行股本总额的 10%,原则上应认为债权人善意。

鉴于实践中的财务资助大多是借款和担保两种模式的延伸和变形,下文以借款和担保两种最典型模式为例，就合同不发生效力时的法律责任展开简要论述。借款合同不发生效力的，如合同未履行，收购方无权要求公司提供借款；如合同已履行，收购方应返还本金，并应参照贷款市场报价利率（Loan Prime Rate，LPR）赔偿利息损失。担保合同不发生效力的，可参照适用《民法典担保制度解释》第7条、第17条关于越权担保法律后果的规定认定各方责任。越权担保的情形下，担保合同不发生效力时相对人请求公司承担赔偿责任的，可适用担保合同无效情形下赔偿责任的规定，即按照各方过错认定责任。据此，财务资助系法律明令禁止的行为，如果债权人知晓借款系用于财务资助，则债权人与目标公司均有过错，公司作为担保人应当对债务人（收购方）不能清偿的部分承担不超过1/2的赔偿责任。如果债权人并不知情（如收购方向银行贷款时约定的资金用途是用于日常经营，导致银行无法知悉借款用于财务资助），则公司作为担保人需对债务人不能清偿的部分承担赔偿责任。

3. 股份交易合同效力与财务资助合同效力的牵连

就合同效力问题，更进一步的疑问是，如果财务资助合同对公司不发生效力，投资者取得公司股份的交易合同的效力是否受到影响？

笔者认为，新《公司法》第163条仅系针对财务资助行为的规定，不规制股份交易行为。故即使财务资助合同对公司不发生效力，并不当然影响股份交易合同的效力。但如果财务资助合同和股份交易合同构成合同联立，在财务资助合同对公司不发生效力的情况下，当事人可以合同目的不能实现为由要求解除股份交易合同。

再以借款和担保两种模式举例，在公司承诺为收购股权提供借款的场景下，当事人的真实意思往往是将股权收购与借款作为一体交易。即使并未将股权转让及借款约定在一份合同中，而是分别签订了股份转让合同、借款合同，也不宜轻易认定股份转让行为的效力能够完全独立于借款行为的效力。如果合同中有关于借款无法达成则股份转让合同可予解除的约定，当事人自然可以依约解除合同；即使没有该等约定，如果能从磋商记录、合同条款中解读出当事人的真实意思是将取得借款作为股份转让的前提，两份合同存在功能上的相互依存，则构成合同联立。在财务资助合同对公司不发生效力的情况下，股份转让合同的当事人可以合同目的不能实现为由要求解除。

但如果是公司为收购方购买股份时的借款提供担保，除非合同存在明确约定，不宜轻易认定担保与股权转让具有一体性，相应地也不应轻易认可股份转让合同项下当事人的解除权。

（四）违法财务资助的法律责任

根据新《公司法》的规定，违规提供财务资助给公司造成损失的，负有责任的董监高人员须承担赔偿责任。据此，公司在受到损失后可向相关董监高人员提起诉讼索赔。董监高人员的违法财务资助责任本质上属于侵权责任，只有违反信义义务，且对造成损失负有责任的董监高人员需要承担责任。

就董事责任而言，公司违规提供财务资助的，若财务资助是董事会决议通过，投赞成票的董事可能需要承担责任；如果财务资助是股东会决议通过，而董事会向股东会呈报的方案存在不实之处，则相关董事需要承担责任；如果未经决议即进行资助，促成违规的董事同样需承担责任。

关于董事的履职标准，新《公司法》第 180 条提供了指引，“董事、监事、高级管理人员对公司负有勤勉义务，执行职务应当为公司的最大利益尽到管理者通常应有的合理注意”。笔者认为，勤勉义务之违反应以董事具有重大过失为必要。[①]

关于对重大过失的判断，如果公司提供的财务资助不属于新《公司法》第 163 条第 1 款规定的员工持股计划的例外情况，也不满足该条第 2 款规定的限制条件（如财务资助的金额不得超过已发行股本的 10%），则明显属于违法提供财务资助，可直接推定相关董事存在重大过失。如果不属于明显违法的财务资助，那么在判断董事是否存在重大过失时，应当适用理性人标准，结合董事的知识结构、能力水准、所知信息等综合认定。[②] 规模较大的股份有限公司中，董事类型可能较为多样，如具有财务会计或法律背景的独立董事、在公司任职的执行董事、

---

① 参见叶金强：《董事违反勤勉义务判断标准的具体化》，载《比较法研究》2018 年第 6 期。实务中，法院也多持此标准，参见北京东方网信科技股份有限公司与何某泽损害公司利益责任纠纷案，北京市第一中级人民法院（2016）京 01 民终 5551 号民事判决书；溧阳市恒久建设工程有限公司与杨某损害公司利益责任纠纷案，江苏省溧阳市人民法院（2019）苏 0481 民初 9262 号民事判决书；常州泰富房地产开发有限公司与张某修损害公司利益责任纠纷案，江苏省常州市中级人民法院（2021）苏 04 民终 2006 号民事判决书。

② 参见叶金强：《董事违反勤勉义务判断标准的具体化》，载《比较法研究》2018 年第 6 期。

作为公司职工代表的员工董事，彼此的专业领域和判断能力并不完全相同，过失认定标准也应有所区别。

就监事责任而言，相比董事，公司监事并不具备对财务资助事项的决策权，对相关信息的了解也未必深入，且监事的职能在于监督公司经营，故仅在有证据能证明监事存在过错的情况下，其方可能担责。例如，证据显示监事明知财务资助违规却未能提示，则需要承担赔偿责任。

就高管责任而言，虽然高管对财务资助事项无决策权，但在大型公众公司中，董事履行职务通常依赖于高管提供的信息，当高管对上报的错误信息具有可归责性时，亦应承担赔偿责任。例如，如果证据显示公司的财务高管提供虚假信息、协助促成了违规的财务资助，则该财务高管需要承担赔偿责任。

值得注意的是，资助决议可由股东会或董事会作出，但责任主体只包括董事等管理人员，不包括股东。其背后的法理在于股东对公司不负有信义义务，无特殊情况，一般不承担决策失误的赔偿责任。[①]

四、小结

财务资助作为一项全新的法律规则，将与公司资本维持、董事信义义务等系列规则协同，压实股东出资责任，强化债权人保护机制。新《公司法》实施后，不同类型的公司如何应对，笔者提示如下：

就有限责任公司而言，**新《公司法》第 163 条规定的财务资助适用对象并不包括有限责任公司，既有的有限责任公司对赌等财务资助行为效力与履行不受新《公司法》的影响。**

就股份有限公司而言，**如果公司系为他人取得本公司或母公司股份而提供类似借款、担保、赠与、免除债务、大额预付、承担费用等资助行为，完全落入新《公司法》第 163 条的规制范围，需要符合一般例外和具体例外的规定。**

---

① 参见徐方亮：《公司违法分配责任机理与规则完善——基于公司法和民法双重视角的分析》，载《当代法学》2023 年第 5 期。

附表：新《公司法》之前关于财务资助的主要规定

公司类型	法律规定	条文内容
上市公司	《上市公司股权激励管理办法》	**第21条第2款**　上市公司不得为激励对象依股权激励计划获取有关权益提供贷款以及其他任何形式的财务资助，包括为其贷款提供担保。
	《上市公司收购管理办法》	**第8条**　被收购公司的董事、监事、高级管理人员对公司负有忠实义务和勤勉义务，应当公平对待收购本公司的所有收购人。 被收购公司董事会针对收购所做出的决策及采取的措施，应当有利于维护公司及其股东的利益，不得滥用职权对收购设置不适当的障碍，不得利用公司资源向收购人提供任何形式的财务资助，不得损害公司及其股东的合法权益。
	《上市公司监管指引第8号》	**第5条**　上市公司不得以下列方式将资金直接或者间接地提供给控股股东、实际控制人及其他关联方使用： （一）为控股股东、实际控制人及其他关联方垫支工资、福利、保险、广告等费用、承担成本和其他支出； （二）有偿或者无偿地拆借公司的资金（含委托贷款）给控股股东、实际控制人及其他关联方使用，但上市公司参股公司的其他股东同比例提供资金的除外。前述所称“参股公司”，不包括由控股股东、实际控制人控制的公司； （三）委托控股股东、实际控制人及其他关联方进行投资活动； （四）为控股股东、实际控制人及其他关联方开具没有真实交易背景的商业承兑汇票，以及在没有商品和劳务对价情况下或者明显有悖商业逻辑情况下以采购款、资产转让款、预付款等方式提供资金； （五）代控股股东、实际控制人及其他关联方偿还债务； （六）中国证券监督管理委员会（以下简称中国证监会）认定的其他方式。
	《证券发行与承销管理办法》	**第38条**　上市公司向特定对象发行证券的，上市公司及其控股股东、实际控制人、主要股东不得向发行对象做出保底保收益或者变相保底保收益承诺，也不得直接或者通过利益相关方向发行对象提供财务资助或者其他补偿。
	《深圳证券交易所上市公司自律监管指引第1号——主板上市公司规范运作》	**第6.1.1条**　上市公司及其控股子公司有偿或者无偿提供资金、委托贷款等行为，适用本节规定，但下列情况除外： （一）公司以对外提供借款、贷款等融资业务为其主营业务； （二）资助对象为上市公司合并报表范围内且持股比例超过50%的控股子公司，且该控股子公司其他股东中不包含上市公司的控股股东、实际控制人及其关联人； （三）中国证监会或者本所认定的其他情形。 **第6.1.3条**　上市公司提供财务资助，应当经出席董事会的三分之二以上的董事同意并作出决议并及时履行信息披露义务。

续表

公司类型	法律规定	条文内容
		公司董事会审议财务资助事项时，应当充分关注提供财务资助的原因，在对被资助对象的资产质量、经营情况、行业前景、偿债能力、信用状况、第三方担保及履约能力情况等进行全面评估的基础上，披露该财务资助事项的风险和公允性，以及董事会对被资助对象偿还债务能力的判断。 **第 6.1.8 条** 上市公司存在下列情形之一的，应当参照本节的规定执行： （一）在主营业务范围外以实物资产、无形资产等方式对外提供资助； （二）为他人承担费用； （三）无偿提供资产使用权或者收取资产使用权的费用明显低于行业一般水平； （四）支付预付款比例明显高于同行业一般水平； （五）本所认定的其他构成实质性财务资助的行为。
	《深圳证券交易所上市公司自律监管指引第 7 号——交易与关联交易》	**第 37 条第 1 款** 上市公司不得通过委托理财等投资的名义规避购买资产或者对外投资应当履行的审议程序和信息披露义务，或者变相为他人提供财务资助。
	《上海证券交易所股票上市规则》	**第 6.1.9 条** 上市公司发生“财务资助”交易事项，除应当经全体董事的过半数审议通过外，还应当经出席董事会会议的三分之二以上董事审议通过，并及时披露。 财务资助事项属于下列情形之一的，还应当在董事会审议通过后提交股东大会审议： （一）单笔财务资助金额超过上市公司最近一期经审计净资产的 10%； （二）被资助对象最近一期财务报表数据显示资产负债率超过 70%； （三）最近 12 个月内财务资助金额累计计算超过公司最近一期经审计净资产的 10%； （四）本所或者公司章程规定的其他情形。 资助对象为公司合并报表范围内的控股子公司，且该控股子公司其他股东中不包含上市公司的控股股东、实际控制人及其关联人的，可以免于适用前两款规定。 **第 6.3.10 条** 上市公司不得为本规则第 6.3.3 条规定的关联人提供财务资助，但向非由上市公司控股股东、实际控制人控制的关联参股公司提供财务资助，且该参股公司的其他股东按出资比例提供同等条件财务资助的情形除外。 公司向前款规定的关联参股公司提供财务资助的，除应当经全体非关联董事的过半数审议通过外，还应当经出席董事会会议的非关联董事的三分之二以上董事审议通过，并提交股东大会审议。

续表

公司类型	法律规定	条文内容
非上市公司	《非上市公众公司收购管理办法》	**第 8 条**　被收购公司的董事、监事、高级管理人员对公司负有忠实义务和勤勉义务，应当公平对待收购本公司的所有收购人。 被收购公司董事会针对收购所做出的决策及采取的措施，应当有利于维护公司及其股东的利益，不得滥用职权对收购设置不适当的障碍，不得利用公司资源向收购人提供任何形式的财务资助。
	《公司债券发行与交易管理办法》	**第 45 条第 1 款**　发行人及其控股股东、实际控制人、董事、监事、高级管理人员和承销机构不得操纵发行定价、暗箱操作；不得以代持、信托等方式谋取不正当利益或向其他相关利益主体输送利益；不得直接或通过其利益相关方向参与认购的投资者提供财务资助；不得有其他违反公平竞争、破坏市场秩序等行为。

第三编 公司治理机制

专题九

高悬的达摩克利斯之剑：董事权责的扩张与限制

董监高人员职权、义务及责任体系的再构造无疑是本次《公司法》修订的最大亮点之一，似乎可窥见我国公司治理的中心有逐渐从“所有者”转移至“经营者”的迹象。董事作为公司运营的中枢，与其相关的修订条文不下 20 条，基本围绕职权、义务及责任展开。允许公司经营自治、扩张董事管理职权是提升公司治理效率的基本方向。与之相应的，便是重新构建以忠实、勤勉义务为核心的董事义务、责任体系。本次《公司法》修订在“谁是董事”“董事有何权利与义务”“董事违反义务后对谁担责、如何担责”等规范性命题上均已作出一定程度的回答。下文将从上述几方面对本次修订涉及董事的重点条文进行介绍与解析，以期展现董事权责体系的基本框架，为董事履职提供具有实操可能性的参考标准。

一、董事的认定

在股东会中心主义的公司治理模式下，股东对于公司经营的涉足和对董事的过度控制并未成为原《公司法》的关注重点。但在强化董事会治理中心地位的立法方向下，若不进一步厘清“股东”与“董事”二者的角色定位，董事将难堪其任。为防止公司实际控制人、控股股东不当操纵董事损害公司利益，又借助股东角色顺利脱责，本次《公司法》修订引入实质董事规则，在董事的认定上从形式主义迈向了实质主义。试图以“权责一致”为原则，以董事义务与责任为约束，有效制约脱离《公司法》预设的实际经营管理者。

（一）认定标准的立法演变

1.原《公司法》形式主义认定下的实务困境

2018年《公司法》对于董事的界定奉行纯粹形式主义。根据该法第37条[①]的规定，董事由股东会选举，但若董事存在第146条[②]规定的情形，不具备董事资格的，股东会选任无效。即董事身份的认定标准为经股东会合法有效委任。此种认定路径系从董事产生的正当程序出发，将股东会有效委任作为公司经营管理者获得董事身份、行使董事权利、履行董事义务并承担董事责任的开端和标志，是否进行公司登记等并不影响董事身份的认定。[③]

该标准虽然便于识别董事身份，但却与商业实践的现实情况脱节。实务中可能存在的问题是：第一，如果公司治理程序不规范，股东会未出具相应的董事选任决议，公司董事应当如何确认？第二，如果公司违法选任，相应董事自始不具有董事身份，或董事在履职期间突然丧失董事资格，此种瑕疵选任董事是否还需履行董事义务，承担董事责任？第三，如果公司实际控制人、控股股东虽不具有董事身份，但实际操纵公司经营管理，是否可以对其科以董事信义义务？

对此，部分法院在司法实践中进行了有益探索，一定程度上突破了形式主义的局限。如北京市西城区人民法院曾在判决中提出，"现实生活中，公司的董事、高级管理人员有三种情形：一是具有董事、高管头衔且实际执行相关工作；二是具有董事、高管头衔但未实际执行相关职务；三是不具有董事、高管头衔但实际执行相关职务。对于第一类，在认定董事、高管身份和判定其对公司所负的义务时，一般不存在障碍。但是对于第二、三类名实不符的情形，如何确定其对公司的义务，我国《公司法》没有明确规定。从立法本意分析，损害公司利益赔偿之诉的相关规定侧重于对公司财产权益的保护，强化的是公司董事、高级管理人员的责任。因此，对公司董事、高级管理人员身份的认定应当采取实质认定的态

① 2018年《公司法》第37条第1款规定："股东会行使下列职权：……（二）选举和更换非由职工代表担任的董事、监事，决定有关董事、监事的报酬事项……"

② 2018年《公司法》第146条规定："有下列情形之一的，不得担任公司的董事、监事、高级管理人员：……公司违反前款规定选举、委派董事、监事或者聘任高级管理人员的，该选举、委派或者聘任无效。董事、监事、高级管理人员在任职期间出现本条第一款所列情形的，公司应当解除其职务。"

③ 参见周某忠与上海京城房地产开发有限公司股票权利确认纠纷民事案，上海市第一中级人民法院（2009）沪一中民三（商）终字第548号民事判决书。

度”。[①] 此种重实质、轻形式，以实质为主、形式为辅的认定标准正是域外立法上实质董事规则的核心要素。

2.新《公司法》构建实质认定标准之必要性

新《公司法》于第 180 条[②] 和第 192 条[③] 新增两条重要规定，分别对应域外法上的两类实质董事：事实董事和影子董事。**事实董事，是指虽不具有董事头衔，但实际执行董事职务之人；影子董事，是指公司董事执行公司事务时遵循其安排、听从其指令之人。**如《英国 2006 年公司法》第 250 条规定，董事包括处在董事位置上的任何人，不管其称呼；第 251 条规定，影子董事是指公司董事习惯于根据其指导或指示而行事的人。[④] 本次《公司法》修订将两类可能对公司实际经营存在直接或间接重大影响的人员涵摄在董事义务的范畴之内，在一定程度上弥补了 2018 年《公司法》重角色责任、轻行为责任的追责机制缺陷。但诚如学者所言，实质董事规则在域外也面临个案判断复杂、认定门槛较高、追索程序烦琐等问题，[⑤] 加之公司法已存在对滥权股东的规制路径（新《公司法》第 21 条[⑥]、第 22 条[⑦]、第 23 条[⑧]），是否仍有必要借道于董事规制路径对其加以约束？

---

① 参见张某与田某等损害公司利益责任纠纷民事案，北京市西城区人民法院（2015）西民（商）初字第 21560 号民事判决书。

② 新《公司法》第 180 条规定：“董事、监事、高级管理人员对公司负有忠实义务，应当采取措施避免自身利益与公司利益冲突，不得利用职权牟取不正当利益。董事、监事、高级管理人员对公司负有勤勉义务，执行职务应当为公司的最大利益尽到管理者通常应有的合理注意。公司的控股股东、实际控制人不担任公司董事但实际执行公司事务的，适用前两款规定。”

③ 新《公司法》第 192 条规定：“公司的控股股东、实际控制人指示董事、高级管理人员从事损害公司或者股东利益的行为的，与该董事、高级管理人员承担连带责任。”

④ 参见《英国 2006 年公司法》，葛伟军译，法律出版社 2012 年版，第 152~153 页。

⑤ 参见林一英、刘斌、沈朝晖、丁亚琪：《公司法修订的立法选择笔谈》，载《政法论坛》2022 年第 4 期。

⑥ 新《公司法》第 21 条规定：“公司股东应当遵守法律、行政法规和公司章程，依法行使股东权利，不得滥用股东权利损害公司或者其他股东的利益。公司股东滥用股东权利给公司或者其他股东造成损失的，应当承担赔偿责任。”

⑦ 新《公司法》第 22 条规定：“公司的控股股东、实际控制人、董事、监事、高级管理人员不得利用关联关系损害公司利益。违反前款规定，给公司造成损失的，应当承担赔偿责任。”

⑧ 新《公司法》第 23 条规定：“公司股东滥用公司法人独立地位和股东有限责任，逃避债务，严重损害公司债权人利益的，应当对公司债务承担连带责任。股东利用其控制的两个以上公司实施前款规定行为的，各公司应当对任一公司的债务承担连带责任。只有一个股东的公司，股东不能证明公司财产独立于股东自己的财产的，应当对公司债务承担连带责任。”

对此笔者认为,实质董事规则具有现实意义及必要性。主要体现在以下方面:

第一,实质董事规则有效拓宽了股东滥权规则的规制行为面。基本延续2018年《公司法》规定,新《公司法》对于股东滥权的规制主要集中于第22条的"不当关联交易"和第23条的"公司人格混同"这两类情况,但这两种情况并不常见,并非股东不当操纵公司、滥用权利的主要手段。而第21条"不得滥权"规定虽一定程度上起到了兜底效果,但由于其内涵和外延均不确定,导致在实务中存在认定困难,难以得到有效适用。故现有规制路径对于股东不当行为的打击面偏窄,实际无法起到"权责一致"的约束效果。而实质董事规则最后落脚于董事的忠实、勤勉义务,对于不当干涉公司经营的股东不仅科以不得滥权的消极义务,更科以勤勉谨慎的积极义务,在规制行为面上更加周延。

第二,在股东信义义务存在理论争议的情况下,实质董事规则弥补了已有制度的不足。董事受托管理公司,对公司负有信义义务,但股东为自身利益参与公司决策,与公司并不存在信义关系。对于是否应对股东科以信义义务,以及科以何种程度上的信义义务,向来存在理论争议。有学者认为,控股股东更容易滥权,损害公司及公司债权人的利益,主张应将信义义务扩展至控股股东。[①] 但也有学者持反对意见,认为股权平等,股东除对公司负有出资义务、对彼此负有监督出资义务(发起人之间)外,不负有其他义务。股东间形成的控股、非控股局面是股东理性选择的结果,控股股东享有控制权系由于其占据资本优势,无可厚非,要求其额外承担信义义务对其不公。[②] 而实质董事规则跳脱出"股东信义义务"命题框架,以董事角色作为切入点,既弥补了公司法对于股东规制的制度供给不足问题,又有效制约了越界股东,将其纳入已成型的董事责任规制体系之中,在立法成本最小化的同时又避免了过多理论争议。

第三,实质董事规则更符合立法趋势,同时具备行为规制上的正当性。如制度健全,股东规制路径与董事规制路径在效果上可能不存在明显差异,但在规

---

① 参见朱慈蕴:《资本多数决原则与控制股东的诚信义务》,载《法学研究》2004年第4期。

② 参见甘培忠:《公司控制权的正当行使》,法律出版社2006年版,第172页;贾翱、付春杰:《中小股东法律保护正当性辨析》,载《当代法学》2009年第2期。

制思路背后所体现的公司治理权力配置上，两者存在显著差异，即是否承认董事位于公司治理的核心位置。前者实际默认股东或至少控股股东直接享有公司治理权，后者则认为董事才是经营中枢，应从董事范畴入手扩大规制面。从这个角度而言，实质董事规则更符合本次《公司法》修订从股东会中心主义迈向董事会中心主义的立法趋向。此外，控股股东、实际控制人享有公司控制权本身并不具有可谴责性。**《公司法》谴责、打击的是实际控制人、控股股东滥用控制权不当操纵公司经营、干涉董事履职的行为。因此实质董事规则意味着《公司法》从角色规制到行为规制的立法技术转变，同时避免了对于股东的过度限制，更具有正当性。**

（二）实质董事规则的具体适用

实质董事规则打破了形式主义认定标准下的规制局限性，但也在一定程度上丧失了认定明确性，如何认定实质董事将成为该规则的实务适用难点。在立法尚未进一步细化认定标准的情况下，将有赖于法官在个案中进行具体判断。笔者认为，该规则可能存在以下实务适用要点：

1.我国的实质董事规则将规制主体限定于公司的实际控制人、控股股东

根据新《公司法》第 265 条[①]的规定，实际控制人、控股股东是指能对公司产生支配力和控制力的主体。如前所述，实质董事侧重于行为人实施了董事行为，或对董事行为存在控制，但并不要求行为人对公司形成支配力。两者在实际规制主体上可能存在交叉，但并不完全重合。将两者直接糅合在一起，可能会遗漏那些虽对公司不具有支配力，但实质执行或影响董事会决策的主体。因而被学者评价为"没有扩充责任主体，只是扩张了原责任主体的责任情形"[②]。

以影子董事的认定标准为例，不同国家和地区对于实质董事的界定尺度松紧不一。判例法上，英国法院在海卓登有限公司案［Re Hydrodam（Corby）Ltd.］中将认定标准具体细化为：（1）不直接参与公司经营，而是在幕后操纵幕前董事；

---

① 新《公司法》第 265 条规定："本法下列用语的含义：……（二）控股股东，是指其出资额占有限责任公司资本总额超过百分之五十或者其持有的股份占股份有限公司股本总额超过百分之五十的股东；出资额或者持有股份的比例虽然低于百分之五十，但依其出资额或者持有的股份所享有的表决权已足以对股东会的决议产生重大影响的股东。（三）实际控制人，是指通过投资关系、协议或者其他安排，能够实际支配公司行为的人。……"

② 林一英、刘斌、沈朝晖、丁亚琪：《公司法修订的立法选择笔谈》，载《政法论坛》2022 年第 4 期。

(2)对幕前董事具有支配和控制的影响力;(3)此种影响力具有持续性,可使董事习惯性服从。[①] 同时,《英国2006年公司法》第251条第2款规定排除了以专业身份为董事提供建议的人,如会计师、律师等。[②] 但如果前述专业人员超出了专业咨询范畴,对董事施以不平等的影响力时,仍可能被界定为影子董事。即英国法对于影子董事的认定标准较宽泛,影子董事并不限于实际控制人与控股股东,甚至不限于公司内部人员,只要能实质性涉足公司决策的人员,在同时满足以上要素的情况下,均可能构成影子董事。[③] 相比之下,也有某些地区的认定标准较为严格,如将影子董事界定为"实质控制公司之人事、财务或业务经营而实质指挥董事执行业务者",[④] 即要求行为人不仅可指挥董事,更需对公司具有控制力。在规制范围上,可更偏向于对实际控制人、控股股东等主体的规制。

笔者认为,这是各国家或地区根据本土情形所做的不同选择,并无绝对的优劣之分。公司这一独立商事主体在域外的发展历史长远,并演变出多种形态,目前以中等和大规模的封闭公司和公众公司作为主要存在样态。相对的,公司法的制定和修改也以之作为重要蓝本。而**我国现存的多数公司为小规模公司,所有者和经营者往往高度重合,但在公司治理结构上,所有者又往往不直接体现为经营者。实际控制人、控股股东充当实质董事,不当操纵公司经营更为常见,故而成为实质董事规则意欲规制的主要对象**。基于我国目前的商事主体发展特点,笔者认为,本次《公司法》修订的立法选择并无不当,是基于国情所做的立法取舍。

2.事实董事的认定标准中,"实际执行公司事务"可解释为"从事事实董事行为+具有董事外观"

新《公司法》第180条对于事实董事的界定为"不担任公司董事但实际执行公司事务",其认定核心在于"执行董事事务",如参与董事会决议、以董事名义对外订立协议,具体可参见《公司法》第67条对于董事会职权的列举内容。但是否只要参与了董事会会议就可被认定是行使了董事职权?对此,英国法的部分判例给出了否定答案,法官认为,即使行为人任职董事,并偶尔出席董事会会

① See Re Hydrodam (Corby) Ltd. [1994] B.C.C.161.
② 参见《英国2006年公司法》,葛伟军译,法律出版社2012年版,第153页。
③ 参见赵金龙:《英国法上影子董事制度评述》,载《北方法学》2010年第1期。
④ 参见周振峰:《"评公司法"第8条第3项之增订》,载《中正财经法学》第8期(2014年)。

议，但若该行为人并未真正地行使董事权力，也不能被认定为公司董事。[①] 可见，域外对于“事实董事行为”的认定标准较高，要求行为人对公司治理发挥实质作用和影响。

此外，英国法上还要求此种事实董事具有一定的商事外观，如行为人声称自己为公司董事，第三人对董事身份存在合理信赖等。[②] 同样是在海卓登有限公司案中，法官进一步指出，要证明行为人的董事身份，仅证明其关注公司事务并承担部分与公司事务相关的工作还不够，因为董事与辅助董事的下层管理人员的职权有重合。为加以区分，事实董事需声称自己担任董事职位。此外，可形成此种“董事外观”的还包括公司曾主张该行为人为董事、该行为人公开使用董事头衔等。

笔者认为，上述域外法的认定标准颇具借鉴意义。“实际执行公司事务”在实务中可能存在多种表现形态。但如果仅根据行为人列席董事会会议等表象就认定其为实质董事，则可能是从一种形式主义走向另一种形式主义，因而更需讨论的是其是否对公司治理产生了实质性作用。且由于董事与经理等部分高管的职权范围可能存在重合，也更需关注将其定性为实质董事而非实质高管的充分理由，例如，令第三人信赖的商事外观。

3.“影子董事”规则已类推适用至“影子高管”，但在具体情形上有所限缩

依据新《公司法》第 192 条的规定，实际控制人、控股股东“指示董事、高级管理人员从事损害公司或者股东利益的行为的”，皆应承担连带责任。该规定有如下两点值得关注：

第一，“影子董事”规则不局限于董事，已类推规制“影子高管”。根据新《公司法》第 265 条[③] 的规定，高管是指公司的经理、副经理、财务负责人、上市公司董事会秘书等，往往这些人员才是公司经营治理的关键。以经理为例，《公司法》第 74 条[④] 对经理的定位为董事会的辅助执行机构，实际在规模较大的公司

---

① See J.Payne, *Casting Light into the Shadows: Secretary of State for Trade and Industry v. Deverell*, 22 Company Lawyer 90 (2001).

② 参见刘斌：《重塑董事范畴：从形式主义迈向实质主义》，载《比较法研究》2021 年第 5 期。

③ 新《公司法》第 265 条规定：“本法下列用语的含义：（一）高级管理人员，是指公司的经理、副经理、财务负责人，上市公司董事会秘书和公司章程规定的其他人员。……”

④ 新《公司法》第 74 条规定：“有限责任公司可以设经理，由董事会决定聘任或者解聘。经理对董事会负责，根据公司章程的规定或者董事会的授权行使职权。经理列席董事会会议。”

中，董事并不亲自执行公司具体经营事务，其对公司经营情况的掌握基本需依靠经理为其提供充分信息。随着公司治理权力的分层和下沉，高管才是公司治理权的真正享有者。我国台湾地区相关规定修订时，曾有过将影子高管一并纳入影子董事条款规制的尝试，但因面临争议，最终未在正式稿中体现。[①] 但从公司实际治理情况来看，影子高管规制具备一定合理性。

第二，与规制主体扩张相对应的是，现有规则在规制情形上有所收紧。与域外立法例将影子董事与事实董事均作为实质董事，科以董事信义义务不同，新《公司法》第 192 条仅规定影子董事、影子高管需对损害公司、股东利益的行为承担责任，似有意区分影子董事与形式董事、事实董事的义务内容。且不同于域外立法例对于影子董事存在“持续施以影响力”或“指挥执行董事事务”的概括性要求，新《公司法》第 192 条实际更侧重于单个侵权行为。从这个角度看，与其说第 192 条建立起了影子董事规则，倒不如说其是一般侵权规定在公司法中的具体适用，即“教唆、帮助他人实施侵权行为的，应当与行为人承担连带责任”。

二、董事的职权与义务

（一）董事权利义务配置体系的重点变化

本次修订对于公司治理结构提供柔性制度供给，虽然对于股东会和董事会的权力分配没有作出明显调整，但实际已经打开了公司自治的空间。**董事会的职能定位已远不止于公司的“执行机关”，在弱化“三权分治”的背景下，公司的决策权实际已向董事会倾斜。在对董事职权进一步解绑的同时，重新塑造以“忠实、勤勉”为核心的董事义务体系也是本次修订的关注重点。**

具体表现为，在职权方面，本次修订通过增设“授予职权”的董事会职权类型，允许股东会将决策权转移至董事会，并在简易合并、发行公司债券、可转债等相关规定中，明确董事会可作为审批机关，进一步扩大了董事会的职权范围。在义务方面，本次修订首次明确了董事忠实义务与勤勉义务的内涵，革新了忠实义务下的利益冲突处理机制，同时扩大了勤勉义务的内容范围。

---

① 参见刘连煜：《现代公司法》，台北，新学林出版社 2020 年版，第 150 页。

1. 在董事会权利方面，增设股东会授予职权，明确董事的公司经营中心地位。2018 年《公司法》对董事会职权的规定为列举主义范式，但最后以公司章程规定进行兜底，形成“法定职权 + 章定职权”的董事会职权结构。本次修订虽延续了列举主义的规范模式，但增加了“股东会授予的其他职权”的规定，董事会职权的组成变更为“法定职权 + 章定职权 + 授予职权”。本次修订中，与授予职权相呼应的新增规定有股东会可授权董事会发行公司债券、股本、可转债、提供财务资助等，同时新增的董事会法定职权还散见于董监高人员利益冲突处理机制和公司简易合并等相关规定中。此外，根据新《公司法》第 69 条①、第 121 条②的规定，部分董事还可组成审计委员会，同时行使监事职权。从以上变化看，本次修订虽未明确规定董事会享有股东会法定职权之外的剩余权力，但“法定职权 + 章定职权 + 授予职权”的权力组成，在强化董事职权来源的程序正当性之外，已极大增强了董事职权内容的弹性空间。相较于 2018 年《公司法》，新《公司法》对董事职权的修改和新增规定如表 3-1 所示。

表 3-1　董事职权的相关重要规定对比

对比项目	2018 年《公司法》	新《公司法》
董事会职权	**第 46 条**　董事会对股东会负责，行使下列职权： …… （十一）公司章程规定的其他职权。	**第 67 条第 1 款**　有限责任公司设董事会，本法第七十五条另有规定的除外。 董事会行使下列职权： …… （十）公司章程规定或者股东会授予的其他职权。
发行债券	**第 37 条**　股东会行使下列职权：…… （八）对发行公司债券作出决议； ……	**第 59 条第 1 款**　股东会行使下列职权： …… 股东会可以授权董事会对发行公司债券作出决议。

① 新《公司法》第 69 条规定：“有限责任公司可以按照公司章程的规定在董事会中设置由董事组成的审计委员会，行使本法规定的监事会的职权，不设监事会或者监事。公司董事会成员中的职工代表可以成为审计委员会成员。”

② 新《公司法》第 121 条第 1 款规定：“股份有限公司可以按照公司章程的规定在董事会中设置由董事组成的审计委员会，行使本法规定的监事会的职权，不设监事会或者监事。”

续表

对比项目	2018年《公司法》	新《公司法》
授权资本		**第152条第1款** 公司章程或者股东会可以授权董事会在三年内决定发行不超过已发行股份百分之五十的股份。但以非货币财产作价出资的应当经股东会决议。
财务资助		**第163条第2款** 为公司利益，经股东会决议，或者董事会按照公司章程或者股东会的授权作出决议，公司可以为他人取得本公司或者其母公司的股份提供财务资助，但财务资助的累计总额不得超过已发行股本总额的百分之十。董事会作出决议应当经全体董事的三分之二以上通过。
自我交易	**第148条** 董事、高级管理人员不得有下列行为： …… （四）违反公司章程的规定或者未经股东会、股东大会同意，与本公司订立合同或者进行交易； （五）未经股东会或者股东大会同意，利用职务便利为自己或者他人谋取属于公司的商业机会，自营或者为他人经营与所任职公司同类的业务； ……	**第182条第1款** 董事、监事、高级管理人员，直接或者间接与本公司订立合同或者进行交易，应当就与订立合同或者进行交易有关的事项向董事会或者股东会报告，并按照公司章程的规定经董事会或者股东会决议通过。
公司机会		**第183条** 董事、监事、高级管理人员，不得利用职务便利为自己或者他人谋取属于公司的商业机会。但是，有下列情形之一的除外： （一）向董事会或者股东会报告，并按照公司章程的规定经董事会或者股东会决议通过； ……
竞业禁止		**第184条** 董事、监事、高级管理人员未向董事会或者股东会报告，并按照公司章程的规定经董事会或者股东会决议通过，不得自营或者为他人经营与其任职公司同类的业务。

续表

对比项目	2018 年《公司法》	新《公司法》
发行可转债	**第 161 条**　上市公司经股东大会决议可以发行可转换为股票的公司债券，并在公司债券募集办法中规定具体的转换办法。上市公司发行可转换为股票的公司债券，应当报国务院证券监督管理机构核准。	**第 202 条第 1 款**　股份有限公司经股东会决议，或者经公司章程、股东会授权由董事会决议，可以发行可转换为股票的公司债券，并规定具体的转换办法。上市公司发行可转换为股票的公司债券，应当经国务院证券监督管理机构注册。
简易合并		**第 219 条**　公司与其持股百分之九十以上的公司合并，被合并的公司不需经股东会决议，但应当通知其他股东，其他股东有权请求公司按照合理的价格收购其股权或者股份。 公司合并支付的价款不超过本公司净资产百分之十的，可以不经股东会决议；但是，公司章程另有规定的除外。 公司依照前两款规定合并不经股东会决议的，应当经董事会决议。

2.**在董事义务方面，首次明确了忠实义务和勤勉义务的内涵，并细化了忠实义务的利益冲突处理机制**。2018 年《公司法》仅有董事忠实义务与勤勉义务概念之名，但无界定之实。本次修订明确忠实义务是一种消极义务，核心在于避免个人利益和公司利益之间发生冲突；勤勉义务是一种积极义务，核心在于要求董事在履职过程中尽到合理注意义务。此外，对于忠实义务项下可能涉及的利益冲突场景，如自我交易、获取公司机会、同业竞争等，本次修订均作出了细致的程序性处理规定。具体可总结如下：

（1）就自我交易，本次修订存在四个变化：第一，增加“监事”为自我交易规制主体；第二，建立自我交易的披露机制，要求相关主体事先披露；第三，明确董事会可作为审议批准机关；第四，要求董监高人员的关联主体与公司进行自我交易时也需符合前述规制性条件。

（2）就获取公司机会，本次修订存在如下变化：第一，同样增加“监事”为规制主体，要求事先披露，并明确审批机关可扩展至董事会；第二，增加了“公司不能利用该商业机会”的合法抗辩理由。需注意的是，《公司法（草案一）》《公司法

（草案二）》中还存在第三种理由，即“已经向董事会或者股东会报告，但董事会或者股东会明确拒绝该商业机会”，但新《公司法》最后在“公司同意”“公司拒绝”“公司不能”三种情形中仅保留了“公司同意”与“公司不能”。

（3）就竞业禁止，除与其他忠实义务的限制性规定保持一致外，相比于《公司法（草案一）》《公司法（草案二）》中规定的“不得自营或者为他人经营与本公司存在竞争关系的同类业务”，新《公司法》删除了“存在竞争关系”的限定语。不在立法层面对是否存在竞争关系进行实质判断，要求董事经营同类业务均须履行报告、批准程序。

（4）就表决程序，本次修订借鉴了 2018 年《公司法》对上市公司关联董事回避表决的规定①，明确在自我交易、获取公司机会、竞业禁止的情形下，关联董事需回避表决，且董事人数不足时应提交股东会审议。

前述董事利益冲突处理机制涉及的具体法条修订变化如表 3-2 所示。

表 3-2　董事利益冲突处理机制的相关规定对比

对比项目	2018 年《公司法》	新《公司法》
忠实、勤勉义务内涵	**第 147 条第 1 款**　董事、监事、高级管理人员应当遵守法律、行政法规和公司章程，对公司负有忠实义务和勤勉义务。	**第 180 条**　董事、监事、高级管理人员对公司负有忠实义务，应当采取措施避免自身利益与公司利益冲突，不得利用职权牟取不正当利益。 董事、监事、高级管理人员对公司负有勤勉义务，执行职务应当为公司的最大利益尽到管理者通常应有的合理注意。 公司的控股股东、实际控制人不担任公司董事但实际执行公司事务的，适用前两款规定。
自我交易	**第 148 条**　董事、高级管理人员不得有下列行为： （一）挪用公司资金； （二）将公司资金以其个人名义或者以其他个人名义开立账户存储；	**第 182 条**　董事、监事、高级管理人员，直接或者间接与本公司订立合同或者进行交易，应当就与订立合同或者进行交易有关的事项向董事会或者股东会报告，并按照公司章程的规定经董事会或者股东会决议通过。

① 2018 年《公司法》第 124 条规定：“上市公司董事与董事会会议决议事项所涉及的企业有关联关系的，不得对该项决议行使表决权，也不得代理其他董事行使表决权。该董事会会议由过半数的无关联关系董事出席即可举行，董事会会议所作决议须经无关联关系董事过半数通过。出席董事会的无关联关系董事人数不足三人的，应将该事项提交上市公司股东大会审议。”

续表

对比项目	2018年《公司法》	新《公司法》
自我交易	（三）违反公司章程的规定，未经股东会、股东大会或者董事会同意，将公司资金借贷给他人或者以公司财产为他人提供担保； （四）违反公司章程的规定或者未经股东会、股东大会同意，与本公司订立合同或者进行交易； （五）未经股东会或者股东大会同意，利用职务便利为自己或者他人谋取属于公司的商业机会，自营或者为他人经营与所任职公司同类的业务； （六）接受他人与公司交易的佣金归为己有； （七）擅自披露公司秘密； （八）违反对公司忠实义务的其他行为。 董事、高级管理人员违反前款规定所得的收入应当归公司所有。	董事、监事、高级管理人员的近亲属，董事、监事、高级管理人员或者其近亲属直接或者间接控制的企业，以及与董事、监事、高级管理人员有其他关联关系的关联人，与公司订立合同或者进行交易，适用前款规定。
公司机会		**第183条**　董事、监事、高级管理人员，不得利用职务便利为自己或者他人谋取属于公司的商业机会。但是，有下列情形之一的除外： （一）向董事会或者股东会报告，并按照公司章程的规定经董事会或者股东会决议通过； （二）根据法律、行政法规或者公司章程的规定，公司不能利用该商业机会。
竞业禁止		**第184条**　董事、监事、高级管理人员未向董事会或者股东会报告，并按照公司章程的规定经董事会或者股东会决议通过，不得自营或者为他人经营与其任职公司同类的业务。
关联董事回避表决		**第185条**　董事会对本法第一百八十二条至第一百八十四条规定的事项决议时，关联董事不得参与表决，其表决权不计入表决权总数。出席董事会会议的无关联关系董事人数不足三人的，应当将该事项提交股东会审议。

3. **在董事的勤勉义务方面，明确董事为公司的清算义务人，董事催缴出资义务范围扩展至股东在公司设立时认缴的出资。**2018 年《公司法》区分了有限责任公司与股份有限公司，规定前者的清算义务人为股东，后者的清算义务人为董事或股东大会指定的其他人员。但有限责任公司中，多数中小股东可能不参与公司实际经营，无法切实履行清算义务，且《民法典》第 70 条[①]已将公司清算义务人确定为董事，本次修订统一规定公司的清算义务人原则上为董事，且董事默认为清算组成员，但允许章程和股东会决议另选他人，以尊重和保障公司自治。同时，《公司法解释（三）》规定董事在公司增资阶段负有催缴出资义务，结合最高人民法院在深圳斯曼特公司与胡某生等损害公司利益责任纠纷案（以下简称斯曼特案）[②]中提出的观点——董事催缴出资义务生发于董事作为管理层的职能定位，没有理由区分股东认缴出资的时点，本次修订进一步将董事催缴出资的义务客体扩张至公司设立时的股东认缴出资。涉及董事清算义务及催缴出资义务的具体法条修订变化如表 3-3 所示。

表 3-3　董事勤勉义务的相关规定对比

对比项目	2018 年《公司法》及司法解释	新《公司法》
清算义务	**2018 年《公司法》第 183 条**　公司因本法第一百八十条第（一）项、第（二）项、第（四）项、第（五）项规定而解散的，应当在解散事由出现之日起十五日内成立清算组，开始清算。有限责任公司的清算组由股东组成，股份有限公司的清算组由董事或者股东大会确定的人员组成。逾期不成立清算组进行清算的，债权人可以申请人民法院指定有关人员组成清算组进行清算。人民法院应当受理该申请，并及时组织清算组进行清算。	**第 232 条**　公司因本法第二百二十九条第一款第一项、第二项、第四项、第五项规定而解散的，应当清算。董事为公司清算义务人，应当在解散事由出现之日起十五日内组成清算组进行清算。 清算组由董事组成，但是公司章程另有规定或者股东会决议另选他人的除外。 清算义务人未及时履行清算义务，给公司或者债权人造成损失的，应当承担赔偿责任。

① 《民法典》第 70 条第 2 款规定：“法人的董事、理事等执行机构或者决策机构的成员为清算义务人。法律、行政法规另有规定的，依照其规定。”

② 参见最高人民法院民事判决书，(2018) 最高法民再 366 号。

续表

对比项目	2018年《公司法》及司法解释	新《公司法》
催缴义务	**《公司法解释（三）》第13条第4款** 股东在公司增资时未履行或者未全面履行出资义务，依照本条第一款或者第二款提起诉讼的原告，请求未尽公司法第一百四十七条第一款规定的义务而使出资未缴足的董事、高级管理人员承担相应责任的，人民法院应予支持；董事、高级管理人员承担责任后，可以向被告股东追偿。	**第51条** 有限责任公司成立后，董事会应当对股东的出资情况进行核查，发现股东未按期足额缴纳公司章程规定的出资的，应当由公司向该股东发出书面催缴书，催缴出资。 未及时履行前款规定的义务，给公司造成损失的，负有责任的董事应当承担赔偿责任。

（二）董事忠实、勤勉义务规则的重点解析

就以上新增内容，董事会职权的扩张、清算义务人的重新确立、董事催缴出资义务的落实在其他专题中已有详细介绍。而在董事会中心主义的坐标下，实现董事信义义务对于公司治理结构的支撑和托举是贯通董事权责体系的重中之重[①]，故下文将围绕我国新《公司法》语境下董事忠实、勤勉义务相关规则的理解与适用展开分析。

本次修订延续了原《公司法》的做法，持忠实义务、勤勉义务“二元说”[②]，更进一步分别确定了两者的内涵。两项义务在外延上可能存在部分重合，但在功能、履职要求等方面存在多项差异：第一，功能不同。勤勉义务要求股东尽合理注意义务，积极为公司增益；忠实义务要求股东不得以权谋私，避免公司受损。第二，履职标准不同。勤勉义务是一种过程性义务，要求董事在履职过程中充分掌握信息、合理决策，但不以事后结果进行问责。忠实义务则是一种公平性要求，不仅关注利益冲突事项处理过程中的程序公平，更关注结果公平。第三，责任尺度不同。勤勉义务是一种高程度的义务，存在合理容错空间，并不要求董事全知全能，且允许公司豁免董事责任；忠实义务是一种最低程度的义务，多以法律或道德为底线，往往不允许公司豁免董事责任。[③]

---

① 参见冯果：《整体主义视角下公司法的理念调适与体系重塑》，载《中国法学》2021年第2期。

② 理论上存在将董事善意义务、勤勉义务与忠实义务并列的“三元说”，和将董事的信息披露义务与反收购的特别注意义务独立出来的“四元说”。参见王建文：《论董事“善意”规则的演进及其对我国的借鉴意义》，载《比较法研究》2021年第1期。

③ 参见傅穹：《公司利益范式下的董事义务改革》，载《中国法学》2022年第6期。

1.董事忠实义务之利益冲突处理机制的革新

对于忠实义务，本次修订在延续原有类型化规定的基础上，将价值中立事项排除在绝对禁止范围之外。相较于勤勉义务，2018 年《公司法》对忠实义务做了类型化归纳，并在第 148 条中列举了董事违反忠实义务的几种常见表现。本次修订仍然延续了此种“概括规定 + 反向列举”的规定范式，但相较于原列举情形，新《公司法》有所限缩，将自我交易、获取公司机会与同业竞业等价值中性事项从禁止性规定中剥离出来进行单独规定，从“董事不得从事……”的禁止性规范，转变为“董事从事……应当”的正向约束性规范。与董事侵占公司财产、收受贿赂、泄露公司秘密等事项相比，自我交易等利益冲突事项本身并不存在绝对的价值判断，被否定的只是未满足程序正义和结果正义的个别情形。从立法技术而言，从严格禁止范式走向缓和的利益平衡范式显然更加合理。从价值倾向看，原有规定透露着原则上禁止、例外准许的意味，含有天然的否定性倾向。但现有规定范式从正向肯定此类交易，同时将关注点落脚于发挥相关程序性约束对实质公平的替代实现功能，表现出立法者对于董事关联交易更为开放的态度。毕竟董事是公司机关的成员，但也是自身利益的追求者，法律不应预设或期待他们只追求本公司及股东的利益。[①] 同时，关联交易本身存在及时整合市场信息、合理配置交易资源的天然优势，认可关联交易的合理性，缓和“不友好”的规制立场，是从竞争性治理走向合作治理的公司治理理念的跨越。[②]

在价值中立事项的责任豁免方面，本次修订重点解决了过去条件苛刻、难以实现的问题。以自我交易为例，原规定设置的责任豁免条件为“不违反章程规定或经股东会同意”，但实际上较难实现。一方面，章程具有稳定性。一般公司章程多会罗列《公司法》相关规定，如禁止董事自我交易等，但章程无法预测此后的具体情况，更不会提前设置责任豁免条件。同时章程的改动难度较大，为个别交易变动公司章程的可能性较小，且表决比例要求可能比“股东会同意”更高。另一方面，大型公司资本分散，要召开临时股东会也绝非易事。且从股东会的召

① 参见叶林：《董事忠实义务及其扩张》，载《政治与法律》2021 年第 2 期。

② 参见蒋大兴：《走向“合作主义”的公司法——公司法改革的另一种基础》，载《当代法学》2021 年第 6 期。

集、通知，再到召开、表决，程序复杂，历时较长，对于转瞬即逝的交易机会而言，此种责任豁免路径也不具有现实性。另外，如获取公司商业机会，原规定要求董事必须获得股东会同意，但明显条件设置过于僵硬。若公司明显不具有履行能力，或已放弃交易机会，是否仍有必要出具股东会决议等形式性证明文件？[①]对此，实务中已有法院根据商事交易实践，灵活放开条件限制，认为股东均知情且未反对，可视为股东会同意。[②]本次修订基本回应了前述问题，增强了规则适用的可能性与灵活性。

在价值中立事项的程序性要求方面，笔者倾向于认为本次修订构建的是事先披露机制。新《公司法》要求董事处理利益冲突事件时应向董事会或者股东会报告，履行信息披露义务。掌握充分信息是批准机关进行决策的基础和必备条件，若无信息披露机制作为前提和支撑，批准程序就很可能流于形式，无法代表公司的真实决策意志。但有所疑义的是，新《公司法》并未明确此种信息披露及批准程序是事前要求还是可事后补做。在域外立法例中，《韩国商法典》严格否认事后追认[③]，相反，《美国标准商事公司法》则允许事后追认[④]。有学者认为，基于中国人情社会的特点，对于已经发生的利益冲突交易，股东往往碍于情面，只能勉强追认，故我国宜采用否认事后追认的立法态度。[⑤]对此，笔者也持赞同观点。事后追认与责任豁免难以区分，而对于董事违反忠实义务所产生的责任，一般认为不能以股东会决议进行豁免[⑥]，故笔者倾向于认为相关条文所建立的应当是事前信息披露机制。

此外值得一提的是，由于本次修订对于董事违反忠实义务的后果仍限定于公司享有违法所得归入权。在董事所得与公司亏损明显不成正比等情况下，法院存在两种处理模式，一种是将可预期收入计入违法所得，以董事未来的合理预

① 参见武彬：《论我国董事责任限制制度的建构——以董事违背信义义务的责任为视角》，载顾功耘主编：《公司法律评论》(2018 年卷·总第 18 卷)，上海人民出版社 2018 年版。

② 参见哈尔滨麻雀装饰工程设计有限公司与汪某损害公司利益责任纠纷案，最高人民法院(2021)最高法民申 6043 号民事裁定书。

③ 参见王延川、刘卫锋编译：《最新韩国公司法及施行令》，法律出版社 2014 年版，第 82 页。

④ 参见沈四宝编译：《最新美国标准公司法》，法律出版社 2006 年版，第 120~121 页。

⑤ 参见傅穹：《公司利益范式下的董事义务改革》，载《中国法学》2022 年第 6 期。

⑥ 参见林一英、刘斌、沈朝晖、丁亚琪：《公司法修订的立法选择笔谈》，载《政法论坛》2022 年第 4 期。

期收入实际填补公司的实际损失。[①]另一种是认为董事同时违反忠实义务与勤勉义务，进而直接科以董事赔偿责任。[②]单一的归入权救济显然不能起到较好的威慑效果，故学者多认为应建立董事违反忠实义务的多元化救济机制，如取消董事资格、停止侵权、损害赔偿等[③]，以缓解法官可能面临的说理及适法困难。

2.董事勤勉义务之范围扩张与认定标准

本次修订增设多条董事义务与赔偿责任的规定，基本囊括董事勤勉义务的主要场景。考虑到商事实践中，勤勉义务的内容多种多样，且需结合事实情况做个案判断，本次修订同样未对勤勉义务作出类型化规定。但根据本次新增的多条董事义务与责任规定，并结合司法解释中的零散规定和学术观点，可将**董事勤勉义务的主要场景归纳如下：(1)董事负有催缴出资、制止股东抽逃出资等资本充实义务(新《公司法》第51条、第53条)；(2)董事负有清算义务(新《公司法》第232条)；(3)董事负有依法分配义务(新《公司法》第211条)；(4)董事负有不得违法减资义务(新《公司法》第226条)；(5)董事负有不得违法提供财务资助义务(新《公司法》第163条)；(6)董事负有督促公司依法制作或保存公司文件材料的义务(《公司法解释(四)》第12条)；(7)董事负有公平对待所有股东或收购人的义务。**总体而言，本次修订强调了董事在特定场景下的勤勉义务，并强化了其违反义务后的赔偿责任。

对于董事违反勤勉义务的审查主要从主客观两方面出发，且对主观过失的认定一般坚持客观化标准，并应指向重大过失。新《公司法》第180条将勤勉义务的标准明确为“为公司的最大利益尽到管理者通常应有的合理注意”。司法实践中，法院通常从主观要件和客观要件两方面进行判断。客观要件方面系根据董事的法定职权和约定职权范围判断董事是否积极履职、公司是否受有损失、公司的损失与董事未积极履职之间是否存在因果关系。主观要件方面要求董事存

① 参见李某与深圳市华佗在线网络有限公司损害公司利益责任纠纷案，最高人民法院(2021)最高法民申1686号民事裁定书；刘某云与杨某彬损害公司利益责任纠纷案，江西省高级人民法院(2018)赣民终178号民事判决书。

② 参见陈某雄与胜利油田胜利泵业有限责任公司损害公司利益责任纠纷案，最高人民法院(2020)最高法民申4682号民事裁定书。

③ 参见王艳梅、祝雅柠：《论董事违反信义义务赔偿责任范围的界定——以世界银行〈营商环境报告〉董事责任程度为切入点》，载《北方法学》2019年第2期。

在重大过失，北京市第三中级人民法院认为，“只要公司高级管理人员在其内心对其行为尽到了适当的注意义务，按照公司的日常运作模式发挥了管理作用，根据公司决策认真执行，并善意地相信公司其他人员的行为、意见以及提供的信息是真实可信的，其据此作出的行为符合公司利益的，即使存在一定过失，法院亦不宜对公司的内部行为过多干涉”。[①] 但若董事的行为直接违反法律法规，则默认董事存在重大过失。[②]

董事是否已尽注意义务的认定核心是判断董事是否存在过失。从侵权法的发展历程来看，过失的认定经历了一个“过失标准客观化”的过程。英国法早期采取主观标准，即“与处理自己事务同一的注意标准”，董事可通过降低自己的技能、知识等降低注意义务的门槛。但显然，纯主观标准对于董事而言过于宽松。[③] 发展至后期，各国均开始尝试构建客观化的“理性人标准”。如《德国股份法》第93条规定，董事应尽到“一个通常的、认真的经营负责人”的注意义务；[④]《日本公司法》第593条参照民法中“委托”的规定，采用民法上“善良管理者”的注意标准；[⑤]《英国破产法》第214条采用的是“理性勤勉之人”标准，并逐渐推演至对一般情况下董事履职情况的判断标准。[⑥] 新《公司法》第180条所谓“管理者通常应有的合理注意”实际也是客观标准，并排除董事基于自身主观原因的抗辩。[⑦]

至于董事的过失是否必须为重大过失还是仅一般过失即可，域外立法例上存在两种模式：美国法倾向于重大过失才构成勤勉义务之违反；[⑧] 德国法则不区分过错程度，只要存在过失即可触发赔偿责任。[⑨] 笔者认为，诚如法院在个案中所

---

① 魏某与北京红海鸿易人力资源服务有限公司损害公司利益责任纠纷民事案，北京市第三中级人民法院（2019）京03民终1111号民事判决书。

② 参见黄山西园置业有限公司与朱某洪、王某峰等损害公司利益责任纠纷民事案，安徽省高级人民法院（2015）皖民二终字第00791号民事判决书。

③ 参见武彬：《论我国董事责任限制制度的建构——以董事违背信义义务的责任为视角》，载顾功耘主编：《公司法律评论》（2018年卷·总第18卷），上海人民出版社2018年版。

④ 参见《德国商事公司法》，胡晓静、杨代雄译，法律出版社2014年版，第107页。

⑤ 参见《新订日本公司法典》，王作全译，北京大学出版社2016年版，第244页。

⑥ 参见［英］托尼·兰顿、［英］约翰·瓦特肯森：《公司董事指南》，李维安、牛建波等译，中国财政经济出版社2004年版，第141页。

⑦ 参见林一英、刘斌、沈朝晖、丁亚琪：《公司法修订的立法选择笔谈》，载《政法论坛》2022年第4期。

⑧ 参见［美］罗伯特·C. 克拉克：《公司法则》，胡平等译，工商出版社1999年版，第91页。

⑨ 参见［德］格茨·怀克、［德］克里斯蒂娜·温德比西勒：《德国公司法》，殷盛译，法律出版社2010年版，第342页。

言，**“鉴于我国公司法等法律中追究公司董事、高级管理人员民事责任的诉讼机制正趋于不断完善中，如果对董事、高级管理人员勤勉义务严格要求，势必造成高级管理人员经营上的谨小慎微与保守，不利于最大限度地维护公司和股东的根本利益，也违背了我国公司法关于扩大公司自治的立法初衷”**[①]，故董事违反勤勉义务的过错标准宜确定为重大过失标准，实务中法院也多持此标准。[②]

本次《公司法》修订虽未引入普通法系的商业判断规则，但其实质性内容对于判断董事过失仍有助益，并在实务中已得到运用。在董事勤勉义务的减缓机制中，不得不提的就是商业判断规则。商业判断规则起源于普通法系，最早可追溯至1742年英国衡平法院在慈善公司诉萨登案（Charitable Corp. *v.* Sutton）[③]中的判决，经1984年美国特拉华州最高法院在著名的爱伦森诉李维斯案（Aronson *v.* Lewis）[④]中进一步加以改良，目前在美国已被广泛采用。该规则的主要内容为：**法院推定公司董事作出商业决策是基于已获得充分信息，善意并且诚实地相信所作决策是为公司最佳利益考虑。除非原告能够推翻这一推定，否则法院会尊重董事的决策。**[⑤]该规则被适用的正当性在于避免司法不当干预商业决策，尽管董事的决策可能使公司受有损失，但不宜从事后角度苛责董事，否则董事将很难做出符合理性、增益于公司，但可能对自己构成风险的经营决策。

商业判断规则包含实体法之规则和程序法之推定，其更重要的适用维度在于程序法方面，即商业判断规则本身是一项法律推定，初始证明责任归于原告，原告需证明董事存在以下五项情况中的一项：(1)非属于经营决策；(2)作出决策时处于信息不足的状态；(3)非属善意；(4)个人与所做决定之间存在利益冲

---

① 参见南通海利得机械有限公司与张某生损害公司利益责任纠纷案，江苏省南通市港闸区人民法院(2018)苏0611民初1156号民事判决书。

② 参见北京东方网信科技股份有限公司与何某泽损害公司利益责任纠纷案，北京市第一中级人民法院(2016)京01民终5551号民事判决书；溧阳市恒久建设工程有限公司与杨某损害公司利益责任纠纷案，江苏省溧阳市人民法院(2019)苏0481民初9262号民事判决书；常州泰富房地产开发有限公司与张某修损害公司利益责任纠纷案，江苏省常州市中级人民法院(2021)苏04民终2006号民事判决书；徐某荣与浙江中圣律师事务所管理人责任纠纷案，浙江省绍兴市越城区人民法院(2014)绍越商初字第1466号民事判决书。

③ See Charitable Corp. *v.* Sutton, 2 Atk.400, 26 Eng.Rep.642(Ch.1742).

④ See Aronson *v.* Lewis, 473 A.2d 805(Del.1984).

⑤ 参见邓峰：《业务判断规则的进化和理性》，载《法学》2008年第2期。

突；(5)或有滥用裁量权的情况。若原告已初步证明，则举证责任转换至董事一方。但即便原告推翻了这一推定，也不会直接产生董事负有赔偿责任的效果，法院仍会以"整体公平"标准审查相关商业交易是不是公平过程和公平价格下的产物，[①]进而判断董事是否负有责任。

至于商业判断规则与注意义务标准之间的关系，有学者认为，商业判断规则是在参考美国法的基础上，对董事是否尽到注意义务的审查标准的进一步细化。[②]但也有观点认为，商业判断规则并非董事注意义务的标准，注意义务是法律事先拟定的行为标准，而商业判断规则是法院事后的审查标准，[③]在性质上可能更靠近免责事由。笔者认为，两者实为一体两面，本质都指向董事是否需承担责任。应当更为关注的是两者相互结合对于董事是否尽到注意义务、是否存在过失的实质性标准的构建。尽管本次修订不涉及对该规则的引入，但笔者认为，在反对路径依赖的基础上，以商业判断规则作为商业决策场景，对董事注意义务标准的进一步展开，无疑有助于法院合理评判董事行为。实务中，部分法院已直接或间接根据商业判断规则的实体性内容认定董事是否违反勤勉义务。[④]

三、董事的赔偿责任

本次修订在董事赔偿责任的条文修订方面存在两大亮点，一是突破公司人格独立性，新增董事对第三人责任。法人人格独立，是法人制度发展的基石，也为董监高人员等公司内部人员对外承担责任提供了一定庇护。但本次修订新增董事对第三人责任规则，在强化董事责任的立法意旨之下，要求特殊情况下董事直接对外承担责任是否具有理论基础及正当性，可能遭受质疑。二是细化、明确

① 参见刘连煜：《董事责任与经营判断法则的运用——从我国台湾地区"司法"判决看经营判断法则的发展》，载黄红元总编，蔡建春、卢文道主编：《证券法苑》(第29卷)，法律出版社2020年版，第268~302页。

② 参见梁爽：《董事信义义务结构重组及对中国模式的反思——以美、日商业判断规则的运用为借镜》，载《中外法学》2016年第1期。

③ 参见林一英、刘斌、沈朝晖、丁亚琪：《公司法修订的立法选择笔谈》，载《政法论坛》2022年第4期。

④ 参见宫某、孙某损害公司利益责任纠纷案，安徽省合肥市中级人民法院(2017)皖01民终7360号民事判决书；徐某春、王某损害公司利益责任纠纷案，河南省开封市中级人民法院(2021)豫02民终28号民事判决书。

了董事违反勤勉义务应对公司承担赔偿责任的具体场景。董事违反勤勉义务应当承担赔偿责任并无争议，争议多生发于前端，即在相关场景下董事是否负有勤勉义务，并可能构成义务之违反。新《公司法》在多处设置董事赔偿责任条款，有意从后端倒推明确董事对于相关事项负有勤勉义务。但具体赔偿责任条款呈现碎片化、零散化的特点，缺乏统一规范，且在责任形式、责任范围上尚不明确。

（一）董事对第三人责任制度的构建

1.董事对第三人责任的制度价值

新《公司法》新增董事对第三人责任，形成了董事责任的完整体系，根据不同追偿主体，董事责任可分为三类：（1）董事对公司责任；（2）董事对股东责任；（3）董事对第三人责任。其中，董事对第三人责任为本次新增重点条文。值得关注的是，2005 年《公司法》修订时全国人大常委会曾考虑增设该条文，但为避免立法争议并基于审慎考虑，最终并未在 2005 年《公司法》中进行规定。[①] 此后，立法机关在其他法律法规、相关司法解释中对此进行了初步探索，只是尚未形成概括性、体系性规定。2018 年《公司法》与新《公司法》对董事责任体系的具体规定如表 3-4 所示。

表 3-4　2018 年《公司法》与新《公司法》关于董事责任体系的规定对比

对比项目	2018 年《公司法》	新《公司法》
对公司责任	**第 149 条**　董事、监事、高级管理人员执行公司职务时违反法律、行政法规或者公司章程的规定，给公司造成损失的，应当承担赔偿责任。	**第 188 条**　董事、监事、高级管理人员执行职务违反法律、行政法规或者公司章程的规定，给公司造成损失的，应当承担赔偿责任。
对股东责任	**第 152 条**　董事、高级管理人员违反法律、行政法规或者公司章程的规定，损害股东利益的，股东可以向人民法院提起诉讼。	**第 190 条**　董事、高级管理人员违反法律、行政法规或者公司章程的规定，损害股东利益的，股东可以向人民法院提起诉讼。
对第三人责任		**第 191 条**　董事、高级管理人员执行职务，给他人造成损害的，公司应当承担赔偿责任；董事、高级管理人员存在故意或者重大过失的，也应当承担赔偿责任。

① 参见张穹主编：《新公司法修订研究报告》（中册），中国法制出版社 2005 年版，第 59~67 页。

董事对第三人责任在一定程度上突破了传统民法理论，但存在域外法基础。从域外立法演变来看，在较长一段时间内，董事都无须对第三人承担责任。原因在于从侵权法的角度看，董事在执行职务时一般不具有独立人格，而只是作为公司的机关。其人格被法人吸收，行为由法人承担后果。根据《民法典》第1191条的规定[①]，董事不应直接对外承担责任，公司承担责任后可再进行内部追偿。但由于董事不当经营导致公司债权人利益受损的情形日渐增多，保护公司债权人利益的呼声日渐高涨，各国纷纷开始进行突破性尝试。最初董事对第三人责任只出现在公司破产等特殊情形下，其后发展至公司正常经营阶段。[②] 如《日本公司法》第429条规定，董事履行职务存在恶意或重大过失时，该董事承担由此对第三人产生的损害赔偿责任。[③] 董事对第三人责任制度的勃兴，在一定程度上突破了传统侵权法的替代责任理论。

确立董事对第三人责任制度存在多方面的价值和意义：第一，该制度是对法人人格否认制度的必要补充。传统替代责任理论预设的前提是董事的所有行为都符合法人的意思和利益，其人格可被法人完全吸收。但就如同股东可能滥用法人独立地位一般，董事也有可能为自己的利益和目的而操纵法人，在执行公司事务时具有“自然人”人格，或“自然人”与“法人机关”双重人格。此时若要求法人为董事的所有不当行为担责，显然有失公平。第二，该制度弥补了代位权制度可能存在的规制缺漏。董事造成公司债权人损失多表现为董事导致公司资产受损，进而间接损害公司债权人利益。此种情况下，公司债权人依据代位权即可向董事追责，似乎无规定董事对第三人责任之必要。但较为特殊的是，实务中存在董事损害公司债权人利益却不损害公司利益的情况，如董事伪造财务证明文件帮助公司骗贷，后公司经营不善无法清偿。公司未受有损失，但债权人存在无法回收贷款的损失。此种情况下，债权人显然无法通过代位权获得救济。第三，该制度是董事会中心主义下权力制衡的产物之一。现代公司治理模式下，董事权力不断扩张，但相对应地，公司内部制衡机制却日渐弱化。随着公司规模的扩

① 《民法典》第1191条第1款规定：“用人单位的工作人员因执行工作任务造成他人损害的，由用人单位承担侵权责任。用人单位承担侵权责任后，可以向有故意或者重大过失的工作人员追偿。”

② 参见姜惠琴：《董事对第三人责任》，载《法学杂志》2006年第6期。

③ 参见《新订日本公司法典》，王作全译，北京大学出版社2016年版，第187页。

大和股权的分散，大部分股东不再参与公司实际经营，对董事无法起到实质监督作用。而作为双层治理结构下的监事会，在本次《公司法》修订中也已不再是有限责任公司的必设机构。且《公司法》对于监事的权责规定不够精细，导致监事制度多流于形式。故在公司内部缺乏有效制衡机制的情况下，董事对第三人责任制度实际起到了外部监督制衡的效果。①

2.董事对第三人责任规则的要点解析

（1）“第三人”的范围是否应当限缩

“第三人”范围应限制为广义上的公司债权人。新《公司法》第 191 条“给他人造成损害”中的“他人”是否应当存在合理外延？“他人”之所以可以作为被赔偿的主体，系因其与公司存在利益关联。根据与公司之间的利益相关程度，“他人”可以具体分为直接利益相关者与间接利益相关者。前者主要为股东、员工和公司债权人等与公司存在市场交易行为的主体，后者主要为政府、社会团体、一般公众等与公司无市场交易行为的主体。②多数学者认为，“他人”系指直接利益相关者中的公司债权人，理由如下：第一，间接利益相关者虽也可能受到董事不当行为的侵害，但因为不存在直接的利益传导机制，所以与侵权法规制的一般侵权场景并无明显区别，应由用人单位承担替代责任，第三人直接追索董事不具有必要性和正当性。同时，董事被暴露在未知风险中，不利于其充分运用经营管理手段。第二，直接利益相关者中，根据体系解释，股东可以通过新《公司法》第 190 条直接追索董事，所以“他人”明显不包含股东。此外，与公司存在雇佣、交易等关系，进而可以向公司主张权利的主体本质上都可视为公司的债权人，所以“他人”指向广义上的公司债权人。③

（2）董事的归责原则是过错责任还是过错推定责任

域外立法例基本都将过错作为董事对第三人责任的构成要件，要求董事具有“故意或重大过失”。新《公司法》第 191 条也与此保持了一致，相比于无过错

---

① 参见徐强胜、王萍萍：《论董事对第三人责任——兼评〈公司法（修订草案）〉第一百九十条》，载《河南社会科学》2023 年第 7 期。

② 参见徐强胜、王萍萍：《论董事对第三人责任——兼评〈公司法（修订草案）〉第一百九十条》，载《河南社会科学》2023 年第 7 期。

③ 参见岳万兵：《董事对第三人责任的公司法进路》，载《环球法律评论》2023 年第 1 期。

责任，过错责任兼顾了各方的权利保护和利益平衡，也肯定了公司经营的弹性空间。但仍存有疑问的是，在程序法上，董事的过错应由哪一方证明，即在实体法上，董事的归责原则是过错责任还是过错推定责任？

参考域外立法趋势，董事归责原则宜确定为过错推定责任。《日本商法典》第266条并未对此作出明确规定，但其后《日本公司法》第429条第2款明确列举了在虚假陈述、虚假登记、虚假公告等几种情况下，董事如不能证明其已尽到注意义务，就需要对第三人承担赔偿责任。[①] 德国对于董事过错的证明实行举证责任倒置，由董事自证其无重大过错。[②] **过错推定原则的合理性在于董事和公司债权人之间的地位往往不具有对等性，公司债权人所面临的风险多是由董事在公司内部制造，由风险制造者负担证明责任符合证据法理论，同时也缓解了债权人在外部收集证据所面临的现实困难，避免以公司债权人保护为核心的规范意旨彻底落空。**可作为参照的是，我国《证券法》第85条[③] 即采取了此种立法技术。

（3）第三人可主张的损害仅为直接损害还是可包括间接损害

根据损害传导机制的不同，董事致第三人受损可以分为直接损害和间接损害两种场景。间接损害，是指董事通过施害于公司间接损害公司债权人利益，债权人受损的直接原因是公司责任财产的不当减少，即利益传导链条为“董事—公司—债权人”。以公司作为媒介的间接损害是公司债权人利益受损的常见情形，多表现为董事违反信义义务，需对公司承担赔偿责任，公司债权人进而代位获得求偿权。直接损害，是指董事不以公司为中介，直接侵害公司债权人利益，即利益传导链条为“董事—债权人”。此种情况下，公司未必受到损害，债权人的损失不以公司受损为前提。常见的情形主要包括公司侵权；虚假陈述；公司清算

① 参见《新订日本公司法典》，王作全译，北京大学出版社2016年版，第187页。

② 参见［德］格茨·怀克、［德］克里斯蒂娜·温德比西勒：《德国公司法》，殷盛译，法律出版社2010年版，第488页。

③ 《证券法》第85条规定：“信息披露义务人未按照规定披露信息，或者公告的证券发行文件、定期报告、临时报告及其他信息披露资料存在虚假记载、误导性陈述或者重大遗漏，致使投资者在证券交易中遭受损失的，信息披露义务人应当承担赔偿责任；发行人的控股股东、实际控制人、董事、监事、高级管理人员和其他直接责任人员以及保荐人、承销的证券公司及其直接责任人员，应当与发行人承担连带赔偿责任，但是能够证明自己没有过错的除外。”

时，董事怠于、不当履行清算义务；公司破产或濒临破产时，董事欺诈破产。[①] 在新《公司法》作出统一规定之前，董事对第三人责任散见于其他规定及司法解释中，如《公司法解释（三）》规定的债权人对未尽增资催缴义务、协助抽逃出资的董事享有赔偿请求权，此种损害类型即表现为间接损害[②]；相反，董事违反《证券法》规定的信息披露义务、《公司法解释（二）》规定的清算义务，公司债权人可直接向其追索，即表现为直接损害[③]。

对于第三人可追索的损害类型，学术界的主要分歧点在于是否包括间接损害。第三人损害包括直接损害的理论争议较小，对于是否同时包括间接损害则存在两种观点。一种观点认为不包括间接损害，理由是“如无必要，勿增实体”。间接损害以公司受有损失为前提，债权人可通过代位权追索，无须在公司法中重申其请求权。另一种观点认为应当包括间接损害，理由如下：首先，一般民法规则主要调整董事对第三人的直接侵害，但在公司偿债能力减损进而造成第三人

---

① 参见王长华：《董事对第三人责任的认定》，载《西部法学评论》2017 年第 2 期。

② 《公司法解释（三）》第 13 条第 4 款规定：“股东在公司增资时未履行或者未全面履行出资义务，依照本条第一款或者第二款提起诉讼的原告，请求未尽公司法第一百四十七条第一款规定的义务而使出资未缴足的董事、高级管理人员承担相应责任的，人民法院应予支持；董事、高级管理人员承担责任后，可以向被告股东追偿。”

第 14 条第 2 款规定：“公司债权人请求抽逃出资的股东在抽逃出资本息范围内对公司债务不能清偿的部分承担补充赔偿责任、协助抽逃出资的其他股东、董事、高级管理人员或者实际控制人对此承担连带责任的，人民法院应予支持；抽逃出资的股东已经承担上述责任，其他债权人提出相同请求的，人民法院不予支持。”

③ 《证券法》第 85 条规定：“信息披露义务人未按照规定披露信息，或者公告的证券发行文件、定期报告、临时报告及其他信息披露资料存在虚假记载、误导性陈述或者重大遗漏，致使投资者在证券交易中遭受损失的，信息披露义务人应当承担赔偿责任；发行人的控股股东、实际控制人、董事、监事、高级管理人员和其他直接责任人员以及保荐人、承销的证券公司及其直接责任人员，应当与发行人承担连带赔偿责任，但是能够证明自己没有过错的除外。”

《公司法解释（二）》第 18 条第 1 款、第 2 款规定：“有限责任公司的股东、股份有限公司的董事和控股股东未在法定期限内成立清算组开始清算，导致公司财产贬值、流失、毁损或者灭失，债权人主张其在造成损失范围内对公司债务承担赔偿责任的，人民法院应依法予以支持。有限责任公司的股东、股份有限公司的董事和控股股东因怠于履行义务，导致公司主要财产、账册、重要文件等灭失，无法进行清算，债权人主张其对公司债务承担连带清偿责任的，人民法院应依法予以支持。”

第 19 条规定：“有限责任公司的股东、股份有限公司的董事和控股股东，以及公司的实际控制人在公司解散后，恶意处置公司财产给债权人造成损失，或者未经依法清算，以虚假的清算报告骗取公司登记机关办理法人注销登记，债权人主张其对公司债务承担相应赔偿责任的，人民法院应依法予以支持。”

第 20 条规定：“公司解散应当在依法清算完毕后，申请办理注销登记。公司未经清算即办理注销登记，导致公司无法进行清算，债权人主张有限责任公司的股东、股份有限公司的董事和控股股东，以及公司的实际控制人对公司债务承担清偿责任的，人民法院应依法予以支持。”

债权受损等情况下，侵害债权理论存在路径障碍和证明困难，故公司法将解题思路转至公司组织内部，通过“董事—公司—债权人”的侵害路径保护债权人受到的间接损害。从此种意义上而言，间接损害才是公司法意欲调整的主要损害类型。① 其次，虽然在董事造成公司损失的情况下，公司可自行追究董事责任，从而恢复自身清偿能力。但在董事本人作为侵权行为人的情况下，很难期待公司能积极对其提起诉讼，股东派生诉讼的存在即为例证，但该制度同样存在前置程序、持股比例、时间等多方面限制，故有必要赋予债权人对间接损害直接起诉的权利。②

在日本学术界，损害类型的争议与董事对第三人责任的性质争议直接相关。日本学术界对于董事对第三人责任的性质存在侵权责任说和法定责任说两种主要学说。侵权责任说认为，董事对第三人责任的性质为侵权责任，与一般侵权责任相比，董事仅在故意或重大过失的主观状态下才承担责任，是侵权责任法的特别规定，其合理性在于董事需处理繁杂的公司事务，不宜对其科以过高要求。侵权责任说下，一般认为第三人可主张的损害类型仅为直接损害，与侵权法保持体系性上的一致性。法定责任说认为，董事对第三人责任的性质不属于侵权责任，而是《公司法》上的法定责任，因为《公司法》主要调整间接损害，故第三人可主张的损害类型应同时包括直接损害和间接损害。同时，董事除了需要承担特别法定责任外，还需要承担一般侵权责任。但两种学说发展到后期，经各自修正又发展出多个细分学说，在损害类型、主观要件、与侵权法的竞合等多个方面互有类似观点。③ 目前日本的主流观点为法定责任说，认为董事对第三人的责任基础在于注意义务和忠实义务，因此只要董事出于故意或重大过失违反信义义务，即构成对第三人的重大过错，而不要求董事必须具有针对第三人的主观过错。相应的，第三人可主张的损害类型包括直接损害或间接损害。此外，若董事仅存在一般过失，也不免除其民法上的一般侵权责任。④

---

① 参见岳万兵：《董事对第三人责任的公司法进路》，载《环球法律评论》2023 年第 1 期。

② 参见王长华：《董事对第三人责任的认定》，载《西部法学评论》2017 年第 2 期。

③ 参见陈景善：《论董事对第三人责任的认定与适用中的问题点——以日本法规定为中心》，载《比较法研究》2013 年第 5 期。

④ 参见［日］佐滕孝弘：《董事对第三人责任从比较法和社会整体利益角度分析》，载《河北法学》2013 年第 3 期。

对此，**笔者倾向于认为第三人的损害类型只包括直接损害**。理由在于：第一，将间接损害纳入其中，董事可能不堪诉累。董事违反忠实义务，主观状态多为故意。如上文分析，董事存在重大过失才构成对勤勉义务的违反，即董事违反忠实、勤勉义务的主观状态均表现为故意或重大过失，由此产生的结果是董事在违反忠实、勤勉义务的所有场景下，均可被公司债权人直接起诉。此种规定可能引发公司债权人滥诉，将增加董事诉累。董事在处理公司日常烦琐事务之外，还要分出精力应诉，明显不利于董事妥善履职。第二，《公司法》缺乏董事责任救济机制，若第三人可直接主张间接损失，会进一步造成利益失衡。诚如学者所言，董事责任的轻重应以社会整体利益为考量，如果董事责任程度较高不利于社会整体利益，那么董事责任宜定性为比一般侵权责任更低程度的责任。如果社会发展需要董事承担更重的责任，则宜将其定性为比一般侵权责任更重的特别法定责任。从本次《公司法》的修订情况来看，立法者确实有意扩张董事职权，并科以更重的义务与责任。此外，本次修订对于董事责任的限制机制似缺乏关注，如学者呼吁应在立法上明确章程或决议可部分免除董事责任，根据董事个体情况构建差异化责任制度，以董事过错程度限制董事责任比例等。① 此种情况下，若放宽第三人直接向董事追责的场景限制，无疑会进一步加剧利益失衡，对董事有失公允。第三，域外法上亦存在董事对第三人责任只限于直接损害的例证。尽管日本法的通说认为第三人可向董事主张直接损害和间接损害，但这并非各国统一认识。如《法国商法典》的类似规定也较为笼统，但在实践中多被认为仅限制于直接损害场景。②

（4）董事承担的责任形式是连带责任还是补充责任或比例责任

新《公司法》第 191 条仅规定董事若存在故意或重大过失，也应承担损害赔偿责任，但未明确责任形式是连带责任还是公司赔偿不能后的补充责任，抑或与公司按比例承担按份责任。值得关注的是，《公司法（草案一）》的规则表述为“董事、高级管理人员执行职务，因故意或者重大过失，给他人造成损害的，应当与公司承担连带责任”，但从《公司法（草案二）》开始，删除了连带责任的表述，

---

① 参见曾祥生：《董事责任规制的困境与应对——以董事个体差异为视角》，载《法学杂志》2022 年第 6 期。

② Voir Gauzan, Fin-Dieu, *La loi sur les sociétés*, Riddick Press, 2005, p.132.

改为“应当承担赔偿责任”。

笔者认为，原则上董事宜与公司对第三人负担连带责任，但承担的责任范围可有所限制。

首先，参考域外立法经验，连带责任是较为常见的责任形式。如《法国商法典》第 L225-251 条规定，“公司董事与总经理，对违反有关股份有限公司的法律与法规的规定，违反公司章程的规定，以及对其在管理中的过错，视情况，向公司或第三人，个人或连带承担责任”。① 从域外立法规定来看，董事对第三人的责任形式多为与公司承担连带责任。从便于公司债权人权利实现的角度考虑，无论董事与公司内部如何分配责任，该两者都宜对外承担连带责任。

其次，参考侵权法理论，董事与公司的侵权形态在实务中较难明确界定，以连带责任为原则可能更为稳妥。直接侵权场景下，多是董事以公司为工具实施了个人侵权，董事的可谴责性较高。因董事本人同时作为公司机关，以自己的意志替代公司意志，此种情况下公司是否具有独立意志、董事与公司之间是共同侵权还是其他侵权形式，需依据相关细节事实进行个案甄别。在难以甄别的情况下，推定二者共同侵权，以对债权人承担连带责任为原则，更能有效控制因公司内部管理原因而增加的外部风险。

再次，公司法草案的变更过程不代表对连带责任形式的否定。笔者认为，几次草案对该条的不同表述更多是立法技术上的调整，即先明确董事职务侵权场景下公司是确定的责任主体，再规定特殊情况下增加董事作为责任主体。当然，新《公司法》第 191 条未直接规定连带责任形式可能也是考虑到实务中董事侵权的具体形态较为复杂，在责任形式、责任范围上仍为其保留了个案裁量空间。

最后，即便以连带责任作为原则，在责任比例或数额上，笔者认为仍应有所限制。有学者认为，若不设最高赔付限额将不当增加董事风险，可考虑根据董事的过错、薪酬、职位等多方面因素确定最高赔付限额。② 对此，笔者亦持赞同意见。**是否需划定责任限额，应由法院根据侵权情节、董事主观恶意、董事收益与风险等在个案中进行裁量。**同样，根据《民法典》第 1191 条的规定，用人单位对

① 参见《法国商法典》，金邦贵译，中国法制出版社 2000 年版，第 251 页。

② 参见叶林、叶冬影：《公司董事连带 / 赔偿责任的学理考察——评述〈公司法修订草案〉第 190 条》，载《法律适用》2022 年第 5 期。

外赔偿后，可以向存在故意或重大过错的员工内部追偿。在无特别约定的情况下，公司超额担责后也可向董事追责。

（二）董事对公司的赔偿责任

1.董事对公司责任的新增法定场景

就董事对公司的赔偿责任，本次《公司法》修订的主要变化在于明确了具体场景下董事违反勤勉义务应当承担赔偿责任的几类情形，具体如下：

（1）催缴出资。《公司法解释（三）》仅规定在公司增资阶段，董事负有催缴出资义务。本次修订明确董事催缴出资义务根源于董事职权，应贯穿于公司成立后的各个阶段。但不同于最高人民法院在斯曼特案中明确认为董事应对股东出资不足的部分承担连带责任，本次修订只规定董事违反催缴义务应当承担赔偿责任，但未明确责任形式和责任范围。

（2）抽逃出资。对于抽逃出资下的董事责任，本次修订基本与《公司法解释（三）》保持了一致，即董事应与抽逃股东承担连带责任，但仍有不同的是，对于承担连带责任的董事范围，相关规定不再使用“协助抽逃出资”的表述，而是与其他董事责任规定条款一样，使用“负有责任”这一表述。该改动是基于立法技术的考量，还是刻意扩大了责任主体范围，即从实施积极协助行为的董事扩展至消极未阻止的董事，仍需进一步明确。

（3）违法提供财务资助。本次修订新增禁止违法提供财务资助规定，并明确董事需为违法资助行为承担赔偿责任。且值得关注的是，根据该条规定，资助决议可由股东会或董事会作出，但责任主体只包括董事等管理人员，不包括股东。从该角度看，立法也再次明确了股东对公司不负有信义义务，无特殊情况一般不承担决策失误的赔偿责任①。

（4）违法分配利润。2018 年《公司法》只规定违法分配场景下股东负有返还责任。本次修订不仅明确股东需同时承担赔偿责任，还将负有责任的董监高人员与股东一并列为违法分配的责任主体。

（5）违法减资。2018 年《公司法》只规定公司违法减资需承担改正、罚款等

---

① 参见徐方亮：《公司违法分配责任机理与规则完善——基于公司法和民法双重视角的分析》，载《当代法学》2023 年第 5 期。

行政处罚责任，理论界和实务界一般认为确认公司违法减资行为绝对无效会严重威胁交易安全，故采用“相对无效说”，即公司减资对特定债权人不产生法律拘束力，该债权人可要求公司以其减资前的注册资本数额承担责任。类推抽逃出资规则，由股东在减资范围内向债权人承担补充责任。[①] 新《公司法》明确了公司违法减资绝对无效，股东应当恢复原状，同时减资股东及负有责任的董事应承担赔偿责任。

2018 年《公司法》及司法解释与新《公司法》关于董事对公司赔偿责任的具体规定如表 3-5 所示。

表 3-5　2018 年《公司法》及司法解释与新《公司法》关于董事对公司赔偿责任的规定对比

对比项目	2018 年《公司法》及司法解释	新《公司法》
催缴出资	**《公司法解释（三）》第 13 条第 4 款**　股东在公司增资时未履行或者未全面履行出资义务，依照本条第一款或者第二款提起诉讼的原告，请求未尽公司法第一百四十七条第一款规定的义务而使出资未缴足的董事、高级管理人员承担相应责任的，人民法院应予支持；董事、高级管理人员承担责任后，可以向被告股东追偿。	**第 51 条**　有限责任公司成立后，董事会应当对股东的出资情况进行核查，发现股东未按期足额缴纳公司章程规定的出资的，应当由公司向该股东发出书面催缴书，催缴出资。 未及时履行前款规定的义务，给公司造成损失的，负有责任的董事应当承担赔偿责任。
抽逃出资	**《公司法解释（三）》第 14 条**　股东抽逃出资，公司或者其他股东请求其向公司返还出资本息、协助抽逃出资的其他股东、董事、高级管理人员或者实际控制人对此承担连带责任的，人民法院应予支持。 公司债权人请求抽逃出资的股东在抽逃出资本息范围内对公司债务不能清偿的部分承担补充赔偿责任、协助抽逃出资的其他股东、董事、高级管理人员或者实际控制人对此承担连带责任的，人民法院应予支持；抽逃出资的股东已经承担上述责任，其他债权人提出相同请求的，人民法院不予支持。	**第 53 条**　公司成立后，股东不得抽逃出资。 违反前款规定的，股东应当返还抽逃的出资；给公司造成损失的，负有责任的董事、监事、高级管理人员应当与该股东承担连带赔偿责任。

① 参见何林峰：《公司违法减资纠纷裁判路径的检讨与立法矫正》，载《甘肃社会科学》2022 年第 6 期。

续表

对比项目	2018年《公司法》及司法解释	新《公司法》
违法提供财务资助		**第163条第3款** 违反前两款规定，给公司造成损失的，负有责任的董事、监事、高级管理人员应当承担赔偿责任。
违法分配利润	**2018年《公司法》第166条第5款** 股东会、股东大会或者董事会违反前款规定，在公司弥补亏损和提取法定公积金之前向股东分配利润的，股东必须将违反规定分配的利润退还公司。	**第211条** 公司违反本法规定向股东分配利润的，股东应当将违反规定分配的利润退还公司；给公司造成损失的，股东及负有责任的董事、监事、高级管理人员应当承担赔偿责任。
违法减资	**2018年《公司法》第204条第1款** 公司在合并、分立、减少注册资本或者进行清算时，不依照本法规定通知或者公告债权人的，由公司登记机关责令改正，对公司处以一万元以上十万元以下的罚款。	**第226条** 违反本法规定减少注册资本的，股东应当退还其收到的资金，减免股东出资的应当恢复原状；给公司造成损失的，股东及负有责任的董事、监事、高级管理人员应当承担赔偿责任。

本次修订之前，有学者曾进行实证分析，发现实务中原告以董事违反忠实、勤勉义务为由要求董事承担赔偿责任且获得法院支持的案例较少，且其中董事违反忠实义务的案例占绝大多数。对于董事是否违反勤勉义务，违反勤勉义务后的赔偿范围、责任形式，法官的裁量结果不尽相同，判决理由也不明确。[①] 本次修订对前述问题作出了一定回应，明确了董事违反勤勉义务需承担赔偿责任，但除了明确规定抽逃出资场景下董事需与股东承担连带责任外，其他场景下董事需承担何种范围、何种形式的责任仍不明晰。

2.董事对公司赔偿责任的体系性构建

从前述规定可以看出，新《公司法》对于董事违反勤勉义务后的赔偿责任规范呈现碎片化、零散化和笼统化的特点，对于责任形式、责任范围、责任限制及具体考量因素欠缺统一、明确的概括性规定和体系性制度构建。虽然董事违反勤勉义务的样态难以穷尽，但就其赔偿责任，笔者认为仍有可能在提取公因式的基础上，归纳、总结出一套兼具一般性与特殊性，同时兼顾各方利益的责任认定范式，为司法裁量提供依据和标尺，亦为董事履职提供合理预期。

① 参见王艳梅、祝雅柠：《论董事违反信义义务赔偿责任范围的界定——以世界银行〈营商环境报告〉“董事责任程度”为切入点》，载《北方法学》2019年第2期。

（1）在对公司的责任形式上，董事根据是否存在非法得利者和主观状态的不同，可能承担不同形式的责任。

若公司向董事起诉主张损失赔偿，判断董事的责任形式可能需考虑两个要素：

第一，是否存在非法得利者。根据是否存在非法得利者，董事违反勤勉义务可分为存在非法得利者和不存在非法得利者两种情况。本次修订新增的董事赔偿责任条款对应的具体场景皆存在非法得利者，如董事违反催缴出资义务下的未出资股东、协助抽逃出资下的抽逃股东、违法提供财务资助下的被资助股东等。但在其他场景下，董事违反勤勉义务也可能不存在非法得利者，如董事未做尽职调查随意投资导致投资失败，公司财产虽有流动并可能客观造成第三方获有利益，但一般情况下，第三方并非非法获利，此种情况下不存在非法得利者。

笔者认为，若不存在非法得利者，则董事直接向公司承担赔偿责任并无疑问。但**若存在非法得利者，则原则上应由非法得利者先承担返还义务，董事再承担责任，即董事实际承担的是补充责任**。理由在于：其一，董事并非实际得利者，由其直接对公司承担全部赔偿责任，明显不当加重了董事责任，并实质减轻了非法获利者的返还责任，容易造成两者之间利益失衡；其二，公司受损的直接原因并非董事未尽勤勉义务，而是股东未缴纳出资、股东抽逃出资等，董事基于辅助行为应承担与其原因力相适应的责任；其三，公司主张损害赔偿需确定损害范围，而公司的实际损害范围正是非法得利返还后的空缺部分。故从损失范围确定的角度看，得利者也有必要先承担返还责任。

第二，董事主观是否为故意。倘若董事在主观上存在故意而非过失，即其与非法得利者共谋侵害公司权益，则其责任基础可能已不止于勤勉义务，从共同侵权的角度看，其与非法得利者应当承担连带责任。正如《公司法解释（三）》中规定协助抽逃出资的董事应与股东承担连带责任，也正是基于共同侵权理论。故以此作为推断，笔者认为，新《公司法》第 57 条规定与股东承担连带责任的“负有责任”的董事仍指向积极协助抽逃出资的董事。若董事不存在故意和积极协助行为，只是未尽勤勉义务，笔者认为可根据勤勉义务规定向其追究补充赔偿责任，其赔偿顺位应劣后于抽逃股东。

（2）在对公司债权人的责任形式上，董事等公司内部主体的赔偿责任顺位应劣后于公司，同时董事之间并不当然形成连带责任。

第一，董事这一责任群体的责任顺位应劣后于公司。如上文所述，直接损害的场景下，第三人可根据新《公司法》第 191 条向公司和董事主张赔偿责任，公司与存在故意或重大过失的董事以共同承担连带责任为原则，但董事的连带责任范围可能有所限制。故此处只讨论间接损害场景下第三人的损害赔偿请求权。间接损害场景下，第三人即与公司发生市场交易行为的债权人，债权人因对公司享有债权，进而对公司内部责任主体享有请求权，本质仍是代位权在公司法领域中的适用，只是构成要件较民法规定更加宽松。故公司仍应是第一顺位责任人，债权人的损害源自公司的清偿不能，只有公司执行不能后才能确定实际损失范围。如此一来，董事等公司内部主体的赔偿责任相对公司而言为补充赔偿责任，如《公司法解释（三）》规定抽逃出资的股东仅在抽逃范围内就公司清偿不能的部分对公司债权人承担补充赔偿责任。综上所述，仅存在过失而非故意的董事，其对公司债权人的责任顺位应先劣后于公司，再劣后于非法得利者（多为股东）。

第二，董事这一责任群体内部是否形成连带责任需视董事违反义务的具体形态而定。在斯曼特案中，最高人民法院认为深圳斯曼特公司的 6 名董事未尽催缴出资义务，应在股东给付不能的范围内对公司承担连带责任，即董事之间形成连带责任。有学者认为，董事责任的制度设计应以“责任自负为主，连带责任为辅”。理由主要为：在法律规定层面，《民法典》第 178 条规定，连带责任必须由法律规定或者当事人约定。在《公司法》未明确规定连带责任的情况下，不宜直接对董事安以连带责任；在理论层面，董事并不会基于信托法或民法上的共同受托人地位而自动因为彼此的履职失误而形成连带关系。[①] 董事之间是否形成连带关系需视其违反义务的具体形态而定。具体而言，在过错层面，仅共同恶意的董事之间形成连带；在行为方面，仅共同积极行为（如作出违法决议）或共同消极行为（如均纵容股东瑕疵出资）的董事之间形成连带。此外，董事个人仍应以承担独立责任为主。

（3）在对公司和公司债权人的责任范围上，董事责任应存在与其过错相适应

① 参见刘俊海：《董事责任制度重构：精准问责、合理容错、宽容失败——以弘扬企业家精神为视角》，载《交大法学》2023 年第 3 期。

的责任比例，且需注意董事责任的差异化。

在上述责任形式的基础上，需进一步明确的是，董事赔偿责任的范围是否为公司所遭受的所有损失？笔者认为显然不是，董事只是受托经营公司的管理者，并非公司既得利益的享有者。在我国尚未建立起董事限责、免责制度且董事责任保险尚未普及、赔付范围不足的情况下，令董事为公司的所有损失承担责任，一来与其过错、能力、权力、任职对价之间可能不成正比，在正当性上有所欠缺；二来可能不当将股东的出资义务、公司或公司债权人的交易风险转嫁至董事身上，反而使前述主体额外获利；三来可能阻碍董事充分根据市场信息作出风险性决策，在商业判断上更偏向于保守。

更进一步地，部分法院已在司法实践中开始了对董事差异化问责的有益探索。《证券法》第 85 条仅规定违反信息披露义务的主体应与发行人承担连带责任，但广州市中级人民法院在顾某华等与康美药业股份有限公司（以下简称康美药业）、马某田等证券虚假陈述责任纠纷案①（以下简称康美药业案）中创造性地判决不同主体承担不同比例的连带责任，即存在共同故意的康美药业的 6 名董事、高管与康美药业承担连带责任；未尽勤勉义务，存在重大过失的 8 名高管在康美药业债务 20% 的范围内承担连带责任；过失较小的 3 名高管在康美药业债务 10% 的范围内承担连带责任；在公司半年度报告中签字的 2 名独董在康美药业债务 5% 的范围内承担连带责任。以此弥补了公司法等法律对作为机关内部成员的董事等经营人员的责任配置差异化关注不足的问题。

笔者认为，在宏观层面，董事责任的设计需为其保留容错空间，故必须限制责任比例，否则将会严重打击董事经营公司的自主性和积极性。在微观层面，董事责任的设计需关注差异化问题。所谓差异，可能主要体现于以下方面：第一，地位差异。担任不同职务的董事必然地位不同，如董事长、副董事长的信息获取能力明显强于其他董事，且更具公信力和话语权。第二，身份差异。董事身后代表的是不同股东的利益，董事会的决议结果实际就是不同股东之间的博弈结果。控股股东委派的董事自然要比小股东委派的董事更具话语权，更不用说可能只是作为监督形式的职工董事。第三，专业能力差异。董事对于未尽勤勉义务是

---

① 参见广东省广州市中级人民法院民事判决书，(2020) 粤 01 民初 2171 号。

否存在过错，存在多大过错，与其本人的背景和专业知识息息相关。①

四、董事责任的限制与免除

（一）董事责任限免的立法路径

随着董事职权、义务与责任的扩张，如何同时配套以合理、完善的董事责任限免制度，为董事创造松紧有度、合理容错的执业环境，也将成为各方关注重点。就董事责任的限免路径，新《公司法》在认可原异议董事责任豁免的路径外，新增董事责任保险路径，2018年《公司法》与新《公司法》关于董事责任限免的具体规定如表3-6所示。

表3-6　2018年《公司法》与新《公司法》关于董事责任限免的规定对比

对比项目	2018年《公司法》	新《公司法》
异议董事豁免	**第112条第3款**　董事应当对董事会的决议承担责任。董事会的决议违反法律、行政法规或者公司章程、股东大会决议，致使公司遭受严重损失的，参与决议的董事对公司负赔偿责任。但经证明在表决时曾表明异议并记载于会议记录的，该董事可以免除责任。	**第125条第2款**　董事应当对董事会的决议承担责任。董事会的决议违反法律、行政法规或者公司章程、股东会决议，给公司造成严重损失的，参与决议的董事对公司负赔偿责任；经证明在表决时曾表明异议并记载于会议记录的，该董事可以免除责任。
董事责任保险		**第193条**　公司可以在董事任职期间为董事因执行公司职务承担的赔偿责任投保责任保险。 公司为董事投保责任保险或者续保后，董事会应当向股东会报告责任保险的投保金额、承保范围及保险费率等内容。

一般认为，董事责任的限免主要存在以下几种路径：（1）公司章程事先规定；（2）股东会、董事会事后决议；（3）异议董事责任豁免；（4）董事责任保险转移责任；（5）司法裁量合理限免（以商业判断规则免除董事责任，或合理限定董事责任限额、比例）。②

---

①　参见曾祥生：《董事责任规制的困境与应对——以董事个体差异为视角》，载《法学杂志》2022年第6期。

②　参见林一英、刘斌、沈朝晖、丁亚琪：《公司法修订的立法选择笔谈》，载《政法论坛》2022年第4期。

新《公司法》在立法层面延续原异议董事豁免路径，但在规定上仍留有缺憾。在上述几种路径中，2018 年《公司法》已在立法层面确立异议董事豁免路径，即为防止集体决策机制引发“多数人的暴政”，允许少数派董事以表达异议并记载于会议记录的方式主张免责。新《公司法》延续这一立法规定，在表述上几乎未做变动。但该规定明显存在两方面的缺憾：一方面，原规定与新规定在体系位置上均位于“股份有限公司的设立和组织机构”一章，从体系解释上看，应仅适用于股份有限公司而不适用于有限责任公司。但对两类公司进行区分处理是否存在必要性与合理性，似未见依据。另一方面，该规定将董事免责的前提条件设置为“经证明在表决时曾表明异议并记载于会议记录”，但未明确何为“表明异议”，投反对票显然属于异议，但未出席或投弃权票是否属于异议不明。

对此笔者认为，为弥补上述规范留白，可在实务运用和规范解释层面合理放开限制。第一，无论是在股份有限公司还是有限责任公司，都存在少数派董事被多数派董事裹挟的问题，为鼓励董事独立、谨慎决策，有必要维护异议董事的合法免责权，故该规定在适用时应无差别地类推适用于有限责任公司。第二，对于“表明异议”应作实质理解、灵活理解。董事会的议事规则为“过半数董事出席 + 全体董事过半数通过”，弃权董事虽未投反对票，但对于决议通过产生的是阻碍作用而非促进作用，故可认为属于异议董事，未出席董事亦然。但由此产生的质疑是，此种认定方法可能会反向促使董事以缺席董事会的方式逃避董事责任。笔者认为，出席董事会、参与公司运营决策是董事职责所在，若董事多次无故不出席董事会，公司可依法追究其违反勤勉义务的责任，但不出席董事会的责任与单次过失决策责任之间在构成要件、因果关系、法律后果等方面仍存在区别，不应混为一谈。①

新《公司法》在立法层面新增董事责任保险路径，在一定程度上消弭了相关争议。董事若存在违反信义义务的不当执业行为，需对公司或第三人的损失承担赔偿责任，董事责任保险旨在为董事提供此种情形下的部分风险转移作用。董事责任保险虽在国外较为常见，但在理论上仍面临争议：一是是否应设置此种责任保险。董事责任的体系设计本就是为反向推动董事善意、勤勉履责，但若允

① 参见武彬：《论我国董事责任限制制度的建构——以董事违背信义义务的责任为视角》，载顾功耘主编：《公司法律评论》(2018 年卷·总第 18 卷)，上海人民出版社 2018 年版，第 78~92 页。

许董事借由责任保险实现减责、免责，则可能会放大董事违反信义义务的道德风险，违反董事责任规定的立法意旨，进而影响公司的良性治理机制。二是由谁来负担保险费用。一派观点认为，董事是为公司利益而执业，且公司相较董事个人更具支付能力，故应由公司支付保险费；另一派观点则认为，根据“谁受益、谁付费”的原则，董事将其执业风险转移给保险公司，显然为直接获益人，公司最多仅间接获益，故应由董事个人支付费用。① 因而有学者称这是一项充满悖论的制度安排：公司自己出钱为机构组织成员购买保险，从而为这些成员在违反义务造成公司损失的情况下提供保护。②

本次《公司法》修订在第 193 条引入董事责任保险制度，从立法层面明确了公司承担费用为董事投保责任保险具有正当性，但董事会应当向股东会报告投保金额、承保范围及保险费率等内容。笔者认为该立法规定具有积极意义：第一，如前所述，新《公司法》有意扩张董事权责，标志着董事的“高风险”时代来临，但与之相匹配的董事责任限免制度并未构建完成，为缓解由此带来的董事履职心理压力与经济负担，董事责任保险制度的确立、推广具有正当性和必要性。第二，董事责任保险虽然转移了董事的执业风险，但也延展了董事的赔付能力，在董事本人不具有完全清偿能力的情况下，董事责任保险也提高了公司、第三人的获偿可能性，惠及的利益主体不止于董事本人。第三，第 193 条的立法设计较为巧妙。首先，其为倡导性规范，即未将董事责任保险明确为强制险，给予公司自主权；其次，为避免股东有意节流，从而架空该条规定，第 193 条未强制要求股东会决议审批，董事会在职权范围内可自行决议购买保险；最后，因保险费系由公司（股东出资）支付，若董事会购置保险，股东享有知情权，董事应履行报告义务。由此平衡董事责任保险制度下，董事、公司、股东三方之间的利益冲突。

（二）董事责任保险的制度构建

1. 董事责任保险在我国的发展现状

在本次《公司法》修订之前，立法层面对于董事责任保险并无特别规定，其

① 参见武彬：《论我国董事责任限制制度的建构——以董事违背信义义务的责任为视角》，载顾功耘主编：《公司法律评论》（2018 年卷 · 总第 18 卷），上海人民出版社 2018 年版，第 78~92 页。

② 参见［德］迈克尔 · 霍夫曼—贝金，《德国董事责任保险制度的悖论》，张怀岭译，载黄红元总编，蒋锋、卢文道主编：《证券法苑》（第 24 卷），法律出版社 2018 年版，第 385~396 页。

法律基础仅在于《保险法》的责任保险一般条款。此外，与上市公司相关的部分部门规章、行业规范中也有零散规定（如表 3-7 所示）。

表 3-7　部分法律、部门规章、行业规范中有关董事责任保险的规定

法律规定	条文内容
《保险法》	**第 65 条**　保险人对责任保险的被保险人给第三者造成的损害，可以依照法律的规定或者合同的约定，直接向该第三者赔偿保险金。 责任保险的被保险人给第三者造成损害，被保险人对第三者应负的赔偿责任确定的，根据被保险人的请求，保险人应当直接向该第三者赔偿保险金。被保险人怠于请求的，第三者有权就其应获赔偿部分直接向保险人请求赔偿保险金。 责任保险的被保险人给第三者造成损害，被保险人未向该第三者赔偿的，保险人不得向被保险人赔偿保险金。 责任保险是指以被保险人对第三者依法应负的赔偿责任为保险标的的保险。
《上市公司治理准则》	**第 24 条**　经股东大会批准，上市公司可以为董事购买责任保险。责任保险范围由合同约定，但董事因违反法律法规和公司章程规定而导致的责任除外。
《上市公司独立董事管理办法》	**第 40 条**　上市公司可以建立独立董事责任保险制度，降低独立董事正常履行职责可能引致的风险。
《上市公司独立董事履职指引》	**第 21 条第 4 款**　独立董事享有要求上市公司为其履行独立董事职责购买责任保险的权利。

董事责任保险发源于美国，但在我国发展得并不充分。据调查研究，截至 2000 年，96% 的美国公司都购买了董事责任保险。但直至 2002 年，平安保险才在我国正式推出第一个董事责任保险，由此填补了该制度在我国实践层面的空白。[①] 但董事责任保险推出之后也未在我国各类公司层面得到普及，原因有三点：第一，过去我国公司法下的董事权责体系尚未建立，董事的义务内容、责任范围皆不明晰，司法实务中董事最终担责的案例也少之又少，导致各方对于董事责任风险的防控和规避意识较为薄弱。第二，我国对该项制度的法律移植时间较短，加之实践土壤匮乏，保险公司在保险条款的拟定上趋严，不能完全适配实务需求，一定程度上影响了董事责任保险的实用度和接受度。第三，上市公司为董事投保须经股东大会批准，如前所述，该制度本身存在悖论，董事与股东在保费支

① 参见韩秦：《我国上市公司董事责任保险的现状与实证分析》，载《中国保险》2012 年第 12 期。

付、免责事项等问题上存在利益对立，双方在具体问题上难以达成一致。

董事“强责任”时代到来，董事责任保险面临发展机遇，但能否形成推广之势仍依赖保险条款的合理制定。如前所述，康美药业案为上市公司独立董事敲响了警钟，由此保险公司纷纷推出针对证券虚假陈述的特别情形责任保险。而新《公司法》进一步扩张了董事的主体范围、义务范围，董事责任保险的需求将显著增加，针对董事概括性义务的全面责任保险也随之面临发展机遇。但所谓全面责任保险也并非无差别地将所有的董事不当行为都纳入保险范围，如何平衡公司与董事、保险公司与被保险人之间的利益，同时满足董事规避过失风险的客观需要，则须在保险条款的拟定上审慎考量。

2. 董事责任保险的承保范围与免责范围

承保范围应是董事在执行职务时因不当行为而导致的损失，包括公司向董事索赔。董事责任保险针对董事的职务行为是应有之义，董事因履职不当可能造成公司、股东或第三人损失。过去保险公司多将董事责任保险的范围限定于股东和第三人向董事提起的索赔，而将公司排除在外。主要原因有二，一是投保人起诉被保险人，被认为存在恶意串通、骗取保险金的风险，因而被禁止。[①] 二是有观点认为公司直接向董事提出赔偿请求的，董事被视为与保险标的不具有保险利益。[②] 但笔者认为前述观点均难以成立。**公司除作为投保人外，当然也可能成为保险法上的第三人，且董事因违反信义义务而对公司负有赔偿责任是董事责任体系的重要组成部分，董事对此当然存在保险利益。若将公司索赔排除在保险范围之外，董事责任保险的作用将大打折扣。若为防范道德风险，可通过设置赔偿限额、要求生效判决确定责任等方式予以化解。**

在免责范围上，保险公司一般排除故意行为和非纯粹经济损失的赔付。董事责任保险的免责条款主要有三类：一是先前赔偿请求的除外；二是故意行为、违法行为的除外；三是人员损伤和实物损失的除外。第一类是指在承保之前发生的诉讼、仲裁等赔偿请求，以及基于相同事实从中延伸而来的后续赔偿请求，即要求保险风险不确定。第二类主要针对董事违反忠实义务和法定义务。如前

① 参见姜婷婷：《上市公司董事责任保险之责任范围界定》，载《保险研究》2022 年第 12 期。

② 参见孟伟：《董事责任保险的保险标的与保险利益之探析》，载《法学杂志》2004 年第 4 期。

所述，董事违反忠实义务的主观状态多为故意，而忠实义务为最低标准的道德义务，为防止道德风险，将董事故意违反义务的情形排除在保险范围之外具有合理性和正当性。另外，实务中默认董事履职违反法律规定即视为存在故意或重大过失，《上市公司治理准则》第24条也将董事违法或违反公司章程作为责任豁免的例外。故保险公司多将此作为免责事由。第三类是指部分保险公司仅赔付董事造成的第三方直接财产损失，对于因身体伤害及有形财产毁损、灭失引发的次生财产损失不承担赔付责任。主要是为防止多类不同性质的保险对同一损失重复保险，产生额外的风险成本。

基于《公司法》的规定和保险普及现状，笔者建议在免责范围上取消对“违法行为”的概括限制和次生财产损失限制。主要考虑如下：第一，忠实、勤勉义务可能与守法合规义务产生重合。虽然在新《公司法》的体例安排上，第179条规定董事负有守法合规义务，第180条规定董事负有忠实、勤勉义务，两者似乎泾渭分明。但《公司法》及相关司法解释针对具体场景就董事的忠实、勤勉义务进行了重申性规定，由此导致部分忠实、勤勉义务本身也成了法律规定义务。如董事因过失未仔细审核财务账目，导致向股东违法多分配100万元，若认为该行为属于重大过失，违反勤勉义务，则属于承保范围，若认为该行为属于违反行为（违反利润分配规定），则不属于承保范围。为避免因该问题产生争议，或不当压缩了保险范围，笔者建议删除对违法行为的概括限制，可替代以具体除外行为或具体法律规定，以保障责任保险的实用性。第二，次生财产损害排除规定的移植前提可能不具备。德国保险实务中，董事责任保险不保次生财产损害的前提是此种损害都已囊括在产品责任险、业主责任险等其他责任险中，而董事责任保险仅是对前述保险的补充，就前述责任险无法涵盖的纯粹经济损失予以填补。[①]就我国目前的保险普及率来说，似乎还难以仅将董事责任保险定位为一种补足性保险，且相较于对公司损失的填补功能，其更重要的功能是对董事风险的转移。试举一例，若董事未妥善履行监管职能，使得存在安全隐患的一批药物流入市场，召回所有药物的成本构成纯粹经济损失，但召回的需销毁的药物则属于资产

① 参见孙莉婷：《德国董事责任保险制度设计及运行研究》，吉林大学2013年博士学位论文，第75~77页。

损失。若只赔付前者，而不赔付后者，董事依旧面临巨大执业风险。且在新《公司法》增设董事对第三人责任制度后，次生财产损失纳入承保范围之内将更具实务意义。

3. 董事责任保险的索赔发生制及理赔金额

保险人保险责任的启动一般分为事故发生制和索赔发生制，具体到董事责任保险中，前者以董事作出不当行为作为保险责任启动时点，而不要求、不考虑第三人何时向被保险人索赔，后者则以第三人的实际赔偿请求作为保险责任的触发时点。因董事的不当行为具有隐蔽性，且利益反馈机制可能存在滞后性，国内目前的董事责任保险多采用索赔发生制。但索赔发生制下也有细分，根据笔者了解的实务情况，部分保险公司要求董事不当行为与损失索赔申请均发生于保险期内，若董事不当行为发生于承保前，则属于免责范围。但也有部分保险公司为提高产品竞争力，仅要求损失索赔申请发生于保险期内，对于董事不当行为的发生时间不存在特别限制。一方面，若董事在投保前已存在不当行为，就可能向保险公司转嫁已客观存在甚至是确定的风险。另一方面，就定期债券等交易，从董事作出不当行为到投资人索赔的周期较长，若要求行为与索赔同时发生于保险期内，则会大大削弱保险产品的实际效用，故该问题实际是投保公司与保险公司之间的利益博弈问题，双方均需衡量、评估风险与收益。

索赔发生制下，公司还需关注事后保险期问题，保险公司可考虑限制索赔形式。在保险期内发生的董事不当行为，在保险期后延伸出索赔申请，若下一家保险公司对非保险期内的行为不予承保，则公司可能遭受损失。故较为适宜的方式是在投保时与保险公司商定事后保险期。[①] 即保险期经过后，保险机构免费或以较低的保险费进行延保。同时鉴于董事违反义务及赔偿责任的认定具有专业性，若非法院或仲裁机构对董事行为进行认定，并确定责任金额，保险机构难以自行作出判断。为避免公司与董事串通，或第三人恶意敲诈、勒索，建议保险公司可将索赔形式限定为诉讼、仲裁索赔。

笔者建议保险机构针对不同公司、不同董事提供不同的保险费、赔偿限额、

① 参见孙莉婷：《德国董事责任保险制度设计及运行研究》，吉林大学 2013 年博士学位论文，第100~101 页。

免赔金额配置。实务中，保险公司可能会为多家公司或一家公司中的多名董事提供相同的保险合同模板，但笔者认为，仅就保险费、赔偿限额、免赔金额三项重要的金钱给付内容，应针对董事责任进行差异化配置。就保险费而言，执业风险越高，保险费越高。例如，董事职位越高，职权范围越大，越可能存在执业风险。相较而言，独立董事、职工董事的执业风险更小；又如，董事的专业性与公司业务领域相匹配，在法律层面更可能构成重大过失，被认定违反义务的可能性更高。就赔偿限额而言，可根据公司状况结合职权划分判断。公司的资金体量与交易规模越大，赔付限额也应作抬升。同时结合公司章程对于决策权限的划分，若对于大体量的交易存在投资委员会决策或股东会决策的职权划分，则董事面临高额赔偿的可能性相应减小，赔偿限额可适当压缩。就免赔金额而言，德国法提供的思路是与损失金额或董事年薪挂钩。《德国股份法》第 93 条规定，公司为免除董事责任签署保险合同的，免赔金额应为从至少损失的 10% 到至少董事固定年薪的一倍半。① 此外，也可考虑与董事责任比例进行挂钩。免赔金额就是董事应自担的责任份额。若董事被生效法律文书认定就损失承担较高的赔付比例，则证明董事更具可谴责性，因此在免赔金额上可存在梯度约定，梯度设计方向为董事责任比例越高，免赔金额比例越低。

（三）董事责任限免的其他路径

如前所述，董事责任的限免存在多种路径，新《公司法》在立法层面已确立异议董事豁免路径与董事责任保险限免路径，但未明确规定公司内部合意限免路径，即公司章程规定或股东会、董事会决议限免董事责任。该立法结果实际隐藏着立法者对于公司内部合意可能架空董事责任体系、诱发董事不当履职的担忧。但笔者认为，在董事权责急剧扩张且责任限免规定供给不足的立法现状下，该路径必将存在于公司经营实践中，司法仍不可避免地需对公司能否限免，以及在何种程度限免董事责任的问题进行回应。笔者试对该问题分析如下：

第一，公司可限免董事责任，但董事违反忠实义务以及故意违反义务的责任不可被限免。② 若董事违反信义义务，造成公司损失，公司作为权利主体当然

① 参见《德国商事公司法》，胡晓静、杨代雄译，法律出版社 2014 年版，第 107 页。

② 参见傅穹：《公司利益范式下的董事义务改革》，载《中国法学》2022 年第 6 期。

可以处分自身合法权利，包括放弃或部分放弃权利。但根据董事违反义务的类型，笔者认为，以下情况不宜减免董事责任：(1)董事违反忠实义务。忠实义务更多体现为道德义务和最低程度的义务，即董事受托经营公司，需将公司利益置于优位。若董事违反忠实义务亦可被限免责任，则董事信义义务作为托举公司治理结构的基石就可能被动摇。且董事可能以较低程度的赔偿责任换取违反忠实义务后更为客观的个人利益，极易引发道德风险。(2)董事故意违反义务。无论董事违反的是忠实义务、勤勉义务还是法定义务，也无论董事违反义务的动机是为个人利益还是背后的股东利益，只要董事在主观上存在故意，就具有更强的可谴责性。也正是基于此种考虑，一般董事责任保险均将故意行为作为除外条款。为实现各种责任限免路径之间的内部协调，笔者认为故意行为不可被减责或免责。

第二，公司章程可提前设置董事责任的限额，但不得概括式免除董事责任。章程限免和决议限免的差别在于章程为事前限免，决议为事后限免。且由于是事前限免，章程无法预先假设具体情形，只能概括式限免。在概括式限免的形式下，笔者认为章程不得直接概括免除董事责任。理由在于公司制定章程时无法知晓董事违反义务可能给公司带来的严重后果，此种权利放弃可能使公司遭受重大不利益，且可能并不符合具体场景下公司的真实意思。与此种法律理念相近似的，《民法典》第197条规定诉讼时效不可预先放弃，第401条规定流押无效(债务履行期届满前约定债务到期后转移抵押物所有权)。但与此相对的是，公司章程可提前设置责任限额。如《日本公司法》第425条规定，代表董事的责任限额为年薪的6倍，普通董事为4倍，独立董事为2倍，超过该金额以外的赔偿部分，可予以免除。①

第三，公司决议减免董事责任原则上应由股东会决议，但允许股东会授权董事会决议。董事违反义务导致公司受损，关乎股东切身利益，且董事会一般集体决策，在决策失误的情况下多数董事均可能需承担赔偿责任，故笔者认为，减免董事责任交由股东会决议更为合适。该事项不属于法定绝对多数决事项，但公司章程可对决议通过比例进行特别规定。考虑到规模较大的公司或者上市公司

① 参见《新订日本公司法典》，王作全译，北京大学出版社2016年版，第184页。

股东人数较多且较为分散，股东会的召开并非易事。笔者认为，股东会也可授权董事会决议，此种授权一般为章程提前授权，但在授权时为防止董事之间私相收受，可参考日本法的规定，要求董事会将决议内容（主要是董事失职事实、减免责任的理由、减免责任的金额）逐个通知股东或进行公告。同时设置股东异议制度，持股一定比例以上的股东可在规定期限内提出异议，一旦股东异议，董事会决议失去效力。①

第四，当公司对外存在未清偿债务时，不得减免董事责任。董事对公司的赔偿责任不仅关乎公司及股东的利益，客观上也导致公司债权人的追索链条有所延长（债权人代位权）。公司的经营自主权、处分权固然应当被保护和尊重，但仍需与公司债权人利益保护在特殊时点上实现平衡。笔者认为，该特殊时点即为"公司对外存在未清偿债务"之时，实际就是防止公司借由董事责任限免制度恶意损害已知债权人的利益。当公司存在未清偿债务之后，公司以修改章程或作出决议的方式减免董事责任，都涉及损害公司债权人利益。且"未清偿"不要求公司经执行确定清偿不能，只要公司客观上未及时清偿债务即满足条件。故与公司决议无效制度、债权人撤销权制度相衔接，笔者认为，当公司对外存在未清偿债务时，不得减免董事责任。

五、小结

作为公司治理中心转移的配套措施，无论是实质董事规则的增设、董事义务的扩张与强化，还是董事对第三人责任制度的构建等，都无疑体现着立法者对于董事滥权以及股东借助董事滥权的担忧，同时也警醒着在其位者需谋其事，权利的行使需尤为审慎。但在避免董事义务空洞化的同时，如何避免过于模糊的义务判断标准和过于严苛的赔偿责任对董事积极性、创造性的压制也是公司治理模式变革必须要考虑的命题之一。

在扩张董事职权、强化董事义务的同时，本次《公司法》修订对于董事责任的限制及差异化配置未给予充分关注，在董事的事后救济和权利保障上略有欠缺，一方面，可以视为立法留白于司法，交由法官在个案中依据具体事实进行裁量；另

① 参见《新订日本公司法典》，王作全译，北京大学出版社2016年版，第185页。

一方面，立法空白可能招致司法裁量权的滥用，更可能的是弃用。若机械化判决董事无差别地对公司所有损失承担责任，董事就可能成为股东出资的替代者、公司经营风险的承受者、债权人投资亏损的填补者。**此种董事权利义务体系的再构造能否有效提升公司的治理效率尚不明朗，但却可能使得董事这一职业群体时刻被暴露在未知风险中。考虑到董事实际行使职权的局限性、收入回报的有限性和责任限免制度的供给不足，笔者认为，实务中对于董事过错的认定宜持审慎态度，对于董事责任的认定宜作适当的缓和性处理。**

以此可能折射的问题是，在借鉴域外优秀立法经验的同时，不仅要解决法律移植的空间落差感，而且要解决配套制度不足的体系落差感，更要重视变革过程中所涉公司主体的比较落差感。从社会现实需求出发，思考我们所期待的公司经营者应发挥何种价值，以及相关制度性改革能否为其提供稳定的司法裁判预期和松紧有度的价值创造空间，从而塑造符合本土商事及司法特征的董事权利义务体系。

附图：新《公司法》董事权责条文一览

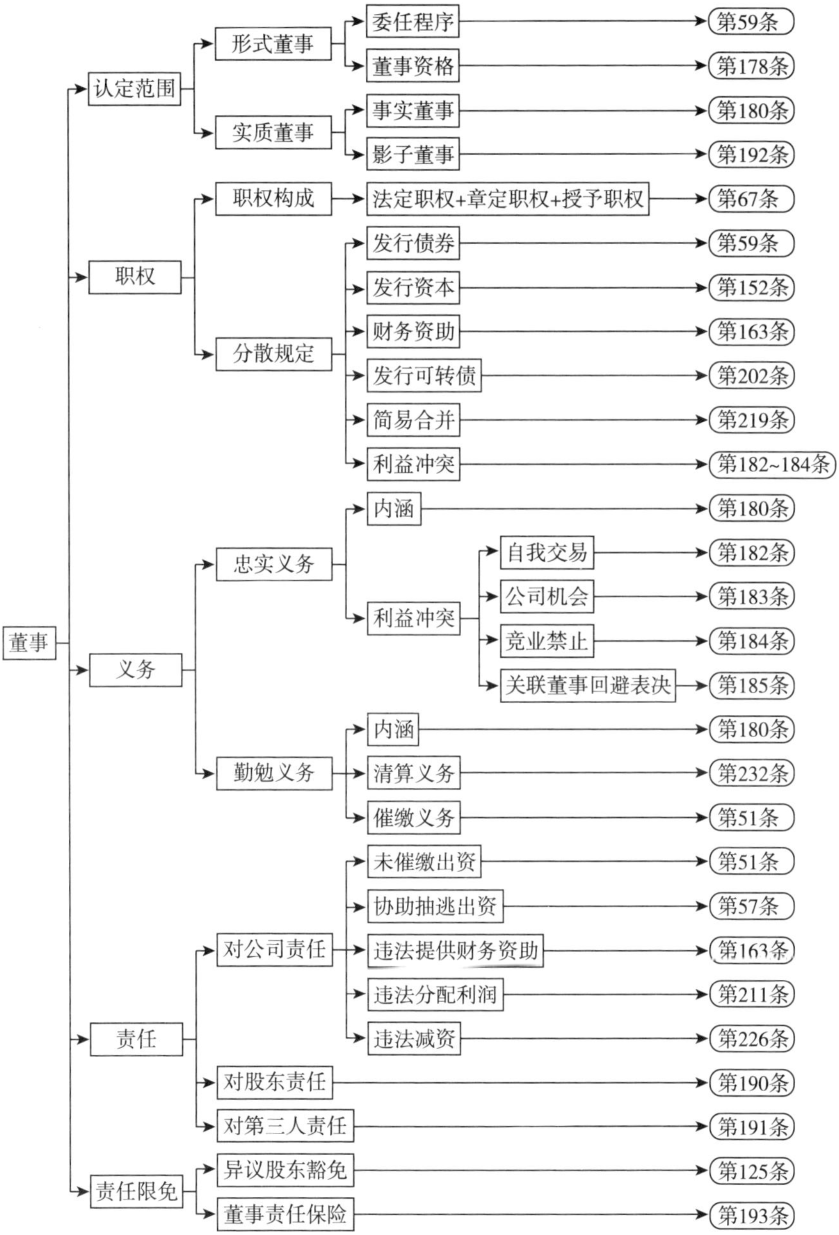

专题十

多元化的治理结构：公司治理规范的守旧与革新

公司治理乃公司法领域一个永恒的议题，旨在探讨如何保障中小股东和债权人等外部投资者顺利获得最初协议约定的投资回报，控制和约束控股股东、实际控制人、董事以及高管等内部人的机会主义行为，降低代理成本。[①] 所谓公司治理结构，在法律语境中，通常涵盖三个议题，包括如何搭建公司内部组织机构，如何在内部组织机构以及参与公司治理的股东、董事、监事、高管乃至债权人之间及其各自之间分配关于公司事务的决策权，《公司法》所提供的治理规范是否具有强制性以及违反这些规范究竟会产生何种具体的法律效果。

自1993年《公司法》颁布以来，有关公司治理结构的规范即饱受批评。首先，评论者多认为法律的管制色彩浓厚，没有给予中小规模的非上市封闭公司以足够灵活的自治空间，《公司法》似乎没能在现实生活中有效发挥降低交易成本的核心功能；[②] 其次，有限责任公司和股份有限公司两种法定标准公司形态存在区分度不足和实质趋同等问题，[③] 在公司治理结构上，组织机构设置方案以及在股东会和董事会之间分配权力的方案均趋同，立法设计上的区分不足在某种程度上导致现实中有限责任公司与部分股份有限公司趋于同质化，不禁令人怀疑《公司法》提供的治理结构是否真的"有用"、区分公司形态的意义又何在；最后，理论上的种种反思也映射到了诉讼实务中，制造了诸多争议难题。例如，有限责

---

① See Andrei Shleifer & Robert W.Vishny, *A Survey of Corporate Governance*, 52 The Journal of Finance 737-738(1997); Rafael La Porta, Florencio Lopez-de-Silanes, Andrei Shleifer, and Robert Vishny, *Investor Protection and Corporate Governance*, 58 Journal of Financial Economics 3-27(2000).

② 参见刘斌:《公司类型的差序规制与重构要素》,载《当代法学》2021年第2期。

③ 参见王保树:《公司法律形态结构改革的走向》,载《中国法学》2012年第1期。

任公司股东能否改变《公司法》规定的治理架构，取消监事会甚至取消董事会和董事，能否将董事会或董事的权力全部收归股东会或者将股东会的权力下放于董事会或董事？股份有限公司治理结构规则和职权分配规则的强制性是否强于有限责任公司？当涉及公司章程和《公司法》没有明确规定的事项时，究竟谁有权代表公司作出决策？

疑难实务问题根源于《公司法》规则供给不足，而规则供给不足又肇因于理论支撑不够稳固，未形成有力的价值共识。本轮《公司法》修订立足于过往运行经验，回应了部分实务争议问题，新《公司法》已然呈现迈向更加多元的企业治理结构、靠拢董事会中心主义治理模式的倾向。鉴于此，笔者结合公司治理理论，尝试从公司组织机构规范变化的角度澄清公司治理机制的演变与完善，以明晰规则的适用和新《公司法》对公司治理的影响，并有针对性地回答理论上与实务上的疑难问题。

一、公司治理结构的立法演变

自 1993 年《公司法》颁布以来，对于如何设置公司内部组织机构、决策权如何在公司内部组织机构之间分配等问题，我国法律一直采取列举式立法，总体上呈现弱化管制和强化自治的倾向。

公司治理结构规范的演进过程大致分为三个阶段：第一阶段，秉持建立现代企业制度的 1993 年《公司法》“小试牛刀”，粗线条地勾勒了有限责任公司与股份有限公司的治理架构，其确立的列举式立法形成了路径依赖，持续影响嗣后的法律修订；第二阶段，2005 年《公司法》对包括公司治理结构规范在内的法条进行了重大修订，弱化治理规范的强制性色彩，其确立的规则模式一直持续至 2018 年《公司法》；第三阶段，2023 年新《公司法》结构性修订，在弘扬企业家精神的价值背景下大举操刀公司治理结构规范，尝试回应有限责任公司与股份有限公司趋同现象，在诸多方面都拉近了有限责任公司与封闭股份有限公司之间的实质差别，并进一步弱化治理规范的管制色彩。

（一）1993 年《公司法》的治理结构规则

1993 年《公司法》在组织机构和职权分配规则的建构上立基于家长主义，凸显强制特征，锚定了基本的法定标准公司形态和治理结构。

1. 组织机构设置

第一，由全体股东组成的股东（大）会在有限责任公司和股份有限公司中一直为必设机构，且1993年《公司法》未专门提供有关一人公司的特殊规则。

第二，对于董事会，1993年《公司法》允许人数较少和规模较小的有限责任公司设置执行董事替代3~13人的董事会；要求股份有限公司必设董事会，且相较于有限责任公司，人数规模限制更为严苛，为5~19人。

第三，对于监事会，1993年《公司法》区分有限责任公司和股份有限公司，针对有限责任公司，规模较大者必须设置监事会，允许规模较小和股东人数较少者设置1~2名监事替代监事会；针对股份有限公司，由3人以上组成的监事会为必设机构。

第四，对于经理，1993年《公司法》不区分有限责任公司和股份有限公司，从文义上观察，均要求两类公司必设经理。

2. 职权分配

第一，股东（大）会被定位为权力机构。首先，股东会职权采取列举式立法，且不允许章程另行补充或作出变更。1993年《公司法》第38条和第103条在列举股东会和股东大会职权时，没有囊括“公司章程规定的其他职权”，且实质上没有区分有限责任公司和股份有限公司。其次，两类公司区别有限。唯一的区别在于，有限责任公司股东会的列举职权多了一项“对股东向股东以外的人转让出资作出决议”，同质化之下的区别侧面体现了立法者对有限责任公司作为封闭公司的预设。

第二，董事会或董事系执行机构，对股东（大）会负责。首先，董事会职权采取列举式立法，且没有兜底性质的章定职权和股东会授予职权。1993年《公司法》第46条和第112条在列举董事会职权时，也无“公司章程规定的其他职权”和“股东会授予的其他职权”等类似表述，实质上亦未区分有限责任公司和股份有限公司。其次，两类公司少见的重大区别在于，立法者允许股份有限公司董事会授权董事长在闭会期间行使董事会的部分职权，强化了股份有限公司董事长的权力地位。最后，针对设置执行董事的有限责任公司，法条要求公司章程参照董事会职权法条进行规定，文义上排除了章程的完全自治，凸显管制色彩。

第三，监事会或监事系监督机构，职能在于监督董事与经理的管理行为，但彼时职权尚不包含派生诉讼权利（尚未引入股东派生诉讼制度）。

第四，两类公司中经理的职权实质相同。1993年《公司法》将经理定性为董事会的下级执行机构，在列举具体的职权之外，允许公司章程和董事会授予其他职权。1993年《公司法》给予公司自治的空间极小，只允许公司章程在法条列举的经理职权之外补充其他职权，不允许“推倒重来”。

（二）2005年《公司法》的治理结构规则

2005年《公司法》弱化管制，允许公司章程补充规定各机构的职权，扩大了公司自主构建的空间，影响深远，确立了此后的规则模式。

1. 组织机构设置

第一，股东（大）会仍然为必设机构，但2005年《公司法》对一人有限责任公司进行了专门规定，一人有限责任公司不存在股东会。

第二，不变之处为，董事会仍系股份有限公司必设机构；变化之处为，对有限责任公司以执行董事替代董事会的条件进行了形式修订，1993年《公司法》的条件为“股东人数较少和规模较小”，2005年《公司法》将“和”改为“或者”，某种程度上放宽了有限责任公司不设置董事会的门槛。

第三，放宽了有限责任公司不设监事会的条件，将“股东人数较少和规模较小”中的“和”改为“或者”。

第四，不再强制要求有限责任公司设置经理，改为“可以设经理”。

2. 职权分配

第一，在股东（大）会和董事会职权部分增加“公司章程规定的其他职权”项目，删除有限责任公司股东会“对股东向股东以外的人转让出资作出决议”的职权项目，同时调整立法技术，股份有限公司股东大会职权和股份有限公司董事会职权均直接转引有限责任公司的规定，两类公司进一步趋同。

第二，针对设置执行董事的有限责任公司，2005年《公司法》删除了1993年《公司法》“参照本法第四十六条规定[①]由公司章程确定”的规定，变更为“职权由公司章程规定”，从文字表述来看，进一步拓宽了规模较小或股东人数较少的有限责任公司的自治空间，字面上有允许完全偏离法定范本“推倒重来”的意思。

第三，2005年《公司法》修补了1993年《公司法》确立的监事监督职能，允

① 关于董事会职权的规定。

许公司章程补充其他职权，考虑到2005年修法引入了派生诉讼制度，将提起监事代表诉讼增补为职权之一，立法技术上也进行了转引调整。

第四，在经理职权部分，2005年《公司法》弱化管制，允许“公司章程对经理职权另有规定”，即允许公司完全偏离法条设置的范本“推倒重来”，立法技术亦进行了转引调整。

3. 所有权与控制权分离结构

2005年《公司法》没有区分有限责任公司和股份有限公司，似乎意在统一确立所有权与控制权分离的治理结构。

首先，股东（大）会被界定为权力机构，但其大部分职权主要关涉修改公司章程、合并、分立、解散、变更公司形式等重大变更事项，只有少量职权事项落入日常经营管理范围内。

其次，至于董事会，观察其职权，其实际上被界定为执行机构，且法条明确表述对股东（大）会负责。董事会的主要职权系“执行股东会的决议”，决定聘任经理等高级管理层，公司的日常经营在董事会的直接领导或监督之下进行。

显然，2005年《公司法》把那种所有权与控制权分离、公司在董事领导或监督之下运营、董事乃股东的代理人的治理模式当成了普适范本，不加区别地一并适用于有限责任公司和股份有限公司。

吊诡之处在于，两权分离的治理模式更贴近所谓的“董事会中心主义治理架构”，但2005年《公司法》的文字表述，尤其是规定“董事会对股东会负责”又倾向于“股东中心主义治理架构”，能否从“董事会对股东（大）会负责”出发，在解释论上认为法律和公司章程未予明确的职权事项均归属股东（大）会，甚至将股东（大）会的权力机构定位解释为“最高权力机构”，进而允许公司章程和股东（大）会决议阉割董事会职权，无疑将引起持续的价值判断分歧。

（三）新《公司法》规则的主要变化

新《公司法》对2005年《公司法》以来的规则模式进行了实质修订，进一步弱化法律强制，变化较大。

1. 在机构设置上，公司自治空间更为宽阔，有限责任公司与股份有限公司更趋于同质化，允许公司自由选择单层制或双层制监督模式

（1）就股东会和股东大会，第一，新《公司法》形式上统一了有限责任公司与

股份有限公司的称谓，取消了股东大会的冗杂称呼；第二，将一人有限责任公司规则引入股份有限公司，允许成立一人股份有限公司。

（2）就董事会，第一，新《公司法》对于不设董事会的要求与此前保持一致，在表述上由“执行董事”变为“董事”，不设置董事会时董事的职权由章程规定变为“行使本法规定的董事会职权”；第二，允许规模较小或者股东人数较少的股份有限公司不设置董事会，与有限责任公司的规定保持一致，两类公司形态进一步趋同。

（3）就监事会，第一，新《公司法》最大的变化为，允许公司在单层制与双层制之间作出选择，有限责任公司和股份有限公司都可以在章程中规定通过董事会下设由董事组成的审计委员会来行使监事会职权，不设置监事会或监事；第二，对于规模较小或者股东人数较少的有限责任公司和股份有限公司，均可以不设置监事会，只设置一名监事；第三，允许规模较小或股东人数较少的有限责任公司在全体股东一致同意的情况下不设监事，直接阉割监督机构。

（4）就经理的设置，新《公司法》与2018年《公司法》保持一致。本轮法律修订过程中存在反复变化，法律起草者内部对有限责任公司是否必设经理似乎产生了意见分歧。《公司法（草案一）》第69条第1款延续2018年《公司法》第49条第1款前半句，有限责任公司经理仍然为选设机构，“有限责任公司可以设经理”；《公司法（草案二）》和《公司法（草案三）》第74条则删除了“可以”二字，重新靠拢1993年《公司法》的表述方式，“有限责任公司设经理”，似乎剑指“经理为强制必设机构”；最终通过的2023年新《公司法》第74条再次保留“可以”二字。这一过程可谓“山重水复”，但背后隐藏的观念分歧以及制造这种分歧的原因或许并未“柳暗花明”。

2. 职权分配规范进一步呈现任意性规则属性

（1）就股东会职权，首先，新《公司法》删除了股东会“决定公司的经营方针和投资计划”和“审议批准公司的年度财务预算方案、决算方案”两项职权；其次，取消“本法和公司章程规定公司转让、受让重大资产或者对外提供担保等事项必须经股东大会作出决议的……由股东大会就上述事项进行表决”规则；再次，此项修改实质上相当于将原本属于股东会的法定职权修改为公司可自行决定由股东会或董事会行使；最后，允许股东会授权董事会决定发行债券。

（2）就董事会职权，首先，保留董事会“决定公司的经营计划和投资方案”的权力；其次，在董事会职权部分删除对应股东会不再保留决策审批权的文件制定权；再次，新增"股东会授予的其他职权"项目，即董事会享有的职权类型在原来法定职权和章定职权的基础之上又新增了股东会授予的职权，但授予职权的范围是可由股东会自行决定还是仅限于《公司法》以及其他法律明确规定的内容尚有争议，下文将对此进行详细讨论；最后，新增公司章程对董事会权力的限制不得对抗善意相对人规则。

（3）就经理职权，新《公司法》不再对其逐一列举，而是授权公司章程与董事会决定。

立足于新《公司法》在组织机构设置上的规定，本书以组织结构图的形式展现了新《公司法》规定下公司的机构设置要求，如图 3-1 所示。

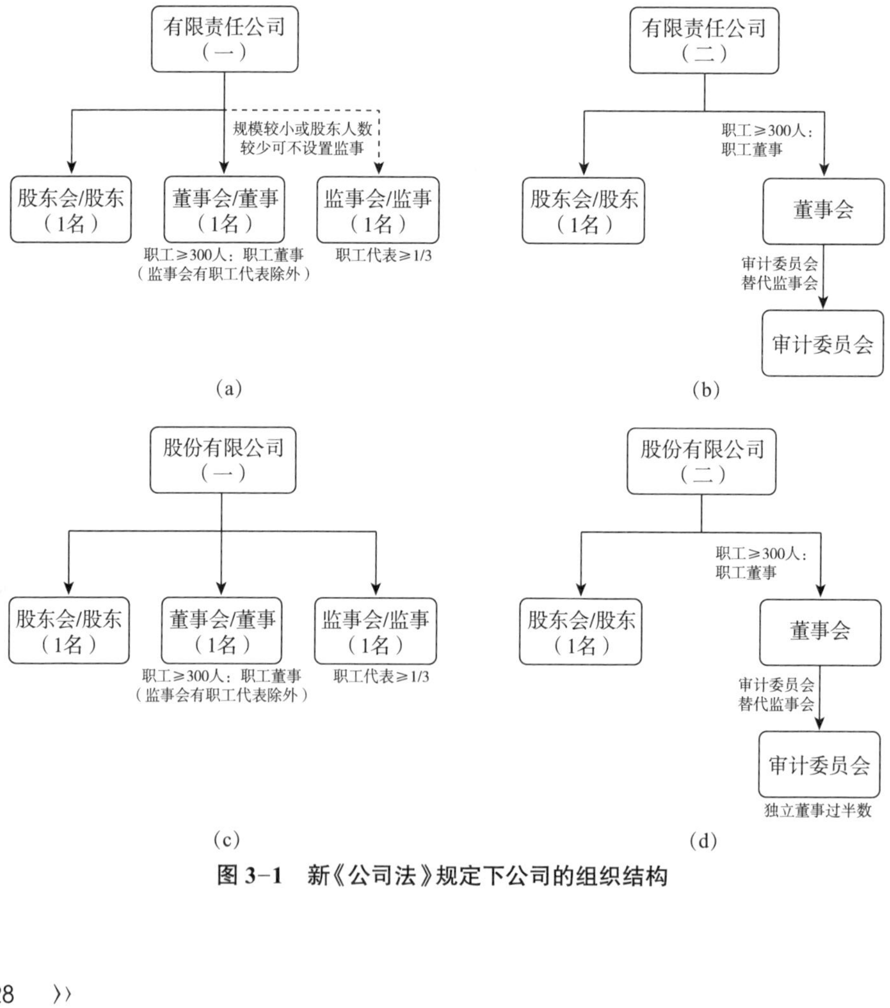

图 3-1　新《公司法》规定下公司的组织结构

二、公司治理结构的理论阐释

新《公司法》在治理结构规范部分弱化了管制色彩,进一步拓宽公司自治空间,同时在治理权力分配上呈现靠拢董事会中心主义的倾向,这一系列改革无疑意味着法律已从强家长主义姿态逐渐转向尊重多元现实的自由主义姿态,可谓重大进步。事实上,毫不夸张地说,交易成本经济学理论早已预测到了前述规则转向,**分析公司治理结构规范的应然姿态时,"交易成本"似乎足以解释大部分问题,当前新《公司法》允许公司选择更多元的监督机制和呈现靠拢董事会中心主义的权力分配模式,核心逻辑皆在于降低交易成本。**①

公司法的强制性与任意性是公司法理论和实践最基本和最重要的问题,目前,理论和实践对此问题都达成了一定程度的共识:公司法是强制性规范和任意性规范有机构成、合理布局的法。②然而,究竟哪些规范属于强制性规范、哪些属于任意性规范,却是法律始终未予明确规定的问题。③

厘清公司组织机构和职权分配规范属性,一个重要的意义是解决组织机构的职权纷争问题。强制性规范之下,公司机构的法定职权是绝对享有、不可通过公司章程予以改变的权力。而任意性规范之下,法定职权取决于公司的自我选择,公司章程可以对组织机构的职权范围进行调整,公司机构实际享有的职权最终取决于章程的选择。公司组织机构规范的属性会直接影响章程授权的效力和组织机构的职权范围,进而影响股东会或董事会依据职权进行决议或行为的效力。

此外,新《公司法》在公司治理结构规范上的守旧与革新同样与对法律规范强制性与任意性的认识论转变或价值预设息息相关,澄清治理结构规范的属性

---

① 一个可供参照的较为精致的成本分析框架,参见 Luigi Zingales, *Corporate Governance*, in Steven N.Durlauf and Lawrence E.Blume eds., The New Palgrave Dictionary of Economics, 2018, Palgrave Macmillan, p.2319-2329.

② 参见蔡立东:《公司本质论纲——公司法理论体系逻辑起点解读》,载《法制与社会发展》2004年第1期。

③ 参见罗培新:《公司法强制性与任意性边界之厘定:一个法理分析框架》,载《中国法学》2007年第4期。

亦是在解释新《公司法》发生规则转向的原因。

（一）规范性质的立法原意解析

新《公司法》依然延续原有立法方式，对股东会和董事会职权只做中性的列举性或陈述性规定，未予以明确回应，但**股东会职权与董事会职权部分的细节变化仍然从侧面揭示了立法者的可能态度和价值判断，立法者似乎有意将股东会职权规范设置为强制性规则，但在法条明确提及的事项上公司章程或者股东会可以另行安排或进行转授权，董事会职权则进一步呈现任意性特征。**

首先，针对股东会职权，新《公司法》倾向于为投资者提供一个默认的具有强制性的规则菜单，投资者可以在法律提供的规则框架之内选择。具体而言：第一，新《公司法》第 59 条列举了有限责任公司股东会的职权事项，其中第 2 款明确发行债券可由股东会转授权董事会，从文义解释出发，法条在列举一系列股东会职权之后，接着仅规定其中一项可以授权董事会决议，立法者似乎有意排除了第 59 条第 1 款其他事项的可授权性，第 59 条呈现强制性特点；第二，新《公司法》第 67 条在董事会职权规定上增加了"股东会授予的其他职权"，接着第 152 条、第 162 条、第 163 条、第 172 条、第 202 条和第 219 条（如表 3-8 所示）分别就授权发行新股、财务资助等专门事项规定了股东会可以授权董事会决议，依据体系解释，立法者似乎有意将"股东会授予的其他职权"设置为引致规范，仅包括新《公司法》明确规定的可由股东会授予董事会享有的职权。

表 3-8　新《公司法》关于董事会授予职权的相关规定

条款	规定内容
第 59 条第 2 款	股东会可以授权董事会对发行公司债券作出决议
第 152 条第 1 款	股份有限责任公司的股东会可以授权董事会在 3 年内发行新股
第 162 条	股份有限责任公司的股东会可以授权董事会决定将股份用于员工持股计划或者股权激励而回购本公司股份、将股份用于转换上市公司发行的可转换为股票的公司债券而回购本公司股份、上市公司为维护公司价值及股东权益必需回购本公司股份
第 163 条第 2 款	为公司利益的财务资助事项可由股东会授权董事会进行决议
第 172 条	国有独资公司履行出资人职责的机构可以授权公司董事会行使股东会的部分职权

续表

条款	规定内容
第 202 条第 1 款	股份有限责任公司股东会可以授权董事会决议发行可转换为股票的公司债券并规定具体的转换办法
第 219 条第 2 款	公司简易合并中合并支付的价款不超过公司净资产 10% 的可以不经股东会决议而由董事会决议

不过，就前述“股东会授予的其他职权”是否为转引规则，笔者认为，公司机构的职权范围一是涉及内部管理权的分配，二是涉及公司对外行为的效力及相对人审查义务的判断。无论基于哪个目的，均应当区分公司的具体类型来判断是否为转引规则：（1）对于股东人数较少且通常亲自经营管理、股权流通受限的中小型封闭公司，内部管理权的分配属于公司自治的事项，股东会决定将权力下放给董事会亦无不可，前述规则不是转引规则。具体理由有二，其一，封闭公司组织机构职权的规范应当具有任意性，股东会可以授权董事会行使的职权不局限于法律的明确规定，除专属于股东会的权力外，其他的职权均可授予董事会行使；其二，针对交易相对人审查义务，授予职权的对外效力属于民法规范调整的范围，公司依据内部组织机构的决议而进行对外行为的效力，交由公司代表权制度调整即可，无须在公司授予职权范围的层面给予特别关注，在公司未主动披露的情形之下，相对人也不具有主动审查的义务，表见代理和表见代表规则已经充分考虑到了公司内部职权自治分配对外部相对人的影响。（2）对于股东人数较多、股份自由流通的中大型公众公司，尤其是上市公司，前述规则应为转引规定，公司只在法律明文允许的范围内享有自主决定权。具体理由有三，其一，强制性规定可降低多数人之间一一磋商的交易成本；其二，涉及对公共利益的保护，组织机构规范和职权规范应具有强制性；其三，非上市公众公司和上市公司很大程度上由《证券法》和监管规则调整，难存自治空间。

其次，针对董事会或董事职权，新《公司法》的变化又呈现任意性特征，董事职权规范更接近于默认的任意规则，第 67 条似乎只是立法者提供的一个可改变的模板而已。具体而言，新《公司法》基本延续了 2005 年《公司法》以来的模式，第 67 条第 2 款列举了系列董事职权，其中最后一项明确表述为“公司章程规定或者股东会授予的其他职权”，“其他”二字仿佛意味着第 67 条第 2 款第 1 项至第9项不可变动，换言之，第67条是强制性规范，公司只能在前述事项之外补充其他职权。**但是，新《公司法》第67条第3款新增规定似乎又改变了前述立场，“公司章程对董事会职权的限制不得对抗善意相对人”，首先意味着立法者承认了公司章程限制董事会职权的效力，延展开来，“限制”必定意味着第67条列举的职权事项可以被变更，例如，公司章程规定董事会决定公司内部管理机构的设置时必须经过股东会过半数决议通过，问题在于“限制”是否包含“删除”，甚至从“限制”中直接解释出将第67条以及其他法条列举的董事会职权直接收归股东会或移动至其他机构，此为后续值得探讨的问题。**无论如何，新《公司法》第67条第3款的变动已然呈现任意性规则特点。

（二）规范性质识别的理论与裁判路径

学理上界定《公司法》规范属性的基本思路为，先对《公司法》的规范进行类型划分，进一步再界定不同类型《公司法》规范的强制性和任意性。最具代表性的是美国著名公司法学者艾森伯格教授提出的规范分类，他将《公司法》规范分为结构性规范、分配性规范和信义性规范，公司组织机构职权分配的规则属于结构性规范的范畴。结构性规范的属性则需要进一步区分封闭公司和公众公司，对于封闭公司而言，结构性规范应当以赋权性和补充性为主，对于公众公司而言，结构性规范应当以强制性为主。①

观察司法裁判经验，法官通常根据决议事项类型来认定规范性质，将重大变更事项决定权规范认定为强制性规定，其他职权事项归类为任意性规定。此前，最高人民法院和地方法院有观点认为，《公司法》中关于股东会和董事会职权的规定并不属于效力性强制规定，法律并未禁止股东会将部分决定公司经营方针和投资计划的权力赋予董事会，但涉及修改公司章程、增减资以及公司合并、分立、解散或者变更公司形式等《公司法》明确必须由股东会行使职权的事项，不能够授予给董事会行使。② 前述观点的逻辑可解构为：**股东会职权可以分解为所**

---

① See Melvin Aron Eisenberg, *The Structure of Corporation Law*, 89 Columbia Law Review 1461-1462(1989).

② 参见袁某、潘某、彭某、姜某霞与黄某人、黄某、舒某、仲某中、徐某明、雅安珠峰商贸有限责任公司损害公司利益责任纠纷案，最高人民法院（2017）最高法民申1794号民事裁定书；徐某与安顺绿洲报业宾馆有限责任公司、贵州黔中报业发展有限责任公司公司决议效力确认纠纷案，贵州省高级人民法院（2015）黔高民商终字第61号民事判决书。

有者权利和经营者权利，其中涉及的章程修改、增减资以及合并、分立、解散或者变更公司形式等职权属于所有者权利，所有者权利应当属于股东会专属权利，这类权利的目的在于保护股东免受管理层不当侵害，法律就此所作的规定应当具有强制性。①

笔者认为，如前文分析股东会转授权规则时所言，应当根据公司类型分别认定职权分配规范的属性，具体理由在本专题第三部分公司治理结构的实务解析中的“靠拢董事会中心主义治理模式”部分详细展开。首先，对于封闭公司，新《公司法》关于股东会和董事会职权的规范，除修改公司章程、增减资以及公司合并、分立、解散或者变更公司形式等属于必须由股东会享有的职权外，其他规范均属于任意性规范，可由章程变更；其次，对于公众公司，新《公司法》关于股东会和董事会职权的规范，属于强制性规范，应当优先适用《公司法》，在与《公司法》不冲突的情形下公司章程可另行规定；最后，鉴于有限责任公司与部分发起设立和募集设立的非上市股份有限公司存在趋同现象，新《公司法》也引入了一人股份有限公司规则，因此，在判断公司封闭性与公众性时，不应简单根据属于有限责任公司还是股份有限公司作出判断，由于现实情况异常复杂，仍应当根据本公司实际享有投资者权益的股东人数、注册资本规模、资产规模、员工人数、是否存在股权转让限制以及客观上转让本公司股权或股份的便捷程度等因素综合判定。

三、公司治理结构的实务解析

（一）迈向多元化的监督机制

新《公司法》考虑到现实中不同公司的需求并不相同，过往单一的监督模式无端增加了部分公司的治理成本，未见合理，本次法律修订特引入了双层制监督模式，但总体上，公司仍必须在法律提供的几种选项之间作出选择，不得另行搭建其他监督架构。

1. 在单层制与双层制之间选择

从全球视角看，公司治理目前在发达国家主要有两大模式，分别是英美模式

---

① 参见赵旭东：《中国公司治理制度的困境与出路》，载《现代法学》2021年第2期。

与德日模式。英美模式为一元制模式，系典型的股东主权型模式，企业的最高权力机构是股东大会，下设董事会和执行委员会（通常还有任免委员会、薪酬委员会、审计委员会等）。董事会聘请高级管理层，由首席执行官、总裁和首席财务官及其他职能领导组成；一般不设监事会，监督职能由董事会和独立董事以及董事会下设的审计委员会负责。德日模式是二元制模式，在股东会之下设有董事会、监事会（监事会里有员工代表参加），代表股东的利益控制和监督经营者行为，但不直接参与公司的日常经营管理活动，公司的日常经营管理由董事会招聘的高级管理层负责。

首先，2018 年《公司法》混合继受比较法经验，形式结构上更类似于德日双层制。从股东会、董事会和管理层的职权上看，我国借鉴了英美模式，但从监事会的设立来看，又在一定程度上采用了德日模式，这种组合是为了适应我国当时自身的经济体制。

其次，新《公司法》立足于监事会虚置的现实，在旧有的双层制结构之外，允许公司建立单层制结构。

实践中，监事会存在失灵现象，很难有效发挥监督职能。监事会失灵的原因大致有四点：一是监事会的人员往往由股东委派，监事会实际上由股东会控制；二是监事会缺少独立的财产支配权，在事实上缺乏足够的动因、能力和激励来将监督行动付诸实践；[①] 三是关于监事行权的规定较为粗糙，且当监事无法履行监督职能时法律没有提供足够明确和有效的救济措施；四是监事会的责任并不明晰，实践之中很少直接追究监事的责任。[②]

考虑到监事会失灵，若不顾不同类型公司之间的实质差异，强制要求所有公司都建立双层制的治理模式，只会无端制造交易成本，因此新《公司法》对监事制度进行了重大调整。**新《公司法》第 69 条和第 121 条允许在董事会中设立审计委员会替代监事会，监事会或者监事不再是必须设置的监督机构，公司可自行选择双层制或者单层制的治理模式，赋予公司更大的自主选择权。**观察中国上

① 参见施天涛：《让监事会的腰杆硬起来——关于强化我国监事会制度功能的随想》，载《中国法律评论》2020 年第 3 期。

② 参见邱某红与蔡某等损害公司债权人利益责任纠纷案，上海市徐汇区人民法院（2022）沪 0104 民初 20904 号民事判决书。

市公司实践，审计委员会仅专注于财务监督，但新《公司法》中规定的审计委员会行使的是监事会的职权，审计委员会的职权实际上得到扩大。

按照新法规则，公司还可以既设置审计委员会，又保留监事会，此时，审计委员会没有替代监事会的专属职权，但按照过往惯例，其仍然可以在监事职能之外负责审计财务会计报告等其他监督工作。

2. 允许小型有限责任公司不设置监督机构

新《公司法》回应现实需求，降低公司治理成本，允许小型有限责任公司阉割监督机构，既不建立审计委员会，也不设置监事会或监事，进一步放宽对小规模封闭有限责任公司的管制。依据新《公司法》第 83 条的规定，如果全体股东一致同意，则规模较小或股东人数较少者可不设置监事，直接阉割监督机构。① 这一举措实际上进一步放宽了对小规模有限责任公司的管制，扩大了封闭公司在治理结构上的自治建构权力。

新法允许小规模企业阉割监督机构，只设置作为所有者的股东会和负责经营管理的董事会或董事无疑具有合理性，可以节省不必要的交易成本。

首先，规模较小的有限责任公司所有权与控制权基本合一，通常不存在股东与管理层之间的利益冲突问题，此类企业没有在董事会之外设置监督机构帮助股东控制管理层不当行为的需求。对于那些股东人数较少且股东通常亲自参与企业经营管理的非公众公司而言，股东与经营管理层高度重合，因而股东与经营管理层之间的委托—代理问题并不存在，通过设置监督机构来帮助股东控制管理层不当行为并无必要，过往强制要求设立双层制治理结构的规则徒增了公司治理成本。

其次，此类中小型封闭企业往往存在控股股东或实际控制人，因此，主要的利益冲突乃大股东与中小股东之间的利益冲突，但缓和封闭公司股东之间利益冲突的法律机制并非双层制治理结构，在公司治理模式上施加管制往往只会挫伤这类企业独特的经营需求，制造的成本通常超过了管制带来的收益：一是将股权高度集中在一个主体手上实际上强化了该主体在本公司中享有的经济利益，

① 新《公司法》第 83 条规定：“规模较小或者股东人数较少的有限责任公司，可以不设监事会，设一名监事，行使本法规定的监事会的职权；经全体股东一致同意，也可以不设监事。”

该主体与本公司命运相互捆绑、丧失了分散风险的优势，但这样的构造客观上可激励大股东为公司投入更多稀缺人力资源并勤勉尽责；二是在股东会之外额外设立由股东委派决定的监事也无法保护中小股东利益；三是保护封闭公司中小股东免受不公平对待、规制大股东不当行为主要依赖于《公司法》中含义保持开放的信义义务条款和禁止滥用股东权利条款，法律在多大程度上妥当保护了中小股东、在多大程度上激励中小股东勇敢投资，实际上取决于法官是否敏锐地识别出了大股东实施的关联交易等不当行为和有风险的正常商业决策，并通过创造性解释前述一般条款在事后为受欺负的中小股东提供了充分的保护；四是不同行业、不同规模以及投资需求各不相同的中小型封闭公司往往需要根据自身的特点来设计监督机制，管制带来的成本往往超过了其提供强制性模板降低的交易成本。

3.“规模较小”与“股东人数较少”释义

新《公司法》在监督模式的选择上呈现弱化管制的特征，但不设监事会以及有限责任公司不设监督机构的要求仍然与原来保持一致，即“股东人数较少”或者“规模较小”。一个与之相关的诉讼实务问题在于，“股东人数较少”与“规模较小”并非相当明确的标准，首先，如何判断公司的规模？其次，以何种标准判断“少”与“小”？

观察司法裁判经验，**针对规模问题，法院通常以公司注册资本为考量因素，针对“少”与“小”，法院通常不会仅依据单一的股东人数或者注册资本就做出判断，而是结合二者，从监管风险的角度出发，以结果导向思维考虑在公司成员众多的情况下，一名监事所能起到的监督作用是否足够有效。**例如，上海市第一中级人民法院在童某芳等 13 人诉上海康达化工有限公司确认决议无效纠纷案中认为，综合考虑案涉公司股东人数和规模，一名监事所能起到的监督作用有限，从而认定该公司不能只设一名监事而不设置监事会。①

笔者认为，考虑到现实情形极其复杂、各公司之间的实质差异较大，不可能抽象出唯一的客观标准，此类裁判经验或将持续影响法官的认定。从形式上来说，应综合考虑股东人数、公司资本以及员工人数，通过“动态系统论”考察各个

① 参见上海市第一中级人民法院民事判决书，(2007) 沪一中民三(商)终字第 172 号。

指标在不同公司中的充足程度，各指标充足度越高，该公司离规模较小或股东人数较少的条件即越远，越应考虑设置董事会 / 监事会；从实质上来说，公司需理性判断不设置董事会 / 监事会能否有效满足自身经营需要，若认为可以满足，则可留存得出判断的基础证据材料或研究文件，以防范未来诉讼风险。

（二）靠拢董事会中心主义治理模式

本次法律修订的一大亮点是董事权责明显产生了扩张，体现出迈向董事会中心主义治理模式的倾向。“董事会中心主义”只是一个标签而已，本文无意探讨“中心主义”的概念含义与识别标准，在此使用这一概念指代大中型企业“两权分离”的治理结构，即股东只对重大事项享有表决权，不直接参与经营，公司在董事会的管理下或监督下从事经营业务。[①] 很明显，这种治理模式只适合拥有大量股东的中大型企业，不适合提供资本的投资者同时参与经营管理的小型初创企业或所谓“企业家型企业”，所以前文不断强调《公司法》应当至少区分两种公司类型，分别为不同的合作项目提供默认的交易结构，降低磋商成本。

首先，新《公司法》在逐项列举董事会享有的法定职权时，在最后一项新增“公司章程规定或者股东会授予的其他职权”兜底规定，由此形成“法定职权 + 章定职权 + 授予职权”的权力结构，扩大了董事会的职权范围。

其次，新《公司法》保留了董事会“决定公司的经营计划和投资方案”的权力，删除了股东会“决定公司的经营方针和投资计划”权力，且新《公司法》第 67 条删除了 2018 年《公司法》第 46 条“董事会对股东会负责”的表述，侧面反映了董事会在公司治理中占据中心地位。《公司法（草案一）》第 62 条一度规定董事会行使“本法和公司章程规定属于股东会职权之外的职权”，将剩余权力分配给董事会，标志着董事会中心主义治理模式的确立。但《公司法（草案二）》删除了前述规则，再次回归 2005 年《公司法》确立的列举式立法模式，微妙之处是删除了“决定公司的经营计划和投资方案”，《公司法（草案三）》对此予以继承。然而，最终通过的新《公司法》再次发生了些许微妙变化，“决定公司的经营计划和投资方案”再次被保留，但对股东会行使职权的规定中却没有保留 2018 年《公

---

① 参见［美］斯蒂芬·M. 贝恩布里奇：《理论与实践中的新公司治理模式》，赵渊译，法律出版社 2012 年版，第 9~10 页。

司法》规定的“决定公司的经营方针和投资计划”。从一连串微妙变化中似乎可以看到立法者在踌躇中向董事会中心主义靠拢。

无论如何，在新《公司法》规则之下，公司章程可以规定剩余权力归属董事会，也可以限制董事会的权力，在公司章程没有规定时，立法者的价值预设似乎是倾向于通过“决定公司的经营计划和投资方案”在实质上将剩余权力分配给董事会。但从新《公司法》的条文来看，股东会仍被界定为公司权力机构，立法又没有完全摆脱股东会中心主义的路径依赖，立法者的态度似乎仍存在摇摆。

笔者认为，如前文所言，**不存在放之四海皆准的治理模式，应以降低交易成本为基本价值导向区分公司类型。**对于小型的封闭公司，股东所有权与公司经营权通常合二为一，股东直接经营管理公司，剩余权力直接归属股东会符合绝大多数此类公司的需求，可降低交易成本；对于两权分离的公众公司，股东人数较多、公司股权在交易市场上自由流通导致既不可能亦无必要将经营管理权和剩余权力分配给股东，有必要在股东会与董事会之间实行分权治理，公司重大经营决策权和经营管理权必须集中于董事会，剩余权力亦然，如此可降低交易成本。

（三）违反公司治理结构规范的法律后果探析

前文理论阐释部分已经分析了强制性规范与任意性规范的识别方式，进而，如果公司治理结构规范被认定为强制性规定，随之而来的具体实务问题是，违反强制性公司治理结构规范的法律后果是什么？

结合部分司法裁判经验与理论观点，笔者认为，可能的法律后果有如下四种。

第一种，在设立时可能面临登记障碍。除金融机构、国有企业和上市公司存在专门的规范性文件对监事会的设置存在要求之外，[①]《市场主体登记管理条例》及其实施细则、新《公司法》公司登记一章中均未要求普通公司在登记时提交组织机构设置的证明文件。某些地方的登记部门可能会严格遵循《公司法》文义，要求在登记时提供组织机构成员名单等材料，否则不予登记，但从机构设置规范的性质来看，笔者认为其并非效力性强制规范，公司未按照要求设置组织机构并不会导致公司设立的无效。

---

① 如《上市公司监事会工作指引》和《国有重点金融机构监事会暂行条例》的规定。

第二种，在设立后遭到行政处罚。实践中有公司可能并不满足不设置董事会或监事会的要求，但为满足登记要求而提交虚假材料或者采取其他欺诈手段，此种情况之下会面临行政处罚。

第三种，未按照法律规定设置组织机构的事实可作为证明存在权利滥用行为的证据。若公司规模较大但未设置监事会或审计委员会，出现控股股东滥用权利损害其他股东或债权人利益或董事、高管违反勤勉义务和忠实义务时，未按照法律要求设置监督机构的事实可作为补强证据，证明权利滥用与义务违反事实。

第四种，法院可能认为组织机构设置规范乃强制性规定，偏离强制性规定的公司章程条款无效，相应地，修改公司章程和任命人员的决议亦无效，[①] 违反强制性职权分配规范时同理。

四、小结

2005 年《公司法》修订以来，我国法律文本中的纸面公司治理模式并未发生变化，立法设计上对有限责任公司与股份有限公司区分不足导致现实生活中出现了有限责任公司与股份有限公司趋同的现象，新《公司法》为回应前述问题，进一步统合了有限责任公司与股份有限公司之间的实质差别。同时，新《公司法》进一步放宽治理结构管制，给予公司更大的自由选择权力，且呈现迈向董事会中心主义的倾向。但创新之余，有限责任公司与股份有限公司定位不清晰问题和趋同问题并未得到改善，其很可能在未来制造新的“疑难杂症”，届时，我们必须反思法律提供两类不同公司形态究竟意义何在。

鉴于新《公司法》在公司治理机制上的规范变化，笔者提出如下实务建议：

第一，对于公司，首先，应当从自身实际情况和需求出发，在不必要的情况下可以不设置董事会或监事会，以减少机构设置成本；其次，在章程中明确股东会和董事会的职权范围，避免公司内部职权不清，引发决议和对外行为无效的风险；最后，考虑到经理拥有公司业务执行机关的重要地位，却不再享有法定对外

① 参见童某芳等 13 人诉上海康达化工有限责任公司确认决议无效纠纷案，上海市第一中级人民法院（2007）沪一中民三（商）终字第 172 号民事判决书。

代理权，因此需要通过公司章程或者董事会对经理的职权进行明确安排，使得经理有权代理公司从事对外活动。

第二，对于公司外部人员，与公司进行交易时，应当尽到合理的注意义务，查看公司章程中关于组织机构的规定和职权范围，避免后续交易无效的风险。

第三，新《公司法》中的经理职权完全意定，后续可能会对交易相对人提出更高的审查要求。结合以往司法实践中法院对表见代理的认定标准，相对人在交易实践中有几点应当注意：一是应当对合同相对方于合同上所加盖的公章进行形式审查，如双方存在多次业务往来，可与之前所签订的合同中加盖的公章进行对比；二是应当对经理的身份进行审查，查明其是否有相应的权限，可以要求其出具授权书或者其他足以证明其能代表公司签订合同的文件；三是应当尽量留存全面的证据，以证明自身在签订合同时尽到了合理的注意义务。

附表：公司治理结构规范的立法演变对比

<table>
<tr><th>法律规定</th><th>条文内容</th></tr>
<tr><td>1993年
《公司法》</td><td>【适用于有限责任公司】
第37条　有限责任公司股东会由全体股东组成，股东会是公司的权力机构，依照本法行使职权。
第38条　股东会行使下列职权：
（一）决定公司的经营方针和投资计划；
（二）选举和更换董事，决定有关董事的报酬事项；
（三）选举和更换由股东代表出任的监事，决定有关监事的报酬事项；
（四）审议批准董事会的报告；
（五）审议批准监事会或者监事的报告；
（六）审议批准公司的年度财务预算方案、决算方案；
（七）审议批准公司的利润分配方案和弥补亏损方案；
（八）对公司增加或者减少注册资本作出决议；
（九）对发行公司债券作出决议；
（十）对股东向股东以外的人转让出资作出决议；
（十一）对公司合并、分立、变更公司形式、解散和清算等事项作出决议；
（十二）修改公司章程。
第45条第1款　有限责任公司设董事会，其成员为三人至十三人。
第46条　董事会对股东会负责，行使下列职权：
（一）负责召集股东会，并向股东会报告工作；
（二）执行股东会的决议；
（三）决定公司的经营计划和投资方案；
（四）制订公司的年度财务预算方案、决算方案；
（五）制订公司的利润分配方案和弥补亏损方案；
（六）制订公司增加或者减少注册资本的方案；
（七）拟订公司合并、分立、变更公司形式、解散的方案；
（八）决定公司内部管理机构的设置；
（九）聘任或者解聘公司经理（总经理）（以下简称经理），根据经理的提名，聘任或者解聘公司副经理、财务负责人，决定其报酬事项；
（十）制定公司的基本管理制度。
第50条　有限责任公司设经理，由董事会聘任或者解聘。经理对董事会负责，行使下列职权：
（一）主持公司的生产经营管理工作，组织实施董事会决议；
（二）组织实施公司年度经营计划和投资方案；
（三）拟订公司内部管理机构设置方案；
（四）拟订公司的基本管理制度；
（五）制定公司的具体规章；
（六）提请聘任或者解聘公司副经理、财务负责人；
（七）聘任或者解聘除应由董事会聘任或者解聘以外的负责管理人员；
（八）公司章程和董事会授予的其他职权。
经理列席董事会会议。</td></tr>
</table>

续表

法律规定	条文内容
	第 51 条　有限责任公司，股东人数较少和规模较小的，可以设一名执行董事，不设立董事会。执行董事可以兼任公司经理。 执行董事的职权，应当参照本法第四十六条规定，由公司章程规定。 有限责任公司不设董事会的，执行董事为公司的法定代表人。 **第 52 条**　有限责任公司，经营规模较大的，设立监事会，其成员不得少于三人。监事会应在其组成人员中推选一名召集人。 监事会由股东代表和适当比例的公司职工代表组成，具体比例由公司章程规定。监事会中的职工代表由公司职工民主选举产生。 有限责任公司，股东人数较少和规模较小的，可以设一至二名监事。 董事、经理及财务负责人不得兼任监事。 **第 54 条**　监事会或者监事行使下列职权： （一）检查公司财务； （二）对董事、经理执行公司职务时违反法律、法规或者公司章程的行为进行监督； （三）当董事和经理的行为损害公司的利益时，要求董事和经理予以纠正； （四）提议召开临时股东会； （五）公司章程规定的其他职权。 监事列席董事会会议。 **【适用于股份有限公司】** **第 102 条**　股份有限公司由股东组成股东大会。股东大会是公司的权力机构，依照本法行使职权。 **第 103 条**　股东大会行使下列职权： （一）决定公司的经营方针和投资计划； （二）选举和更换董事，决定有关董事的报酬事项； （三）选举和更换由股东代表出任的监事，决定有关监事的报酬事项； （四）审议批准董事会的报告； （五）审议批准监事会的报告； （六）审议批准公司的年度财务预算方案、决算方案； （七）审议批准公司的利润分配方案和弥补亏损方案； （八）对公司增加或者减少注册资本作出决议； （九）对发行公司债券作出决议； （十）对公司合并、分立、解散和清算等事项作出决议； （十一）修改公司章程。 **第 112 条**　股份有限公司设董事会，其成员为五人至十九人。 董事会对股东大会负责，行使下列职权： （一）负责召集股东大会，并向股东大会报告工作； （二）执行股东大会的决议； （三）决定公司的经营计划和投资方案； （四）制订公司的年度财务预算方案、决算方案； （五）制订公司的利润分配方案和弥补亏损方案； （六）制订公司增加或者减少注册资本的方案以及发行公司债券的方案； （七）拟订公司合并、分立、解散的方案；

续表

法律规定	条文内容
	（八）决定公司内部管理机构的设置； （九）聘任或者解聘公司经理，根据经理的提名，聘任或者解聘公司副经理、财务负责人，决定其报酬事项； （十）制定公司的基本管理制度。 **第 119 条**　股份有限公司设经理，由董事会聘任或者解聘。经理对董事会负责，行使下列职权： （一）主持公司的生产经营管理工作，组织实施董事会决议； （二）组织实施公司年度经营计划和投资方案； （三）拟订公司内部管理机构设置方案； （四）拟订公司的基本管理制度； （五）制定公司的具体规章； （六）提请聘任或者解聘公司副经理、财务负责人； （七）聘任或者解聘除应由董事会聘任或者解聘以外的负责管理人员； （八）公司章程和董事会授予的其他职权。 经理列席董事会会议。 **第 120 条**　公司根据需要，可以由董事会授权董事长在董事会闭会期间，行使董事会的部分职权。 公司董事会可以决定，由董事会成员兼任经理。 **第 124 条**　股份有限公司设监事会，其成员不得少于三人。监事会应在其组成人员中推选一名召集人。 监事会由股东代表和适当比例的公司职工代表组成，具体比例由公司章程规定。监事会中的职工代表由公司职工民主选举产生。 董事、经理及财务负责人不得兼任监事。 **第 126 条**　监事会行使下列职权： （一）检查公司的财务； （二）对董事、经理执行公司职务时违反法律、法规或者公司章程的行为进行监督； （三）当董事和经理的行为损害公司的利益时，要求董事和经理予以纠正； （四）提议召开临时股东大会； （五）公司章程规定的其他职权。 监事列席董事会会议。
2005 年 《公司法》	**【适用于有限责任公司】** **第 37 条**　有限责任公司股东会由全体股东组成。股东会是公司的权力机构，依照本法行使职权。 **第 38 条**　股东会行使下列职权： （一）决定公司的经营方针和投资计划； （二）选举和更换非由职工代表担任的董事、监事，决定有关董事、监事的报酬事项； （三）审议批准董事会的报告； （四）审议批准监事会或者监事的报告； （五）审议批准公司的年度财务预算方案、决算方案；

续表

法律规定	条文内容
	（六）审议批准公司的利润分配方案和弥补亏损方案； （七）对公司增加或者减少注册资本作出决议； （八）对发行公司债券作出决议； （九）对公司合并、分立、解散、清算或者变更公司形式作出决议； （十）修改公司章程； （十一）公司章程规定的其他职权。 对前款所列事项股东以书面形式一致表示同意的，可以不召开股东会会议，直接作出决定，并由全体股东在决定文件上签名、盖章。 **第45条第1款**　有限责任公司设董事会，其成员为三人至十三人；但是，本法第五十一条另有规定的除外。 **第47条**　董事会对股东会负责，行使下列职权： （一）召集股东会会议，并向股东会报告工作； （二）执行股东会的决议； （三）决定公司的经营计划和投资方案； （四）制订公司的年度财务预算方案、决算方案； （五）制订公司的利润分配方案和弥补亏损方案； （六）制订公司增加或者减少注册资本以及发行公司债券的方案； （七）制订公司合并、分立、解散或者变更公司形式的方案； （八）决定公司内部管理机构的设置； （九）决定聘任或者解聘公司经理及其报酬事项，并根据经理的提名决定聘任或者解聘公司副经理、财务负责人及其报酬事项； （十）制定公司的基本管理制度； （十一）公司章程规定的其他职权。 **第50条**　有限责任公司可以设经理，由董事会决定聘任或者解聘。经理对董事会负责，行使下列职权： （一）主持公司的生产经营管理工作，组织实施董事会决议； （二）组织实施公司年度经营计划和投资方案； （三）拟订公司内部管理机构设置方案； （四）拟订公司的基本管理制度； （五）制定公司的具体规章； （六）提请聘任或者解聘公司副经理、财务负责人； （七）决定聘任或者解聘除应由董事会决定聘任或者解聘以外的负责管理人员； （八）董事会授予的其他职权。 公司章程对经理职权另有规定的，从其规定。 经理列席董事会会议。 **第51条**　股东人数较少或者规模较小的有限责任公司，可以设一名执行董事，不设董事会。执行董事可以兼任公司经理。 执行董事的职权由公司章程规定。

续表

法律规定	条文内容
	第52条　有限责任公司设监事会，其成员不得少于三人。股东人数较少或者规模较小的有限责任公司，可以设一至二名监事，不设监事会。 监事会应当包括股东代表和适当比例的公司职工代表，其中职工代表的比例不得低于三分之一，具体比例由公司章程规定。监事会中的职工代表由公司职工通过职工代表大会、职工大会或者其他形式民主选举产生。 监事会设主席一人，由全体监事过半数选举产生。监事会主席召集和主持监事会会议；监事会主席不能履行职务或者不履行职务的，由半数以上监事共同推举一名监事召集和主持监事会会议。 董事、高级管理人员不得兼任监事。 **第54条**　监事会、不设监事会的公司的监事行使下列职权： （一）检查公司财务； （二）对董事、高级管理人员执行公司职务的行为进行监督，对违反法律、行政法规、公司章程或者股东会决议的董事、高级管理人员提出罢免的建议； （三）当董事、高级管理人员的行为损害公司的利益时，要求董事、高级管理人员予以纠正； （四）提议召开临时股东会会议，在董事会不履行本法规定的召集和主持股东会会议职责时召集和主持股东会会议； （五）向股东会会议提出提案； （六）依照本法第一百五十二条的规定，对董事、高级管理人员提起诉讼； （七）公司章程规定的其他职权。 **第55条**　监事可以列席董事会会议，并对董事会决议事项提出质询或者建议。 监事会、不设监事会的公司的监事发现公司经营情况异常，可以进行调查；必要时，可以聘请会计师事务所等协助其工作，费用由公司承担。 **第58条**　一人有限责任公司的设立和组织机构，适用本节规定；本节没有规定的，适用本章第一节、第二节的规定。 本法所称一人有限责任公司，是指只有一个自然人股东或者一个法人股东的有限责任公司。 **第62条**　一人有限责任公司不设股东会。股东作出本法第三十八条第一款所列决定时，应当采用书面形式，并由股东签名后置备于公司。 **【适用于股份有限公司】** **第99条**　股份有限公司股东大会由全体股东组成。股东大会是公司的权力机构，依照本法行使职权。 **第100条**　本法第三十八条第一款关于有限责任公司股东会职权的规定，适用于股份有限公司股东大会。 **第105条**　本法和公司章程规定公司转让、受让重大资产或者对外提供担保等事项必须经股东大会作出决议的，董事会应当及时召集股东大会会议，由股东大会就上述事项进行表决。 **第109条**　股份有限公司设董事会，其成员为五人至十九人。 董事会成员中可以有公司职工代表。董事会中的职工代表由公司职工通过职工代表大会、职工大会或者其他形式民主选举产生。

续表

法律规定	条文内容
	本法第四十六条关于有限责任公司董事任期的规定，适用于股份有限公司董事。 本法第四十七条关于有限责任公司董事会职权的规定，适用于股份有限公司董事会。 **第114条**　股份有限公司设经理，由董事会决定聘任或者解聘。 本法第五十条关于有限责任公司经理职权的规定，适用于股份有限公司经理。 **第115条**　公司董事会可以决定由董事会成员兼任经理。 **第118条**　股份有限公司设监事会，其成员不得少于三人。 …… 董事、高级管理人员不得兼任监事。 …… **第119条**　本法第五十四条、第五十五条关于有限责任公司监事会职权的规定，适用于股份有限公司监事会。 监事会行使职权所必需的费用，由公司承担。
新《公司法》	【适用于有限责任公司】 **第58条**　有限责任公司股东会由全体股东组成。股东会是公司的权力机构，依照本法行使职权。 **第59条**　股东会行使下列职权： （一）选举和更换董事、监事，决定有关董事、监事的报酬事项； （二）审议批准董事会的报告； （三）审议批准监事会的报告； （四）审议批准公司的利润分配方案和弥补亏损方案； （五）对公司增加或者减少注册资本作出决议； （六）对发行公司债券作出决议； （七）对公司合并、分立、解散、清算或者变更公司形式作出决议； （八）修改公司章程； （九）公司章程规定的其他职权。 股东会可以授权董事会对发行公司债券作出决议。 对本条第一款所列事项股东以书面形式一致表示同意的，可以不召开股东会会议，直接作出决定，并由全体股东在决定文件上签名或者盖章。 **第60条**　只有一个股东的有限责任公司不设股东会。股东作出前条第一款所列事项的决定时，应当采用书面形式，并由股东签名或者盖章后置备于公司。 **第67条**　有限责任公司设董事会，本法第七十五条另有规定的除外。 董事会行使下列职权： （一）召集股东会会议，并向股东会报告工作； （二）执行股东会的决议； （三）决定公司的经营计划和投资方案； （四）制订公司的利润分配方案和弥补亏损方案； （五）制订公司增加或者减少注册资本以及发行公司债券的方案； （六）制订公司合并、分立、解散或者变更公司形式的方案；

续表

法律规定	条文内容
	（七）决定公司内部管理机构的设置； （八）决定聘任或者解聘公司经理及其报酬事项，并根据经理的提名决定聘任或者解聘公司副经理、财务负责人及其报酬事项； （九）制定公司的基本管理制度； （十）公司章程规定或者股东会授予的其他职权。 公司章程对董事会职权的限制不得对抗善意相对人。 **第 68 条第 1 款**　有限责任公司董事会成员为三人以上，其成员中可以有公司职工代表。职工人数三百人以上的有限责任公司，除依法设监事会并有公司职工代表的外，其董事会成员中应当有公司职工代表。董事会中的职工代表由公司职工通过职工代表大会、职工大会或者其他形式民主选举产生。 **第 69 条**　有限责任公司可以按照公司章程的规定在董事会中设置由董事组成的审计委员会，行使本法规定的监事会的职权，不设监事会或者监事。公司董事会成员中的职工代表可以成为审计委员会成员。 **第 74 条**　有限责任公司可以设经理，由董事会决定聘任或者解聘。 经理对董事会负责，根据公司章程的规定或者董事会的授权行使职权。经理列席董事会会议。 **第 75 条**　规模较小或者股东人数较少的有限责任公司，可以不设董事会，设一名董事，行使本法规定的董事会的职权。该董事可以兼任公司经理。 **第 76 条**　有限责任公司设监事会，本法第六十九条、第八十三条另有规定的除外。 监事会成员为三人以上。监事会成员应当包括股东代表和适当比例的公司职工代表，其中职工代表的比例不得低于三分之一，具体比例由公司章程规定。监事会中的职工代表由公司职工通过职工代表大会、职工大会或者其他形式民主选举产生。 监事会设主席一人，由全体监事过半数选举产生。监事会主席召集和主持监事会会议；监事会主席不能履行职务或者不履行职务的，由过半数的监事共同推举一名监事召集和主持监事会会议。 董事、高级管理人员不得兼任监事。 **第 78 条**　监事会行使下列职权： （一）检查公司财务； （二）对董事、高级管理人员执行职务的行为进行监督，对违反法律、行政法规、公司章程或者股东会决议的董事、高级管理人员提出解任的建议； （三）当董事、高级管理人员的行为损害公司的利益时，要求董事、高级管理人员予以纠正； （四）提议召开临时股东会会议，在董事会不履行本法规定的召集和主持股东会会议职责时召集和主持股东会会议； （五）向股东会会议提出提案； （六）依照本法第一百八十九条的规定，对董事、高级管理人员提起诉讼； （七）公司章程规定的其他职权。 **第 83 条**　规模较小或者股东人数较少的有限责任公司，可以不设监事会，设一名监事，行使本法规定的监事会的职权；经全体股东一致同意，也可以不设监事。

续表

法律规定	条文内容
	【适用于股份有限公司】 **第111条**　股份有限公司股东会由全体股东组成。股东会是公司的权力机构，依照本法行使职权。 **第112条**　本法第五十九条第一款、第二款关于有限责任公司股东会职权的规定，适用于股份有限公司股东会。 本法第六十条关于只有一个股东的有限责任公司不设股东会的规定，适用于只有一个股东的股份有限公司。 **第120条**　股份有限公司设董事会，本法第一百二十八条另有规定的除外。 本法第六十七条、第六十八条第一款、第七十条、第七十一条的规定，适用于股份有限公司。 **第121条**　股份有限公司可以按照公司章程的规定在董事会中设置由董事组成的审计委员会，行使本法规定的监事会的职权，不设监事会或者监事。 审计委员会成员为三名以上，过半数成员不得在公司担任除董事以外的其他职务，且不得与公司存在任何可能影响其独立客观判断的关系。公司董事会成员中的职工代表可以成为审计委员会成员。 审计委员会作出决议，应当经审计委员会成员的过半数通过。 审计委员会决议的表决，应当一人一票。 审计委员会的议事方式和表决程序，除本法有规定的外，由公司章程规定。 公司可以按照公司章程的规定在董事会中设置其他委员会。 **第126条**　股份有限公司设经理，由董事会决定聘任或者解聘。 经理对董事会负责，根据公司章程的规定或者董事会的授权行使职权。经理列席董事会会议。 **第127条**　公司董事会可以决定由董事会成员兼任经理。 **第128条**　规模较小或者股东人数较少的股份有限公司，可以不设董事会，设一名董事，行使本法规定的董事会的职权。该董事可以兼任公司经理。 **第130条**　股份有限公司设监事会，本法第一百二十一条第一款、第一百三十三条另有规定的除外。 …… 董事、高级管理人员不得兼任监事。 …… **第131条**　本法第七十八条至第八十条的规定，适用于股份有限公司监事会。 监事会行使职权所必需的费用，由公司承担。 **第133条**　规模较小或者股东人数较少的股份有限公司，可以不设监事会，设一名监事，行使本法规定的监事会的职权。

专题十一

法定代表人唯一代表制的理论评判与实务展开

法定代表人是依据法律规定代表公司对外作出意思表示、实施法律行为的代表人。法人虽然具有所谓的"独立人格",但这终究是我们想象的创造或拟制,观察生活现实,独立人格不过体现为一群自然人互动形成的社会关系而已,法人作出意思表示和实施具有法律上相关性的行为必须借助真实存在的自然人或自然人群体,法定代表人制度的功能即在于此。**依照我国相关法律规定,法定代表人是唯一无须公司特别授权即有权对外独立代表公司的自然人。**①

我国采取了法定唯一代表制,公司必须设置法定代表人,且法定代表人只能由公司章程在特定主体范围之内选任,颇有行政管理和公法色彩。这种制度设计在过往运行过程中制造了诸多疑难杂症,包括法定代表人逾越职权范围对外实施法律行为时行为效果如何归属、公司内部能否限制法定代表人的代表权限并拘束交易相对人、担任法定代表人职务的董事或经理辞任后能否请求公司涤除登记等。

新《公司法》虽未从根本上改变法定唯一代表制,但在保留2018年《公司法》规定和吸纳《民法典》规则的基础上,依据法人机关理论系统建构了法定代表人职务行为规则,细化了关于董事和法定代表人辞任的规定,回应了涤除登记等实务难题。本专题立足新《公司法》修订,对公司法定代表人制度进行系统分

① 参见赵旭东主编:《公司法学》,高等教育出版社2006年版,第369页;叶林:《公司法研究》,中国人民大学出版社2008年版,第191~192页;范健、王建文:《公司法》,法律出版社2018年版,第197页;方流芳:《国企法定代表人的法律地位、权力和利益冲突》,载《比较法研究》1999年ZI期;刘琰:《论法定代表人制度的弊端及重构》,载《重庆工商大学学报(社会科学版)》2006年第3期;殷秋实:《法定代表人的内涵界定与制度定位》,载《法学》2017年第2期。

析，以释明相关规则，为诉讼实务和司法裁判提供指引。

一、法定代表人制度的立法演变

我国的代表权制度是计划经济时代的产物，具体的制度演进路径分为三个阶段，法定代表人的法定性特征从不断强化到走向弱化，可谓“路漫漫其修远兮”。

第一阶段，法定代表人的法定性不断强化。其一，制度起源。1979 年《中外合资经营企业法》及 1983 年《中外合资经营企业法实施条例》是制度起源点，该条例第 37 条将董事长界定为“合营企业的法定代表”，董事长与其他一般董事相区别，具有特殊法律地位。其二，“法定代表人”概念登场。1981 年《经济合同法》第 31 条首次使用“法定代表人”概念，随后，1986 年《民法通则》第 38 条和第 43 条对法定代表人制度进行了较为系统的规定。其三，法定唯一代表制逐渐成形。1988 年《全民所有制工业企业法》第 45 条将厂长界定为法定代表人；1988 年《企业法人登记管理条例》第 11 条亦规定法定代表人是“代表企业行使职权的签字人”。[①] 其四，第一部《公司法》出台并正式确立法定代表人唯一代表制。1993 年《公司法》将董事长或执行董事（不设董事会的有限责任公司）规定为法定代表人，该法第 114 条和第 120 条授予董事长部分董事会职权，如签署股票、债券等。至此，法定代表人选任的法定性及人数的唯一性两大原则得以确立并被推向极致。[②]

第二阶段，法定代表人的法定性特征呈现缓和趋势，但弱化效果有限。在要求放松管制、给予公司更广阔的意思自治空间的背景下，2005 年《公司法》第 13 条对法定代表人制度进行了实质修订，扩大了担任主体范围，并允许公司章程自行决定具体担任主体。但是，法定代表人的选任范围仍被限定在董事长、执行董事或经理中，且只能是一人独任，同时其还受到《民法通则》等法律中相关条款的限制，弱化管制的效果有限。2005 年《公司法》确立的规则模式一直延续至 2018 年《公司法》。

---

① 参见 1988 年《企业法人登记管理条例》第 11 条规定：“登记主管机关核准登记注册的企业法人的法定代表人是代表企业行使职权的签字人。法定代表人的签字应当向登记主管机关备案。”

② 参见曹兴权、荣振华：《公司代表人制度“法定性”的弱化——法律与社会良性互动视角的分析》，载《北方法学》2013 年第 1 期。

第三阶段，僵化的法定代表人规则体系在司法层面得到缓解。2019 年发布的《九民纪要》对法定代表人越权担保问题进行了全面规定，统一了司法裁判尺度；2020 年发布的《民法典担保制度解释》第 7 条至第 9 条对之予以继承发展；2023 年发布的《民法典合同编通则解释》第 20 条和第 21 条更进一步，将前述规则延展为职务代表行为和职务代理行为的一般规则。《九民纪要》采纳的解释论路径为，将公司担保行为认定为法定代表人必须获得公司机关决议授权的事项，相应代表行为能否在效果上被归属于被代表的公司则应依据债权人的善恶意作出判断，并分别适用无权代表和表见代表规则。这种裁判思路被《民法典合同编通则解释》进一步扩展至其他职务代表行为。前述司法解释文件的变化无疑体现了弱化法定代表人制度法定性特征的司法裁判倾向。

经历漫长的规则演变后，《民法典》第 61 条仍然沿袭《民法通则》以来坚持的法定唯一代表制，确立了法人机关理论，新《公司法》第 11 条对之予以完全吸收，仅针对性回应了辞任与涤除登记等问题，唯一代表制未发生根本改观。其一，新《公司法》第 10 条扩张了可担任法定代表人的主体范围，由“董事长、执行董事或者经理”扩展为“代表公司执行公司事务的董事或者经理”。其二，新《公司法》第 10 条增加了辞任规则，明确规定董事或者经理辞任视为同时辞去法定代表人职务。其三，新《公司法》第 11 条吸收了《民法典》第 61 条确立的法人机关理论，在公司法领域具体化规定法定代表人职务行为的效果归属、职权限制和侵权责任承担问题。

观察前述法定代表人规则体系的演化路径，不难看出，**法定代表人制度改革始终围绕如何限缩法定代表人的法定性和过大的权力进行，努力回归法定代表人制度的私权属性，但从现有的规则体系以及新《公司法》条文规定来看，收效甚微，法定代表人制度必设性、法定性和唯一性的特点没有发生改变**。首先，所谓必设性，即公司设立时必须选定一自然人作为公司代表，否则公司不能成立；其次，所谓唯一性，即法定代表人的人数唯一；最后，所谓法定性，即法律通常限制了可担任代表人的主体范围并概括授予代表人宽泛的代表权。新《公司法》虽然扩张了可担任法定代表人的主体范围，但仍然规定法定代表人只能由执行公司事务的董事或者经理担任。

我国法定代表人制度的立法演进和规范演变，分别参见图 3-2、表 3-9。

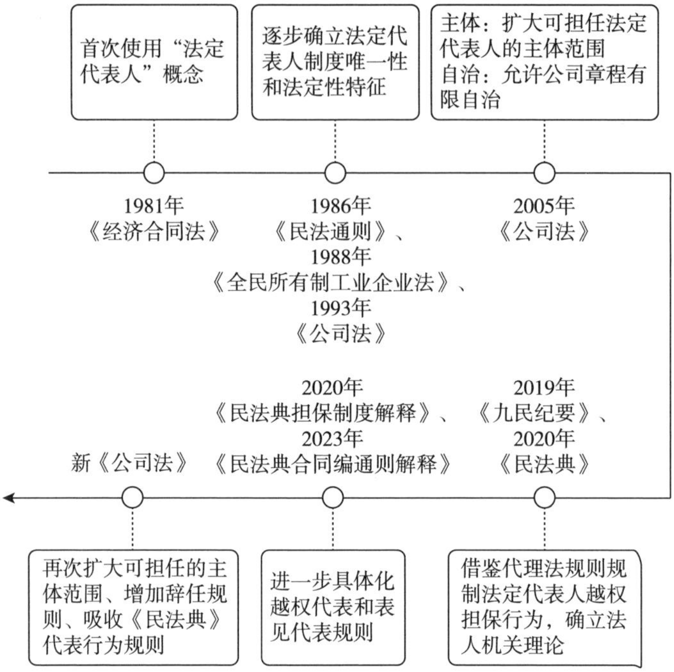

图 3-2　法定代表人制度的立法演进

表 3-9　法定代表人制度的规范演变

法律规定	条文内容
1993 年《公司法》	**第 45 条第 4 款**　董事长为公司的法定代表人。 **第 113 条第 2 款**　董事长为公司的法定代表人。 **第 114 条第 1 款**　董事长行使下列职权： （一）主持股东大会和召集、主持董事会会议； （二）检查董事会决议的实施情况； （三）签署公司股票、公司债券。 **第 120 条第 1 款**　公司根据需要，可以由董事会授权董事长在董事会闭会期间，行使董事会的部分职权。
2005 年《公司法》	**第 13 条**　公司法定代表人依照公司章程的规定，由董事长、执行董事或者经理担任，并依法登记。公司法定代表人变更，应当办理变更登记。
《民法典》	**第 61 条**　依照法律或者法人章程的规定，代表法人从事民事活动的负责人，为法人的法定代表人。 法定代表人以法人名义从事的民事活动，其法律后果由法人承受。 法人章程或者法人权力机构对法定代表人代表权的限制，不得对抗善意相对人。 **第 62 条**　法定代表人因执行职务造成他人损害的，由法人承担民事责任。 法人承担民事责任后，依照法律或者法人章程的规定，可以向有过错的法定代表人追偿。

续表

法律规定	条文内容
新《公司法》	**第10条** 公司的法定代表人按照公司章程的规定，由代表公司执行公司事务的董事或者经理担任。 担任法定代表人的董事或者经理辞任的，视为同时辞去法定代表人。 法定代表人辞任的，公司应当在法定代表人辞任之日起三十日内确定新的法定代表人。 **第11条** 法定代表人以公司名义从事的民事活动，其法律后果由公司承受。 公司章程或者股东会对法定代表人职权的限制，不得对抗善意相对人。 法定代表人因执行职务造成他人损害的，由公司承担民事责任。公司承担民事责任后，依照法律或者公司章程的规定，可以向有过错的法定代表人追偿。

二、法定代表人制度的理论阐释

（一）法定唯一代表制之质疑

在理论研究领域，我国立法搭建的法定唯一代表制饱受批评，制度设计存在诸多弊端。

首先，对于公司而言，存在两方面的弊端。一是唯一代表制忽略了不同公司具体情况的差异。如果公司人数较少、规模不大，或公司的管理层与股东、股东相互之间关系融洽，采用唯一代表制不会造成运行困境，反而可节约交易成本。相反，如果公司人数较多、规模庞大，或股东之间、股东与董事之间人合性较弱甚至存在激烈的冲突与观念分歧，采用唯一代表制便会造成运行困境，实践中常见的“公章抢夺事件”即为实例。二是法定唯一代表制导致权力过于集中，制造了独裁专断成本。法定唯一代表制赋予了代表人概括的、难受有效限制的权限，[①]滋生了法定代表人对外寻租、滥用代表权、越权担保等短期逐利行为，损害股东和公司利益，导致了独裁专断。

其次，对于代表人自身而言，公司的各项事务需要法定代表人的签字确认，[②]其负担也较重。在公司业务和交易活动频繁且复杂的情形之下，法定代表人不会也不可能对各项业务进行逐一审查。因此，实践中出现了缓和变通，如董事

① 参见朱广新：《法定代表人的越权代表行为》，载《中外法学》2012年第3期。

② 参见袁碧华：《法定代表人的制度困境与自治理念下的革新》，载《政法论丛》2020年第6期。

长、执行董事和经理同时被赋予公司代表权 / 代理权，抑或法定代表人的印章代替了本人的实质审查。①

（二）法定代表人制度的比较法反思

从法定代表人制度实际发挥的功能来看，该制度主要的规范目的应在于解决法人实体无法独立作出意思表示和实施法律行为的问题。

观察比较法“仓库”中现存的各种解决方式，大陆法系和英美法系分别采取了“代表权”和“代理权”的问题解决方案。在大陆法系，代表法人实体从事对外行为的自然人或自然人组合被称为公司代表人，代表人的行为就是公司的行为，法律后果自然应由公司承担；英美法系没有代表人概念，适用代理制度，董事、经理、公司秘书等公司职员代理公司实施对外行为，由公司承担相应的法律后果。② 我国的法定代表人制度更类似于大陆法系的构造，立法采取的是“代表说”的立场。

不过，即使是采取“代表说”的大陆法系国家，其主要采用的也是董事会以及董事会成员对外代表公司的多元体制，以防范公司代表人职权和责任泛化的风险。例如，德国有限责任公司的代表机关可以是单个或多个业务执行人，其对内执行业务，对外代表公司，③ 股份公司由董事会在法庭内外代表公司的所有事务。④

由此可见，大多数国家对公司代表人并没有采用法定唯一代表制 / 独任代表制，而是采用了公司决定的多元化代表制，不同公司代表人之间因身份或岗位差异在公司内部享有的职权各不相同，代表人实际上根据代理规则代表公司从事对外行为。同时，各国通常允许复数主体行使代表权或代理权，允许当事人通过章程实现自治，未限制为“唯一代表制”。⑤

① 参见蔡立东：《论法定代表人的法律地位》，载《法学论坛》2017 年第 4 期。

② 参见杨汝轩：《论中国公司法定代表人制度的改革——以两大法系比较研究为视角》，载《河北法学》2012 年第 11 期。

③ 参见［德］格茨·怀克、［德］克里斯蒂娜·温德比西勒：《德国公司法》，殷盛译，法律出版社 2010 年版，第 330 页。

④ 参见［德］格茨·怀克、［德］克里斯蒂娜·温德比西勒：《德国公司法》，殷盛译，法律出版社 2010 年版，第 477 页。

⑤ 参见王毓莹：《公司法定唯一代表制：反思与改革》，载《清华法学》2022 年第 5 期。

（三）法定代表人制度之展望

虽然新《公司法》回应了司法实务中棘手的登记涤除问题，明确规定了法定代表人辞任规则，亦放宽了法定代表人的担任主体范围，但并未基于过往的运行经验和比较法经验改变法定唯一代表制。

在未来，法定唯一代表制或许还会持续制造新的司法适用难题和社会成本，修正法定唯一代表制仍然“道阻且长”。

在完成前述修正之前，下文再行检视法定代表人唯一代表制在现实中频繁引发的实务问题，包括因概括性授权引起的职权限制和交易相对人信赖保护问题、因严苛的担任主体限制与现实需求不吻合而应激产生的管制改革，以及与登记制度相关联的涤除登记问题。

三、法定代表人制度的实务解析

（一）代表行为法律效果归属规则释解

新《公司法》生效前，法定代表人对外行为的法律后果主要由民法规范调整。《民法典》第 61 条和第 62 条沿袭此前《民法总则》的规定，并被新《公司法》第 11 条第 2 款、第 3 款全部吸收，成为调整公司法定代表人对外行为的一般规则。**据此，法定代表人是法人的代表机关，直接代表法人从事民事活动，后果当然由法人承受，**[①] **公司法定代表人所实施法律行为的法律效果原则上归属于公司，实施的侵权行为原则上也由公司承担赔偿责任，但公司享有追偿权。**

司法实践中，涉法定代表人对外代表行为诉讼的主要争议点之一，是法定代表人所实施的法律行为效果能否归属于被代表的公司。就该项争议焦点，在法律逻辑上，依次序包括两个子问题：首先，如何识别法定代表人的个人行为和职务行为；其次，成功判定法定代表人实施的行为系属职务行为后，如果存在对法定代表人代表权的法定限制和意定限制，该越权代表行为在效果归属上的效力状态如何。下文依次展开。

1. 个人行为与职务行为的甄别

虽然我国法律采纳法人实体说，但法人终究只存在于我们的观念和想象之

① 参见黄薇主编：《中华人民共和国民法典释义》（上），法律出版社 2020 年版，第 115 页。

中，真正代表法人实施法律行为和事实行为的主体乃一特定自然人或自然人群体，因此，法定代表人在现实生活中兼具“双重人格”，他/她既代表自己又代表着公司，这种“双重人格”必然引起如何判断法定代表人行为性质的争议。司法实践中，有关法定代表人职务行为后果承受问题的争议焦点通常在于，如何判断法定代表人实施的行为是代表公司的职务行为，还是其个人行为，这一判断关涉行为效果的归属和法律责任的承担。

通常来讲，职务行为的判定存在三种标准，分别是行为名义、职务范围和利益归属，具体说明如下：第一，法定代表人以谁的名义行为。一般来说，法定代表人只要表明自己的特殊身份，以公司名义对外行事，其实施的行为往往就会被认定为职务行为。需要注意的是，如果当事人同时作为两个以上公司的法定代表人，其在从事对外行为时，应当明确以哪一公司的名义进行；即使两个公司为同一笔交易的当事人，如为同一笔债务的债务人和保证人，该法定代表人仅在一家公司法定代表人处签字的，无法认定其行为同时代表两家公司。[①]第二，法定代表人的行为是否在其职权范围以内。法定代表人享有广泛的概括性代表权，并且公司内部的意定限制无法产生对抗效力，[②]因此，除非存在明确的法定职权限制或者交易相对人知道公司的该种内部限制，否则公司很难通过内部规定来排斥法定代表人职务行为的效果归属。第三，法定代表人所实施行为的利益归属。司法实践中，法院往往以利益的归属作为法定代表人职务行为和个人行为的甄别标准。例如，在一个交易案例中，法院认为，钱款应当转入公司账户，无法证明款项打入公司账户，即无法认定法定代表人的行为是代表公司进行的。[③]

笔者认为，现实交易案例异质性较强，很难统一出一套普适标准，鉴于此，前述三项标准均可能在未来的裁判中进一步适用，取决于具体的个案状况。

2. 对法定代表人职权的限制

通常观点认为，《民法典》总则中有关代理的规则是调整代表行为的一般规

① 参见北京青年四季房地产开发有限公司等与北京现代管理公司等房屋租赁合同纠纷案，北京市高级人民法院（2023）京民终94号民事判决书。

② 参见重庆市合川区可达公共交通有限公司、重庆嘉中智羽农业有限公司合同纠纷案，最高人民法院（2021）最高法民申1925号民事裁定书。

③ 参见杨某宏、渭源县农村信用合作联社案外人执行异议之诉纠纷案，甘肃省高级人民法院（2023）甘民终231号民事判决书。

范，可适用或类推适用代理规则调整法人机关的职务行为。[①] 例如，最高人民法院在宁波绣丰彩印实业有限公司、浙江杭州湾汽配机电市场经营服务有限公司、慈溪道新投资咨询有限公司、慈溪道新汽配贸易有限公司、慈溪市一得工贸有限公司、孙某生合同纠纷案中即持此观点[②]。《九民纪要》和《民法典担保制度解释》关于法定代表人越权担保的规定以及《民法典合同编通则解释》第 20 条也借鉴了代理规则。鉴于此，笔者亦秉持前述“功能主义”方法论，将实际效果相同但法律名称不同的代表制度和代理制度视为同一制度，并借助代理规则来解释对法定代表人代表权的限制及其对效果归属的影响。

原则上，凡法定代表人以公司名义从事的民事活动，法律后果均由公司承受，公司章程或者股东会对法定代表人职权作出的意定限制不能对抗善意相对人，但法律法规对代表权的限制可以对抗相对人。

（1）代表权的法定限制

所谓法定限制，即法律和行政法规等法源直接或间接限制法定代表人职权的规则。**公司法中主要的法定限制为，当对外交易行为涉及法律明确规定专属于特定机构的职权事项时，未经权力主体决议，法定代表人无权对外直接代表公司。**对法定代表人代表权的法定限制主要包括两个方面：一方面，从职权分配的角度看，法律强制规定属于股东会的权力（如新《公司法》第 66 条规定的股东会专属权力）以及原则上归属于股东会的权力（如新《公司法》第 163 条规定的财务资助事项），未经股东会的授权，董事会无权决定，相应地，法定代表人也不能不经股东会决议而直接“代表”行事；另一方面，法律规定某些重大事项应由董事会或股东会决议，允许公司章程在股东会或董事会之间选择决策机构时（如新《公司法》第 15 条规定的公司对外非关联担保事项），法定代表人也无权不经权力机构决议直接从事对外活动。

法定代表人超越法定限制的代表行为构成无权代表，原则上对公司不产生效力，但若构成表见代表，则相应代表行为的效果亦可被归属于公司。首先，对

---

① 参见[德]福·博伊庭、邵建东：《论〈德国民法典〉中的代理理论》，载《南京大学法律评论》1998 年第 2 期；聂卫锋：《职权代理的规范理路与法律表达——〈民法总则〉第 170 条评析》，载《北方法学》2018 年第 2 期；董峻峰：《董事越权代表公司法律问题研究》，载《中外法学》1997 年第 1 期。

② 参见最高人民法院民事判决书，(2012)民提字第 208 号。

代表权的法定限制可以对抗相对人，即相对人被推定知悉此种限制。法定限制的来源包括法律和行政法规。对《民法典》第61条第3款[①]进行反义解释可推论出两项规则：规则一，对法定代表人代表权的意定限制可以对抗恶意相对人；规则二，对法定代表人代表权的法定限制可以对抗相对人。《民法典合同编通则解释》第20条第1款进一步将前述法定限制解释为包括法律、行政法规对法定代表人代表权的限制。据此，超越法定权限的代表行为构成无权代表，依功能主义法律适用观念，无权代表在效果上应等同于无权代理，相应法律行为的效果不能被归属于公司，但不影响相对人向无权代表人和无权代理人主张"担保责任"。其次，在法定代表人超越法定权限时，相对人可主张自身已尽到合理审查义务，构成表见代表，从而将代表人实施的法律行为的效果归属于公司。《民法典》第504条[②]规定了表见代表规则，在代表人超越内部职权限制时，如果相对人不知道亦不应当知道存在越权事实，则前述无权代表行为构成表见代表，法律效果当然归属于被代表人。《民法典合同编通则解释》第20条第1款最后一句对此规则进行了具体化："相对人已尽到合理审查义务，构成表见代表的，人民法院应当依据民法典第五百零四条的规定处理。"最后，相对人负担的审查义务的强度与法定限制的类型有关。**具体而言，法定限制越强，即法律和行政法规越是明确地将特定职权授予法定代表人之外的某一机构或专门规定某些交易事项必须按照一定的程序由某一机构决议，相对人的审查义务也越强，反之则较弱。**经典实例为公司对外提供担保，对于公司为股东和实际控制人之外的主体提供非关联担保，新《公司法》第15条第1款[③]仅规定"按照公司章程的规定，由董事会或股东会决议"，此为一项法定限制，但公司在具体职权分配上具有自治空间，鉴于公司章程属于内部限制，实际上放宽了对债权人的要求；新《公司法》第15条第2

---

① 《民法典》第61条第3款规定："法人章程或者法人权力机构对法定代表人代表权的限制，不得对抗善意相对人。"

② 《民法典》第504条规定："法人的法定代表人或者非法人组织的负责人超越权限订立的合同，除相对人知道或者应当知道其超越权限外，该代表行为有效，订立的合同对法人或者非法人组织发生效力。"

③ 新《公司法》第15条第1款规定："公司向其他企业投资或者为他人提供担保，按照公司章程的规定，由董事会或者股东会决议；公司章程对投资或者担保的总额及单项投资或者担保的数额有限额规定的，不得超过规定的限额。"

款和第 3 款[①] 则明确规定了公司为股东和实际控制人提供关联担保必须获得股东会决议，且限定了决议通过比例，中间再无公司章程的介入，债权人的合理审查义务也因此被强化。

（2）代表权的意定限制

所谓意定限制，指代公司章程或股东会决议对法定代表人职权的限制，法律允许内部限制代表权，但此种意定限制无法对抗善意相对人。**新《公司法》第 11 条第 2 款[②] 明确规定了公司章程或股东会对法定代表人职权的内部意定限制无对抗力，善意相对人并无主动审查义务，也无法被推定知悉存在此种限制。**鉴于此，公司实际上很难对法定代表人的代表权进行内部限制。考虑到此，有学者提出，“法定代表权的意定限制必须进行登记才能对抗相对人，相对人有义务通过查询法人的登记信息来确认法定代表人的权限。”[③] 笔者认为，在互联网时代，允许公司通过国家企业信用信息公示系统公示对法定代表人代表权的意定限制具有可行性，通过登记可以降低交易相对人的调查成本和公司控制法定代表人机会主义行为的成本，同时登记系统本身额外负担的边际成本低于前述交易成本，这或许是未来优化营商环境的改革方向之一。

尽管公司对于法定代表人的意定限制在未经登记公示的情形下很难影响其对外代表行为的效力，但如果法定代表人超越职权限制实施越权行为给公司造成损失，公司可依据新《公司法》第 11 条第 3 款向法定代表人追偿。

（二）法定代表人选任和变更规则释解

2023 年新《公司法》对法定代表人的选任和变更问题做了实质修订，回应了实践中出现的部分争议。

1. 选任规则释解

新《公司法》扩大了可担任法定代表人的主体范围，弱化管制色彩。第 10 条第 1 款允许执行公司事务的董事或经理担任法定代表人，不再局限于董事长、

---

① 新《公司法》第 15 条第 2 款、第 3 款规定：“公司为公司股东或者实际控制人提供担保的，应当经股东会决议。前款规定的股东或者受前款规定的实际控制人支配的股东，不得参加前款规定事项的表决。该项表决由出席会议的其他股东所持表决权的过半数通过。”

② 新《公司法》第 11 条第 2 款规定：“公司章程或者股东会对法定代表人职权的限制，不得对抗善意相对人。”

③ 高圣平：《公司担保相关法律问题研究》，载《中国法学》2013 年第 2 期。

执行董事或经理。

不过，新《公司法》使用了“代表公司执行公司事务”作为修饰董事和经理的定语，该规则在未来运行中很可能引起争议：如果公司规模较小，董事均参与经营管理，则任一董事均可担任法定代表人，自无疑义。如果公司规模较大，存在多种类型的董事，“代表公司执行事务”是否排除与公司关联性较弱的外部董事或独立董事等则会产生疑义。就此问题，**笔者认为，代表制度的功能在于解决被拟制和被想象出来的法人无法直接实施法律行为和事实行为的问题，理应允许公司享有更大的自治空间决定究竟哪些主体有权力代表其行事，法律不应过度干预，因此在解释论上宜扩大解释“代表公司执行公司事务”，只要担任公司董事或经理，即自动符合条件。**

2. 变更规则释解

新《公司法》在法定代表人变更部分也做了实质修订。

首先，最值得关注的是法定代表人辞任，新《公司法》第 10 条第 2 款、第 3 款和第 70 条第 3 款新增关于法定代表人辞任的规定：一是明确担任法定代表人的董事或经理辞任的，视为同时辞去法定代表人；二是规定法定代表人辞任的，公司应当在法定代表人辞任之日起 30 日内确定新的法定代表人；三是规定作为董事的法定代表人辞任的，须以书面形式通知公司。立法将担任法定代表人的董事或经理的辞职时点同时确定为法定代表人的辞职时点，其逻辑在于，公司与董事之间属于委托关系，可适用《民法典》关于委托合同的规范，在无特殊规定时，董事将辞职书递交公司董事会时便产生相应效力。最高人民法院在北京中证万融医药投资集团有限公司诉曹某君等公司决议纠纷案[①]中即持前述观点，最高人民法院在相关审判会议纪要中也提及，董事辞职属于单方的民事法律行为，基于董事对公司施以的单方意思表示而发生效力，并不需要公司批准。笔者认为，前述规则亦可扩展适用至经理，经理与公司之间实质上也是委托关系。

其次，解除任命的情形亦值得关注，新《公司法》第 71 条允许股东会在董事任期届满之前解任董事，吸收了《公司法解释（五）》确立的无因解除规则。根据最高人民法院民二庭相关负责人就《公司法解释（五）》答记者问关于出台背景

① 参见最高人民法院民事判决书，(2017)最高法民再 172 号。

的说明，公司和董事之间构成委托关系，双方均具有任意解除权，公司作为委托人可以随时行使解除权，不过董事可以要求公司予以赔偿。[①]笔者认为，公司和经理之间实质上也为委托关系，根据新《公司法》第74条第1款[②]和第126条第1款[③]，董事有权单方解任经理。

最后，由于法定代表人必设的限制，公司法定代表人变更之后应立即改选，新《公司法》第10条第3款提出了30日之内确定新的法定代表人的要求。虽然新《公司法》没有明确规定未补选的后果，但依据体系解释，结合新《公司法》第70条[④]的董事留任规则，如果董事离任导致董事会成员不足法定最低人数，则董事应在新任董事被选任出来之前继续履行职务，此时，鉴于法定代表人身份实质上是董事身份的附带后果，该董事可能面临无法直接解除法定代表人身份的风险。

（三）法定代表人涤除登记规则释解

根据新《公司法》第32条和第33条的规定，法定代表人是公司登记簿册和营业执照的记载事项，具有公示效力，实践之中常常出现担任公司法定代表人的当事人不再担任相关职务、离开公司后，由于公司和大股东的原因，面临无法变更登记的困境，法定代表人如何涤除登记成为实务中的棘手问题。

新《公司法》试图回应涤除登记问题。首先，新《公司法》第35条第3款[⑤]明确了涤除登记的主体为“变更后的法定代表人”。其次，新《公司法》第46条对有限责任公司章程法定必要记载事项做了实质修订，将2018年《公司法》第25条第1款第7项规定的章程必备记载事项“公司法定代表人”变更为“公司法定代表人的产生、变更办法”，这一变化实质上回应了过去部分市场监管局以变

① 参见孙航：《依法保护股东权益 服务保障营商环境——最高人民法院民二庭相关负责人就〈关于适用若干问题的规定（五）〉答记者问》，载中华人民共和国最高人民法院网2019年4月28日，http://www.court.gov.cn/zixun-xiangqing-155282.html。

② 新《公司法》第74条第1款规定：“有限责任公司可以设经理，由董事会决定聘任或者解聘。”

③ 新《公司法》第126条第1款规定：“股份有限公司设经理，由董事会决定聘任或者解聘。”

④ 新《公司法》第70条第2款规定：“董事任期届满未及时改选，或者董事在任期内辞任导致董事会成员低于法定人数的，在改选出的董事就任前，原董事仍应当依照法律、行政法规和公司章程的规定，履行董事职务。”

⑤ 新《公司法》第35条第3款规定：“公司变更法定代表人的，变更登记申请书由变更后的法定代表人签署。”

更法定代表人需要修改公司章程为由拒绝涤除的僵硬观念。

观察过往有关涤除登记诉讼的裁判经验，涤除登记诉讼是否属于法院受案范围、涤除登记的诉讼请求是否具备正当性及在何种条件下应当被支持等问题构成主要争议焦点，部分旧有的裁判路径在新《公司法》规则下已不再合理。

1. 涤除登记与诉讼受案范围之辨

有关涤除登记之诉的争议焦点之一，是涤除之诉是否在法院受案范围之内。

实践中，有法院以涤除登记事项属于公司内部自治事务为理由，将涤除诉讼排除在民事诉讼受案范围之外。理由是，法院要保持谦抑性，不应强制介入，应以原告诉请涤除登记不属于民事诉讼受案范围，或者未能提供据以变更登记的相关公司决议为由，裁定不予受理或驳回起诉。①

相对更加开明的观点则认为，在特定情形下司法应介入涤除登记纠纷。如果当事人穷尽了公司内部救济途径，已无其他救济措施，此时司法应当介入，进而肯定涤除登记之诉的诉之利益，认为涤除诉讼在法院的受案范围之内。②

笔者认为，结合最高人民法院的案例来看，如果当事人无法通过自我救济渠道来涤除相关登记，法院应当受理且支持涤除请求，否则当事人将持续承受担任法定代表人引发的法律风险，且无任何救济途径。如果认为需要被告公司内部履行完所有变更程序后，方能支持原告的涤除登记诉请，这实际上剥夺了原告的最后救济权利，使其最终陷入持续存在的法律风险当中。实践中，大部分情况都是被告公司不能或不愿通过内部程序来协助原告办理变更登记事宜，此时原告提起涤除登记诉讼，如果仍然僵硬地认为被告公司内部没有形成决议故不能支持涤除登记诉请，则实质已经形成了逻辑悖论，未见合理。

2. 涤除登记诉请的正当性之辨

一般而言，只要法院支持当事人涤除登记的诉请，均会论述原告提起涤除登

① 参见王某廷与巴州赛瑞机械设备安装有限公司、曹某甲请求变更公司登记纠纷案，最高人民法院（2020）最高法民再88号民事裁定书；宋某鸣与北京誉高投资基金管理有限公司等请求变更公司登记纠纷案，北京市第三中级人民法院（2020）京03民终11665号民事判决书。

② 参见韦统兵与新疆宝塔房地产开发有限公司等请求变更公司登记纠纷案，载《最高人民法院公报》2022年第12期；谢某民、深圳市佰佳瑞投资有限公司等请求变更公司登记纠纷案，广东省深圳市宝安区人民法院（2021）粤0306民初15287号民事判决书；罗某、深圳市尊鸿非凡服务有限公司等请求变更公司登记纠纷案，广东省深圳市宝安区人民法院（2021）粤0306民初15277号民事判决书。

记的正当性问题。结合学理观点和司法实践经验，笔者认为，当事人提起涤除登记诉讼具备正当性的理由有以下两点。

理由之一，法定代表人与公司之间构成委托关系，如无特别约定，则受托人有权随时解除委托合同。公司的法定代表人必须具有董事或经理的职务，因此法定代表人与公司间的关系实质上等同于董事、经理与公司间的关系。首先，就董事而言，主流观点认为董事与公司之间系委托合同关系。印证来自《公司法解释（五）》第 3 条第 1 款[①]；最高人民法院民二庭相关负责人在前述司法解释答记者问中指出，董事与公司之间构成委托关系，依股东会任命决议和董事同意任职的意思表示而成立委托合同；最高人民法院的裁判观点也与此一致。[②] 自然，在无特别约定的情况下，受托人享有任意解除权。其次，就经理而言，基于相似情形相似对待的平等原则，也应类推前述解释论构造。新《公司法》第 67 条和第 127 条规定经理由董事会决定聘任，同时，实践中对于最高人民法院指导案例 10 号的理解与适用也表明，基于董事会的委托，受托人获得经理身份，董事会聘任经理且经理接受聘任后构成委托合同关系。最后，鉴于前述解释论构造，法定代表人与公司之间也成立委托合同关系。新《公司法》明确规定辞去董事和经理职务视为同时辞去法定代表人，这一规定在某种程度上回应了“先有鸡还是先有蛋”的逻辑悖论，其背后的解释论构造在于，**公司选定法定代表人系基于相关自然人在公司担任董事或者经理职务，因此，法定代表人与公司之间的法律关系亦应根据董事、经理与公司之间的基础法律关系而定**。鉴于此，当法定代表人作为受托人依法解除委托合同后，其与公司间基于委托关系而形成的权利义务关系终止，公司应当根据诚实信用原则为其办理变更登记，当其怠于或无法办理变更登记时，原法定代表人采取司法手段请求法院判决涤除登记具有正当性。

理由之二，法定代表人应与公司存在实质联系，离任后该实质联系已经丧失，不宜再保留登记外观。法定代表人作为公司的特殊机关，其与公司应具实质联系。若强迫与公司不存在信义基础，没有任何利益关联或根本不愿意担任董

---

① 《公司法解释（五）》第 3 条第 1 款规定：“董事任期届满前被股东会或者股东大会有效决议解除职务，其主张解除不发生法律效力的，人民法院不予支持。”

② 参见韦统兵与新疆宝塔房地产开发有限公司等请求变更公司登记纠纷案，载《最高人民法院公报》2022 年第 12 期。

事、经理等职务的自然人继续任职法定代表人，不但违背其真实意愿，也不符合法律设立法定代表人制度的初衷。实践中，如果法定代表人或董事已经从公司离职，且明确表示不再愿意担任相关职务，此时，法院通常认为该当事人与公司之间不再具有实质联系，要求涤除相关登记的诉请具有正当性。①

3. 支持涤除登记诉请的必备条件

观察过往司法实践经验，若希望涤除诉请获得法院支持，一般情况下至少须满足两个条件：一是已明确向公司作出不愿意继续任职的意思表示；二是当事人已竭尽其他救济方式但仍无法办理相关变更登记。② 当事人若仅以辞职为由请求法院涤除登记，很可能得不到法院支持，③ 但是，此类裁判观点已不符合新《公司法》确立的规则，在新法生效后应当废止。

如果当事人起诉时仍具有公司股东身份，则法院可能会认为当事人与公司还具有实质联系，其涤除登记的诉请无法获得支持。观察现有的支持原告涤除登记诉请的司法案例，法院一般都会论述原告在起诉时已经不具备股东身份或者仅是名义持有人，与公司不再具备实质联系，在穷尽其他救济手段仍无法办理相关变更登记时，应当支持原告的涤除登记诉请。④ 笔者认为，同样地，鉴于新《公司法》已经明确规定了同时辞任规则，新法生效之后，支持涤除登记诉请的必要条件应降低，保留股东身份本身不应影响涤除之诉的正当性。

关于董事要求涤除登记的诉请，部分判决还会考虑原告不再担任董事后公

① 参见愚某舒与深圳市百分之百数码科技有限公司、深圳市佰易移动科技有限公司请求变更公司登记纠纷案，广东省深圳市南山区人民法院（2019）粤 0305 民初 17471 号民事判决书；罗某、深圳市尊鸿非凡服务有限公司等请求变更公司登记纠纷案，广东省深圳市南山区人民法院（2021）粤 0306 民初 15277 号民事判决书。

② 参见范某、深圳爱视眼科医院等请求变更公司登记纠纷案，广东省深圳市中级人民法院（2021）粤 03 民初 1560 号民事判决书。

③ 参见谢某民、深圳市佰佳瑞投资有限公司等请求变更公司登记纠纷案，广东省深圳市宝安区人民法院（2021）粤 0306 民初 15287 号民事判决书；易某聪、深圳市纬冠联电子科技有限公司等请求变更公司登记纠纷案，广东省深圳市宝安区人民法院（2021）粤 0306 民初 21538 号民事判决书；王某峰、深圳市亚克西和田玉交易中心有限公司请求变更公司登记纠纷案，广东省深圳市宝安区人民法院（2020）粤 0306 民初 26021 号民事判决书。

④ 参见杨某兴、深圳市慧眼知识产权咨询有限公司请求变更公司登记纠纷案，广东省深圳市福田区人民法院（2022）粤 0304 民初 21714 号民事判决书；周某江、郭某等请求变更公司登记纠纷案，广东省深圳市福田区人民法院（2021）粤 0304 民初 42590 号民事判决书。

司董事会人数是否低于法定人数，或是否有人继任董事职位等特殊问题。有法院认为，如果董事辞职导致董事会成员低于法定人数，在改选出的董事就任前，原董事仍应当履行职务。在公司未选举出新的董事且未有证据显示登记给原告产生负面影响的情形下，不支持原告涤除登记的请求。① 不过，如果董事离职并没有导致董事会成员低于法定人数，法院一般会支持原告涤除登记的诉请。② 笔者认为，新《公司法》第 70 条第 2 款保留了董事留任规则，③ 此类裁判规则在未来很可能继续适用。

另外，实践中法定代表人除了提出涤除登记的诉讼请求外，还会请求公司承担赔偿责任，但对于此种损害赔偿请求，法院一般不予支持。④

四、小结

新《公司法》仍保留了“法定唯一代表制”的立法模式，与大陆法系和英美法系大多数国家均不同，唯一代表制本身的弊端在实践中已经显露，学界也展开了诸多批判。然而，路径依赖决定了情况在短时间内无法有大的改观。新《公司法》基本上沿袭原《公司法》规则，并在职务行为法律效果归属和职权限制上吸纳了《民法典》规则。除此之外，本轮修法最大的亮点在于回应了实践中对法定代表人涤除登记的争议、明确了涤除登记主体、为涤除登记之诉提供了法律规范依据。综合来看，本轮《公司法》修订在法定代表人制度上变化不大，缓和甚至改变唯一代表制仍然将是我国法定代表人制度改革的主线。

① 参见王某杰与深圳市安杰保险代理有限公司请求变更公司登记纠纷案，广东省深圳市中级人民法院（2020）粤 03 民终 9538 号民事判决书。

② 参见邱某、周某明等请求变更公司登记纠纷案，广东省深圳市前海合作区人民法院（2021）粤 0391 民初 7885、7886 号民事判决书；吕某伟与核新产融（深圳）有限公司请求变更公司登记纠纷案，广东省深圳市前海合作区人民法院（2020）粤 0391 民初 3069 号民事判决书。

③ 新《公司法》第 70 条第 2 款规定：“董事任期届满未及时改选，或者董事在任期内辞任导致董事会成员低于法定人数的，在改选出的董事就任前，原董事仍应当依照法律、行政法规和公司章程的规定，履行董事职务。”

④ 参见殷某松与华章东信文化发展集团有限公司等请求变更公司登记纠纷案，北京市东城区人民法院（2022）京 0101 民初 2475 号民事判决书；黄某富与北京自由时光影院管理有限公司请求变更公司登记纠纷案，北京市密云区人民法院（2021）京 0118 民初 395 号民事判决书。

专题十二

清算义务人制度的演进路径与裁判规则观察

清算义务，是指在公司解散时组织启动清算程序、协助清算人清算的义务，[①] **承担清算义务的主体即为清算义务人，其区别于在公司清算阶段处理申报债权和清点公司资产、负担勤勉义务和忠实义务的清算人或清算组成员。**这种区分清算人和清算义务人的“双轨制”独具中国特色。[②]

2023年以前的《公司法》没有详细规定清算义务人规则，或因规则不够清晰，或因法律的实际落实程度有限，实践中出现了已停止经营的企业既不进行清算，也不申请注销，甚至内部人提前转移资产等现象，严重损害了债权人利益。2008年《公司法解释（二）》应运而生，创设了清算义务人制度，但在最高人民法院指导案例9号的影响下，《公司法解释（二）》的适用状况偏于严苛，过度打击了有限责任公司中被动投资的小股东。《九民纪要》为纠正前述适用偏误，限缩了清算赔偿责任的打击范围。嗣后，《民法总则》与《民法典》吸收前述司法裁判经验，正式确立了清算义务人制度，但《民法总则》及其继任者《民法典》与《公司法解释（二）》对清算义务人的规定口径不一，在民商合一体系下，未能有效统一司法裁判。

新《公司法》充分吸取既往经验，不再区分有限责任公司和股份有限公司，正式明确地将董事界定为清算义务人和默认情况下的清算组成员。但新《公司法》有关董事具体义务内容和赔偿责任的规则尚显粗糙，有待进一步具体化。鉴于此，笔者尝试全面梳理和阐释清算义务人制度的演变完善之路，观察、评判过往规则运行状况，以过去的经验为基础，展望未来可能的规则运行和解释论实

---

① 参见李建伟：《公司清算义务人基本问题研究》，载《北方法学》2010年第2期。

② 参见胡改蓉：《我国公司清算主体模式的反思——由双轨制向单轨制的转换》，载《法治研究》2023年第4期。

操，以构建出更清晰的清算义务规则。

一、清算义务人制度的立法演变

在独具我国特色的双轨模式下，清算义务人区别于清算组成员或清算人。首先，清算义务的内容是，在公司触发解散事由后的15日内推动组建清算组、保障后续清算环节顺利铺展。① 其次，清算人是清算事务的执行人，其具体职责包括对内执行清算事务，对外代表清算中的公司。② 新《公司法》第234条详细规定了此类清算事务，包括盘点公司财产、制作资产负债表、通知债权人申报债权、清理公司债权债务关系等。③

（一）清算义务人制度的落地生根

既往《公司法》并未明确规定清算义务人制度。首先，1993年《公司法》没有明确规定哪一主体承担积极推动组建清算组的义务，而是仅规定了自行解散以及因合并或分立而解散两类解散事由，其第191条只是强调当公司自行解散时，公司必须在15日内成立清算组。其次，2005年《公司法》虽然在解散和清算部分作了修改，但并未填补前述空白。2005年《公司法》新增了行政强制解散和司法强制解散，但第184条仅增加了“开始清算”字样。最后，2005年《公司法》确立的规则一直延续至2018年《公司法》。

法律留白导致实践中出现了“僵尸企业”堆积现象，既浪费了商主体名称资源，亦损害了债权人利益。在法律规定的清算人到位之前，存在一个“时空间隙”。实践中，一些企业即便早已无持续经营可能，但不进行清算也不向登记机关注销，④ 此类“僵尸企业”一直占用着企业名称资源。甚至，有些大股东在应当启动清算程序之前，便悄悄地提前转移资产，然后以各种方式骗取注销登记，违背了创建公司时承担剩余风险的承诺，将本应自担的风险转嫁给了债权人。

---

① 参见刘贵祥：《从公司诉讼视角对公司法修改的几点思考》，载《中国政法大学学报》2022年第5期。

② 参见李建伟：《公司法学》（第5版），中国人民大学出版社2022年版，第151页。

③ 新《公司法》第234条规定：“清算组在清算期间行使下列职权：（一）清理公司财产，分别编制资产负债表和财产清单；（二）通知、公告债权人；（三）处理与清算有关的公司未了结的业务；（四）清缴所欠税款以及清算过程中产生的税款；（五）清理债权、债务；（六）分配公司清偿债务后的剩余财产；（七）代表公司参与民事诉讼活动。”

④ 参见梁上上：《有限公司股东清算义务人地位质疑》，载《中国法学》2019年第2期。

为解决“僵尸企业”堆积问题，完善市场主体退出机制，保护债权人利益，最高人民法院在2008年颁布《公司法解释（二）》，该解释第18条首次确立了清算义务人制度。①

2017年发布的《民法总则》第70条吸收过往经验，在正式法源层面确立了区分清算义务人和清算人的“双轨模式”。梁慧星先生评价《民法总则》“弥补了《民法通则》未设置清算义务人的空白”。②随后，《民法典》第70条完全继承了《民法总则》的此项规定，延续至今。

（二）清算义务人制度的运行困境

然而，过往清算义务规则存在两大适用难题，影响了裁判尺度的统一。

难题之一，虽然《民法总则》和《民法典》在立法层面承认了双轨模式，但《民法典》界定具体清算义务人的规则在体系结构上位于总则编的第三章“法人”的第一节“一般规定”部分，“提取公因式”的立法表达方式在传递信息时引发了理解分歧，《公司法解释（二）》与《民法典》对于清算义务人的规定口径不一，究竟谁是清算义务人存在争议。

《民法典》第70条的内容为“法人的董事、理事等执行机构或者决策机构的成员为清算义务人”，观察司法裁判经验与学术研究资源，前述条文至少存在三种解释方案。

第一种解释方案，董事是公司的清算义务人，《民法典》第70条属于《九民纪要》界定的“有意修正公司法”的情形。即《民法典》第70条第2款可转译为，法人的执行机构成员董事或者法人的决策机构成员理事系清算义务人。具体而言，在《民法典》第三章第二节“营利法人”部分只出现了“权力机构”“执行机构”“监督机构”等字样，其中，权力机构指代股东会，执行机构系董事会，而监督机构则为监事会，并无决策机构的说法，不能将决策机构当然理解为股东会；仅在第三节“非营利法人”部分对事业单位法人和捐助法人的规定中出现了“决策机构”概念，即“理事会为其决策机构”；鉴于此，体系解释表明，第70条第2款前半句所谓“决策机构”专指理事会，第70条实际上规定公司董事为清

---

① 参见刘贵祥：《从公司诉讼视角对公司法修改的几点思考》，载《中国政法大学学报》2022年第5期。

② 梁慧星：《〈民法总则〉重要条文的理解与适用》，载《四川大学学报（哲学社会科学版）》2017年第4期。

算义务人。[1]类似观点判例可参见蔡某、青岛市黄岛区拆迁保障服务中心等清算责任纠纷案，青岛市中级人民法院在该案中适用了《民法总则》第70条，并认为前述规则实际上没有将“出资人”纳入公司清算义务人范围，清算义务人系法人执行机构成员。[2]

第二种解释方案，虽然本法条确认了公司董事是清算义务人，但其属于一般法，不属于《九民纪要》所谓“有意修正公司法有关条款的”情形，仍应根据2018年《公司法》和《公司法解释（二）》认定有限责任公司股东和股份有限公司董事、控股股东为清算义务人。[3]类似观点判例可参见北京慧控安华科技有限公司与唐山市路北区发展和改革局与企业有关的纠纷案，中国民生银行股份有限公司上海分行与重庆市人民政府驻上海办事处等其他与破产有关的纠纷案，上海瑞芯表业有限公司、金某文买卖合同纠纷案等案件[4]。在北京慧控安华科技有限公司与唐山市路北区发展和改革局与企业有关的纠纷案中，一审、二审法院均认为《民法总则》第70条的含义是确认了董事为公司清算义务人，但二审法院同时强调了第70条第2款后半句，“对于特定类型法人的清算义务人，若法律、行政法规另有规定，应予遵守。”[5]

第三种解释方案，本法条只是对既有公司法规则的提炼而已，其含义与《公司法》及其解释保持一致，司法适用上应优先适用特别法。这种观点下，第70条第2款前半句的意思为，法人的董事、理事等执行机构成员，或者决策机构股东会等的成员为清算义务人。类似观点判例可参见奥飞娱乐股份有限公司、周某银等侵害作品复制权纠纷案，山东省德州市德城区人民法院在该案中同时适用了《民法典》第70条第1款、第2款前半句和《公司法解释（二）》第20条，进而

---

① 参见蒋大兴:《公司清算义务人规范之适用与再造——“谁经营谁清算” vs. “谁投资谁清算”》，载《学术论坛》2021年第4期。

② 参见山东省青岛市中级人民法院民事判决书，(2021)鲁02民终46号。

③ 参见肖雄:《论公司清算人中心主义的回归与重建》，载《政治与法律》2017年第11期；王长华:《论有限责任公司清算义务人的界定——以我国〈民法总则〉第70条的适用为分析视角》，载《法学杂志》2018年第8期。

④ 分别参见北京市第一中级人民法院民事判决书，(2022)京01民终9999号；上海市第二中级人民法院民事判决书，(2022)沪03民终101号；辽宁省沈阳市中级人民法院民事判决书，(2021)辽01民终6977号。

⑤ 参见北京市海淀区人民法院民事判决书，(2022)京0108民初17888号；北京市第一中级人民法院民事判决书，(2022)京01民终9999号。

认为有限责任公司的清算义务人系股东。①

由于《民法总则》和《民法典》在民商合一体系下扮演着一般法的角色，即使其以立法形式正式确立了清算义务人制度，并试图将董事界定为清算义务人，亦未真正统一裁判规则。②

难题之二，若按照《公司法解释（二）》将有限责任公司包括小股东在内的全体股东都作为清算义务人，则难免存在“打击过度”和“伤及无辜”的问题。

2012年，最高人民法院公布了指导案例9号，该案创设了两项严苛的裁判规则。第一，有限责任公司的股东、股份有限公司的董事和控股股东，应当依法在公司被吊销营业执照后履行清算义务，不能以其不是实际控制人或者未实际参加公司经营管理为由，免除清算义务；第二，债务人公司应当开始清算前，在其他案件中因无财产可供执行而被中止执行的，只能证明法院在执行中未查找到债务人财产，不能证明公司财产在股东应当履行清算义务前即已全部灭失。③

最高人民法院指导案例9号严苛的裁判规则在实践中孕育出了意料之外的结果——职业债权人收购“僵尸企业”陈年旧账，然后起诉有限责任公司的全体股东，要求小股东在内的义务人承担“不能清算”的连带责任。④《公司法解释（二）》的司法适用状况过度倾斜于债权人，误伤了一些无辜小股东。⑤甚至有人质疑此类连带赔偿责任规则的正当性，“已造成债权人从破产清算向非破产清算逃逸，损害了股东利益。”⑥**笔者认为，股东虽未履行清算义务，但公司早在股东怠于履行义务前便丧失了偿债能力，如果仍然以“存在怠于清算的事实”为理据，**

① 参见山东省德州市德城区人民法院民事判决书，（2022）鲁1402民初4872号。

② 例如，部分法官仍将清算义务人和清算人等同。参见东莞市虎门帝人皮革商店、邱某有等清算责任纠纷案，广东省东莞市中级人民法院（2022）粤19民终3058号民事判决书；上海贝利通信技术工程有限公司、王某汉等股东损害公司债权人利益责任纠纷案，江苏省泰州市中级人民法院（2022）苏12民终2294号民事判决书；上海瑞芯表业有限公司与金某文等买卖合同纠纷案，辽宁省高级人民法院（2021）辽民申9205号民事裁定书。

③ 参见《指导案例9号：上海存亮贸易有限公司诉蒋志东、王卫明等买卖合同纠纷案》，载中华人民共和国最高人民法院网2012年9月26日，https://www.court.gov.cn/shenpan-xiangqing-13306.html。

④ 参见刘贵祥：《从公司诉讼视角对公司法修改的几点思考》，载《中国政法大学学报》2022年第5期。

⑤ 参见刘贵祥：《从公司诉讼视角对公司法修改的几点思考》，载《中国政法大学学报》2022年第5期。

⑥ 梁上上：《有限公司股东清算义务人地位质疑》，载《中国法学》2019年第2期。

要求股东在出资义务之外承担清偿债务的责任，则实际上将债权人应当承担的投资风险转嫁给了股东，这一操作的确突破了“有限责任屏障”，过度保护了债权人，更无须说无辜殃及了被动投资的小股东。

为解决过度打击问题，最高人民法院在《九民纪要》中开出了通过一般过错侵权责任构成要件限缩清算赔偿责任适用范围的“药方”。《九民纪要》将清算赔偿责任定性为侵权责任，然后借助含义保持开放的“过错”要件和“法律因果关系”要件，缩窄了清算赔偿责任的适用范围。在缩窄适用后，未实际参与经营管理的小股东事实上已不再负担清算义务。[①] 此后，饱受批评[②] 的指导案例 9 号案也被最高人民法院宣布自 2021 年 1 月 1 日起不再参照。[③]

（三）清算义务人制度演进的终结

在累积了前述诸多现实经验后，新《公司法》在清算部分几乎全面“改弦易张”。

1. 统一有限责任公司与股份有限公司的清算义务人

首先，新《公司法》不再区分有限责任公司与股份有限公司，统一将董事界定为清算义务人，同时，董事亦是默认情况下的清算组成员。如果董事未在触发解散事由之后的 15 日内组建清算组、及时履行清算义务，给公司或债权人造成损害，其承担赔偿责任。

其次，新《公司法》借助实质董事规则将清算义务人扩张至控股股东和实际控制人，回应我国公司股权结构较为集中的现状。新《公司法》第 180 条规定，不担任公司董事但实际执行公司事务的控股股东和实际控制人也对公司负担忠实义务和勤勉义务，鉴于新法并未将清算义务的保护对象局限于债权人，其保护范围包括公司本身，借道“公司利益”概念，亦可将清算义务扩张至实际执行公司事务的控

---

① 《九民纪要》第 14 条规定：“公司法司法解释（二）第 18 条第 2 款规定的‘怠于履行义务’，是指有限责任公司的股东在法定清算事由出现后，在能够履行清算义务的情况下，故意拖延、拒绝履行清算义务，或者因过失导致无法进行清算的消极行为。股东举证证明其已经为履行清算义务采取了积极措施，或者小股东举证证明其既不是公司董事会或者监事会成员，也没有选派人员担任该机关成员，且从未参与公司经营管理，以不构成‘怠于履行义务’为由，主张其不应当对公司债务承担连带清偿责任的，人民法院依法予以支持。”

② 参见李清池：《公司清算义务人民事责任辨析——兼评最高人民法院指导案例 9 号》，载《北大法律评论》2014 年第 1 期。

③ 参见最高人民法院《关于部分指导性案例不再参照的通知》（法〔2020〕343 号）。

股股东和实际控制人，然后债权人可依据《民法典》债之保全中的代位权规则[①]主张获得偿付，或申请强制执行公司对违反清算义务之人享有的赔偿债权。

2. 创设豁免清算程序的简易注销

为降低企业退出成本，2023 年新《公司法》第 240 条创设了简易注销制度，简易注销的法律效果是豁免清算程序。[②]

其一，简易注销的前提条件为公司当前没有负担任何债务，且全体股东就此作出保证。

其二，简易注销的效果为公司无须启动清算程序，在国家企业信用信息公示系统公告 20 日以上，期间不存在异议即可向登记机关申请注销登记。

其三，股东就无债务的承诺承担严格的连带责任。为防止股东将剩余风险转嫁给债权人，承诺不实时，股东就注销前存在的公司债务承担严格的连带责任。本条文义似乎颇为严苛，只要承诺不实，无论股东能否证明实际从公司接收的资产状况，均对债权人未获足额清偿的债权数额承担连带责任。

豁免清算程序的简易注销制度在未来的现实运行中可能面临以下四项问题。

第一，简易注销申请文件的签名主体问题。相关文件应由公司提交，但文件中必须包含全体股东签字确认的无债务或债务已全部清偿的声明。

第二，股东能否在简易注销公告期间分配公司资产的问题。笔者认为，在公告期间，清算义务和清算程序并未被豁免，公司不能径直将财产分配给股东。

第三，承诺不实时连带责任的赔偿范围问题。如果股东知道或应当知道公司存在尚未清偿完毕的债务而仍旧签字确认，亦不向其他股东披露相关信息，令该股东承担连带清偿责任不存在任何疑问，但承诺不实之连带责任的复杂性在于该责任的具体赔偿范围如何界定，是否应考虑不同股东的主观过错程度和实

---

① 《民法典》第 535 条规定："因债务人怠于行使其债权或者与该债权有关的从权利，影响债权人的到期债权实现的，债权人可以向人民法院请求以自己的名义代位行使债务人对相对人的权利，但是该权利专属于债务人自身的除外。代位权的行使范围以债权人的到期债权为限。债权人行使代位权的必要费用，由债务人负担。相对人对债务人的抗辩，可以向债权人主张。"

② 新《公司法》第 240 条规定："公司在存续期间未产生债务，或者已清偿全部债务的，经全体股东承诺，可以按照规定通过简易程序注销公司登记。通过简易程序注销公司登记，应当通过国家企业信用信息公示系统予以公告，公告期限不少于二十日。公告期限届满后，未有异议的，公司可以在二十日内向公司登记机关申请注销公司登记。公司通过简易程序注销公司登记，股东对本条第一款规定的内容承诺不实的，应当对注销登记前的债务承担连带责任。"

际从公司分配到的资产的价值、赔偿责任的范围是全部债务数额抑或仅限于股东从公司接收的资产(至多附加赔偿利息损失)。就对债权人的外部责任而言,至少存在三种方案:(1)全体股东在从公司实际接收的资产范围内对债权人承担连带责任;(2)善意股东在从公司实际接收的资产范围内对债权人承担连带责任,恶意股东在债权人未获偿付的额度内承担连带责任;(3)全体股东均就债权人未获清偿的债权数额承担连带责任。**笔者认为,债权人在与公司交易时即明晰股东享受有限责任待遇,股东为此承担的代价为只能在公司资产清偿所有公司债务后获得分配,鉴于此,原则上,无论股东是否存在过错,全体股东均应在接收的资产范围内对债权人承担连带责任,此外,为防范股东的道德风险,应将接收资产情况的举证证明责任分配给股东,同时,故意承诺不实和有重大过失的股东在全部债务范围内承担连带责任。**

第四,承担经营管理职能的董事、经理等信义义务主体知悉公司债务状况时,是否承担告知义务。笔者认为,董事和经理等实际承担经营管理职能的主体更了解公司的债务状况,其应为了债权人利益承担核查股东承诺是否属实的义务,若其没有尽到审慎注意义务,存在重大过错,也应依据新《公司法》第191条直接对债权人承担赔偿责任,嗣后可向承诺不实的股东索赔。

我国清算义务人制度的立法演进和规范演变,分别参见图3-3、表3-10。

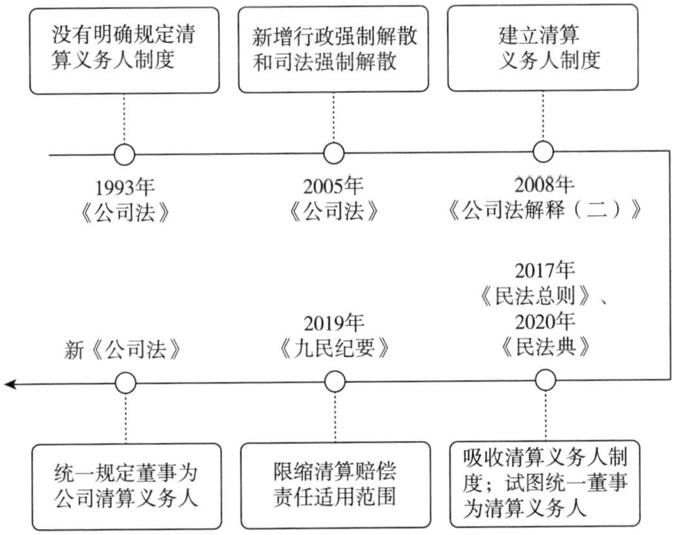

图3-3　清算义务人制度的立法演进

表 3-10　清算义务人制度的规范演变

法律规定	条文内容
《公司法解释(二)》	**第 18 条**　有限责任公司的股东、股份有限公司的董事和控股股东未在法定期限内成立清算组开始清算，导致公司财产贬值、流失、毁损或者灭失，债权人主张其在造成损失范围内对公司债务承担赔偿责任的，人民法院应依法予以支持。 有限责任公司的股东、股份有限公司的董事和控股股东因怠于履行义务，导致公司主要财产、账册、重要文件等灭失，无法进行清算，债权人主张其对公司债务承担连带清偿责任的，人民法院应依法予以支持。 上述情形系实际控制人原因造成，债权人主张实际控制人对公司债务承担相应民事责任的，人民法院应依法予以支持。
《九民纪要》	**第 13 条**　……司法解释关于有限责任公司股东清算责任的规定，其性质是因股东怠于履行清算义务致使公司无法清算所应当承担的侵权责任。……
《民法典》	**第 70 条**　法人解散的，除合并或者分立的情形外，清算义务人应当及时组成清算组进行清算。 法人的董事、理事等执行机构或者决策机构的成员为清算义务人。法律、行政法规另有规定的，依照其规定。 清算义务人未及时履行清算义务，造成损害的，应当承担民事责任；主管机关或者利害关系人可以申请人民法院指定有关人员组成清算组进行清算。
新《公司法》	**第 232 条**　公司因本法第二百二十九条第一款第一项、第二项、第四项、第五项规定而解散的，应当清算。董事为公司清算义务人，应当在解散事由出现之日起十五日内组成清算组进行清算。 清算组由董事组成，但是公司章程另有规定或者股东会决议另选他人的除外。 清算义务人未及时履行清算义务，给公司或者债权人造成损失的，应当承担赔偿责任。 **第 233 条**　公司依照前条第一款的规定应当清算，逾期不成立清算组进行清算或者成立清算组后不清算的，利害关系人可以申请人民法院指定有关人员组成清算组进行清算。人民法院应当受理该申请，并及时组织清算组讲行清算。 公司因本法第二百二十九条第一款第四项的规定而解散的，作出吊销营业执照、责令关闭或者撤销决定的部门或者公司登记机关，可以申请人民法院指定有关人员组成清算组进行清算。

二、清算义务人制度的理论阐释

新《公司法》为何要在清算义务部分完成如此巨大的规则转变？

一种简单的解释是：过往区分有限责任公司和股份有限公司，分别规定不同主体为清算义务人的规则模式可能来自对其他司法辖区法律的简单移植，但在移植过程中，却忽略了《公司法》对有限责任公司和股份有限公司治理模式、权力分配模式的立法预设，也忽略了规则可能制造的现实影响。具体分析如下：

首先，这一规则与我国台湾地区相关规定高度相似。梁上上教授在梳理我国有限责任公司股东清算义务人地位的规则演变路径时分析道，《美国示范商业公司法》、《英国2006年公司法》以及德国、日本、法国、韩国等对应法律均未规定功能上等同于我国有限责任公司的股东为清算人，相反，只有我国台湾地区相关规定将有限责任公司股东规定为清算人。[①]

其次，这种规则模式实则反映了立法者对有限责任公司的预设是“投资者数量较少且亲自参与企业经营管理”的小型合作体。我国台湾地区相关规定中的“无限公司”在功能上等同于我国的合伙企业，其将合伙企业的解散、清算规则转介适用到有限责任公司之中，某种程度上反映了立法者对有限责任公司的预设系“投资者获得有限责任屏障保护的合伙”。

再次，问题在于，我国《公司法》并没有完全区分有限责任公司和股份有限公司的默认治理模式，两类公司形态的实质差别似乎相当有限，甚至“趋同”。在规定公司应当设置哪些组织机构以及如何在股东会、董事会、监事会之间分配治理权力时，法律并未作出区分，而是简单地将有限责任公司中的规则直接适用于股份有限公司。例如，2018年《公司法》第99条、第108条、第113条以及第118条直接将有限责任公司股东会、董事会、经理和监事会的职权规范适用于股份有限公司，新法也并未改变这种“复制粘贴”的做法。甚至考虑到我国社会的现实是相当数量的股份有限公司实质上更近似于有限责任公司，[②]进而将一人有限责任公司规则扩张至股份有限公司。

最后，观察我国《公司法》对股东会和董事会职权配置的安排，其似乎意在形成“所有权与控制权分离”的治理模式。现行规则下，股东会享有的权利通常限定于合并、分立、解散、增资、减资、变更公司形式等根本性变动事项，立法者实际上把日常经营事务的管理权能交给了董事会或者由董事会选聘经理执行，这明显属于“所有权与控制权分离”的治理模式。

清算义务人部分的规则转变，体现了立法者在公司治理模式上迈向“董事会

---

① 参见梁上上：《有限公司股东清算义务人地位质疑》，载《中国法学》2019年第2期。

② 参见李建伟：《公司组织形态重构与公司法结构性改革》，载《财经法学》2015年第5期；刘斌：《公司类型的差序规制与重构要素》，载《当代法学》2021年第2期。

中心主义”[①]的尝试。这一改革是否能够产生良好的社会效果，有待后续观察。

三、清算义务人规则的实务解析

（一）清算义务的性质与地域管辖争议

《九民纪要》曾将违反清算义务的赔偿责任定性为侵权责任，新《公司法》将清算义务统一归属于董事之后，其究竟系侵权法上的注意义务还是公司法中的信义义务，可能存在争议。[②]

就地域管辖的确定而言，前述争议具有一定现实价值。一般过错侵权条款和信义义务条款的文义相当模糊和开放，无论将清算义务界定为董事勤勉义务还是侵权法上的注意义务，在判断责任是否成立时，法官均须根据个案事实具体化建构。这些条款的实质功能似乎均在于授予法官自由裁量权，[③]甚至是授予部分司法造法权，因此界定清算赔偿责任的性质只在“法律逻辑”和概念上具有实际利益。但实际上，义务性质问题与管辖法院的确定休戚相关。

其一，如果将清算义务定性为侵权法上的注意义务，那么债权人起诉清算义务人的诉讼应为侵权责任纠纷，相应地，应当适用《民事诉讼法》第29条，[④]由于债权人系受害对象，故债权人住所地法院亦有管辖权。[⑤]很明显，此种解释路径

---

① “董事会中心主义”只是一个标签而已，本专题无意于探讨某某中心主义含义的识别方式，在此使用这一概念指代大中型企业“两权分离”的治理结构，即股东只对重大事项享有表决权，不直接参与经营，公司在董事会的管理下或监督下从事经营业务。很明显，这种治理模式只适合拥有大量股东的中大型企业，不适合小型的初创企业或所谓的企业家型企业，所以此处强调《公司法》应当至少区分两种公司类型，分别为不同的合作项目提供默认的交易结构，降低磋商成本。参见［美］斯蒂芬·M. 贝恩布里奇：《理论与实践中的新公司治理模式》，赵渊译，法律出版社2012年版，第9~10页。

② 例如，有学者认为清算义务是董事勤勉义务在公司清算阶段的延伸。参见梁上上：《有限公司股东清算义务人地位质疑》，载《中国法学》2019年第2期。

③ 信义义务这种宽泛的标准条款，被称为“法官的嗅觉测试”，保持了司法的弹性。See Rafael La Porta, Florencio Lopez-de-Silanes, Andrei Shleifer, *The Economic Consequences of Legal Origins*, 46 Journal of Economic Literature 285-322(2008). 对于侵权法中“违反保护他人之法律”条款，苏永钦先生称其为转介条款，实质功能在于概括性指示法官就个别情形进行权衡。参见苏永钦：《寻找新民法》，北京大学出版社2012年版，第257~260页。

④ 参见中信信托有限责任公司等与北京昌恒皮具制作有限公司股东损害公司债权人利益责任纠纷管辖权异议案，北京市第二中级人民法院（2021）京02民辖终353号民事裁定书。

⑤ 参见范某荣、姚某伦等管辖权异议案，四川省凉山彝族自治州中级人民法院（2021）川34民辖终56号民事裁定书；河南昌峰新材料有限公司、梁某彬等损害公司债权人利益责任纠纷管辖权异议案，河南省许昌市中级人民法院（2021）豫10民辖终81号民事裁定书；孔某元、张某损害公司债权人利益责任纠纷管辖权异议案，吉林省长春市中级人民法院（2023）吉01民辖终31号民事裁定书。

下，债权人的行权成本更低。

其二，若认为清算义务属于董事对公司和债权人承担的勤勉义务，系一类信义义务，则相关纠纷应为损害公司利益 / 公司债权人利益责任纠纷，此类纠纷归属于《民事诉讼法》第 27 条界定的与公司有关的纠纷，应由公司住所地法院管辖。例如，在一个关联交易转移公司资产案中，最高人民法院认为，"损害公司利益责任纠纷不在《民事案件案由规定》枚举的侵权责任纠纷之列"，案涉纠纷属于与公司有关的纠纷，由公司住所地法院管辖。① 同理，损害公司债权人利益责任纠纷也不在《民事案件案由规定》列举的侵权责任纠纷清单内。又如，在一个公司对违反忠实义务的董事提起的归入权诉讼中，法院将此类董事违反信义义务的案件定性为"与公司有关的纠纷"。②

笔者认为，应跳出形式思维，区分保护债权人的清算义务和保护公司的清算义务：首先，对于前者，为降低债权人维权成本和防范我国公司实践中更严重的公司内部人不当转嫁投资风险给债权人的道德风险，应定性为侵权责任纠纷；其次，对于后者，考虑到此类案件与董事违反信义义务和实施关联交易高度相似，可能涉及审查股东代表诉讼的必要性和收集调取与公司利益相关证据，应定性为与公司有关的纠纷。

（二）清算义务内容的具体化

1. 及时组建清算组

新《公司法》延续了《民法总则》和《民法典》对清算义务基本内容的规定，明确清算义务人应当"及时组建清算组"。

其一，所谓"及时"，即"应当在解散事由出现之日起十五日内成立清算组，开始清算"。

其二，履行期限的起算时点，应自公司触发解散清算事由之日起算。解散清算事由如表 3-11 所示，对于自行解散，起算日为届满日、解散事由出现之日或决议生效之日；对于行政命令解散，起算日应为相应文书送达公司之日；对于司法

① 参见恒富创业投资企业等与宁夏越兴投资有限公司等公司利益责任纠纷管辖权异议案，最高人民法院（2017）最高法民辖终 391 号民事裁定书。

② 参见李某波、始兴县德丰房地产开发有限公司损害公司利益责任纠纷管辖权异议案，广东省韶关市中级人民法院（2019）粤 02 民辖终 58 号民事裁定书。

解散，起算日为形成判决生效之日。

表 3-11　公司解散清算事由

解散性质	具体事由
自行解散	(1)公司章程规定的存续期间届满； (2)公司章程规定的解散事由出现； (3)股东会决议解散公司
行政命令解散	(1)公司被吊销营业执照； (2)公司被责令关闭； (3)公司被撤销
司法强制解散	代表 1/10 以上表决权的股东请求法院强制解散公司，法院依法作出判决

其三，“组建清算组”在通常情况下意味着董事们应相互磋商、配合，共同作为清算组成员，准备开始执行清算事务。**笔者认为，如果公司设置了董事会，那么董事们应当以会议形式作出建立清算组的决议，**[①] **且除非有特别情况，应将所有承担清算义务的董事列为清算组成员，董事们应在会议中讨论是否存在特殊情况，若存在，则还应呈报股东会。若公司规模较小，并未设置董事会，则在任董事作出书面决定即可。**原因如下：首先，新《公司法》明确规定董事为默认情况下的清算组成员，除非公司章程另有规定或股东会决议另选他人。其次，考虑到前述规则，清算义务人至少应当在董事会会议中讨论是否存在公司章程规定的特殊情况或是否有必要向股东会请求改选清算组成员。最后，现实中存在诸多董事不能或不适宜作为清算人的特殊情况，立法无法穷尽列举，清算义务人应当在会议中进行讨论，并将结果呈报股东会。由于清算工作具有专业性，董事们可能不具备相应的技能或已丧失行为能力，且部分董事可能因违反对公司的信义义务而不再具备任职资格，[②]

① 类似观点可参见刘贵祥：《从公司诉讼视角对公司法修改的几点思考》，载《中国政法大学学报》2022 年第 5 期。

② 新《公司法》第 178 条规定：“有下列情形之一的，不得担任公司的董事、监事、高级管理人员：(一)无民事行为能力或者限制民事行为能力；(二)因贪污、贿赂、侵占财产、挪用财产或者破坏社会主义市场经济秩序，被判处刑罚，或者因犯罪被剥夺政治权利，执行期满未逾五年，被宣告缓刑的，自缓刑考验期满之日起未逾二年；(三)担任破产清算的公司、企业的董事或者厂长、经理，对该公司、企业的破产负有个人责任的，自该公司、企业破产清算完结之日起未逾三年；(四)担任因违法被吊销营业执照、责令关闭的公司、企业的法定代表人，并负有个人责任的，自该公司、企业被吊销营业执照、责令关闭之日起未逾三年；(五)个人因所负数额较大债务到期未清偿被人民法院列为失信被执行人。违反前款规定选举、委派董事、监事或者聘任高级管理人员的，该选举、委派或者聘任无效。董事、监事、高级管理人员在任职期间出现本条第一款所列情形的，公司应当解除其职务。”

尤其当公司被吊销营业执照[①]时，董事通常为相关责任人，清算义务人自然应当根据个案情况进行合理调整。

2. 申请指定清算组

首先，鉴于董事们以集体会议的形式履行义务，当董事之间就清算组的建立产生意见冲突，或公司本就因僵局而被司法强制解散，董事会早已无法作出成立的决议时，“及时组建清算组”应被解释为向股东会请求选任合适的清算人或者向法院申请指定清算组成员以尽快地推动清算程序。[②]

其次，对于不设董事会的公司，存在一种特殊情形：在任董事作为公司被吊销营业执照的直接责任人，或在任董事违反《公司法》第178条规定的其他情形，依法应被立即解除职务时，由于没有其他清算义务主体，故该等董事也应负担向公司报告相应情况或向法院申请指定清算组成员的义务。

3. 保管财产和账册文件

按照《公司法解释（二）》第18条的表述，未及时组建清算组推动清算，导致公司财产贬值、流失、毁损、灭失，或导致公司主要财产、账册、重要文件等灭失而无法进行清算，义务违反者分别需要在价值流失范围内承担赔偿责任和在无法进行清算时在债权未被清偿范围内承担连带责任。

此规则在新法生效后可能将继续适用，但存在一个问题——清算义务人并非清算人，也不是直接保管相关财产和文件的责任人，在何种场合之下，清算义务人的不作为和财产贬值、文件灭失之间存在强度足够的“因果关系”？换言之，清算义务是否包含保管公司财产和重要账册文件等内容？**笔者认为，原则上，清算义务不包括保管公司的财产和账册文件，但当财产保管义务人和账册保管义**

① 例如，《反电信网络诈骗法》第39条规定：“电信业务经营者违反本法规定，有下列情形之一的，由有关主管部门责令改正，情节较轻的，给予警告、通报批评，或者处五万元以上五十万元以下罚款；情节严重的，处五十万元以上五百万元以下罚款，并可以由有关主管部门责令暂停相关业务、停业整顿、吊销相关业务许可证或者吊销营业执照，对其直接负责的主管人员和其他直接责任人员，处一万元以上二十万元以下罚款：（一）未落实国家有关规定确定的反电信网络诈骗内部控制机制的；（二）未履行电话卡、物联网卡实名制登记职责的；（三）未履行对电话卡、物联网卡的监测识别、监测预警和相关处置职责的；（四）未对物联网卡用户进行风险评估，或者未限定物联网卡的开通功能、使用场景和适用设备的；（五）未采取措施对改号电话、虚假主叫或者具有相应功能的非法设备进行监测处置的。”

② 持类似观点的判例，参见广州科咨力企业管理咨询有限公司、李某锋等服务合同纠纷案，广东省广州市中级人民法院（2021）粤01民终28936号民事判决书。

务人在公司解散清算后正常离职或丧失行为能力，且不存在其他义务承接主体时，清算义务人在清算人到位之前亦应承担保管义务和向清算组妥善移交财产文件的义务。

破产清算与解散清算在这方面高度相似，可类推适用《企业破产法》第15条[①]，财产保管义务和账册保管义务的主体系在企业的日常经营过程中实际掌管公司财产、账册等资料的“配合清算义务人”。[②]破产清算与解散清算的目的均在于清理、盘点公司资产，并在与公司交易的各方当事人之间按照法定规则分配。二者唯一的区别为，进入破产程序的公司已资不抵债或丧失了持续经营价值。但资不抵债和丧失持续经营价值这一差异不足以成为区别对待破产清算程序和解散清算程序中“财产、账册文件保管职责”问题的理由。基于相似情形相似对待的平等原则，可类推适用《企业破产法》。[③]在中国民生银行股份有限公司上海分行与重庆市人民政府驻上海办事处等其他与破产有关的纠纷案中，上诉人主张，重庆驻沪办、浦发公司作为渝龙公司第一、第二大股东，应对渝龙公司承担清算义务、账簿保管义务；上海市第三中级人民法院则认为，重庆驻沪办、浦发公司不是控股股东，也不属于渝龙公司的法定代表人、财务管理人员或其他经营管理人员等配合清算义务人。[④]据此否定了上诉人提出的赔偿主张。

前述为一般情况，当配合清算义务人在解散清算阶段正常离职或丧失行为能力，且无其他义务承接主体时，要求清算义务人在清算组到位前承担保管义务并无不妥。公司解散清算的实质原因是停止了业务经营，此时，部分职工可能会陆续解除职务、离开公司，或丧失相应行为能力。势必需要有人承接配合清算义务人的职责，保管义务和向清算组移交的义务应由清算义务人兜底承担。[⑤]

---

① 《企业破产法》第15条规定：“自人民法院受理破产申请的裁定送达债务人之日起至破产程序终结之日，债务人的有关人员承担下列义务：(一)妥善保管其占有和管理的财产、印章和账簿、文书等资料；(二)根据人民法院、管理人的要求进行工作，并如实回答询问；(三)列席债权人会议并如实回答债权人的询问；(四)未经人民法院许可，不得离开住所地；(五)不得新任其他企业的董事、监事、高级管理人员。前款所称有关人员，是指企业的法定代表人；经人民法院决定，可以包括企业的财务管理人员和其他经营管理人员。”

② 参见王欣新：《论清算义务人的义务及其与破产程序的关系》，载《法学杂志》2019年第12期。

③ 参见梁上上：《有限公司股东清算义务人地位质疑》，载《中国法学》2019年第2期。

④ 参见上海市第三中级人民法院(2022)沪03民终101号民事判决书。

⑤ 参见王欣新：《论清算义务人的义务及其与破产程序的关系》，载《法学杂志》2019年第12期。

（三）不同类型董事的义务差别释解

《九民纪要》曾限缩清算赔偿责任的适用范围，将未实际参与经营管理的小股东排除在有限责任公司清算义务人范围之外。这种类型区分思维在新规则下仍有适用空间，规模较大的公司中通常存在多种类型的董事，应当根据不同董事之间的职能分工确定其具体的义务内容和义务强度。

其一，审计委员会中的董事承担监事职能，依据体系解释，应认定其无清算义务。依据新《公司法》第69条和第121条的规定，有限责任公司和股份有限公司均可设置审计委员会，审计委员会成员由董事构成。法律对审计委员会的职能定位是替代监事会的"监督机构"，实质承担监督职能。鉴于此，既然新法已然限定了董事为清算义务人，并未要求监事承担类似义务，那么审计委员会中实质承担监事职能的董事们同样不应承担清算义务。

其二，原则上，应将执行董事界定为主要的清算义务人，其他董事则依据其设立目的和具体职能进行实质判断。新《公司法》第121条第6款允许股份有限公司设置审计委员会之外的其他委员会，在大型公众公司中，常见的委员会包括执行委员会、审计委员会、提名委员会、薪酬委员会等。[①] 首先，薪酬委员会的功能是制订董事、高管等企业核心人物的薪酬方案，提名委员会的主要功能则是为股东会选举董事提名候选人，要求这些专门委员会中的董事成员承担清算义务与其设立目的相违背。其次，当公司中董事人数较多时，要求所有董事共同负担清算义务只会徒增集体行动成本，可能导致无效率的结果。最后，考虑到执行委员会或其他承担相似功能的委员会系董事会下的常设机构，由其成员负担主要的清算义务较为合理。

（四）清算赔偿责任

1. 责任形态

就清算义务人具体承担的赔偿责任，新《公司法》的规定较为笼统粗糙，未明确具体的责任形态。鉴于此，《公司法解释（二）》第18条仍具裁判指引功能，相应的裁判经验亦可资借鉴，下文试图借助对旧有清算义务裁判规则的观察，助力进一步具体化新法下的董事清算赔偿责任规则。

---

① See Alan R.Palmiter, *Corporations*, Wolters Kluwer Law & Business, 2015, p.513.

具体而言，《公司法解释（二）》第 18 条规定了两种责任形态：（1）在价值流失范围内承担赔偿责任；（2）导致无法进行清算时，义务违反者在债权未被清偿范围内承担连带责任。

2. 举证证明责任的分配

通常，诉讼当事人对清算义务人未在触发解散清算事由后的 15 日内组建清算组这一事实无异议，法院直接据此认定义务人怠于履行清算义务。核心争议有二，一为是否存在债权人受到损害的结果；二为“未妥当履行义务”与“财产流失”或“主要文件灭失因而无法清算”之间是否存在法律因果关系。

判例经验表明，司法适用中的主要争议为如何在债权人和清算义务人之间合理分配举证证明责任，就此，存在三种裁判路径。

路径一，将举证证明责任严格分配给债权人。① 例如，在广州穗新物流有限公司、广州市色哥进出口贸易有限公司等仓储合同纠纷案中，公司被吊销营业执照后，两位股东未成立清算组进行清算，但广东省广州市中级人民法院强调，债权人没有举示充分的证据以证明标的公司财产价值流失或主要文件灭失，也未能证明怠于履行义务的行为与前述损害结果之间存在因果关系。②

路径二，将举证证明责任严格分配给清算义务人。③ 此类立场的理由在于，“债权人作为外部人员，客观上无法全面了解掌握债务人的资产范围、处置情况

---

① 参见湖南华赛科技有限公司与李某、余某康股东损害公司债权人利益责任纠纷案，湖南省浏阳市人民法院（2020）湘 0181 民初 6517 号民事判决书；克里斯蒂昂·迪奥尔服装有与南京硕亦威贸易有限公司、袁某侵害商标权纠纷案，广东省广州市越秀区人民法院（2020）粤 0104 民初 7096 号民事判决书；卢某、卢某忠等买卖合同纠纷案，广东省江门市中级人民法院（2021）粤 07 民终 5380 号民事判决书；马某宝、董某林等民间借贷纠纷案，新疆维吾尔自治区高级人民法院（2021）新民申 2610 号民事裁定书；青岛市李沧区宏得丰物资站与高某泽、高某菊股东损害公司债权人利益责任纠纷案，四川省成都市中级人民法院（2022）川 01 民终 14511 号民事判决书；广州穗新物流有限公司、广州市色哥进出口贸易有限公司等仓储合同纠纷案，广东省广州市中级人民法院（2022）粤 01 民终 23534 号民事判决书。

② 参见广州穗新物流有限公司、广州市色哥进出口贸易有限公司等仓储合同纠纷案，广东省广州市中级人民法院（2022）粤 01 民终 23534 号民事判决书。

③ 参见李某广、吴某灿股东损害公司债权人利益责任纠纷案，广东省广州市中级人民法院（2021）粤 01 民终 3927 号民事判决书；王某军与美誉唐网络科技（北京）有限公司等股东损害公司债权人利益责任纠纷案，北京市第二中级人民法院（2022）京 02 民终 4687 号民事判决书；代某友、黄某森清算责任纠纷案，广东省东莞市中级人民法院（2022）粤 19 民终 248 号民事判决书；广州科咨力企业管理咨询有限公司、李某锋等服务合同纠纷案，广东省广州市中级人民法院（2021）粤 01 民终 28936 号民事判决书；张某华等与李某昊（TZIANOPECENINI）股东损害公司债权人利益责任纠纷案，北京市高级人民法院（2020）京民终 187 号民事判决书。

以及是否贬值毁损”。[①] 例如，北京市第二中级人民法院认为，公司解散后，原则上应当推定只要公司依法进行清算债权人都可以得到全额清偿，进而，应由清算义务人证明其义务违反行为与损害之间无因果关系。[②] 在此种路径之下，清算义务人被推定对未清偿债务承担连带责任。

路径三，根据案件事实灵活分配举证证明责任，引入初步证据证明规则。[③] 这类观点强调，债权人应初步证明公司资产状况，不应无限制地苛责股东适用因果关系推定原则。[④] 此类路径下，法院通常基于清算前公司的财务报表或强制执行状况，初步判断是否存在资产或不当转移利益现象，进而灵活地分配举证证明责任。例如，公司在 2018 年被吊销营业执照，其 2010 年度的资产负债表显示年末净资产余额为 700 万元，嗣后，2010 年前的债权人申请对该公司进行强制执行，法院发现无财产可供执行，审理法院据此推定“前述 700 万资产自 2011 年至被吊销营业执照期间已消耗殆尽，公司和清算义务人应对前述账面显示的资产用途和去向举证证明或作合理说明”。[⑤]

笔者认为，新法已将清算义务人界定为董事，董事并非剩余风险承担者，不存在突破有限责任屏障的问题，但路径三仍为更优，因为相应案件事实千变万化，不可能统一出一条普适性的证明责任分配路径。

3. 特殊推定事由

《公司法解释（二）》背景下的裁判实务表明，清算义务诉讼中还存在一些特殊的抗辩事由和推定事由。

① 胥某莲、任某等清算责任纠纷案，湖南省长沙市中级人民法院（2021）湘 01 民终 10484 号民事判决书。

② 参见王某军与美誉唐网络科技（北京）有限公司等股东损害公司债权人利益责任纠纷案，北京市第二中级人民法院（2022）京 02 民终 4687 号民事判决书。

③ 参见上海宝冶集团有限公司与刘某等清算责任纠纷案，上海市第二中级人民法院（2021）沪 02 民终 12403 号民事判决书；上海福游投资管理中心（有限合伙）等与曹某等损害公司债权人利益责任纠纷案，上海市第二中级人民法院（2022）沪 02 民终 3299 号民事裁定书；瀛合（潍坊）股权投资管理合伙企业、谭某生等损害公司债权人利益责任纠纷案，山东省潍坊市中级人民法院（2023）鲁 07 民终 1374 号民事判决书。

④ 参见上海福游投资管理中心（有限合伙）等与曹某等损害公司债权人利益责任纠纷案，上海市第二中级人民法院（2022）沪 02 民终 3299 号民事裁定书。

⑤ 参见上海宝冶集团有限公司与刘某等清算责任纠纷二审案，上海市第二中级人民法院（2021）沪 02 民终 12403 号民事判决书。

其一，对于一人公司，基于法律推定一人公司存在法人格否认情形，故法院通常严格推定未履行清算义务的一人公司股东对债务承担连带清偿责任。[①] 笔者认为，考虑到一人公司股东系公司当然的控股股东和实际控制人，若唯一股东实质参与经营管理，则依据实质董事规则其承担信义义务，亦为清算义务人，此类裁判经验或将持续影响法官们未来的裁判思路。

其二，若清算义务人长期未履行义务，法院可能据此推定赔偿责任成立。例如，有法院认为，公司被吊销营业执照后，清算义务人在15年内均未组织清算，债权人嗣后才知悉相关事实，应推定赔偿责任成立。[②] 在另一个案件中，此期限为3年。[③] 也有法院认为，虽然义务人在一年内怠于履行，但赔偿责任不成立。[④] 笔者认为，这一裁判经验在新法规则下可资借鉴，新法将清算义务人界定为董事，若董事在知道或应当知道解散清算事由之日起长期未履行清算义务，导致公司资产状况已真伪不明，推定其对债务承担赔偿责任，可激励董事及时履行义务和妥善置备公司财务资料。

其三，公司在清算前存在终结本次执行或无财产可供执行的事实，该事实是否影响判断赔偿责任成立。已经废止的最高人民法院指导案例9号曾明确，此类证据只能证明法院没有查询到公司资产，不能用于证明赔偿责任不成立。指导案例9号废止之后的司法实践分裂为两个阵营：阵营一认为，此类证据不影响责任认定；[⑤] 阵营二认为，此类证据表明清算前公司已无偿债能力，可用于证明

---

① 参见安某龙等与三河市楠元机械设备有限公司损害公司债权人利益责任纠纷案，北京市第二中级人民法院（2022）京02民终10205号民事判决书；费某建与上海亿洲纸业包装有限公司损害公司债权人利益责任纠纷案，上海市第二中级人民法院（2021）沪02民终10208号民事判决书。

② 参见胥某莲、任某等清算责任纠纷案，湖南省长沙市中级人民法院（2021）湘01民终10484号民事判决书。

③ 参见王某星、云南纳滇贸易有限公司等买卖合同纠纷案，云南省昆明市中级人民法院（2021）云01民终8631号民事判决书。

④ 参见山西丰鑫房地产开发有限公司、冯某胜等房屋买卖合同纠纷案，山西省临汾市中级人民法院（2021）晋10民终1615号民事判决书。

⑤ 参见孙某等与北京忘归宾馆有限公司老君堂分公司股东损害公司债权人利益责任纠纷案，北京市第三中级人民法院（2022）京03民终7757号民事判决书；东莞市虎门帝人皮革商店、邱某有等清算责任纠纷案，广东省东莞市中级人民法院（2022）粤19民终3058号民事判决书。

不存在损害结果或怠于履行清算义务与损害结果之间不存在因果关系。[①]笔者认为，原则上，此类事实可用于证明公司在清算前已无相应偿付能力，但如果债权人能够举示其他证据，表明在执行前公司尚有一定资产，或债务人公司内部人的资产在对应期限发生了异常变动，则不可再依凭此类证据认定责任不成立。

四、小结

清算义务人和清算义务制度在我国经历了一个“漫长而痛苦”的发芽过程，终于，新《公司法》正式且明确地统一了有限责任公司和股份有限公司的清算义务人为董事，既回应了以往的规则实践，又呈现迈向董事会中心主义治理模式的倾向，基于清算义务规则之过往裁判经验展望可能的司法实操后，笔者非常期待在未来的司法实践中看到董事清算赔偿责任的进一步具体化。

① 参见高邮市四方机械有限公司与庞某峰等股东损害公司债权人利益责任纠纷案，江苏省高级人民法院（2021）苏民申18号民事裁定书；陕西关中建筑工程有限公司、西安科垣高新技术研究所等清算责任纠纷案，陕西省西安市中级人民法院（2021）陕01民终14449号民事判决书；熊某兴、李某股东损害公司债权人利益责任纠纷案，湖南省常德市中级人民法院（2021）湘07民终833号民事判决书；瀛合（潍坊）股权投资管理合伙企业、谭某生等损害公司债权人利益责任纠纷案，山东省潍坊市中级人民法院（2023）鲁07民终1374号民事判决书。

第四编

股东权利与股权转让

【专题十三】 有限责任公司股权变动模式的选择
【专题十四】 类别股制度的理论评判与实践操作指南
【专题十五】 “唤醒沉睡的巨龙”：异议股东回购条款的解释论展开
【专题十六】 姐妹公司连带责任：横向人格否认六大难题详解

专题十三

有限责任公司股权变动模式的选择

有限责任公司的股权何时发生变动，决定着股权转让人何时完成交付股权的义务、股权受让人何时享有股东权利并承担股东责任，决定着实际出资人能否基于代持协议而享有股权、名义股东处置代持股权能否适用善意取得制度等，是我国理论界与实务界亟待回应而又未能达成共识的重大问题。学理上参照“物权变动模式”的概念，将股权变动时点问题形象地称为“股权变动模式”，意指股权发生、变动、消灭的规范模式。[①]我国实证法并未明确有限责任公司股权变动模式，理论和实践中，股权变动时点究竟是股权转让合同生效之时，还是公司将股权受让人载入股东名册之时，或是公司完成变更登记之时，见解不一。鉴于此，本专题结合新《公司法》相关规则，探析股权变动模式的实践难题。[②]

一、股权变动模式的立法演变

（一）旧法股权变动模式的缺失

新《公司法》发布之前，我国法律并未明确规定股权变动模式。1993年《公司法》第31条仅要求有限责任公司应当置备股东名册，股权转让后由公司将受让人记载于股东名册，并未规定“记载于股东名册”这一行为的法律效力。2005年《公司法》在1993年《公司法》的基础上，明确记载于股东名册是受让人取得股权的充分条件，登记具有对抗效力。仍存有疑问的是，记载于股东名册是否为

① 参见葛云松：《物权行为：传说中的不死鸟——〈物权法〉上的物权变动模式研究》，载《华东政法大学学报》2007年第6期。

② 股权变动原因包括法律行为和非法律行为，本专题主要讨论的是前者。

受让人取得股权的必要条件？换言之，是否只有记载于股东名册的主体才能是公司股东？当股东名册与登记信息不一时，以何者为准？在公司并未置备股东名册的情况下，如何认定公司股东？2013 年《公司法》和 2018 年《公司法》照搬 2005 年《公司法》的规定，并未回应前述问题。2019 年发布的《九民纪要》重申记载于股东名册是受让人取得股权的充分条件。

（二）股权变动模式规则缺失的裁判困境

如前所述，既有规定关于股权变动模式的模糊性加剧了法律适用困难。以常见的股权代持纠纷为例，司法实践中就代持股权归属问题普遍采取“区分内外”的裁判思路。即在名义股东与实际出资人的内部关系上，往往依代持协议约定，认定股权归属于实际出资人。但当争议牵涉第三人时，在名义股东与实际出资人的外部关系上，法院大多依登记外观认定股权归属于名义股东。

上述“区分内外”的裁判思路在执行异议之诉中被推演至极致，并基于服务裁判结果的需要，发生了一定的异化。一方面，实际出资人提起的执行异议之诉中必然涉及名义股东的债权人利益，绝大多数法院基于“区分内外”的裁判思路，认定涉案股权归属于记载于股东名册或登记簿册上的名义股东，实际出资人基于代持合同仅享有债权请求权，不得排除执行。例如，最高人民法院在贵州雨田集团实业有限公司、逸彭（上海）投资管理合伙企业案中即持上述观点。[①]另一方面，在名义股东提起的执行异议之诉中，也必然涉及实际出资人的债权人利益，此时，法院为服务于“第三人利益恒定优先保护”的先行价值判断结果，在裁判理由上又提出登记外观仅具有推定力，在真实权利状态与登记簿记载情况发生偏离时，应认定实际出资人为真实权利人，名义股东仅为名义持有人。例如，最高人民法院在上海昊乘企业发展有限公司诉郑州市正岩建设集团有限公司案外人执行异议之诉案中即持该观点。[②]

这种“区分内外”的裁判思路虽然在一定程度上能够实现个案正义，但其内部逻辑却有待进一步检视。作为财产权的股权具有对世性，只能归属于特定的

① 参见最高人民法院民事判决书，（2020）最高法民终 845 号。

② 参见最高人民法院民事裁定书，（2020）最高法民申 5567 号。

主体，为何会在对内关系和对外关系上分属不同主体？[1]这一逻辑上的冲突，在上海鑫圯环保科技有限公司、周某申请执行人执行异议之诉案[2]中得到淋漓尽致的体现。该案中，名义股东债权人申请执行案涉股权（以下简称在后裁判），若依“区分内外”的思路，应认定股权归属于名义股东，实际出资人不得排除执行。但在该案之前，最高人民法院已在周某等与中住佳展地产（徐州）有限公司等公司股权及权益转让纠纷案[3]中，基于内部关系，在“本院认为”部分认定了代持股权（或投资性收益）归属于实际出资人（以下简称在先裁判）。此时，虽然在先裁判的“本院认为”部分并无既判力，但该认定具有预决力，属于免证事实，在后裁判若强依“区分内外”思路认定股权归属于名义股东，势必将要付出大量论证成本。最终，该案根据最高人民法院《关于民事诉讼证据的若干规定》第10条的规定，[4]认为股权代持事实已为法院生效裁判所确认，实际出资人无须举证证明，名义股东及其债权人未能提供相反证据推翻生效判决确认的事实，支持实际出资人排除执行。

“区分内外”的裁判思路下，代持股权的权利主体变得随机而不可预测，归属判断标准未能形成一以贯之的论证逻辑，事实上，这种裁判思路本质上回避了对股权变动模式的判断，是在股权变动模式立法缺失的情况下，法院采取的迂回策略和无奈之举。

（三）新法将股东名册变更作为股权变动的充分条件

为了回应股权变动模式这一理论难题与实践热点，**新《公司法》在“有限责任公司的股权转让”一章专门新增规则，明确股权受让人自记载于股东名册时起向公司主张行使股东权利，有意将股权变动时点确定为记载于股东名册之时。**为落实这一规则，新《公司法》至少配套了三种措施：

---

① 参见赵旭东、邹学庚：《股权变动模式的比较研究与中国方案》，载《法律适用》2021年第7期。

② 参见最高人民法院民事裁定书，(2020)最高法民申956号。

③ 参见最高人民法院民事判决书，(2014)民二终字第259号。

④ 最高人民法院《关于民事诉讼证据的若干规定》第10条规定：“下列事实，当事人无须举证证明：(一)自然规律以及定理、定律；(二)众所周知的事实；(三)根据法律规定推定的事实；(四)根据已知的事实和日常生活经验法则推定出的另一事实；(五)已为仲裁机构的生效裁决所确认的事实；(六)已为人民法院发生法律效力的裁判所确认的基本事实；(七)已为有效公证文书所证明的事实。前款第二项至第五项事实，当事人有相反证据足以反驳的除外；第六项、第七项事实，当事人有相反证据足以推翻的除外。”

其一，在公司未置备股东名册的情况下，以出资证明书、公司章程等作为股东资格的证明材料。新《公司法》第 87 条规定，股权转让后，除更新股东名册外，公司还应向新股东签发出资证明书，出资证明书应当记载股东名称、认缴和实缴的出资额、出资方式和出资日期等，同时公司应当相应修改公司章程和股东名册中有关股东及其出资额的记载，该项公司章程内容的修订无须股东会决议。

其二，公司应当将股权转让等信息通过国家企业信用信息公示系统公示，该公示信息具有对抗效力。新《公司法》第 40 条规定，有限责任公司应当在国家企业信用信息公示系统公示股东认缴和实缴的出资额、出资方式和出资日期，股东股权转让等股权变更信息，同时，有限责任公司股东名称作为公司登记事项之一，未经登记或者未经变更登记，不得对抗善意相对人。

其三，明确股权受让人在公司拒绝配合办理相关手续时的救济途径。新《公司法》以记载于股东名册作为股权变动时点，而变更股东名册、签发出资证明书、办理信息公示等行为主体均为公司，为避免公司阻碍股权受让人权利实现或损害股权转让人的相关权益，新《公司法》第 86 条进一步规定，公司拒绝或者在合理期限内不予答复的，股权转让人和股权受让人可以依法向法院提起诉讼。

我国有限责任公司股权变动模式的立法演进和规范演变，分别参见图 4-1、表 4-1。

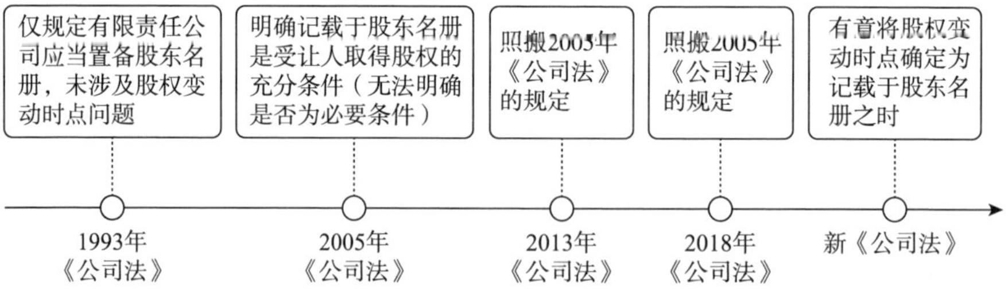

图 4-1　有限责任公司股权变动模式的立法演进

表 4-1　有限责任公司股权变动模式的规范演变

法律规定	条文内容
1993 年《公司法》	**第 31 条**　有限责任公司应当置备股东名册，记载下列事项： （一）股东的姓名或者名称及住所； （二）股东的出资额； （三）出资证明书编号。 **第 36 条**　股东依法转让其出资后，由公司将受让人的姓名或者名称、住所以及受让的出资额记载于股东名册。
2005 年《公司法》	**第 33 条**　有限责任公司应当置备股东名册，记载下列事项： （一）股东的姓名或者名称及住所； （二）股东的出资额； （三）出资证明书编号。 记载于股东名册的股东，可以依股东名册主张行使股东权利。 公司应当将股东的姓名或者名称及其出资额向公司登记机关登记；登记事项发生变更的，应当办理变更登记。未经登记或者变更登记的，不得对抗第三人。 **第 74 条**　依照本法第七十二条、第七十三条转让股权后，公司应当注销原股东的出资证明书，向新股东签发出资证明书，并相应修改公司章程和股东名册中有关股东及其出资额的记载。对公司章程的该项修改不需再由股东会表决。
《九民纪要》	**第 8 条**　【有限责任公司的股权变动】　当事人之间转让有限责任公司股权，受让人以其姓名或者名称已记载于股东名册为由主张其已经取得股权的，人民法院依法予以支持，但法律、行政法规规定应当办理批准手续生效的股权转让除外。未向公司登记机关办理股权变更登记的，不得对抗善意相对人。
新《公司法》	**第 40 条**　公司应当按照规定通过国家企业信用信息公示系统公示下列事项： （一）有限责任公司股东认缴和实缴的出资额、出资方式和出资日期，股份有限公司发起人认购的股份数； （二）有限责任公司股东、股份有限公司发起人的股权、股份变更信息； （三）行政许可取得、变更、注销等信息； （四）法律、行政法规规定的其他信息。 公司应当确保前款公示信息真实、准确、完整。 **第 55 条**　有限责任公司成立后，应当向股东签发出资证明书，记载下列事项： （一）公司名称； （二）公司成立日期； （三）公司注册资本； （四）股东的姓名或者名称、认缴和实缴的出资额、出资方式和出资日期； （五）出资证明书的编号和核发日期。 出资证明书由法定代表人签名，并由公司盖章。 **第 56 条**　有限责任公司应当置备股东名册，记载下列事项： （一）股东的姓名或者名称及住所； （二）股东认缴和实缴的出资额、出资方式和出资日期；

续表

法律规定	条文内容
	（三）出资证明书编号； （四）取得和丧失股东资格的日期。 记载于股东名册的股东，可以依股东名册主张行使股东权利。 **第86条** 股东转让股权的，应当书面通知公司，请求变更股东名册；需要办理变更登记的，并请求公司向公司登记机关办理变更登记。公司拒绝或者在合理期限内不予答复的，转让人、受让人可以依法向人民法院提起诉讼。 股权转让的，受让人自记载于股东名册时起可以向公司主张行使股东权利。 **第87条** 依照本法转让股权后，公司应当及时注销原股东的出资证明书，向新股东签发出资证明书，并相应修改公司章程和股东名册中有关股东及其出资额的记载。对公司章程的该项修改不需再由股东会表决。

二、股权变动模式的理论阐释

学理上，关于股权变动时点究竟为合同生效之时、载入股东名册之时，或是办理变更登记之时，见解不一，主要形成了意思主义说、形式主义说等争论，意思主义的股权变动模式包括纯粹意思主义与修正意思主义，形式主义的股权变动模式包括债权形式主义和物权形式主义等。① 此类理论争议多有文章述及，属于老生常谈的话题，下文仅做简单介绍。

（一）纯粹意思主义股权变动模式及其反思

纯粹意思主义认为，股权变动无须以公示为生效要件，当事人意思表示一致，即股权转让合同成立且生效时，股权即发生变动。② 股权交易系当事人之间意思自治领域，应交由私人自治，而股东名册、登记簿册的变更取决于公司意志，若将其作为生效要件，股权变动效力发生与否将在很大程度上取决于公司意志，势必损害合同自由与私人自治。

但纯粹意思主义选择性忽视了股权作为财产权与人身权集合体的双重属性，仅关注股权作为私人财产的转让自由，而对股权所代表的成员身份未予以应有的关注。纯粹意思主义将公司完全排除在外，极易损害公司利益和其他股东优

① 参见邹学庚、陈樱娥：《实际出资人执行异议之诉裁判规则研究》，载最高人民法院民事审判第二庭编：《商事审判指导》第51辑，人民法院出版社2021年版。

② 参见李建伟：《公司法学》（第2版），中国人民大学出版社2011年版，第241页。

先购买权，并非良策。[①]

(二)修正意思主义股权变动模式及其反思

纯粹意思主义因将公司完全置于股权交易之外而备受诟病，有学者提出了修正意思主义，参照债权让与制度，认为在股权转让人和股权受让人内部，股权在股权转让合同生效时即发生变动，但需经公司认可后才能对抗公司，经登记后方可对抗第三人。[②]

但修正意思主义亦无法自圆其说。首先，修正意思主义与“成员身份与成员权分离之禁止”规则相悖。修正意思主义蕴含的逻辑前提是，股权的财产属性与身份属性可被人为切分，受让人在股权转让合同生效后取得股权的财产性权利，仍须获得公司认可，方可取得股权的身份性权利，若公司有合理理由不予认可，此时转让人仍保有股权的身份性权利。而该逻辑前提明显与“成员身份与成员权分离之禁止”规则相悖，股权的身份属性要求其权利之成立、行使与实现，均必须落于“成员”之语境中，“无论是概括性的股权，还是各种具体的股东权利，在归属上均不能与股东资格相脱离，亦即二者在归属上不得异其主体”。[③]

其次，修正意思主义重蹈“不完全物权”解释路径之覆辙，[④]与股权作为财产权的对世性相违背。修正意思主义认为，股权转让合同生效后，受让人取得不得对抗公司及公司以外第三人的股权，为使股权效力完整，当事人必须获得公司认可，这一解释路径与物权法传统理论上的“不完全物权”解释路径相似，认为物权仅在当事人之间发生变动，未经登记不得对抗善意第三人。“不完全物权”学说由日本学者我妻荣提出，曾盛极一时，后因其与物权绝对效力、一物一权等物权法基本认识不符，逐渐衰落，近来已不为我国民商法学者所提倡。**修正意思主义的本质系复制“不完全物权”的解释路径，其更多是一种语言游戏——一个效**

---

① 参见邹学庚、陈樱娥：《实际出资人执行异议之诉裁判规则研究》，载最高人民法院民事审判第二庭编：《商事审判指导》第51辑，人民法院出版社2021年版。

② 参见李建伟：《有限责任公司股权变动模式研究——以公司受通知与认可的程序构建为中心》，载《暨南学报（哲学社会科学版）》2012年第12期。相同观点，参见张双根：《股权善意取得之质疑——基于解释论的分析》，载《法学家》2016年第1期。

③ 参见张双根：《股权善意取得之质疑——基于解释论的分析》，载《法学家》2016年第1期。

④ 关于不完全物权的相关理论，参见龙俊：《中国物权法上的登记对抗主义》，载《法学研究》2012年第5期；庄加园：《登记对抗主义的反思与改造：〈物权法〉第24条解析》，载《中国法学》2018年第1期。

力不完整的股权是否还能被称为股权。“不完整股权”概念的引入将直接与作为财产权的股权的对世性相冲突，会导致更多解释难题的出现。[①]

最后，修正意思主义中“公司认可”的认定规则不清，加剧了股权权属认定规则的混乱。修正意思主义认为，公司形成认可的意思表示既可以明示为之也可以默示为之，前者如公司向受让人发出通知，后者如公司向受让人颁发出资证明书、变更公司章程、变更股东名册、通知参加股东会议、分发股利等。修正意思主义有意拓宽“公司认可”的方式，在股权交易当事人对股权归属无争议时可能适用，但一旦双方产生争议各执一词，法官根本无法运用修正意思主义理论解决实际问题。例如，在股权代持法律关系中，公司向名义股东颁发出资证明书、分发股利，却仅通知实际出资人出席股东会议行使表决权，此时，名义股东与实际出资人各占据“公司认可”中的部分事实，在二者均主张其为股东的情况下，采用修正意思主义说将陷入无法判断的困境。[②]

（三）形式主义股权变动模式及其评析

形式主义的股权变动模式包括债权形式主义和物权形式主义，因我国实证法对抽象原则未予认可，实务中债权合意的效力与物权合意的效力几乎绑定，于此情形下区分债权形式主义与物权形式主义意义甚微，因此，下文将二者统称为形式主义，不再区分。

与传统的物权变动模式理论争议相似，形式主义认为股权变动须具备“合意 + 特定形式”两个要件，[③] 合意指向的是股权转让合同等，而所谓形式要件一般是指记载于股东名册或登记簿册。换言之，股权转让合同生效并不能直接发生股权变动效力，股权受让人须被记载于股东名册或登记簿册才能完成股权变动。[④]

就股权变动的特定形式，有学者提出，应逐步采取单一的股东资格认定依

① 参见邹学庚、陈樱娥：《实际出资人执行异议之诉裁判规则研究》，载最高人民法院民事审判第二庭编：《商事审判指导》第 51 辑，人民法院出版社 2021 年版。

② 参见邹学庚、陈樱娥：《实际出资人执行异议之诉裁判规则研究》，载最高人民法院民事审判第二庭编：《商事审判指导》第 51 辑，人民法院出版社 2021 年版。

③ 参见张双根：《论股权让与的意思主义构成》，载《中外法学》2019 年第 6 期。

④ 参见邹学庚、陈樱娥：《实际出资人执行异议之诉裁判规则研究》，载最高人民法院民事审判第二庭编：《商事审判指导》第 51 辑，人民法院出版社 2021 年版。

据，将登记作为唯一的股东资格认定依据。[①] 该观点鲜明简洁，在股权交易双方对股权归属存在争议且各具有一定外观事实时，能够为法官裁判提供明确的标准，发挥引导实践的作用。但是，在特殊情形下适用该观点有违实质正义，实践中，部分实际出资人虽未在形式上被记载于登记簿册，但却在实质上参与公司管理、参加股东会、行使股东表决权、接受利润分配等，公司过半数的其他股东对此知情、默许甚至明示认可，此时，若以登记作为股权生效要件，实际出资人无法取得股东资格，难免有失公允。

前述关于股权变动时点的观点可简化为图 4-2。

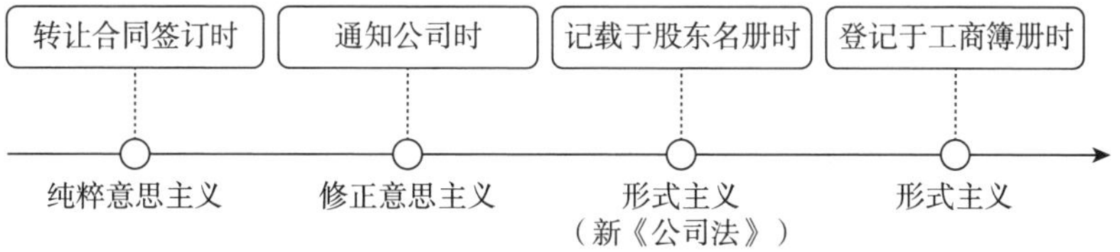

图 4-2　有限责任公司股权变动时点不同观点示意

三、股权变动模式的实务解析

股权变动模式决定着股权转让人何时完成交付股权的义务、股权受让人何时享有股东权利并承担股东责任、实际出资人能否基于代持协议而享有股权、名义股东处置代持股权能否适用善意取得制度等，下文结合新法规定逐一解析。

（一）股权变动时点问题

新《公司法》第 86 条第 2 款规定，股权受让人自记载于股东名册时起向公司主张行使股东权利。对于该规定，至少需要厘清以下两个问题：第一，股权什么时候发生变动？记载于股东名册是否为股权变动的生效要件？第二，当公司未置备股东名册时如何认定股权变动？

新《公司法》采用形式主义，仅合同本身无法发生股权变动效力，股权变动需要满足特定形式。如前文所述，学理上关于股权变动模式存在意思主义与形式主义之争，二者的核心区别在于，除股权转让合同合法有效外，股权变动是否

① 参见刘凯湘：《股东资格认定规则的反思与重构》，载《国家检察官学院学报》2019 年第 1 期。

需要满足特定形式。对此，新《公司法》第 86 条采用形式主义，该做法值得赞同。笔者认为，股权所承载的法律关系包括对人性法律关系和对世性法律关系，前者包括股东与公司之间、股东与股东之间，后者包括股东与公司债权人之间等，股权变动应当是对人性法律关系和对世性法律关系整体的变化，意思主义忽视了股权中的对世性法律关系，难以贴合实践需求。

原则上，股权变动的特定形式是记载于股东名册，记载于股东名册是股权变动的充分条件而非必要条件。《民法典》第 209 条第 1 款规定："不动产物权的设立、变更、转让和消灭，经依法登记，发生效力；未经登记，不发生效力，但是法律另有规定的除外。"该条是关于不动产物权变动模式的规则，只有依法登记才能发生物权变动，即登记是不动产物权变动的充分且必要条件。就新《公司法》第 86 条而言，存在两种理解，其一是该规定类似于《民法典》第 209 条，股东名册变更是股权变动的生效要件，即只有记载于股东名册才能发生股权变动效力。其二是该规定并未明确股权变动模式，仅是明确受让人自记载于股东名册时起行使股东权利，没有排斥受让人在其他情形下行使股东权利的可能性。从文义解释上看，笔者支持第二种观点，新《公司法》第 86 条并没有如同《民法典》第 209 条一样，以记载于股东名册作为股权变动的生效要件，可以说记载于股东名册只是股权变动的充分条件而非必要条件。

新《公司法》第 86 条规定了股东名册的权利推定效力，属于证明责任规范。**记载于股东名册仅具有权利推定效力，股东名册并未终局性地确定股权的归属，在特定情形下，若当事人能够举证证明权利表征与真实权利状态存在不一致，则可推翻股东名册的推定力。**若当事人就股东名册上记载的股权归属不存在争议，法院仅需适用新《公司法》第 86 条第 2 款，将股东名册的记载作为股权归属判断的基础。若当事人对股东名册记载的股权归属发生争议，主张股东名册的记载与真实权利状态不一致的人应负举证责任，在主张权利一方无法证实或真伪不明时，法院可令其承担举证不能的法律后果。股东名册的权利推定效力在特定情形下可被推翻，[①] 这一观点亦与《九民纪要》第 8 条遥相呼应，《公司法解释（三）》第 22 条、第 24 条，《九民纪要》第 28 条均体现了这种倾向。

---

① 参见程啸：《不动产登记法研究》（第 2 版），法律出版社 2018 年版，第 280~284 页。

未置备股东名册时，以"公司认可"的其他形式认定股权归属。新《公司法》虽然有意将股权变动时点确定为记载于股东名册之时，但商业实践中，多数有限责任公司并未专门置备股东名册，由此引发的问题是，在公司未置备股东名册时，如何认定股权变动时点？笔者认为，股东名册变更的实质是公司认可，审判实践中可以根据案件实际审理情况，考虑出资证明书、公司章程、登记信息、股东会决议、董事会决议等文件，综合认定股权变动。[①] 最高人民法院在龚某良、洪某育等股权转让纠纷案中的观点值得借鉴，该案中股权受让人以未完成股权变更登记为由主张股权转让人没有履行合同义务，股权转让人则以股权受让人已实际取得目标公司控制权，合同目的已经实现为由要求支付合同价款。最高人民法院综合目标公司相关证照文件的交接情况、董事会决议内容、目标公司实际运营管理等诸多信息，综合认定股权已经发生变动，股权受让人应当依约支付合同价款。[②]

（二）股权代持中的股东资格认定问题

既有规定、司法解释对实际出资人是否享有代持股权未予明确，实践中诸如实际出资人法律地位如何、实际出资人与名义股东何者为股东等问题长期困扰着各地法院。[③] 代持股权权属的判断不应脱离股权变动模式。如前所述，对新《公司法》第 86 条存在两种理解：其一，股东名册变更是股权变动的生效要件；其二，股东名册变更是股权变动的充分而非必要条件。在两种观点项下，就股权代持中股东资格的认定有所不同。

第一种观点下，即认为股东名册是股权变动生效要件，若名义股东记载于股东名册，那么名义股东才是公司真实股东，实际出资人与名义股东之间基于代持协议有关约定仅具有债法效力，而无股权变动效力。若名义股东未记载于股东名册而仅是办理了变更登记，实际出资人记载于股东名册，则名义股东并非公司真实股东，但这一主张不得对抗善意相对人。

第二种观点下，即认为股东名册变更是股权变动的充分而非必要条件，需要

---

① 参见最高人民法院民事审判第二庭编著：《〈全国法院民商事审判工作会议纪要〉理解与适用》，人民法院出版社 2019 年版，第 135 页。

② 参见最高人民法院民事判决书，(2019)最高法民终 1491 号。

③ 参见甘培忠、周淳：《隐名出资纠纷司法审裁若干问题探讨》，载《法律适用》2013 年第 5 期。

区分情况在个案中认定股东资格。其一，若公司和其他股东对实际出资人的存在完全不知情，即完全隐名的情形下，名义股东为公司真实股东。因实际出资人未记载于股东名册，且未取得其他股东过半数同意，此时即使实际出资人和名义股东关于股权归属的约定产生合同法上的效力，亦会在显名过程中面临公司法上的障碍，不能认定实际出资人为实质意义上的股东，而应贯彻形式主义股权变动模式的基本原则，认定名义股东为真实股东，实际出资人因欠缺形式要件而无法取得股权，仅可依股权代持合同向名义股东主张投资收益，享有债权请求权。其二，公司和其他股东对实际出资人的存在是同意或默许的，即不完全隐名的情形下，在实际出资人有充分证据证明其实际享有股权时，可以肯认其股东资格。此时实际出资人与名义股东各占据一部分权利外观事实，可采用实质重于形式的判断标准，对实际出资人是否享有股权作实质审查。若实际出资人实际行使包括参与重大决策权、选择管理者权、资产收益权、知情权在内的股东权利，如列席股东会议，参与重大事项表决，委派公司高管、财务人员，参与公司利润分配等，其他股东对此明示同意或者默示同意，[①] 可以认定实际出资人为公司股东。

笔者赞同第二种观点。**从文义解释来看，新《公司法》第 86 条第 2 款仅正向规定受让人自记载于股东名册时起向公司主张行使股东权利，并没有反向禁止未记载于股东名册的受让人行使股东权利，记载于股东名册是股权变动的充分条件而非必要条件。**

（三）执行异议之诉中实际出资人排除强制执行问题

前文已述，在完全隐名中，实际出资人仅享有债权请求权，其债权与申请执行人的债权处于相同位阶，无法排除强制执行。在不完全隐名中，若实际出资人证实其实际行使权利并获得公司过半数其他股东同意，实际出资人享有股权，此时，若申请执行人仅享有债权请求权，[②] 本可参照“物权优先于债权”原理简单得出结论，但因法律规定了登记事项的对抗效力，理论与实务中多有观点基于商事

① 默示同意是指“知道实际出资人的存在且对实际出资人行使股东权利未曾提出异议时”，参见最高人民法院民事审判第二庭编著：《〈全国民商事审判工作会议纪要〉理解与适用》，人民法院出版社 2019 年版，第 228 页。

② 若申请执行人享有物权，实际出资人以其系实际所有权人为由提起执行异议之诉，本质上是对作为执行依据生效裁判的否认，应通过审判监督程序予以解决。本部分仅讨论申请执行人享有债权的情形。

外观原则、登记对抗效力理论，认为不完全隐名中实际出资人亦不得对抗作为善意第三人的申请执行人。[①] 例如，在上海银康健康发展（集团）有限公司、陈某朝案外执行异议之诉案中，安徽省高级人民法院认为，“商事外观主义原则下有关公示体现出来的权利外观，导致第三人对该权利外观产生信赖，即使真实状况与第三人的信赖不符，只要第三人的信赖合理，第三人的民事法律行为效力即应受到法律的优先保护”。[②]

笔者认为，应当避免商事外观原则的泛化与滥用。商事外观原则并非现行法律明文规定的原则，而是民商法上的学理概括，系法律基于特定理由不得已地按照外观，特别是对该外观的合理信赖，赋予法律效果，其法律构成、法律效果因场合而异。[③] 就股权代持而言，登记外观并不产生登记人取得权利的法律效果，在实际权利人有充分证据的情况下，不应以外观事实公然掠夺实际权利人的权利。

有观点继而主张区分申请执行人作为股权交易第三人与非股权交易第三人的情形，认为股权登记表征不构成非股权交易第三人的信赖基础，非股权交易第三人不具有信赖利益，其债权请求权自然无法优先于实际出资人受到保护，但股权交易第三人的信赖利益应优先于实际出资人予以保护。[④]

一方面，若申请执行人为非交易相对人，申请执行人并非新《公司法》第 34 条规定的善意相对人，不能主张对抗效力。根据新《公司法》第 34 条的规定，登记对抗效力保护的是善意相对人，而善意相对人与善意第三人或者第三人所指称的范围是不同的，善意相对人仅指与名义股东发生股权交易的、主观上不知道且不应当知道名义股东并非真实股东的人。

另一方面，若申请执行人是交易相对人，笔者认为，作为交易第三人的申请执行人亦不得对抗享有股权的实际出资人。若作为股权交易第三人的债权人得以对抗享有股权的实际出资人，将直接降低善意取得制度的门槛，对既有的权利序位产生巨大冲击。例如，名义股东与交易第三人签订股权转让合同后，已变更股东名册，此时，交易第三人可依善意取得制度取得股权；若双方尚未完成股东

① 参见尹田、尹伊：《论对未经登记及登记不实财产的强制执行》，载《法律适用》2014 年第 10 期。
② 安徽省高级人民法院民事裁定书，（2019）皖民申 2922 号。
③ 崔建远：《论外观主义的运用边界》，载《清华法学》2019 年第 5 期。
④ 参见张勇健：《商事审判运用外观主义原则的范围探讨》，载《法律适用》2011 年第 5 期。

名册变更，交易第三人因不满足取得要件，不构成善意取得，仅享有债权请求权。在后一种情形下，若法院支持股权交易第三人的债权请求权，判令名义股东继续履行股权转让合同，交易第三人依据生效裁判申请强制执行，将股权变更登记至其名下，这无异于在强制执行制度中又创设一项“低配版的善意取得制度”，不仅架空了物权法关于善意取得构成要件的设定，亦破坏了物权优先效力。

四、小结

股权变动模式的选择并非纯粹的理论之争，更是社会各界对一个清晰、明确的股权变动模式的期待。**事实上，只要规则是明确的，交易风险自然由当事人通过合同来分配，不会对所谓的合同自由造成限制。**反之，如果规则是不明确的，那么这种交易风险就是由法律本身引发的，当事人也无法通过合同对这种风险进行配置，这才是对合同自由真正的限制。新《公司法》虽然在“有限责任公司的股权转让”一章专门新增规则，明确股权受让人自记载于股东名册时起向公司主张行使股东权利，有意将股权变动时点确定为记载于股东名册之时，但该规则仅能解读出记载于股东名册是股权变动的充分条件，并非生效要件，新《公司法》仍然留下了一个争议尾巴留待实践检验。

专题十四

类别股制度的理论评判与实践操作指南

此次新法出台前，理论界与实务界已经就类别股展开了全面的讨论，鉴于类别股与种类股等概念在现实中被交替使用，为便于传递信息，本专题先对“普通股”“类别股”“种类股”等术语符号的含义进行说明。一种命名方式将“类别股”和“种类股”等同，并认为二者指代“公司股权结构中设置的两种以上不同种类、不同性质、不同权利义务关系、不同利益效果的股份”。[①] 具体而言，无论是常见的普通股、优先股抑或特别表决权股，只要公司发行了多种权利内容不完全相同的股份，则各类股份均属于类别股或种类股。另一种命名方式与之相异，“类别股”或“种类股”的含义更狭窄，仅指代“相较于普通股而言的一种特殊的股份”。[②] 在此类狭窄含义中，类别股或种类股是相对于普通股而言的一个概念，普通股是公司常见的股份，而类别股或种类股的股东权利在特定事项上有所增加或减少。为避免术语混乱，结合国务院过往优先股试点文件和本次新《公司法》的文字表述方式，笔者作出如下界定：第一，“类别股”指“公司发行的与普通股不同的其他类别的股份”；[③] 第二，“种类股”指“公司发行的权利内容不完全相同的所有股份类别”，既包括前述类别股，也包括普通股。

股与债是两种经典的投融资工具，股权投资和债权投资分别满足了不同投资者的投资偏好，但简单的“股债二分法”已不能满足蓬勃的商业实践需求。现代社会在股与债之间催生了一系列新型投融资工具，类别股即为其中之一，这些工具重新配置了投资者承受的风险和预期的收益，创造了多种类型的投资产品，

---

① 任尔昕：《关于我国设置公司种类股的思考》，载《中国法学》2010年第6期。

② 朱慈蕴、沈朝晖：《类别股与中国公司法的演进》，载《中国社会科学》2013年第9期。

③ 新《公司法》第144条规定：“公司可以按照公司章程的规定发行下列与普通股权利不同的类别股：(一)优先或者劣后分配利润或者剩余财产的股份……”

不仅契合了多元投资者的异质偏好，也便利了企业融资。

为弘扬企业家精神，促进市场经济稳健运行，本次新《公司法》亦吸收借鉴了此前的实践经验，正式在股份有限公司层面引入了类别股制度，允许股份有限公司发行优先股 / 劣后股、特别表决权股以及转让受限制股，同时授予国务院规定其他类别股的权力。优先股或劣后股，是指在盈余分配或剩余财产分配上优先或者劣后于普通股股东的股份类别，其中更常见的是优先股；特别表决权股，是指一单位股份之上附着的投票权多于或少于普通股一股一票的股份类别，实践中常见的安排是高投票权股，即一单位股份之上附着的投票权大于一单位普通股附着的一个计量单位投票权，如果将股份之上附着的表决权为零看作广义的低投票权股，那么一单位股份附着少于普通股一股一票的安排在无表决权利润分配优先股中更常见；股权转让受限股则如文字本身揭示的那样，转让此类股份时受制于章程规定的具体约束条件，如限售期、公司同意或转让数量限制等。

然而，新《公司法》仅用三个条文规范三类类别股，规范供给显然不足，鉴于此，笔者专辟本专题阐释类别股制度。

一、类别股制度的立法演变

（一）类别股的旧法尝试

自 1993 年《公司法》起，此前的法律一直未在股份有限公司中明确规定类别股制度，但留下了授权国务院规定的接口。2018 年《公司法》第 131 条承继 1993 年《公司法》第 135 条，规定“国务院可以对公司发行本法规定以外的其他种类的股份，另行作出规定。”

国务院在 2013 年出台优先股试点意见，开始探索和建立优先股制度，但可发行优先股的公司范围局限于上市公司和非上市股份公司。2013 年 11 月 30 日，国务院颁布了《优先股试点指导意见》，该文件首次引入了中国版本的优先股制度，允许上市公司和非上市公众公司[①]发行利润分配优先股和剩余财产分配优先股。2014 年 3 月 21 日，中国证监会亦公布了《优先股试点管理办法》，该办

① 《非上市公众公司监督管理办法》第 2 条规定：“本办法所称非上市公众公司（以下简称公众公司）是指有下列情形之一且其股票未在证券交易所上市交易的股份有限公司：（一）股票向特定对象发行或者转让导致股东累计超过二百人；（二）股票公开转让。”

法对优先股的发行和交易活动进行了更详细的规范。

随着上海证券交易所科创板的设立，特别表决权股也进入了公众视野。2019 年 1 月 28 日，中国证监会进一步发布了《关于在上海证券交易所设立科创板并试点注册制的实施意见》，该文件明确在上海证券交易所设立科创板，并允许创新型企业设置双重股权架构。《上海证券交易所科创板股票上市规则（2023 年 8 月修订）》第四章“内部治理”的第五节“表决权差异安排”部分详细规范了特别表决权股的设置以及相应的上市要求。简言之，股份有限公司只能在首次公开发行股票前设置特别表决权股，必须经出席股东会股东所持表决权的 2/3 以上多数决通过，且特别表决权股的持有主体、股份数量以及特别表决权架构转化为普通表决权安排等均被严格限制。

（二）类别股的新法创新

2023 年新《公司法》正式在股份有限公司中引入类别股，允许股份有限公司发行特定种类的股份。

第一，从条文表述上来看，新《公司法》显然坚守“种类股法定原则”，即只允许股份有限公司发行新《公司法》明确规定的股份类别，而不允许公司根据其自身需求量身定制法条之外的其他股份类别。新《公司法》第 144 条开门见山，“公司可以按照公司章程的规定发行下列与普通股权利不同的类别股”，但该条除了最后一项授予国务院创设新类别股的权力之外，只列举了三种类别股，分别是优先股 / 劣后股、特别表决权股和转让受限股。种类股法定原则系 2013 年优先股试点以来的一贯立场，也获得了相当部分学者的认可。① 在认可者看来，种类股法定原则类似于物权法定原则，类似于物权，股权也为一种对世权，限制当事人自行创设的对世权类型可防止无端加重其他公民的义务负担。②

第二，新《公司法》第 144 条为上市公司创设了例外规则，禁止股份有限公司在公开发行后再另行发行特别表决权股和转让受限股。该条第 2 款规定，每股附着的表决权与普通股不同的类别股以及转让受到限制的类别股只能非公开发行，且在公司上市之后不得再发行此类股份。其中，禁止公开发行特别表决权

① 参见朱慈蕴、沈朝晖：《类别股与中国公司法的演进》，载《中国社会科学》2013 年第 9 期；赵玲：《我国类别股创设的法律路径》，载《法学杂志》2021 年第 3 期。

② 参见朱慈蕴、沈朝晖：《类别股与中国公司法的演进》，载《中国社会科学》2013 年第 9 期。

股和禁止上市公司发行特别表决权股的规定显然着眼于防止持有特别表决权股的控股股东、董事、高管或实际控制人等通过发行此类股份进一步强化对企业的控制权，并为后续实施偷懒卸责、私自从公司中汲取本属于其他股东的利益等机会主义行为铺垫；禁止公开发行和禁止上市公司发行转让受限股则旨在促进上市公司股票的流通，维持资本市场自由配置资本的基本功能。

第三，新《公司法》第 144 条第 3 款为了强化监事会和审计委员会的监督职能，防止控股股东和实际控制人等权力主体实施机会主义行为，保护非控制股东权益，似乎设置了一项强制规则，即特别表决权股在监事或者审计委员会成员的选举和更换上与普通股同股同权。这一安排的考量如前述第二点所言，立法者似乎在试图尽量减少特别表决权架构给公司绩效带来的负面影响，其中最重要的负面效果即为股份持有人的道德风险，禁止在监事和审计委员会成员选举事项上改变默认的普通股一股一票规则，可强化普通股股东以及其他表决权安排中等同于普通股的类别股股东控制公司监督机制的能力，进而实现约束特别表决权股持有人行为的功能。

第四，新《公司法》也确立了类别股股东权益保护制度。新《公司法》第 146 条为了保护类别股股东的权益，防止其受到其他对公司拥有控制力的股东的不利影响，专门针对修改公司章程、增加或者减少注册资本，公司合并、分立、解散，变更公司形式等重大变更事项以及公司章程规定的其他事项，赋予了类别股股东特殊表决权，除了要求相关事务必须获得普通股股东会决议通过外，还要求其必须获得类别股股东会决议批准，两类股东会决议通过比例均为出席会议股东所持表决权的 2/3 以上。

我国类别股制度的立法演进和规范演变，分别参见图 4-3、表 4-2。

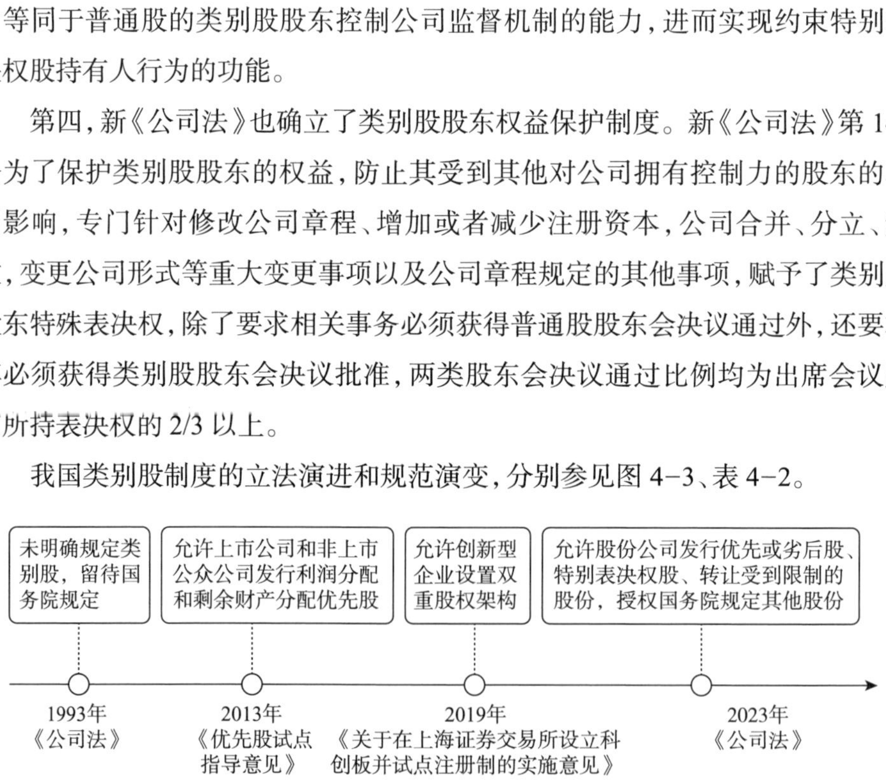

图 4-3　类别股制度的立法演进

表 4-2　类别股制度的规范演变

法律规定	条文内容
1993 年《公司法》	**第 135 条**　国务院可以对公司发行本法规定的股票以外的其他种类的股票，另行作出规定。
2005 年《公司法》	**第 132 条**　国务院可以对公司发行本法规定以外的其他种类的股份，另行作出规定。
《优先股试点指导意见》	一、优先股股东的权利与义务 （一）优先股的含义。优先股是指依照公司法，在一般规定的普通种类股份之外，另行规定的其他种类股份，其股份持有人优先于普通股股东分配公司利润和剩余财产，但参与公司决策管理等权利受到限制。 ……
《关于在上海证券交易所设立科创板并试点注册制的实施意见》	二、设立上交所科创板 （五）允许特殊股权结构企业和红筹企业上市。依照公司法第一百三十一条规定，允许科技创新企业发行具有特别表决权的类别股份，每一特别表决权股份拥有的表决权数量大于每一普通股份拥有的表决权数量，其他股东权利与普通股份相同。特别表决权股份一经转让，应当恢复至与普通股份同等的表决权。公司发行特别表决权股份的，应当在公司章程中规定特别表决权股份的持有人资格、特别表决权股份拥有的表决权数量与普通股份拥有的表决权数量的比例安排、持有人所持特别表决权股份能够参与表决的股东大会事项范围、特别表决权股份锁定安排及转让限制等事项。
新《公司法》	**第 144 条**　公司可以按照公司章程的规定发行下列与普通股权利不同的类别股： （一）优先或者劣后分配利润或者剩余财产的股份； （二）每一股的表决权数多于或者少于普通股的股份； （三）转让须经公司同意等转让受限的股份； （四）国务院规定的其他类别股。 公开发行股份的公司不得发行前款第二项、第三项规定的类别股；公开发行前已发行的除外。 公司发行本条第一款第二项规定的类别股的，对于监事或者审计委员会成员的选举和更换，类别股与普通股每一股的表决权数相同。 **第 145 条**　发行类别股的公司，应当在公司章程中载明以下事项： （一）类别股分配利润或者剩余财产的顺序； （二）类别股的表决权数； （三）类别股的转让限制； （四）保护中小股东权益的措施； （五）股东会认为需要规定的其他事项。 **第 146 条**　发行类别股的公司，有本法第一百一十六条第三款规定的事项等可能影响类别股股东权利的，除应当依照第一百一十六条第三款的规定经股东会决议外，还应当经出席类别股股东会议的股东所持表决权的三分之二以上通过。 公司章程可以对需经类别股股东会议决议的其他事项作出规定。

二、类别股制度的理论阐释

实践中较常见的类别股主要是利润分配优先股、资本返还优先股（合称优先股）和特别表决权股[①]，就目前趋势而言，是否引入类别股以及引入的正当性等问题已非争议焦点，核心问题已转向如何发行类别股以及如何保护类别股股东权益等制度配套问题。尤其是优先股，实际争议远不及特别表决权股，同时考虑到特别表决权架构涉及保护非控制股东利益等特殊问题，引入时涉及股份持有人主体资格限制、高投票权股最长持续期限等“日落条款”[②]以及高投票权股数量限制等特殊规则，澄清这些制度设计的立法目的必须探究特别表决权股的现实功能和其制造的风险，故本部分仅简要追溯和回顾关于特别表决权股引入之必要性的理论分析。

我国香港联合交易所曾在2014年年末向社会公众咨询“是否有必要允许港交所上市公司采纳不同投票权架构”，[③]这一波讨论虽然早已结束，但其留下的资料仍然可资借鉴，并帮助我们理解特别表决权股带来的收益及其制造的社会成本。

所谓“不同投票权架构”或“特别表决权股”，是指任何偏离传统语境中平等对待股东原则的投票权安排。传统规则奉行“一股一票”，其理据为股东平等原则，[④]在该项原则下，一单位股份持有一单位表决权和现金流权（分红权），表决权和现金流权成比例挂钩。但在不同投票权架构安排下，一单位股份或持有更多表决权，或持有更少表决权，实践中绝大多数情形是一单位股份附着多于普通股的表决权。由此，一单位股份之上的投票权与现金流权不再等比例挂钩。例

① 关于特别表决权股，其他的指称符号或术语包括：双重投票权架构、多种投票权架构、双类别股权架构、多重投票权股份和高投票权股份等。

② 所谓“日落条款”，即规定发生特定事件或在一段时间过后，特别表决权安排转化为普通表决权的条款。参见沈朝晖：《双层股权结构的“日落条款”》，载《环球法律评论》2020年第3期。

③ 参见香港交易及结算所有限责任公司：《概念文件：不同投票权架构》，载香港交易所网，https://www.hkex.com.hk/-/media/HKEX-Market/News/Market-Consultations/2011-to-2015/August-2014-Weighted-Voting-Rights/Consultation-paper/cp2014082_c.pdf。

④ 新《公司法》第143条第1款规定：“股份的发行，实行公平、公正的原则，同类别的每一股份应当具有同等权利。”

如，甲公司遵守传统安排，股东 A 和股东 B 分别持有 1 股，1 股代表着 1 个单位的表决权和现金流权，则两位股东的表决权比例和分红权比例均为 1∶1；乙公司设置了特别表决权股，股东 C、股东 D、股东 E 分别持有 1 单位股份，其中，股东 C 所持股份拥有 10 个单位的投票权，股东 D 所持股份只拥有 0.1 个单位的投票权，股东 E 所持股份享有 1 个单位的投票权，三位股东均等比例分红，此时，三位股东之间的表决权比例为 100∶1∶10，而分红权比例为 1∶1∶1，二者不再成比例挂钩。

支持论者最坚韧的论点在于，不同投票权架构可以强化企业创始人或者那些对企业发展至关重要之人对企业的控制权，在保持其控制的条件下为企业融资，促使创始人向企业投入更多创新能力和人力资本。[①] 此种安排对于那些科技创新公司而言至关重要，该类企业的价值很大程度上依赖于创始人等关键人物提供的人力资源。由于这些企业家的特质愿景（idiosyncratic vision）或战略决策很难被其他投资者所理解，[②] 如果不保证其控制权，则创始人很可能不愿意上市融资，双重股权架构正好可以满足其需求。

反对者的主要担忧之一为，投票权和现金流权不成比例分离会导致公司法设定的促使股东偏好趋于同质化的激励机制（一股一票）失灵。[③] 其一，把投票权与现金流权脱钩将激励控股股东榨取公司利益。在双重股权架构下，控股股东掌握少量股权便能控制公司的经营决策，由于控股股东在本公司中享有的分红权比例较低，其通过榨取公司利益可获得较高收益，而股权价值的贬损与预期收益相比则微不足道。其二，助长控股股东转移资产和“挖隧道”等机会主义行为。控股股东拥有较少股权亦可能产生诱因，促使控股股东将上市公司的优质资产移至他们拥有较高股权的其他公司。其三，当控制人只拥有受控公司少量

---

① 参见香港交易及结算所有限责任公司:《概念文件：不同投票权架构》，载香港交易所网，https://www.hkex.com.hk/-/media/HKEX-Market/News/Research-Reports/HKEx-Research-Papers/2018/CCEO_DualClass_201804_c.pdf?la=en。

② See Zohar Goshen & Assaf Hamdani, *Corporate Control and Idiosyncratic Vision*, 125 Yale Law Journal 560(2016).

③ 参见香港交易及结算所有限责任公司:《概念文件：不同投票权架构》，载香港交易所网，https://www.hkex.com.hk/-/media/HKEX-Market/News/Market-Consultations/2011-to-2015/August-2014-Weighted-Voting-Rights/Consultation-paper/cp2014082_c.pdf。

分红权时，其将缺乏足够的动力为公司的最大利益“发光发热”，违反勤勉义务的卸责行为恐难以避免。

反对者的主要担忧之二为，大型公众公司通常由在任管理层运营或在其监督控制之下运营，若管理层持有足以控制公司的少数股权，其就没有被辞退的威胁，敌意收购也很难发挥监督管理层绩效的功能，从而加剧管理层与股东之间的代理成本问题，增加了股东问责管理层的难度。[①] 如前所言，支持者引入高投票权股份的核心理由是，企业价值增长离不开那些为企业提供稀缺人力资本的主体，这些重要的人力资本包括技术才能、开创性想法以及专用信息等与个人创造力休戚相关的无形资产，这类稀缺资源随机分布于自然人群体之间，那些掌握企业成长所必需的核心人力资源者可能并无充足的物质财富购买企业控制权，双层股权架构恰好可以让这类主体以较低价格获得企业控制权。这一安排在支持者看来无疑契合了现实世界中多元的真实合作需求，但在反对者看来却蕴含着极高的道德风险，当此类重要人物以较低成本掌握了企业控制权后，鉴于其他投资者乃至于法官都几乎不可能完美识别出这类人物控制企业决策的行为是在供给人力资源还是在私自汲取本应由投资者共享的利益，当经营管理者没有被辞退的威胁时，这种负面激励效应只会被进一步强化，“我们终将毁灭于人性之恶”。

如前所言，无论是优先股还是特别表决权股，有关其引入正当性的争论已不再激烈，当下的核心问题是如何防止设置了此类特别表决权安排的控股股东滥用权利损害其他投资者利益，以及是否有必要设置“日落条款”、如何设置“日落条款”等，但本部分回顾有助于理解特别表决权架构涉及的股东利益保护问题和特殊规则的规范目的。

三、类别股制度的实务解析

（一）种类股法定原则与混合证券

前文已述，新《公司法》实际上遵循种类股法定原则，除了第 144 条列举的

① 参见香港交易及结算所有限责任公司：《概念文件：不同投票权架构》，载香港交易所网，https://www.hkex.com.hk/-/media/HKEX-Market/News/Market-Consultations/2011-to-2015/August-2014-Weighted-Voting-Rights/Consultation-paper/cp2014082_c.pdf；香港交易所：《研究报告：双重股权架构与生物科技行业的上市制度改革》，载香港交易所网，https://www.hkex.com.hk/-/media/HKEX-Market/News/Research-Reports/HKEx-Research-Papers/2018/CCEO_DualClass_201804_c.pdf? la=en。

类别股种类外，不允许股份有限公司发行其他类别股。然而，新《公司法》没有明确规定且可能在未来引发诉讼争议之处为，第144条是否允许股份有限公司发行混杂该法条列举的类别权利的股份？详言之，新《公司法》第144条列举和定义了三类股份，分别是在利润分配、资本返还上存在顺位安排的优先股/劣后股，在表决权上存在特别安排的股份以及转让受到限制的股份，但新《公司法》未予回应的是，股份有限公司能否发行在盈余分配上优先于普通股股东，且该股份持有的表决权系普通股的2倍，同时转让股权必须获得公司同意的股份类别。

如果采纳最狭义的解释，则新《公司法》第144条第1款“公司可以按照公司章程的规定发行下列与普通股权利不同的类别股”的含义为，公司只能选择第144条第1款列举的三种类别股，除非国务院规定了其他类型的股份，否则不允许自行创设其他种类的股票，此种解释观点的实质理由是种类股法定原则，前文已提及支持者的基本逻辑。

但笔者认为，创设类别股的目的是满足更多元的投融资需求，公司法不可能一劳永逸地穷尽列举实践中需要的所有特殊股份种类，只要不触动资本维持原则，在未获债权人同意的情况下，禁止股东通过合同以及其他各种法律工具优先于债权人从公司中拿走任何形式的经济利益，则没有必要禁止股东、公司和投资者就未来经营风险和事务决策权进行个性化的磋商，应当允许公司发行混合第144条列举的权利类型的股份种类。新《公司法》列举类别股的目的在于为公司和投资者提供现成可用的通行模板以降低磋商成本，从立法论角度来说，亦不宜再僵化地坚持种类股法定原则，应当允许公司和投资者自行磋商构造契合其特殊偏好的股份类别。此外，种类股法定原则在理论上是否足够正当并非不言自明。当前，法律经济分析已经对物权法定原则的正当性问题进行了解构，法定化原则在降低非权利人的注意成本和识别成本的同时，也增加了当事人通过合同机制来复制绝对权下当事人之间具体法律关系的交易成本，具体成本之大小由各国实际状况和需求决定，在笔者看来，我国法律提供的交易模板较少，离实践需求较为遥远，未来总体变革方向是弱化管制，扩大市场在稀缺资源配置过程中的功能，法定化原则制造的交易成本超过了其节约的成本。

（二）优先股的权利内容与条款设计

鉴于实践中常见的交易结构是优先股，而非劣后股，而且虽然形式上文字表述为“优先”或“劣后”，存在区别，但观察最终效果，所谓“优先”与“劣后”不过是一个相对的顺序概念，有劣后必定有优先，有优先也必然存在劣后，完全可以将“普通股股东”看作相对于“劣后股股东”的“优先股股份持有人”，因此，本专题只分析讨论优先股。

1. 允许股份有限公司发行“决策管理权不受限制”的优先股

新《公司法》在引入利润分配和资本返还优先股的同时，实际上改变了过往优先股试点文件“优先股无表决权”的强制性安排，允许股份有限公司发行“决策管理权不受限制”的优先股。《优先股试点指导意见》明确将试点的优先股界定为原则上无表决权的股份，通常情况下优先股股东没有表决权。该试点意见规定了两种情形下优先股例外恢复表决权，一是发生了重大变更事项，例如，公司章程改变了与优先股相关的内容或者公司合并、分立、解散，变更公司形式，减少超过 1/10 的注册资本，发行优先股等，此类事项还必须获得优先股股东决议批准；二是如果发行优先股时明确承诺每年给付优先股持有人特定数量股息，或同时约定前述股息每年积累，即若上一年度公司实际支付的股息未达到承诺给付优先股持有人的数量，则该部分盈余每年都积累，那么，当积累的未支付股息达到一定数量或公司在一段时间内持续未实现票面承诺时，优先股股东的表决权恢复为与普通股同股同权。**新《公司法》第 144 条第 1 项取消了优先股必然无表决权的限制，在列举优先股时，表述为“优先或者劣后分配利润或者剩余财产的股份”，按照文义解释，优先股的唯一核心特征是优先于某一类别股份持有人获得盈余分配或剩余财产分配，与是否附带表决权无必然联系，新《公司法》似乎放宽了优先股必然无表决权的限制，具体安排应由公司自治决定。**

2. 为避免纷争，公司可将优先股权利义务内容记载于发行条款或公司章程

总体而言，新《公司法》在优先股权利内容的规范上仍然较为粗糙，并未结合过往试点经验为公司和投资者们提供一个相对完善的优先股模板，笔者建议公司在发行优先股时将各种权利义务关系均记载于发行条款和公司章程之中，以避免后续投资者产生理解分歧进而伺机起诉。

第一，新《公司法》没有明确提及优先股的参与性权利，如果公司发行优先股，可以根据需求自行拟定“参与条款”。所谓参与性权利，即当利润分配优先股和剩余财产分配优先股获得了固定的盈余分红和资本返还之后，还有权利与

其他普通股股东共同分享剩余的股利和剩余财产。例如，以参与性的股利分配优先股为例，发行条款和公司章程规定，该类优先股股东有权利优先于其他股东每年分配每股 100 元盈余，且在获得这部分股利后还有权利就剩余盈余与其他股东按照股份比例分配，如果公司发行了两股，1 股优先股和 1 股普通股，当年盈余 200 元，则该优先股股东首先可以获得 100 元优先股息，随后还可以分走剩下 100 元中的 50 元，共计获得 150 元股息。又如，以参与性的资本返还优先股为例，发行条款和公司章程规定，该类优先股股东有权利在公司解散清算或破产清算时优先于其他股东获得每股 100 元的未分配财产，在该部分剩余财产分配之外，此类优先股股东与其他股东按照股份持有比例分配剩余资产，如果公司发行了两股，1 股优先股和 1 股普通股，两个股东分别投入公司的出资财产价值均为 150 元，解散清算时公司资产清偿所有债务后剩余 200 元，则优先股股东有权利先拿走 100 元，余下 100 元按照 1∶1 分配，优先股股东实际上恰好收回了最初投入公司的 150 元，普通股股东则只拿回了 50 元。前述参与权利条款并非必要条款，从解释论上展开，如果公司发行利润分配优先股和资本返还优先股时没有明确约定参与问题，按照新《公司法》、发行条款以及公司章程对优先股的定义，其核心特征为优先于其他股东分配利润和剩余财产，即“顺序上的优先性”，并不涉及两轮利润分配和剩余资产分配。笔者建议，为规避未来双方之间的理解分歧，发行优先股时应尽量全面界定权利义务关系，公司应当对参与权利问题进行说明。

第二，针对利润分配优先股，新《公司法》也没有就优先股的累积性问题和表决权恢复问题作出规定，公司可自行决定设置累积条款和是否附带表决权以及表决权恢复规则条款，笔者建议发行公司预先明确此类权利义务关系，防止后续理解分歧引发不必要的诉讼。所谓累积性，系针对股息分配优先股而言的概念，具体而言，如果当年公司不满足利润分配条件、股东会决议不分配利润，或者没有按照优先股的票面股息承诺足额支付当年股息，则前述“欠付股息”不断累积至后续年度，在后续年度仍然优先于普通股股东的分红权利。累积条款对于发行优先股的公司而言非常必要，如果发行条款和公司章程没有规定，留下解释空间，则未来优先股持有人可能会伺机提起利润分配之诉，要求公司分配此前年度欠付的累积股息，从而将投资风险部分转嫁给普通股股东。为明确优先股下各股东之间的具体风险承担情况，公司应在发行条款和章程中明确优先股股东是否享有累积权利。所谓表决权恢复，即如果公司没有按照票面承诺向优先股股东支付股利，若这一状态持续较长时间，则无表决权的优先股股东将暂时获得等同于普通股的投票权。前文已经提及，新《公司法》实际上放宽了优先股必然无表决权的限制，公司可发行与普通股同股同权的优先股，是否设计此类表决权恢复制度以及具体针对哪些事项可恢复，投资者和公司可参考前文提及的国务院试点意见和中国证监会监管规则，根据投资需求自行拟定。

第三，针对剩余财产分配优先股，新《公司法》没有提供两种风险分配方案截然不同的股份类别，笔者建议公司在发行过程中对剩余财产分配优先股的权利内容作出更精确的界定，以避免理解分歧引发不必要的诉讼。理论上，至少存在两类剩余财产分配优先股，一是资本返还优先股，二是就公司清偿债务后剩余财产进行分配的优先股，后一类与参与性权利密切相关，两类安排下，各股东承担的风险并不完全相同。第一类资本返还优先股下，在公司解散清算或破产清算时，清偿公司所有债务之后，优先股持有人在其出资财产的真实价值范围内优先于其他股东获得剩余财产分配。例如，公司发行了 1 份优先股和 1 份普通股，优先股股东和普通股股东给付的出资财产均为 100 元，但财产清偿债务之后公司资产仅剩 80 元，此时，资本返还优先股持有人全额拿走 80 元，假设公司从未分红，则其亏损 20%。这种权利义务架构之下，普通股股东相对于优先股股东而言承担了所有剩余风险，优先股股东实际上是相对于普通股股东的债权人，是相对于公司债权人的“劣后级债权人”。第二类优先股之下，优先股持有人仅在一定数量的财产价值范围内优先于其他股东获得分配。同样以前述例子进行说明，假设公司发行条款对优先股持有人的权利进行了更详细的界定，每单位优先股有权优先获得 10 元的剩余资产分配，如果公司资产还有盈余，则与其他股东同股同权。此时，优先股股东只能优先分走 10 元，剩余 70 元由优先股股东和普通股股东按照 1：1 的比例进行分配，优先股股东最终拿走了 45 元，假设公司从未分红，则其亏损了 55%。此类权利义务架构下，优先股股东实际上是相较于普通股股东而言额外获得了一定担保权益的“普通股股东”。

诸如此类的缺失还有很多。笔者认为，公司法的主要目的之一是为交易当事人提供现成可用的交易模板，以降低各方交易成本，因此其应当就商业交易中最为常见的优先股权利内容作出全面规定，并将之设置为默认规则，允许公司更改删减，目前的立法明显过于简陋。在立法简陋的情况下，建议公司和投资者们根据自身风险承担需求，参考国务院试点文件、中国证监会监管规则以及证券交易所上市规则，拟定一个权利义务关系较清晰的优先股架构。

（三）特别表决权股的权利内容与制衡机制

特别表决权股之下，一单位股份或持有更多表决权，或持有更少表决权，鉴于实践中绝大多数情形是一单位股份附着多于普通股的表决权，且数量上的“多”与“少”本身就是一个相对概念，取决于观察者选择的参照对象，即使在文义上限定“特别表决权股持有更少表决权”，完全可以将特别表决权股作为参照对象，进而重新定义普通股为相对于特别表决权股的“高投票权股份”，故本专题只讨论“一单位股份持有更多表决权”的情形。

前文理论阐释部分已论述，针对高投票权股份，核心问题已转向如何发行、如何保护非控制股东利益，是否应当设置股份持有人主体资格限制、高投票权最长持续期限等“日落条款”和高投票权股份数量限制等特殊规则。上海证券交易所科创板上市规则对此进行了详细规定，可供参考，但遗憾的是，新《公司法》对此没有予以回应。

笔者认为，高投票权股份的功能是保障那些为企业提供稀缺人力资源的主体对企业的控制权，且高投票权股份的确存在严重的道德风险问题，鉴于此，法律应当提供一些强制性规则，避免前述道德风险。当前新《公司法》仅设置了禁止上市发行、禁止改变监事和审计委员会成员选任权，显然不足以回应现实需求。首先，法律至少应当将高投票权股份的发行对象限于控股股东、实际控制人、董事、监事、高管以及其他对企业至关重要的职员。其次，法律应当规定，当此类股份转让给前述重要人员之外的其他主体时，高表决权自动转化为普通表决权。再次，法律还应当限制此类股份附着的最高表决权数量，防止投票权与现金流权过度分离，导致股份持有人在本公司的经济利益过低，诱导其实施关联交易等不道德行为。最后，企业存在经营周期，部分实证研究经验表明，高投票权安排适合于初创型企业或者处于成长周期的企业，当企业规模较大且创始人逐渐年长、退出企业决策层时，高投票权股份实际上降低了企业经营绩效，因此，法律可适当限制高投票权架构的最长存续期限。

在新《公司法》缺失前述具体权利义务安排的情况下，公司和投资者们可参考上海证券交易所科创板的上市规则，结合自身需求量身定制较完备的特别表决权架构。

（四）类别股股东权利的保护

新《公司法》在类别股股东权利的保护上专门创设了相应类别股股东会决议制度，就该规则，存在以下几项值得关注的问题。

首先，类别股股东会议的召集方式。第 146 条明确提及了“类别股股东会”，以此区别于普通股股东会，问题在于，两类股东会会议是同时召集还是分别召集？从制度目的来看，类别股表决制度旨在保护受公司行为不利影响的类别股股东，其触发条件被设定为公司重大变更事项可能损害类别股股东权利。鉴于此，笔者认为，只有在先行召开普通股股东会之后才能确定前述重大变更事项决议是否获得通过和是否可能损害类别股股东权益，因此，类别股股东会议在时间上应当后于普通股股东会议召集。

其次，如果类别股股东享有等同于或者优越于普通股股东的表决权，此时，该类别股股东是否还受类别股决议制度保护？笔者认为，应当进行规范目的解释，进而排除这种情形下类别股决议制度的适用。原因在于，该项制度的目的乃是保护那些通常无投票权的股东免受公司行为或控股股东决策的不利影响，故例外设置了应当经过类别股股东决议的规则；但如果类别股股东持有等同于普通股，甚至投票权比例更高或者对更多公司事务享有投票权的股份，则不再需要这一制度的保护。

最后，公司章程能否改变新《公司法》第 146 条，限缩其规定的触发类别股决议制度的情形？从第 146 条的文义来看，其使用了“应当”等词汇，似乎属于“强制性规定”，且该条第 2 款强调“公司章程可以对需经类别股股东会议决议的其他事项作出规定”，只提及了公司可以规定其他事项，前述问题的答案应当是否定的。但笔者认为，如果投资者在公司发行特殊种类股份时即同意对前述列举事项的限缩，则无禁止之必要，或许有人担心类别股股东可能遭受不公正待遇，笔者认为，公司经营决策效率与全体股东同意之间本身即存在紧张对立关系，且受到不公正对待的类别股股东还可以通过事实董事、滥用股东权利以及董事信义义务等规则获得保护。

四、小结

虽然本次新《公司法》正式引入了类别股及其配套制度，但优先股、特别表决权股等不同的股份类别差异较大，商业实践中对应的常见交易模式也并不相同，旨在降低投资者磋商成本和交易成本的《公司法》并未能够针对各类常见股份类别提供一个较为成熟的交易模板，并分别针对两类股份常见的特殊问题专门设置法律条文，而是仍然坚持了较为僵硬的种类股法定原则，总体上“创新不足”，存在缺憾。投资者和公司仍应在未来的具体实践操作中以国务院、中国证监会过往颁布的规则作为设计类别股的参考材料。

专题十五

“唤醒沉睡的巨龙”：异议股东回购条款的解释论展开

异议股东回购请求权（以下简称评估权）指**对公司重大变更事项持异议的股东要求公司以公平价格收购其股权的权利**。[①]流行观点认为，评估权的功能在于，那些股权不在交易市场上流通或存在股权转让限制的封闭公司的多数股东与少数股东之间存在显著的利益冲突，少数股东容易被锁定在公司中持续遭受多数股东的欺压、排挤，评估权为封闭公司中小股东提供了一条退出公司、收回投资的便捷通道。观察我国公司所有权范式和治理现状，企业股权结构普遍较集中，各公司通常存在占据支配地位的控股股东或实际控制人，大股东与中小股东之间的利益冲突或“委托—代理问题”无疑是我国《公司法》面临的主要挑战之一。在此背景下，评估权条款被寄予厚望。

然而，这一条款的现实运行情况却不尽如人意，部分法律实务人士称其为“冬眠条款”，意指其通常处于沉睡状态，暗示它并未如人们期待的那样有效发挥规制股东压迫行为的功能。首先，2018年《公司法》基于有限责任公司对应封闭公司、股份有限公司对应公众公司的理论预设，在评估权条款上区别对待两类公司，为有限责任公司股东提供了强度更高的保护，但由于立法设计上对两类公司形态区分不足，部分非上市股份有限公司实际上与中小型封闭有限责任公司实质相似，股东压迫问题同样存在。其次，虽然评估权承载着解决股东压迫问题、救济中小股东的功能期待，但触发回购的情形却未能涵盖大多数不公平损害和持续排挤行为，甚至部分条款极其容易被规避。

鉴于此，为回应实践问题，本次新《公司法》充分吸取经验，对评估权条款作

① 参见王军：《中国公司法》（第2版），高等教育出版社2017年版，第353页。

了两项实质修订。第一，在有限责任公司评估权中引入“反控股股东压迫条款”，增强评估权对抗股东权利滥用行为的功能，如果控股股东滥用权利严重损害公司或其他股东利益，则其他股东有权利要求公司收购股权，无须再受制于旧法下评估权严苛的“召开股东会决议”和“对决议事项投反对票”要件；第二，将2018年《公司法》中适用于有限责任公司的评估权引入非上市股份有限公司，股份有限公司股东的评估权不再局限于合并和分立，亦包括曾经仅在有限责任公司中适用的三项情形，即具有盈余分配能力的公司长期不分配利润、转让主要财产、公司本应依据章程规定解散清算但股东会通过决议使之存续，同时明确规定上市公司股东不享有评估权（公开市场例外）。

新《公司法》关于评估权条款的内容变化巨大，其立基于过往制度运行经验，大举操刀优化评估权规则体系，无疑乃重大进步。不过，在修订过程中，新《公司法》忽略了过往制度运行揭示出的其他缺憾，可谓“进步不足”。就此，本专题尝试全面检视评估权规则的解释论构造。

一、异议股东回购请求权的立法演变

异议股东回购请求权又被称为评估权（appraisal right）。该概念来自美国，至于为何被称作“评估权”，原因乃暗示该权利旨在为异议者提供司法评估，[①] 由法院最终决定收购的公平价格。

（一）评估权条款的过去

2005年《公司法》首次引入评估权制度，其确立的规则模式一直延续至2018年《公司法》。首先，对于有限责任公司，2005年《公司法》第75条规定，股东在三种情形下享有评估权，即具有盈余分配能力的公司长期不分配利润，合并、分立、转让主要财产，以及公司本应依据章程规定解散清算但股东会决议使之存续。其次，对于股份有限公司，2005年《公司法》第143条只规定了合并和分立两种情形，如果股东对合并或分立决议持有异议，则其有权要求公司收购股份，回购的股份应当在6个月内转让或者注销。最后，区分有限责任公司和股份

① See American Bar Association Committee on Corporate Laws, *Revised Model Business Corporation Act*, Law & Business Inc, 1984, p.316.

有限公司的潜在逻辑似乎在于：相较而言，有限责任公司对应股东人数较少、股东亲自参与经营管理、其股权不在流通市场中交易且通常存在股权转让限制条款的中小型封闭公司，小股东缺乏通过转让股权退出公司的有效渠道，因而极其容易被锁定在公司之中持续遭受大股东的排挤和压迫；[①] 而股份有限公司对应股东人数较多、所有权与控制权分离程度更高、股份在市场上自由流通的大型公众公司，此类公司的股权结构相较于封闭公司通常更加分散，控股股东压迫问题自然也更少见，中小股东有能力通过转让股权退出公司，[②] 因此公众公司股东对评估权的依赖程度更低。

（二）评估权条款的现在与未来

1. 扩张股份有限公司评估权适用范围

2018 年《公司法》区别对待有限责任公司与股份有限公司，股份有限公司异议股东仅在公司合并、分立决议情形下享有评估权，新《公司法》一改旧貌，在对股份有限公司的规定部分作了三项实质修订。

其一，新《公司法》第 161 条将 2018 年《公司法》中适用于有限责任公司的评估权植入股份有限公司。股份有限公司股东的评估权不再局限于合并和分立，亦包括曾经仅在有限责任公司中适用的三项情形，即具有盈余分配能力的公司长期不分配利润、转让主要财产、公司本应依据章程规定解散清算但股东会决议修改章程使之存续。发生这一转变的动因不难揣测：**无论是有限责任公司还是股份有限公司，我国绝大多数公司的股权结构均较集中，即存在一个占据支配性地位的控股股东或实际控制人，因此现实中大股东滥用权利不公平压迫其他少数股东的现象较为普遍，评估权承载着立法者解决股东压迫的功能预设，将该制度排除在实质上与有限责任公司相似的非上市封闭股份有限公司之外并不合理。**

其二，新《公司法》第 161 条第 3 款明确规定了回购股份之后的处理方式。即在 6 个月内依法转让或者注销。

① 参见［美］理查德·D. 弗里尔：《美国公司法》（第 7 版），崔焕鹏、施汉博译，法律出版社 2021 年版，第 157 页。

② 参见［美］罗伯特·C. 克拉克：《公司法则》，胡平等译，工商出版社 1999 年版，第 357 页。

其三,新《公司法》第161条第1款创设了公开市场例外规则,上市公司股东的评估权仅限于合并和分立。如果股份有限公司属于公开发行股份的公司,则该等公司股东不享有评估权。所谓"公开发行",依据体系解释,指"向不特定对象发行证券"或者"向特定对象发行证券累计超过二百人,但依法实施员工持股计划的员工人数不计算在内"。[①]结合《证券法》第37条的规定,[②]公司股份是否在证券交易所流通成为判断该项规则适用与否的便捷标准。**此外,鉴于立法技术存在路径依赖效应,新《公司法》依旧将合并与分立情形下的评估权置于"股份有限公司回购本公司股份"规则之下,因此上市公司股东对合并和分立决议似乎仍然享有评估权,这恐怕乃一项立法漏洞。**

2. 在有限责任公司中创设控股股东滥用权利条款

针对有限责任公司,新《公司法》历次审议稿态度不一,前两次审议稿均未对评估权作实质修订,最终通过的新《公司法》开创性地引入了"控股股东滥用权利"条款,增强了评估权条款救济封闭公司中长期受到多数股东不公平损害、排挤、欺压和压迫的中小股东的功能。

"控股股东滥用股东权利"条款规定在新《公司法》第89条第3款,实质上创设了一类新评估权作为兜底触发情形,此类评估权的构成要件与2018年《公司法》第74条规定的评估权截然不同。**只要"公司的控股股东滥用股东权利,严重损害公司或者其他股东利益的",则"其他股东有权请求公司按照合理的价格收购其股权"**。首先,该类评估权无须受制于旧法下评估权严苛的前置会议要件和投反对票要件。行权股东无须再满足"对股东会该项决议投反对票"构成要件,行权条件被放宽。其次,"滥用股东权利"虽然具有抽象性,但抽象的概念授

① 《证券法》第9条规定:"公开发行证券,必须符合法律、行政法规规定的条件,并依法报经国务院证券监督管理机构或者国务院授权的部门注册。未经依法注册,任何单位和个人不得公开发行证券。证券发行注册制的具体范围、实施步骤,由国务院规定。有下列情形之一的,为公开发行:(一)向不特定对象发行证券;(二)向特定对象发行证券累计超过二百人,但依法实施员工持股计划的员工人数不计算在内;(三)法律、行政法规规定的其他发行行为。非公开发行证券,不得采用广告、公开劝诱和变相公开方式。"

② 《证券法》第37条规定:"公开发行的证券,应当在依法设立的证券交易所上市交易或者在国务院批准的其他全国性证券交易场所交易。非公开发行的证券,可以在证券交易所、国务院批准的其他全国性证券交易场所、按照国务院规定设立的区域性股权市场转让。"

予了法官较宽泛的自由裁量权，法官可依托含义保持开放的“滥用股东权利”概念，将法条列举不全的其他股东压迫行为囊括在内，因而评估权条款的打击范围和保护范围显著增强。最后，毫无疑问，新《公司法》这一调整旨在强化评估权保护封闭公司中受压迫股东的功能。

3. 简易合并特殊规则

新《公司法》第 219 条在法定合并中增设了简易合并制度，同时针对性地赋予被合并公司股东以评估权。

首先，新法第 219 条第 1 款规定了简易合并。在此类特殊合并场景中，母公司持有子公司 90% 以上股权或股份。按照原来的规定，合并交易必须分别获得母公司股东会和子公司股东会批准；新规则下，无须子公司股东会批准，经过母公司股东会决议即可。

其次，第 1 款针对性地赋予了简易合并中被合并子公司股东评估权。由于新《公司法》规定的评估权行使条件为股东“对股东会该项决议投反对票”，这意味着行权条件至少包括“存在针对合并事项进行表决的股东会会议”以及“有表决权的股东投反对票”。然而，简易合并无须子公司股东会决议，因此子公司并未召开任何股东会会议，子公司的异议股东不满足行权条件。鉴于此，新《公司法》第 219 条第 1 款专门规定，被合并公司的其他股东享有评估权，该规则统一适用于有限责任公司和非上市股份有限公司。

我国异议股东回购请求权的立法演进和规范演变，分别参见图 4-4、表 4-3。

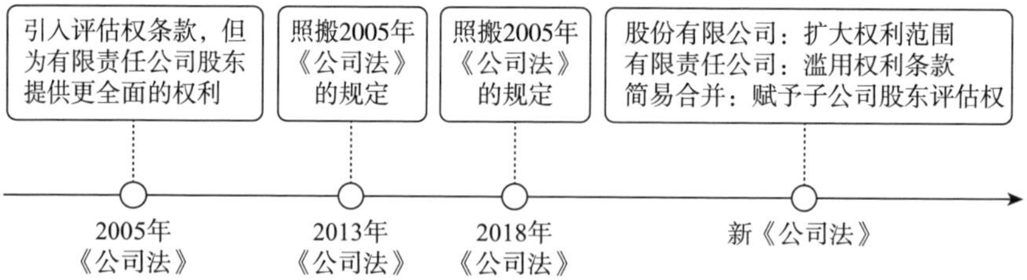

图 4-4　异议股东回购请求权的立法演进

表 4-3 异议股东回购请求权的规范演变

法律规定	条文内容
2005年《公司法》	**第75条** 有下列情形之一的，对股东会该项决议投反对票的股东可以请求公司按照合理的价格收购其股权： (一)公司连续五年不向股东分配利润，而公司该五年连续盈利，并且符合本法规定的分配利润条件的； (二)公司合并、分立、转让主要财产的； (三)公司章程规定的营业期限届满或者章程规定的其他解散事由出现，股东会会议通过决议修改章程使公司存续的。 自股东会会议决议通过之日起六十日内，股东与公司不能达成股权收购协议的，股东可以自股东会会议决议通过之日起九十日内向人民法院提起诉讼。 **第143条** 公司不得收购本公司股份。但是，有下列情形之一的除外： …… (四)股东因对股东大会作出的公司合并、分立决议持异议，要求公司收购其股份的。 ……属于第(二)项、第(四)项情形的，应当在六个月内转让或者注销。 ……
2018年《公司法》	**第74条** 有下列情形之一的，对股东会该项决议投反对票的股东可以请求公司按照合理的价格收购其股权： (一)公司连续五年不向股东分配利润，而公司该五年连续盈利，并且符合本法规定的分配利润条件的； (二)公司合并、分立、转让主要财产的； (三)公司章程规定的营业期限届满或者章程规定的其他解散事由出现，股东会会议通过决议修改章程使公司存续的。 自股东会会议决议通过之日起六十日内，股东与公司不能达成股权收购协议的，股东可以自股东会会议决议通过之日起九十日内向人民法院提起诉讼。 **第142条** 公司不得收购本公司股份。但是，有下列情形之一的除外： …… (四)股东因对股东大会作出的公司合并、分立决议持异议，要求公司收购其股份……属于第(二)项、第(四)项情形的，应当在六个月内转让或者注销……
新《公司法》	**第89条** 有下列情形之一的，对股东会该项决议投反对票的股东可以请求公司按照合理的价格收购其股权： (一)公司连续五年不向股东分配利润，而公司该五年连续盈利，并且符合本法规定的分配利润条件； (二)公司合并、分立、转让主要财产； (三)公司章程规定的营业期限届满或者章程规定的其他解散事由出现，股东会通过决议修改章程使公司存续。 自股东会决议作出之日起六十日内，股东与公司不能达成股权收购协议的，股东可以自股东会决议作出之日起九十日内向人民法院提起诉讼。

续表

法律规定	条文内容
	公司的控股股东滥用股东权利，严重损害公司或者其他股东利益的，其他股东有权请求公司按照合理的价格收购其股权。 公司因本条第一款、第三款规定的情形收购的本公司股权，应当在六个月内依法转让或者注销。 **第 161 条**　有下列情形之一的，对股东会该项决议投反对票的股东可以请求公司按照合理的价格收购其股份，公开发行股份的公司除外： （一）公司连续五年不向股东分配利润，而公司该五年连续盈利，并且符合本法规定的分配利润条件； （二）公司转让主要财产； （三）公司章程规定的营业期限届满或者章程规定的其他解散事由出现，股东会通过决议修改章程使公司存续。 自股东会决议作出之日起六十日内，股东与公司不能达成股份收购协议的，股东可以自股东会决议作出之日起九十日内向人民法院提起诉讼。 公司因本条第一款规定的情形收购的本公司股份，应当在六个月内依法转让或者注销。 **第 162 条**　公司不得收购本公司股份。但是，有下列情形之一的除外： …… （四）股东因对股东会作出的公司合并、分立决议持异议，要求公司收购其股份； ……属于第二项、第四项情形的，应当在六个月内转让或者注销…… **第 219 条第 1 款**　公司与其持股百分之九十以上的公司合并，被合并的公司不需经股东会决议，但应当通知其他股东，其他股东有权请求公司按照合理的价格收购其股权或者股份。

二、异议股东回购请求权的理论阐释

（一）规范目的与制度功能

公司是一群名为股东、董事、监事、高管、雇员、债权人等的主体遵循特定行为规则而形成的人际互动关系和一组由可识别的特定资产构成的财产池，不同自然人个体控制着各种有价值的稀缺资源，为了获得更多回报，这些个体自愿地将掌控的资源相互结合起来，牺牲资源的现时价值或牺牲自己当下的时间闲暇，以期待在未来创造出额外盈余和超额回报。

问题在于，合作过程充斥着风险与不确定性，也许是市场无情摧毁了公司的盈利期待，也许是那些实际承担经营职能和控制公司资产的管理者、控制股东在投资者们将资产交付给公司后即变得懒惰懈怠，甚至隐蔽地把“本应大家共享”

的财产转移到自己的腰包之中。[①]

遗憾的是，鉴于有限理性和交易成本，法律不可能在事前准确地描述出所有前述“不道德行为”（以下简称机会主义行为[②]），并针对每一类机会主义行为事无巨细地设置专门的救济渠道，千变万化的现实总是超过了法条概念所能涵盖的范围。

为解决前述问题，《公司法》通过“具体条款＋一般条款”的形式构建了一套抑制机会主义行为，为受到侵害的投资者提供救济的规则体系，评估权即为其中一项救济措施。

依据理论界与实务界的流行观点，评估权制度的规范目的是保护公司中的少数股东免受多数股东压迫，尤其是为封闭公司中受压迫的小股东提供一条退出公司的渠道。首先，典型证据来自全国人大常委会法工委。全国人大常委会法工委组织编辑的释义载明，“有些有限责任公司的控股股东或代表多数表决权的股东利用股东会决议的方式，客观上造成‘绑架’或‘裹挟’其他股东”，[③]这一段论述毫无疑问指向“控制股东滥用权利”或“股东压迫”；其次，理论界亦普遍认为评估权的规范目的是“救济受到不公平对待的少数股东”，[④]防止多数股东滥用权利压迫少数股东[⑤]；最后，诸多法官在裁判实务中也贯彻了这一套观念，将评估权视作帮助少数股东对抗多数股东滥权行为的有力武器。[⑥]

（二）功能失灵的沉睡条款

然而，由于立法设计上的缺陷，承载着“反股东压迫”功能的评估权条款似乎作用有限。

其一，2018 年《公司法》第 74 条第 1 款第 1 项规定的满足利润分配条件但

---

① See Zohar Goshen & Richard Squire, *Principal Costs*: *A New Theory for Corporate Law and Governance*, 117 Columbia Law Review 767（2017）.

② See Alan R.Palmiter, *Corporations*, Wolters Kluwer, 2015, p.32–33.

③ 宋燕妮、赵旭东主编：《中华人民共和国公司法释义》，法律出版社 2019 年版，第 152 页。

④ 李建伟：《公司法学》（第 5 版），中国人民大学出版社 2022 年版，第 371 页。

⑤ 参见施天涛：《公司法论》（第 4 版），法律出版社 2018 年版，第 569 页。

⑥ 参见贺某明、水城县小牛矿业有限责任公司请求公司收购股份纠纷案，贵州省高级人民法院（2018）黔民终 1033 号民事判决书；杨某逸与上海磐缔投资管理有限公司请求公司收购股份纠纷案，上海市第二中级人民法院（2021）沪 02 民终 7883 号民事判决书；上海前航投资有限公司与孙某顿请求公司收购股份纠纷二审案，上海市第二中级人民法院（2021）沪 02 民终 2456 号民事判决书。

持续不分红的情形极其容易被规避。有学者认为，第 74 条第 1 款第 1 项最可能属于股东压迫，但该项规定含义过于狭窄，很容易被规避。[①] 该项规定的情形是“公司连续五年不向股东分配利润，而公司该五年连续盈利，并且符合本法规定的分配利润条件”，控股股东仅需在 5 年内象征性地作出分配少量盈余的决议即可完成规避。实际上，无论规定几年盈利或几年未分配利润，均无实质价值。[②]

其二，2018 年《公司法》第 74 条第 1 款第 1 项也有可能被少数股东滥用，从而与保护少数股东权益的规范目的背道而驰。例如，股东相互之间默认公司不分红，而是在公司任职，收取工作报酬，以此合理避税；多年后，小股东在公司之外存在其他投资机会，急需现金，他 / 她希望将自己在该公司中的投资转移到其他地方；为此，小股东起诉公司，以公司满足利润分配条件但持续不分红为理由，要求公司回购其股权，从而撤走自己的投资。在这一情境中，小股东并未受到任何压迫，大股东并未违反任何正式的或非正式的合意。

其三，2018 年《公司法》第 74 条所列举的回购情形相当有限，无法涵盖所有可能发生的股东压迫行为，从而无法为受压迫股东提供充足的救济。控股股东在经营过程中忽视少数股东意愿，长期利用关联关系转移公司资产，虽然少数股东可提起决议撤销之诉等，但**法院不可能持续性地深度介入公司事务，亦不能保证正确识别所有机会主义行为和对公司有利的正常商业决策，在法官并不擅长的领域其也会犯错。**[③] **鉴于此，法院能做的就是决定让当事人分开并定下相应的代价，给予那些长期受到不公平待遇的小股东退出公司的权利。**[④]

可能是因为评估权并未在有限责任公司实践中有效发挥救济受压迫股东的功能，我国法院在司法实践中将原本只用于解决公司僵局的司法强制解散制度“扩张适用”于处理股东压迫问题，以釜底抽薪的解散手段作为事前威慑机制，间接促成保护少数股东的效果。

---

① 参见李建伟：《股东压制的公司法救济：英国经验与中国实践》，载《环球法律评论》2019 年第 3 期。

② 参见刘斌：《中国公司法语境下的不公平损害救济》，载《法律适用》2023 年第 1 期。

③ See Zohar Goshen & Assaf Hamdani, *Corporate Control and Idiosyncratic Vision*, 125 Yale Law Journal 596–597 (2016).

④ See Paul Davies, *Introduction to Company Law*, Oxford University Press, 2020, p.165–166.

首先，司法强制解散制度的立法本意是解决公司僵局。①2023年新《公司法》第231条②的立法原意相当狭窄，“公司经营管理发生严重困难”指“公司僵局”，即“因股东间或者公司管理人员之间的利益冲突和矛盾导致公司有效运行的失灵，公司的一切事务处于一种瘫痪状态。”③《公司法解释（二）》第1条和最高人民法院指导案例8号皆遵循此路径，指导案例8号的基本事实便是凯莱公司的两名股东林方清和戴小明各持50%股权而公司章程规定股东会作出决议须过半数表决权通过，此种绝对均衡的股权结构最终导致无法形成有效的公司意思。④

其次，指导案例8号之后的司法实践发生了转向，逐渐将公司僵局之外的股东压迫因素纳入强制解散的适用考量范围。⑤《最高人民法院公报》2014年第2期刊载的仕丰科技有限公司与富钧新型复合材料（太仓）有限公司、第三人永利集团有限公司解散纠纷案（以下简称仕丰科技案）中，一审法院在裁判说理中实际引入了“股东压迫”作为解释“经营管理发生严重困难”的依据。一审法官先指出，为了保障公司稳健运营，公司法遵从资本多数决原则；再强调，资本多数决原则事实上剥夺了小股东自由表达意思的机会，使控制股东意志等同于公司意志，这对于通常直接参与经营管理、具有人合性的有限责任公司的小股东而言，甚为不公。⑥

最后，仕丰科技案后，最高人民法院公布的多个公报案例明确将司法强制解散扩张至股东压迫情形。2018年第7期刊载的吉林荟冠投资有限公司及第三人东证融成资本管理有限公司与长春东北亚物流有限公司、第三人董占琴公司解散纠纷案（以下简称荟冠投资公司案）和2021年第1期刊载的吉林省金融控股集团股份有限公司与吉林省金融资产管理有限公司、宏运集团有限公司公司解

① 参见耿利航：《公司解散纠纷的司法实践和裁判规则改进》，载《中国法学》2016年第6期。

② 参见新《公司法》第231条：公司经营管理发生严重困难，继续存续会使股东利益受到重大损失，通过其他途径不能解决的，持有公司百分之十以上表决权的股东，可以请求人民法院解散公司。

③ 宋燕妮、赵旭东主编：《中华人民共和国公司法释义》，法律出版社2018年版，第351页。

④ 参见林方清诉常熟市凯莱实业有限公司、戴小明公司解散纠纷案，最高人民法院指导案例8号（2012年）。

⑤ 关于司法强制解散的具体实证现状，参见李建伟：《司法解散公司事由的实证研究》，载《法学研究》2017年第4期。

⑥ 参见仕丰科技有限公司与富钧新型复合材料（太仓）有限公司、第三人永利集团有限公司解散纠纷案，载《最高人民法院公报》2014年第2期。

散纠纷案（以下简称吉林金融资管公司案）均将司法强制解散制度扩展适用至股东压迫场合，并分别重塑了“经营管理发生严重困难”和“继续存续会使股东利益严重受损”的含义。荟冠投资公司案将经营管理发生严重困难描述成“表现为小股东无法参与公司决策、管理、分享利润，甚至不能自由转让股份和退出公司”，[①]吉林金融资管公司案则将“继续存续会使股东利益受到重大损失”解释为“只会产生大股东利用其优势地位单方决策，压迫损害另一小股东利益的后果”。[②]

（三）新《公司法》的规则转向及其评价

我国《公司法》始终将评估权作为一项保护少数股东免受多数股东不公平欺压的救济措施，并试图以其缓和“一股独大”引发的控股股东滥用权利问题。秉持前述规范目的，2023 年新《公司法》在汲取过往评估权条款的失败经验的基础之上，进一步强化了评估权条款对抗股东压迫的功能。

然而，从评估权规则的实际效果和制度源头来看，其主要功能似乎并非保护少数股东免受多数股东欺压，至少不局限于此。首先，评估权是一种“不问过错”的退出权。[③]**只要发生了彻底改变公司经营能力的根本变更事项且那些无法影响决策结果的股东持有异议，则无论多数股东的真实目的是转移利益、欺压排挤少数股东，还是真诚地相信交易有利于公司长远价值，异议者均可要求公司回购。**评估权不同于旨在阻止多数股东滥用权利欺压、排挤和压榨少数股东的法律机制，后者包括不公平损害救济、压迫救济、股东忠实义务和控制股东信义义务等。[④]其次，从制度来源国美国的经验来看，评估权实际上是对少数股东的一种补偿。18 世纪的法律要求公司重大变更必须取得全体股东同意，现代规则抛弃了一致决，转而赋予异议股东请求公司回购股权的权利，[⑤]以此在允许多数股东

① 吉林荟冠投资有限公司及第三人东证融成资本管理有限公司与长春东北亚物流有限公司、第三人董占琴公司解散纠纷案，载《最高人民法院公报》2018 年第 7 期。

② 吉林省金融控股集团股份有限公司与吉林省金融资产管理有限公司、宏运集团有限公司公司解散纠纷案，载《最高人民法院公报》2021 年第 1 期。

③ See Holger Fleischer, *Comparative Corporate Governance in Closely Held Corporations*, in Jeffrey N.Gordon and Wolf-Georg Ringe eds., The Oxford Handbook of Corporate Law and Governance, Oxford University Press, 2018.

④ See Paul Davies, *Introduction to Company Law*, Oxford University Press, 2020, p.133.

⑤ 参见［美］克拉克：《公司法则》，胡平等译，工商出版社 1999 年版，第 355 页；［美］理查德·D. 弗里尔：《美国公司法》（第 7 版），崔焕鹏、施汉博译，法律出版社 2021 年版，第 344 页。

转向新领域、重组资产、调整投资权利和允许少数股东保持既定的权利和承受既定的风险之间维持平衡，[①] 与股东压迫无必然联系。

评估权的主要功能应当是在公司发生重大变更事项时，为那些无法影响公司决策，且认为该等根本变更将显著影响公司持续经营能力，而其最初正是基于对公司原本结构的信赖才作出投资的异议股东们提供提前收回投资的渠道，保护这些股东投资之初产生的合理预期。[②]

立法者实际上在有限责任公司评估权条款中另行创设了一类专门规制控股股东不公平欺压少数股东的法律机制，之所以如此，原因很可能在于“公司回购股权”是两类法律机制均会运用的措施。不过，保护异议股东投资预期的评估权和保护少数股东免受不公平排挤、欺压、迫害的“权利滥用条款”指向的事实情景存在较大差异，后者运用的救济措施亦不限于“公司回购股权”，还包括“控股股东回购”等其他行之有效的举措，且公司回购还应受制于保护债权人利益的资本维持原则，其能在多大范围内发挥反压迫功能值得怀疑。笔者认为，更合理的立法模式是将二者独立成条，且不应将不公平损害救济或压迫救济条款的法律效果限定在公司回购，至少还应涵盖滥用权利的多数股东回购。

三、异议股东回购请求权的实务解析

前文已论述，我国《公司法》中的评估权条款实质上承担着两项功能，下文将根据功能差异明确区分两类评估权：第一类评估权的主要规范目的是保护异议股东投资预期，触发事项包括合并、分立、转让主要财产以及章程规定的营业期限届满而股东会决议使公司继续存续等重大变更事项；第二类评估权的主要规范目的是保护持续受到不公平欺压、排挤的股东，触发事项包括公司满足盈余分配条件但长期不分配利润和本次新法创设的控股股东滥用股东权利。

---

① See American Bar Association Committee on Corporate Laws, *Revised Model Business Corporation Act*, Law & Business Inc, 1984, p.316.

② 可查找到持此类观点的判例，被引判例认为评估权的目的是维持公司人合性、防止公司僵局和保护异议股东的财产权利，这些论点经过延展即可变为本段所述内容。参见深圳市康乐数码科技有限公司与钟某成请求公司收购股份纠纷案，广东省深圳市中级人民法院（2016）粤 03 民终 8891 号民事判决书；上海前航投资有限公司与孙某顿请求公司收购股份纠纷案，上海市第二中级人民法院（2021）沪 02 民终 2456 号民事判决书。

（一）权利构成要件的解释论构造

1. 前置程序要件

新《公司法》第 89 条第 1 款和第 161 条第 1 款均规定，行使评估权的必要条件为“对股东会该项决议投反对票的股东”，该要件适用于控股股东滥用权利之外的其他回购情形。这意味着：其一，公司必须召集了股东会并对可能触发评估权的事项作出决议（以下简称前置会议要件）。这些事项包括分配利润、合并、分立、转让主要财产和修改公司章程使本应解散的公司继续存续。其二，行为人必须参与股东会会议，对前述待决事项享有表决权，并对决议投反对票（以下简称异议要件）。[①] 然而，如果僵硬地坚持前置会议要件和异议要件，可能导致不合理的裁判结论。

（1）前置会议要件

该要件最大的缺陷在于：如果公司没有遵守法律和公司章程规定作出决议而直接转让主要资产，此时因不满足“前置会议要件”而不存在评估权，但这一逻辑结论将导致评估权保护少数股东合理预期的规范目的落空。例如，在上海兴盛实业发展（集团）有限公司诉上海新梅房地产开发有限公司等请求公司收购股份纠纷案中，控股股东在未召开股东会的情形下转让了主要财产，但审理法官没有拘泥于文字的形式，而是创造性地重新阐释了“前置会议要件”，法官认为，股东表示异议并非仅有投反对票一种方式，在未被通知参与股东会的情况下，应允许反对股东通过其他合理方式表示异议并行使评估权。[②]

（2）异议要件

异议要件存在类似缺陷如下：首先，股东压迫较为严重的公司通常并不遵守法律法规和公司章程规定的正当程序。例如，控股股东与实际控制人支配公司，未遵守会议召集程序，导致股东未参与会议，进而异议要件不可能被满足；公司没有在会议召集通知中载明就合并、分立和转让主要财产等重大变更事项进行决议，受通知股东据此认为没有必要参与会议。针对前述会议程序瑕疵，异议股东固然可提起决议撤销之诉，但特定情形下，要么撤销决议已不足以保护股东、

① 参见蔚某与长春果品批发市场有限公司与公司有关的纠纷案，吉林省高级人民法院（2019）吉民申 254 号民事裁定书。

② 参见上海市第二中级人民法院民事判决书，（2020）沪 02 民终 2746 号。

要么撤销在经济上不合理。例如，在公司转让主要财产的情形下，公司财产被其他善意主体取得，即便撤销决议也无以救济少数股东；[①] 又如，公司合并耗费了巨大的经济成本，通过撤销决议来恢复原状将导致先前的成本通通沉没，更合理的选择是给予前述股东现金补偿。[②] 笔者认为，在前述特殊情形下，新《公司法》设置的前置会议要件和异议要件实际上将股东因他人过错而不能参与会议的风险分配给了无过错的异议股东，并不合理。与此相比，《德国变更法》第 29 条第 2 款值得借鉴。《德国变更法》第 29 条第 2 款规定，以下情形等同于在决议中投反对票，包括：未参加股份持有人会议的股份持有人没有被准许参加此等会议、前述会议未按程序召集、会议通知没有载明待决议的事项。[③]

其次，如果多数股东及其控制的董事、监事等一直不提出分配利润的议案，逻辑上，公司从未就分红作出决议，此时，即便公司连续 5 年满足利润分配条件且未分红，由于不满足“股东对不分红的决议投反对票”要件，少数股东亦不能行使评估权。前述情形明显构成股东压迫，但如果小股东的持股比例达不到召集临时股东会的门槛，也达不到提出临时议案的门槛，则似乎只能任大股东宰割，承载反股东压迫功能预设的评估权目的落空。

最后，股份有限公司中部分类别股股东对评估权的触发事项无表决权时，直接据此认定类别股股东不受评估权保护，同样会导致评估权保护少数股东免受压迫的规范目的落空。类别股股东对某些股东会决议事项无表决权，如公司转让主要财产。[④] 如果多数股东据此将公司的主要财产转移至关联实体，承载着立法者反股东压迫功能预设的评估权却在出现股东压迫现象时无以适

---

① 新《公司法》第 28 条第 2 款规定：“股东会、董事会决议被人民法院宣告无效、撤销或者确认不成立的，公司根据该决议与善意相对人形成的民事法律关系不受影响。”

② See Alan R.Palmiter, *Corporations*, Wolters Kluwer, 2015, p.608.

③ 《德国企业变更法》第 29 条，德国司法部提供了官方英译本，详见 https://www.gesetze-im-internet.de/englisch_umwg/englisch_umwg.html#p0153。

④ 新《公司法》第 146 条规定：“发行类别股的公司，有本法第一百一十六条第三款规定的事项等可能影响类别股股东权利的，除应当依照第一百一十六条第三款的规定经股东会决议外，还应当经出席类别股股东会议的股东所持表决权的三分之二以上通过。公司章程可以对需经类别股股东会议决议的其他事项作出规定。”

第 116 条第 3 款规定：“股东会作出修改公司章程、增加或者减少注册资本的决议，以及公司合并、分立、解散或者变更公司形式的决议，应当经出席会议的股东所持表决权的三分之二以上通过。”

用，相当矛盾。[①]

（3）前置程序要件的特殊裁判问题

观察过往评估权纠纷的裁判经验，存在三个颇具现实意义的特殊问题。

问题一，如果公司不能证明曾通知股东参加会议或曾依法召集了会议，能否据此推定主张评估权的股东符合“异议要件”？

这涉及证据与证明问题。笔者认为，应当依据具体的案件事实判断股东是否对会议的召集和决议事项知情。情形一：公司虽未通知股东，但股东知道会议的召集时间、地点和决议事项，无其他合理理由仍故意不参与。笔者认为，在此类情形下不应当认定评估权成立，原因在于，虽然会议程序存在瑕疵，但知情股东本可以极低的成本避免“未参会”的结果发生。情形二：具体的事实已真伪不明，但行权股东与本公司合并的相对方或主要财产受让方存在某种特殊关系，如该股东为相对方公司的控股股东、实际控制人或在相对方公司担任董事、经理等职务。[②]笔者认为，在此类情形下，至少可推定该股东参与了会议且同意决议，从而转移主观证明责任。

问题二，即使真实地存在股东会决议，且异议股东投出了反对票，在满足“异议要件”的情况下是否还有其他权利行使障碍？

笔者认为，评估权的主要规范目的是保护少数股东的合理投资预期，如果在第一次会议作出相应决议后的合理时间内，股东会再次召开第二次会议并通过第二次决议推翻了前述第一次决议，此时，公司的意思实际上并未偏离异议股东的预期，因此，即便异议股东在第二次决议上也投反对票，亦不应再支持其权利主张。在高某明与长春市双阳区金田经济贸易有限公司请求公司收购股份纠纷案中，公司章程规定的解散事由出现后，标的公司召开股东会审议修改章程事项，前述决议获得通过，公司的存续期限延长，小股东投出反对票并主张评估权，但公司嗣后又作出了第二次决议，恢复了章程规定的存续期限，法院据此认为回

① 有观点认为，应当为类别股股东提供保护。参见刘胜军：《论优先股股东的异议股东股份评估权保护：美国的实践及启示》，载《法学杂志》2018年第8期。

② 参见陈某良与济宁世通纺织有限公司其他与公司、证券、保险、票据等有关的民事纠纷再审案，山东省高级人民法院（2021）鲁民申522号民事裁定书。

购请求应以关于特定事项的股东意志与股东会决议结果相悖为前提，[①] 并未支持该股东的回购请求。

问题三，如果异议股东并未完全履行出资义务或存在抽逃出资的事实，能否限制异议股东的评估权？

有观点认为，在股东抽逃出资的情形下，股权中与之相关的权利亦应当受到限制，关于要求公司收购其股权的权利应当受到限制。[②] 笔者认为，原则上，在法律无明文规定、公司章程未作出约定的情形下，不应仅依据存在抽逃出资或未履行出资义务的事实而排除异议股东的评估权。理由在于，股东行使评估权后的法律效果是在公司与其之间成立一项财产支付权利义务关系，但该支付义务能否实际履行还应受制于资本维持原则（参见下文“资本维持原则与回购股权的处置”部分），因此，即便行权股东抽逃出资或未完全履行出资义务，保留其评估权也不会损害债权人利益和公司利益，毕竟，公司仍可向该股东主张债权，且只有在不损害公司偿付能力或不损害公司股本和不可分配公积金的情形下才可向异议股东实际支付财产对价（具体底线取决于抽逃出资条款的实质判断标准，此处不进行详细展开）。

2. 触发评估权的法定事由

（1）第一类评估权

此类评估权的主要目的应为保护异议股东的合理投资预期。

核心争议与“转让主要财产”有关，换言之，何谓“主要”？就此，并无统一的认定方式，通常来说，实质判断标准是转让财产导致公司发生根本性变化或重大变更，主要的辅助判断依据是被转让财产价值占公司净资产的比重。[③] 形式上，一般而言，当转让资产价值占公司净资产 50% 以上时构成“转让主要财产”。[④] 实质上，认定核心是“转让财产是否导致公司发生重大变更或结构性变更”。这一实

① 参见吉林省高级人民法院民事裁定书，(2020)吉民申 1607 号。

② 参见黄某、青岛永道国际贸易有限公司请求公司收购股份纠纷案，山东省高级人民法院(2020)鲁民终 2461 号民事判决书。

③ 参见上海兴盛实业发展（集团）有限公司与上海新梅房地产开发有限公司等请求公司收购股份纠纷案，上海市第二中级人民法院(2020)沪 02 民终 2746 号民事判决书；杨某逸与上海磐缔投资管理有限公司请求公司收购股份纠纷案，上海市第二中级人民法院(2021)沪 02 民终 7883 号民事判决书。

④ 参见上海兴盛实业发展（集团）有限公司与上海新梅房地产开发有限公司等请求公司收购股份纠纷上诉案，上海市第二中级人民法院(2020)沪 02 民终 2746 号民事判决书。

质标准与个案事实高度相关，很难提前预测和抽象出统一的识别方式。实质要件是最终的认定依据，其可推翻形式要件。例如，在贺某明、水城县小牛矿业有限责任公司请求公司收购股份纠纷案中，标的公司为了满足政策规定、继续保留采矿权，将权利转让给其他公司，但标的公司原股东保持对矿产资源的实际经营管理，就此，贵州省高级人民法院通过目的性限缩的方法论工具，排除了评估权条款。① 笔者认为，可能更为合适的裁判思路为，通过解释“主要资产”认定前述案件中公司实际上并未发生根本变更或结构性变更，从而评估权构成要件未被满足。

(2)第二类评估权

第二类评估权的主要目的是救济受压迫的股东，包括两种情形，一是公司连续 5 年满足利润分配条件但持续不分红；二是控股股东滥用股东权利。未来司法适用的主要难点必定在于如何解释“滥用股东权利”，控股股东行使股东权利的行为在何种情景下应当被评价为“滥用权利”。

坦诚而言，**“滥用权利”是一个含义不确定的法律概念，其实质功能是授予法官自由裁量权，因此，依据此条款裁判的核心思路是解释立法者究竟希望法官运用这一弹性极大的条款实现何种具体的目标或功能，而不是试图找到其精确的特征与定义。**笔者认为，如前文所述，评估权承载着救济受压迫股东的功能，就股东受压迫或股东受到不公平损害，来自英国的适用经验可资借鉴。**具体而言，法官的任务至少有二，一是以该条款来强制执行股东之间签订的治理协议，二是寻找公司投资者们在章程等正式文件之外形成的非正式协议或非正式合意，当多数股东的行为偏离其许下的非正式承诺时，运用保持弹性的“滥用权利”来保护少数股东。**②

该条款的具体运行状况有待未来观察，此处笔者仅根据 2018 年《公司法》第 20 条和《民法典》第 132 条(在公司法中适用的裁判案例)的适用经验作出简单预测。既有案例的适用方向大致有三个：其一，将股东行使表决权的行为判定为滥用权利，并据此否定公司决议效力；③ 其二，认定股东行使股权(主要是表决

① 参见贵州省高级人民法院民事判决书，(2018)黔民终 1033 号。

② See Paul Davies, *Introduction to Company Law*, Oxford University Press, 2020, p.161-162.

③ 参见湖南胜利湘钢钢管有限公司与湖南盛宇高新材料有限公司公司决议纠纷案，湖南省湘潭市中级人民法院(2015)潭中民三终字第 475 号民事判决书；龚某兵、顾某军等股权转让纠纷案，江苏省昆山市人民法院(2020)苏 0583 民初 13239 号民事判决书；金某峰、黄山歙县饭店有限公司决议效力确认纠纷案，安徽省歙县人民法院(2021)皖 1021 民初 2497 号民事判决书；鸿大(上海)投资管理有限公司与姚某城等公司决议纠纷案，上海市第二中级人民法院(2019)沪 02 民终 8024 号民事判决书。

权）构成权利滥用，要求滥权股东对其他股东承担损失赔偿责任；[①] 其三，股东委派、控制董事，若董事行使职权损害其他股东利益，部分裁判实例直接根据大股东与董事、法定代表人之间存在重合关系而科以“连带责任”。[②] 鉴于新法引入了事实董事和影子董事制度，因此第三种情形下要求大股东承担责任无须再借道权利滥用条款，不过，前述裁判案例具体指向的事实情景仍然可以为评估权的适用提供支撑。

以对前述司法实践情况的观察为基础，考虑到评估权的主要目的系保护封闭公司中持续遭受不公平对待的少数股东，为受压迫者提供退出公司的机制，法官在旧有裁判案例中发现的部分事实若持续性地在公司中发生，则未来法官可依据新《公司法》第 89 条第 3 款的规定为受压迫股东提供救济。这些事实不可能被完整列举，但过往判例仍然提供了一定参考价值，此类压迫行为包括但不限于：在无合理商业需求的情形下通过决议提前将其他股东的出资义务加速到期、低价转让公司主要资产至关联实体、高价受让其他关联实体资产、在公司净资产大于股本的情形下以股本价值增资引入新股东稀释原股东对公司原有资产享有的经济利益、违反最初合作协议的约定将少数股东排除在董事等管理职务之外、修改公司章程将大部分盈余分配给同时担任管理层的大股东或其关联人士、无视公司章程规定的程序作出重大投资决策导致公司亏损等。

3. 异议股东提起诉讼的程序与期限

前文区分的两类评估权均存在行使程序和期限限制。

就程序而言，评估权条款规定，提起诉讼的前提条件是“异议股东在决议作出之日起 60 日内与公司协商回购问题而未达成合意”，实践中的主要争议为该程序是否具有强制性。笔者认为，这一前置磋商程序并无强制性，异议股东可直接诉诸司法评估程序。原因为，从法条的文义来看，只要异议股东和公司就回购事项（主要是价格）达不成合意，股东即可提起诉讼，完全可以将股东直接提起诉

---

① 参见董某诉上海致达建设发展有限公司等滥用股东权侵权赔偿纠纷案，上海市第二中级人民法院（2008）沪二中民三（商）字第 238 号民事判决书。

② 参见民丰特种纸股份有限公司等诉浙江嘉兴同创房地产开发股份有限公司控股股东、实际控制人、董事损害公司利益赔偿纠纷案，浙江省高级人民法院（2009）浙商终字第 218 号民事判决书；甘肃天昱置业有限公司与深圳市朗钜实业集团有限公司损害公司利益责任纠纷案，甘肃省高级人民法院（2013）甘民二终字第 40 号民事判决书。

讼的事实解释为“未形成合意”。[①]

提起诉讼的期限，法律规定为自决议作出之日起 90 日内，主流观点认为该期限为不变期间。[②] 提起评估权诉讼的期限被设定为自决议作出之日起 90 日内，依《公司法解释（一）》第 3 条 [③] 的规定，这一期限亦为不变期间。然而，前文已述，如果公司在未经决议的情况下处分资产，或者没有通知股东参与会议，若仍以决议作出之日为起算点，且认定提起诉讼的期间系不变期间，将导致不合理的裁判结论，不再赘述。[④]

（二）公司回购客体要件的解释

依据法条文义，回购标的系本公司的股权 / 股份，针对这一要件，司法实践中存在两项疑问。

其一，对公司合并、分立、转让主要财产等重大变更事项持异议的股东能否要求公司仅回购其持有的部分股权或股份？就此适用疑惑，有两类观点。

观点一，股东不能只请求回购部分股权或股份。理由有二，分别是“仍保持股东身份即意味着股东并不反对重大变更事项”和“这将使得那些并不反对重大变更事项的少数股东可假借反对之名而行收回投资之实”。[⑤] 我国司法实践中存在类似裁判观点，例如，在深圳市康乐数码科技有限公司与钟某成请求公司收购股份纠纷案中，法院认为，股东选择了保留 1% 的股份，这表明其同意公司继续存续，不符合“异议要件”，进而否定了股东回购部分股权的主张。[⑥] 美国律师协会《美国标准商事公司法》的官方评注亦载明，“原则上，股东应请求公司回购其全部股份”，[⑦] 该通常规则的理由为，若允许少数股东提出回购部

---

① 参见上海前航投资有限公司与孙某顿请求公司收购股份纠纷案，上海市第二中级人民法院（2021）沪 02 民终 2456 号民事判决书。

② 参见夏某俊与江苏嘉源房地产开发有限公司请求公司收购股份纠纷案，江苏省高级人民法院（2019）苏民申 8122 号民事裁定书。

③ 《公司法解释（一）》第 3 条规定：“原告以公司法第二十二条第二款、第七十四条第二款规定事由，向人民法院提起诉讼时，超过公司法规定期限的，人民法院不予受理。”

④ 类似情形，参见上海兴盛实业发展（集团）有限公司与上海新梅房地产开发有限公司等请求公司收购股份纠纷案，上海市第二中级人民法院（2020）沪 02 民终 2746 号民事判决书。

⑤ See Alan R.Palmiter, *Corporations*, Wolters Kluwer, 2015, p.602.

⑥ 参见广东省深圳市中级人民法院民事判决书，（2016）粤 03 民终 8891 号。

⑦ See Model Business Corporation Act（April 28, 2023）§ 13.03 Official Comment.

分股份的请求，则可能出现少数股东滥用权利现象，当司法评估确定的公平回购价值与市场现价存在差异时，那些并无异议的股东会假借反对之名而行投机之实。[①]

观点二，原则上禁止股东回购部分股权，但例外允许。最新《美国标准商事公司法》第 13.03 条规定了一类特殊情形，如果登记在册的名义股东（record shareholder）系为多个受益股东（beneficial shareholder）持有股份，或系投票权信托（voting trust）的受托人，只要部分受益股东或部分受益所有人（voting trust beneficial owner）对公司的重大变更事项持有异议，则登记股东有权代表异议部分股份持有人向公司主张评估权并告知公司这部分持有人的信息和通信地址。[②]该规则颇有可取之处，在我国公司实践中，存在特殊持股平台[③]和股权代持现象，此类情况中，登记股东或名义股东只有一人，但实际享有股东权益的人数则不止一人，允许股东请求公司回购部分股权或股份有其合理之处。

针对前述疑惑，笔者认为，原则上异议股东应当请求公司收购其全部股份或股权，但若登记股东或股份持有人系持股平台等代他人持有权利的主体，则应允许登记股东或股份持有人请求公司收购实质上对决议持异议股东对应部分的权利。

其二，“原则上禁止股东请求公司收购部分股权或股份”的观点是否也适用于本次新法新增的“控股股东滥用权利”情形？笔者认为，新法创设的新评估权情形与对重大变更事项持异议的评估权迥然有别，二者服务于不同的主要目的，前者旨在保护受压迫股东、后者旨在保护异议股东的投资预期。鉴于此，在控股股东滥用权利而触发回购请求权时，部分回购属于受压迫股东对自身完整权利的处分，不存在以假借反对之名而行投机之实的可能，没有禁止之必要。

---

① See Alan R.Palmiter, *Corporations*, Wolters Kluwer, 2015, p.602.

② See Model Business Corporation Act（April 28, 2023）§ 13.03.

③ 参见雅生活未来物业管理服务有限公司诉上海德召企业管理合伙企业（有限合伙）等其他与公司有关的纠纷案，上海市黄浦区人民法院（2021）沪 0101 民初 2585 号民事判决书；王某杰与蜂网供应链管理（上海）有限公司、梁某其他与公司有关的纠纷案，上海市嘉定区人民法院（2020）沪 0114 民初 10588 号民事判决书；九重云（成都）科技中心（有限合伙）与九次方大数据信息集团有限公司股东知情权纠纷案，北京市房山区人民法院（2020）京 0111 民初 4024 号民事判决书；夏某梅与华栎（芜湖）一期股权投资基金（有限合伙）等公司增资纠纷案，上海市第一中级人民法院（2018）沪 01 民终 13187 号民事判决书。

（三）回购合理价格的认定

1. 司法实践经验：价格鉴定

认定回购的合理价格是评估权诉讼的重点和难点，毕竟法官不是商业专家，其无充足的信息和技能去对一项资产的真实价值作出实质判断，因此，在诉讼中，法院一般依赖于第三方专业机构的价格评估。

法院通常在当事人就回购价格达不成一致时依双方申请或依职权启动司法鉴定程序。[①] 特殊情形下，即便双方就回购价格无法达成一致，法院仍可能认为“不构成基本事实不清”，不支持一方申请鉴定的主张。例如，在张某惠与苏州通博电子器材有限公司请求公司收购股权纠纷案中，案涉公司已委托会计师事务所对决议作出前的年度财务状况进行了审计，且在作出触发评估权的决议后委托评估公司对异议股东持有的股权进行估价，两审法院一致认为无须重新评估鉴定。[②] 就此，一方当事人委托的鉴定和价格评估究竟可否作为认定公平价格的依据与个案事实高度相关，取决于法官对“基本事实不清”的具体理解和阐释，很难脱离具体案件事实给出一个精准的预测和判断。

2. 价值评估的时点与方法

认定回购价格时有两个基础问题。

问题一，应当以哪一个时间点作为评估公司股权价值的基础？对此，法条并未给出明确回答，但结合评估权的两项规范目的，笔者认为，具体时间点应结合触发评估权的法定事由分别认定。

其一，公司实施合并、分立、转让主要财产或修改公司章程延长存续寿命等重大变更事项。此类情形下，评估权的主要目的是保护无法影响公司决策的异议股东的合理投资预期，因此，在选择时间点时必须保证该时点的股权价值未受到重大变更事项影响。具体而言，对于合并、分立和转让主要财产，价值评估时点应为决议作出之前；对于公司章程规定的营业期限届满后修改公司章程使公

① 参见杭州久大置业有限公司、章某力请求公司收购股份纠纷案，浙江省高级人民法院（2018）浙民申 2047 号民事裁定书；上海前航投资有限公司与孙某顿请求公司收购股份纠纷案，上海市第二中级人民法院（2021）沪 02 民终 2456 号民事判决书。

② 参见江苏省苏州市姑苏区人民法院民事判决书，（2019）苏 0508 民初 7867 号；江苏省苏州市中级人民法院民事判决书，（2020）苏 05 民终 7917 号。

司继续存续，此时公司资产构成并未发生变化，因而价值评估时点可以是决议作出之后的合理时间，如部分法院认可的是2个月。[①]

其二，公司满足利润分配条件但持续不分红和控股股东滥用股东权利严重损害公司或股东利益。此类情形下，评估权的主要目的是保护受压迫股东，为其提供救济，使其能够顺利获得投资回报，此时，股权价值评估时点的选择与控股股东实施的压迫行为高度相关，似乎不应当给出一个统一的节点。具体而言，如果控股股东利用关联关系转移公司资产，且其关联实体已不再具有偿还能力，价值评估时点必须是各类关联交易实施之前；若公司满足利润分配条件但持续不分红，只要公司资产构成未发生重大变化，评估时点在不分红决议前后一段时间内均属合理。

问题二，如何评估股权价值？通常而言，存在三种评估方法，分别是资产基础法、市场法和收益法。资产基础法，是指通过合理估算企业的资产与负债评估企业价值。[②] 市场法，是指选取与被评估公司相似的其他公司或具有可比性的交易案例来评估企业价值。[③] 收益法，是指考虑一项资产在未来可产生的持续经营价值或收入流的估价思路。一般而言，在法院委托的资产估价中，评估机构会采取多种方式估价。前述操作程序与评估规则有关，依据评估规则，一般应选择两种以上估价方法。[④] 此外，评估机构亦会根据资产类型和具体评估资料，对不同类别资产采用不同的估价方法。[⑤] 例如，对于符合条件的出租房产，估价时会考虑其在可确定的未来租期内产生的现金流（收益法）。

---

① 参见张某惠与苏州通博电子器材有限公司请求公司收购股份纠纷案，江苏省苏州市中级人民法院（2020）苏05民终7917号民事判决书；上海前航投资有限公司与孙某顿请求公司收购股份纠纷案，上海市第二中级人民法院（2021）沪02民终2456号民事判决书。

② 参见张某惠与苏州通博电子器材有限公司请求公司收购股份纠纷案，江苏省苏州市中级人民法院（2020）苏05民终7917号民事判决书。

③ 参见张某惠与苏州通博电子器材有限公司请求公司收购股份纠纷案，江苏省苏州市中级人民法院（2020）苏05民终7917号民事判决书。

④ 《资产评估法》第26条规定：“评估专业人员应当恰当选择评估方法，除依据评估执业准则只能选择一种评估方法的外，应当选择两种以上评估方法，经综合分析，形成评估结论，编制评估报告。评估机构应当对评估报告进行内部审核。”

⑤ 参见丁某琴诉杭州金海置业有限公司收购股权纠纷案，浙江省杭州市江干区人民法院（2015）杭江商初字第1365号民事判决书；浙江环球控股集团有限公司等诉浙江正一投资有限公司公司收购股权纠纷案，浙江省杭州市中级人民法院（2013）浙杭商初字第41号民事判决书。

3. 两类流动性折扣

观察我国裁判实务现状和其他司法辖区的实践，就合理价格的认定，主要争议始终围绕价格折扣问题。

（1）股权缺乏流通市场的公司

前文已多次强调，我国法律中的评估权主要承载着立法者保护封闭公司中受压迫股东的功能预设，其主要适用场域一直被圈定为有限责任公司。问题在于，有限责任公司通常系封闭公司，股东人数有限，且其股权并不在具有流动性的市场上流通，那么在认定回购的公平价格时，是否应当基于“缺乏流动性”而对股权价值打折扣？

一种观点认为，应当考虑股权或股份的流动性，并按照其流动性大小对依资产基础法或收益法评估的价值打折。在张某惠与苏州通博电子器材有限公司收购股权纠纷案中，标的公司为一家非上市公司，评估机构认为其“股权的流动性较差，需要考虑缺少流动性折扣”。具体操作上，评估机构依据资产基础法估测股权价值，然后以该公司的子公司（一家上市公司）所处细分行业为准，细分行业中的其他几家上市公司的股票发行价格与上市 30 日收盘均价、60 日收盘均价、90 日收盘均价比较，折扣率分别为 46.1%、47.2%、45.2%，评估机构据此以 45% 的折扣率来反映市场流动性的缺失对股权价值的影响，两审法院均予以支持。①

另一种观点则认为，不应基于本公司股权缺乏流动性而对回购价格打折，②合理价格的标准是“对公司资产真实价值的比例利益”。此类观点的理由一般为，若允许打折，则无异于授予多数股东低价购买少数股东股权的权力。③在美国实践中，存在类似观点判例。④

笔者认为，股权的真实价值是该项权利代表的公司资产能够产生的未来现金流的现值，这一现值取决于公司资产的持续经营价值，依据公司法的分配规

---

① 参见江苏省苏州市姑苏区人民法院民事判决书，（2019）苏 0508 民初 7867 号；江苏省苏州市中级人民法院民事判决书，（2020）苏 05 民终 7917 号。

② See Model Business Corporation Act（28，2023）§ 13.01.

③ See Alan R.Palmiter, *Corporations*, Wolters Kluwer, 2015, p.607.

④ See Pueblo Bancorporation *v.* Lindoe, Inc., 63 P.3d 353（Colo.2003）; Royals *v.* Piedmont Electric Repair Co., 1999 NC BC 1.

则，少数股东按照其持股比例分享前述持续经营价值，故不应基于公司股权缺乏流动性而对前述价值打折扣。

（2）基于回购公司资产状况和资产构成的折扣

对于流动性折扣，存在一类特殊情况。如前所述，股权的真实价值是该权利可分配到的公司资产所能产生的未来现金流现值的一部分，虽然不能基于本公司股权的流动性对合理价格进行打折，但如果本公司持有的资产缺乏流动性故而在交易中普遍存在价格折扣，则应考虑流动性折扣。例如，在上海前航投资有限公司与孙某顿请求公司收购股份纠纷案中，公司是一家持股平台，其主要资产系股权类资产，股权类资产在交易中普遍存在流动性折扣，此种情形下，评估公司股权的合理价格时应当考虑前述事实。①

4. 控制权溢价与非控制板块折扣

在司法适用中，还存在一类价格折扣，就是与公司控制权有关的折扣，这类折扣通常由公司主张。② 通常而言，现实交易中，如果交易的股权或股份足以达到控制公司的效果（以下简称控制板块），那么该控制板块项下每一单位股权或每一单位股份的价值会显著高于非控制板块项下每一单位股权或每一单位股份的价值。假设一家公司发行了 100 股，甲持有 80 股，乙持有 20 股，那么，甲转让其全部股份的对价可能是 80 元（每股 1 元），而乙转让股份的最高对价可能只有 10 元（每股 0.5 元）。

通常观点认为，不应当因为回购的股权或股份系非控制板块而对之作出打折。③《美国标准商事公司法》明定不得基于“少数股东地位”而对公平价格打折。④ 此类观点的实质理由建立在一种被称为“控制者私人收益 / 管控权下私利”

① 参见上海市第二中级人民法院民事判决书，（2021）沪 02 民终 2456 号。

② 参见上海前航投资有限公司与孙吉顿请求公司收购股份纠纷二审案，上海市第二中级人民法院（2021）沪 02 民终 2456 号民事判决书。

③ See Alan R.Palmiter, *Corporations*, Wolters Kluwer, 2015, p.607.

④ See Model Business Corporation Act（28，2023）§ 13.01.

(private benefits of control)[①] 的理论基础上，简言之，控制板块之所以存在溢价，是因为控制股东可以侵占本不属于他 / 她的额外利益。控制者私人收益，是指公司控制股东基于其对公司的控制力而可私自攫取的本应与其他少数股东或成员共同分享的利益。在此种理论模型下，控制股东之所以愿意持有“控制板块”，是因为他 / 她们可以攫取特定规模的控制者私人收益，[②] 而该收益超过了因持有控制板块而丧失的风险分散和流动性优势成本。前述利益侵夺方式包括实施各种隐蔽的关联交易将利益转移至受私人控制的实体、制定高昂的任职薪酬并将少数股东排除在董事或高管职务之外、搭建错综复杂的集团公司持股架构以隐藏公司之间的关联交易、将公司资产投资于那些为其个人带来名誉效应或私人享受但于公司无益的浪费性项目等。[③]

但是，前述理论没有反映全部现实。反例之一：控制股东持有控制权是为了贯彻他 / 她所相信的更好的商业战略，免于被其他不理解的投资者阻止，以充分贯彻企业家本人的某种特殊愿景。[④] 那些具有特殊才能、掌握专门化的稀缺知识和信息的创始人或企业家希望掌控企业资产和决策事务的控制权，以使得他们可以不受阻碍地追寻他们所相信而难以被其他人理解的特质愿景。他们的才能可以创造超额回报，而其他愿意相信的投资者自愿加入公司参与合作，为企业家提供货币资本。在这种情形下，控制权溢价实际上反映了企业家的特殊才能或

---

① 尽管不是第一个表达类似观念的学者，但经济学家迈克尔·巴克莱（Michael Barclay）和霍尔德内斯·克里福德（Holderness Clifford）似乎是较早明确提出这个概念的人，并区分了金钱形式（pecuniary）的私利和非金钱形式（non-pecuniary）的私利，参见 Michael J.Barclay & Holderness G.Clifford, *Private Benefits from Control of Public Corporations*, 25 Journal of Financial Economics 371–395（1989）。美国一些法学家也喜欢使用这组概念来分析公司治理和公司法的可能功能，参见 Ronald J.Gilson, *Controlling Shareholders and Corporate Governance: Complicating the Comparative Taxonomy*, 119 Harvard Law Review 1641（2006）。

“管控权下私利”这种译法来自我国香港联合交易所。参见香港交易及结算所有限公司：《概念文件：不同投票权架构》，载香港交易所网，https://www.hkex.com.hk/-/media/HKEX-Market/News/Market-Consultations/2011-to-2015/August-2014-Weighted-Voting-Rights/Consultation-paper/cp2014082_c.pdf。

② See Lucian Arye Bebchuk, *A Rent-Protection Theory of Corporate Ownership and Control*, 7203 NBER Working Paper（1999）.

③ See Andrei Shleifer & Robert W.Vishny, *A Survey of Corporate Governance*, 52 The Journal of Finance 737–783（1997）.

④ See Zohar Goshen & Assaf Hamdani, *Corporate Control and Idiosyncratic Vision*, 125 Yale Law Journal 560（2016）.

特质愿景的超额价值，而不是控制者私人收益。反例之二：持有控制板块意味着风险集中和丧失流动性优势，因此控制股东本身也承担了额外成本，但持有控制板块后，该股东在公司内的利益显著增加，客观来说，他/她将更有动力去监督管理层，故投资者们有可能为了更好地监督管理层，约定某一方主体成为控制股东，由其负责监督公司运营，同时为了补偿其承担的额外成本，允许他/她享有一定规模的额外收益。①

笔者认为，一律不考虑非控制板块折扣并未反映真实的市场现状，但又不可能苛责法官去查清溢价事实，因此，基于“人性本恶”的主观价值判断，原则上不考虑非控制板块折扣，但公司或控股股东可举示相反证据以证明控制权溢价的存在不是因为控制者私人收益，若证明完成，则可考虑折扣。

（四）资本维持原则与回购股权的处置

我国《公司法》奉资本维持原则为圭臬，因而，一个不可避免的问题是，公司回购本公司股权或股份可能导致公司资产减少或损及公司股本，此时，资本维持原则是否会阻碍评估权的实现？

1. 公司回购与资本维持原则

资本维持是一个相当含混不清的术语，其真实含义究竟为何可能存在争议，本专题不另行赘述。为便于讨论，本专题以欧洲国家常见的理解方式定义资本维持，即资本维持原则是对阻却公司向股东支付经济利益的公司法规范群的统称，其核心思路是在形式上区分利润分配、公司回购股权、减少资本、抽逃出资②等行为，利润分配和抽逃出资的约束标准是公司向股东支付经济利益后净资产价值不得低于资产负债表显示的股本与不可分配储备金（公积金）价值之和，减资则适用特殊的债权人保护程序，包括通知公告和债权人主张清偿或担保，回购亦存在专门的约束规范。③在前述界定下，**资本维持的核心功能是制约公司向股**

① See Ronald J.Gilson, *Controlling Shareholders and Corporate Governance: Complicating the Comparative Taxonomy*, 119 Harvard Law Review 1641 (2006).

② 更精准的描述是“非法返还股本”或“非法返还出资财产形成的资本”，不过这一概念仍然具有抽象性。参见[英]艾利斯·费伦：《公司金融法律原理》，罗培新译，北京大学出版社 2012 年版，第 188~190 页。

③ 参见[英]艾利斯·费伦：《公司金融法律原理》，罗培新译，北京大学出版社 2012 年版，第 185~186 页；王军：《公司资本制度》，北京大学出版社 2022 年版，第 295 页。

东支付经济利益的行为，以保护债权人利益，尽量维持股东与债权人达成合意的承担经营风险的具体方案，简言之，股东承担剩余风险，债权人承担固定风险。

就本专题提出的问题，至少存在两种解释路径，如下所示。

解释路径一：评估权规则构成资本维持原则的例外，即使本公司回购股权时导致资产减少，甚至侵蚀了股本和不可分配公积金，也不违反法律规则。绝大部分裁判案例持这类观点。[①] 法院的通常解释方式为，法律一般性禁止公司回购本公司股权或股份，但在评估权和股份有限公司回购本公司股份规则下设置了例外，在满足法定条件时，公司回购自身之股权不必然损害债权人利益，不构成抽逃出资，不违反资本维持原则。甚至，在天长市中天实业有限责任公司与章某萍股东资格确认纠纷案中，实际上并不存在评估权，但公司章程规定了回购事由，公司以法定公积金收购股东股权，法院亦认为不违反资本维持原则。[②]

类似规则也可在德国法律中找到。《德国变更法》第 29 条第 1 款表明，收购实体回购被收购实体异议股东持有的股权时，“股份公司法第 71 条第 4 款第 2 句、有限责任公司法第 33 条第 2 款第 3 句、第 2 句半不适用”。[③] 该法排除适用的《德国股份法》第 71 条、《德国有限责任公司法》第 33 条即为资本维持原则下法律对公司回购本公司股权或股份的限制，[④]“公司收购自己的股份或股权时，除非提取了相当于购买价格的公积金，并且不会减少资本或依据法律和章程规定应提取和不得向股东支付的公积金，否则，公司与股东之间的债权行为无效”。[⑤]

---

① 参见杨某禄、禄丰森龙有限责任公司股权转让纠纷案，云南省高级人民法院（2020）云民终 472 号民事判决书；上海科明制冷设备安装有限公司与潘某生请求公司收购股份纠纷案，上海市高级人民法院（2020）沪民申 1022 号民事裁定书；上海前航投资有限公司与孙某顿请求公司收购股份纠纷案，上海市第二中级人民法院（2021）沪 02 民终 2456 号民事判决书；天长市中天实业有限责任公司与章某萍股东资格确认纠纷案，福建省高级人民法院（2018）皖民再 88 号民事判决书。

② 参见安徽省高级人民法院民事判决书，（2018）皖民再 88 号。

③ 《德国企业变更法》第 29 条，德国司法部提供了官方英译本，详见 https://www.gesetze-im-internet.de/englisch_umwg/englisch_umwg.html#p0153。

④ 参见［德］托马斯·莱赛尔、［德］吕迪格·法伊尔：《德国资合公司法（下）》（第 6 版），高旭军等译，上海人民出版社 2019 年版，第 752 页。

⑤ 《德国股份法》第 71 条，德国司法部提供了官方英译本，详见 https://www.gesetze-im-internet.de/englisch_aktg/englisch_aktg.html#p0373；

《德国有限责任公司法》第 33 条，德国司法部提供了官方英译本，详见 https://www.gesetze-im-internet.de/englisch_gmbhg/englisch_gmbhg.html#p0182。

解释路径二：评估权与资本维持原则相互独立，鉴于此，触发评估权后，公司在回购股权时仍然受资本维持原则限制。相关判例之所以持类似观点，是因为《公司注册资本登记管理规定（2014）》[①] 第 12 条曾明确规定公司收购股东股权应当申请办理减资的登记，[②] 法院据此认为，“无论采取何种方式回购均应适用《公司法》[③] 第一百七十七条、第一百七十九条的减资程序”。[④] 此类判例数量较少，且前述要求减资的观点也不必然等同于“公司回购后不得使公司剩余净资产价值低于股本和不可分配公积金价值之和”。

笔者认为，公司实乃一种默认的交易合同，在公司这种交易模板下，股东享受了有限责任待遇，即股东只负担向公司给付其承诺提供的财产的义务，嗣后，只能以公司名下的资产清偿以公司名义承担的债务，而股东为享受有限责任待遇承担了相应代价，即由其承担公司经营的剩余风险，因此，只要涉及财产或任何形式的经济利益从公司流向股东，股东只能就公司资产清偿公司债务后的剩余部分进行分配。综上所述，公司依据评估权条款回购异议股东和受压迫股东的股权，在支付财产对价时，仍应受旨在保护债权人的资本维持原则约束，只有在支付现金等财产不会损害公司偿债能力的条件下，评估权条款项下的回购对价支付义务才可以履行。

2. 回购股权的处置

旧法并未明确规定如何处置回购后的股权，对此，一种常见的漏洞弥补方式为类推适用旧法中股份有限公司回购本公司股份的规则，从而，回购的股权应当在 6 个月内转让或者注销。[⑤] 新《公司法》采纳了前述解释论构造，填补了旧法漏洞。

实际上，股权处置与前述财源限制问题休戚相关。

首先，核心问题为，如果公司剩余净资产已不足股本和不可分配公积金之

---

① 该规定在 2022 年 3 月 1 日已失效，后续《市场主体登记管理条例实施细则》并未继承这条规则。

② 《公司注册资本登记管理规定（2014）》第 12 条规定：“有限责任公司依据《公司法》第七十四条的规定收购其股东的股权的，应当依法申请减少注册资本的变更登记。”

③ 此处适用的是 2018 年《公司法》。

④ 参见崔某鹤、临汾市吉照汽车销售服务有限公司损害公司利益责任纠纷案，山西省高级人民法院（2022）晋民申 1894 号民事裁定书。

⑤ 参见李建伟：《公司法学》（第 5 版），中国人民大学出版社 2022 年版，第 268 页。

和，或者公司基于评估权向异议股东支付财产对价后剩余净资产将低于股本和不可分配公积金之和，此时，该部分股权应当如何处置？本专题在前文中已提出，资本维持原则应继续制约公司向股东支付财产的行为。

其次，进一步的问题是，如果公司因资本维持原则在法律上不能履行支付回购价款的义务，该股东的股权应如何处置、该异议股东是否还有行权资格、异议股东能否反悔？

笔者认为，其一，股东是公司剩余风险的承担者，其只能在公司资产清偿公司所有债务后就剩余资产获得分配，在未获得债权人同意的情况下或公司未完成减资的情形下，评估权规则亦不能突破这一风险分配框架；其二，该异议股东请求公司回购股权后，即失去了股东资格，成为公司债权人，不能再主张股东权利，他/她只能与重大变更事项之后与公司产生债权债务关系的公司债权人一同就公司资产获得公平清偿；其三，行使评估权的股东应当意识到资本维持原则对公司向股东支付财产的约束，其应承担权利行使后的风险，不能因为嗣后公司剩余净资产不足股本和不可分配公积金之和或者不再具备偿付能力减资失败而要求反悔。

最后，值得一提的是，由于公司基于股东身份而向股东支付经济利益的行为受资本维持原则严格约束，因此，试图以“公司回购股东股权”的评估权来救济受压迫股东，而不是要求滥用权利的“控股股东”为其行为买单，终究具有局限性。笔者认为，为了缓和上述问题，可以考虑另辟行权路径：当存在多数股东滥用权利不公平欺压其他股东的事实时，作为压迫者的多数股东是最终责任人，其应当在“公司应当支付的回购价款义务范围内”对公司承担赔偿责任，从而，当公司受资本维持原则约束而在法律上履行不能时，至少应允许异议股东主张代位权，要求多数股东向自己履行债务。

四、小结

我国《公司法》中的评估权条款实质承载着两项功能：保护异议股东投资预期和反股东压迫。新《公司法》进一步强化了有限责任公司评估权条款的第二项功能，但法条并未澄清评估权规则与资本维持原则之间的关系，存在解释论分歧。在此背景下，**试图以公司收购股权或股份的方式实现对受压迫股东的救济**

注定具有局限性，必然不能忽视债权人利益保护与中小股东利益保护两项规范目的之间的冲突。当未来司法适用中这种局限性凸显之时，法官或许还须借助含义保持开放的《民法典》第 132 条以及新《公司法》第 21 条构造法律效果更多元的救济措施。

专题十六

姐妹公司连带责任：横向人格否认六大难题详解

公司法历史上，自美国新泽西州率先允许公司成为控股股东起，公司之间的控制关系就产生了，进而带来公司人格的非独立，[①]公司决策可能偏离自身利益最大化目标，有限责任成了不当保护控制者的工具。为避免滥用有限责任，有必要在个案特殊情形下否认公司人格。

公司人格否认包括纵向与横向，纵向又细分为顺向（直接债务人与其股东承担连带责任）与逆向（直接债务人与其所控制公司承担连带责任）。本专题讨论的是**横向人格否认，是指股东或者实际控制人利用其控制的两个以上公司（同受控制的公司即"姐妹公司"），滥用公司法人独立地位和股东有限责任，逃避债务，严重损害公司债权人利益时，各公司应当对任一公司的债务承担连带责任。**原《公司法》缺乏对横向人格否认的明确规定，司法实践中只能依托类推适用、基本原则、指导案例等作出裁判。新《公司法》终于在第 23 条第 2 款新增横向法人人格否认规则，下文将基于该规定展开解读。

一、公司横向人格否认的立法演变

原《公司法》只规定了纵向人格否认规则，并未规定横向人格否认规则。2005 年《公司法》引入纵向人格否认规则，即公司股东滥用法人独立人格和有限责任，逃避债务，严重损害债权人利益的，应当对公司债务承担连带责任。该规则主要指向母子公司之间的人格否认，责任主体仅含债务人的母公司，不含债务人的姐妹公司。这一规定沿用至 2018 年《公司法》。

---

① 参见邓峰：《普通公司法》，中国人民大学出版社 2009 年版，第 146 页。

商业实践中，横向人格否认有其现实需求，最高人民法院在多个公报案例、指导案例中否认横向关联公司的独立人格，要求各公司承担连带责任。2008年，最高人民法院在公报案例中国信达资产管理公司成都办事处与四川泰来装饰工程有限公司、四川泰来房屋开发有限公司、四川泰来娱乐有限责任公司借款担保合同纠纷案[①]中，以横向关联公司的实际控制人随意处置、混淆各个公司的财产及债权债务关系，造成各个公司的人员、财产等无法区分为由，认为该行为违背法人制度设立的宗旨，违反诚实信用和公平原则，损害了债权人利益，判决各横向关联公司为债务人承担连带清偿责任。2013年，最高人民法院在指导案例15号中，参照2005年《公司法》第20条第3款的规定进行横向人格否认。裁判要点有二：第一，横向关联公司的人员、业务、财务等方面交叉或混同，导致各自财产无法区分，丧失独立人格的，构成人格混同。第二，横向关联公司人格混同，严重损害债权人利益的，相互之间对外部债务承担连带责任。[②]最高人民法院认为，横向关联公司人格混同的原因多是股东滥用法人独立地位和股东有限责任，否认其各自独立人格并将其视为一体，使其向债权人承担连带责任，实质就是将滥用关联公司人格的股东责任延伸至完全由其控制的关联公司上，以此救济利益受损的债权人。[③]

2019年，《九民纪要》首次正式提出横向人格否认规则。虽然最高人民法院有意以公报案例、指导案例的形式确立横向人格否认规则，但个案的特殊性决定了其裁判规则往往难以推衍适用至某类案件。鉴于此，最高人民法院在《九民纪要》第11条第2款中首次明确提出横向人格否认规则，将个案横向人格否认裁判观点抽象成具有参考意义的一般性规则，为横向人格否认规则正式入法做足准备。

新《公司法》明确规定横向人格否认规则。新《公司法》第23条基本采纳2019年《九民纪要》横向人格否认规则，规定股东利用其控制的两个以上公司滥

① 参见中国信达资产管理公司成都办事处与四川泰来装饰工程有限公司、四川泰来房屋开发有限公司、四川泰来娱乐有限责任公司借款担保合同纠纷案，载《最高人民法院公报》2008年第10期。

② 参见徐工集团工程机械股份有限公司诉成都川交工贸有限责任公司等买卖合同纠纷案，最高人民法院指导案例15号（2013年）。

③ 参见刘净：《指导案例15号〈徐工集团工程机械股份有限公司诉成都川交工贸有限责任公司等买卖合同纠纷案〉的理解与参照》，载《人民司法》2013年第15期。

用公司法人独立地位和股东有限责任，逃避债务，严重损害公司债权人利益的，各公司应当对任一公司的债务承担连带责任。

我国公司横向人格否认的立法演进和规范演变，分别参见图 4-5、表 4-4。

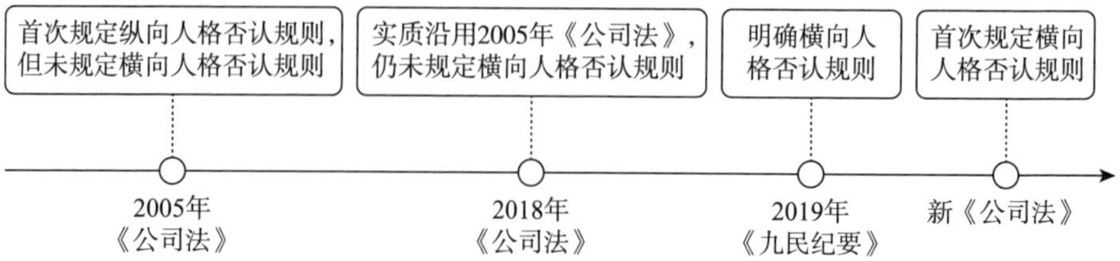

图 4-5　公司横向人格否认的立法演进

表 4-4　公司横向人格否认的规范演变

法律规定	条文内容
2018 年《公司法》	**第 20 条第 3 款**　公司股东滥用公司法人独立地位和股东有限责任，逃避债务，严重损害公司债权人利益的，应当对公司债务承担连带责任。
《九民纪要》	**第 11 条第 2 款**　控制股东或实际控制人控制多个子公司或者关联公司，滥用控制权使多个子公司或者关联公司财产边界不清、财务混同，利益相互输送，丧失人格独立性，沦为控制股东逃避债务、非法经营，甚至违法犯罪工具的，可以综合案件事实，否认子公司或者关联公司法人人格，判令承担连带责任。
新《公司法》	**第 23 条第 1 款、第 2 款**　公司股东滥用公司法人独立地位和股东有限责任，逃避债务，严重损害公司债权人利益的，应当对公司债务承担连带责任。 股东利用其控制的两个以上公司实施前款规定行为的，各公司应当对任一公司的债务承担连带责任。

二、公司横向人格否认的理论阐释

关联公司的多元发展兼具利弊，横向人格否认规则能够有效应对关联公司的弊端。一方面，关联促进了社会进步。美国 19 世纪末以来的四次并购浪潮中，关联方式经历了从合同型、股权控制型、资本型到证券型的多元发展，[①] 多个公司同受控制使得内部权力集中，达到提高信任程度、促进专业分工、扩大交易规模、优化资源配置的效果。另一方面，与关联的发展相伴而生的是有限责任滥

① 参见邓峰：《普通公司法》，中国人民大学出版社 2009 年版，第 146~148 页。

用形式的增加。有限责任常被描述为一个将企业失败的风险从股东转移到债权人的原则。[①] 但在有限责任被滥用时，则不应再让债权人承担该风险。集团化公司中，同受控制的各公司独立性有所减弱，可能偏离公司自身利益最大化目标，决策自主性受不当影响则可能影响以公司利益为基础的独立人格，[②] 亦会损害债权人利益。鉴于此，横向人格否认即有必要。

横向人格否认的主要理论基础为美国法上的企业整体理论和三角刺破理论。企业整体理论，是指如果各关联公司之间的关系足够紧密，即便法律上是数个主体，也应当否认对该经济事实上的单一实体的人为分割，将之视为一个商业体，各部分为彼此债务承担连带责任。[③] 三角刺破理论，是指责任沿着三角路径传递，先由受控企业向控制主体传递，再由该控制主体向其他受控企业传递。[④] 实际上是一次顺向否认与一次逆向否认的结合。两个理论的区别在于，股东是否优先于直接债务人之外的横向关联公司承担责任，三角刺破理论认为股东优先承担责任，企业整体理论则未设置责任承担顺序。

日本法上，对于姐妹公司适用法人人格否认法理（法人格被滥用和法人格形骸化）多持肯定态度。[⑤] 判断姐妹公司人格是否形骸化时，主要参考标准为以下三点：第一，妹公司资产是否过少；第二，姐公司有无对妹公司的高管输送并形成对其经营的直接介入；第三，资产及业务有无混同。[⑥] 德国法上，"直索理论" 主要关注股东责任，[⑦] 对横向人格否认的参考价值有限。

三、公司横向人格否认的实务解析

公司人格否认本质上属于对侵权行为的规制，应按侵权责任的构成要件分

---

① 参见［加］布莱恩·R. 柴芬斯：《公司法：理论、结构和运作》，林华伟、魏旻译，法律出版社 2001 年版，第 533 页。

② 参见石一峰：《关联公司人格否认动态判断体系的构建》，载《环球法律评论》2022 年第 3 期。

③ See Adolf A.Berle, Jr., *The Theory of Enterprise Entity*, 47 Columbia Law Review 343 (1947).

④ See Matthew D.Caudill, *Piercing the Corporate Veil of a New York Not-For-Profit Corporation*, 8 Fordham Journal of Corporate & Financial Law 449 (2003).

⑤ 井上和彦「法人格否認の法理の現状と将来」高岡法学 6 巻 1 号（1994 年）47 頁以下。

⑥ 井上和彦「法人格否認の法理の現状と将来」高岡法学 6 巻 1 号（1994 年）47 頁以下。

⑦ 参见［德］托马斯·莱塞尔、［德］吕迪格·法伊尔：《德国资合公司法》，高旭军等译，法律出版社 2005 年版，第 399 页。

析。[1] 在横向人格否认的侵权四要件中，通常仅凭行为要件和结果要件下的要件事实，即可同时判断是否满足过错要件和因果关系要件。但为尽可能全面回应实务需求，下文还会对主体要件、法律责任、如何证明、同受控制的合伙企业责任进行探讨。

（一）主体要件：横向人格否认的适用范围

主体要件关注的是横向人格否认诉讼中的原告、被告是谁。原告是公司债权人自不必说，被告应当是“同一股东控制的两个以上公司”。于是产生两个问题：第一，同受谁的控制？第二，什么是控制？第二个问题留待“行为要件”分析。

笔者认为，除了新《公司法》明确规定的显名股东外，隐名股东和实际控制人也应属于控制主体。 理由在于：第一，横向人格否认制度的目的在于防止对公司人格独立和有限责任的滥用，可通过对“控制”作目的解释，将隐名股东和实际控制人纳入控制主体范围。第二，将隐名股东和实际控制人纳入控制主体范围，有利于优先保护债权人利益，亦不会对其他股东造成难以预见的不利。这是因为无论显名股东有无独立意思，其毕竟已实施积极或消极滥用行为，其他股东是否知晓并认可显名股东与控制主体之间的关系，无关债权人利益保护。第三，参考最高人民法院指导案例 15 号等 [2] 最高人民法院裁判案例、《九民纪要》第 11 条第 2 款，控制主体包括实际控制人具备合理性。

另需注意的是，**当债务人（妹公司）的实际控制人系姐公司，债权人请求姐公司因其滥用行为承担连带责任时，则落入纵向人格否认的适用范围。** 实践中，有法院将妹公司在经营权、人事权、财产权、决策权方面均无独立意思，受姐公司控制，作为横向人格否认的理由之一。[3] 但笔者认为，在实质上，这种情形应属于纵向人格否认中的“过度支配与控制”，不能仅因姐妹公司恰好有共同股东而简单从形式上认为此时属于横向人格否认。当然，如果姐公司并无独立意志，仅作为

---

① 参见最高人民法院民事审判第二庭编著：《〈全国法院民商事审判工作会议纪要〉理解与适用》，人民法院出版社 2019 年版，第 147 页。

② 类似案例还可参见江西安发达酒业有限公司、中国农业银行股份有限公司福州鼓楼支行股东损害公司债权人利益责任纠纷案，最高人民法院（2019）最高法民终 20 号民事判决书。

③ 参见张波：《关联公司横向人格否认规则的适用》，载微信公众号“山东审判”2022 年 6 月 27 日 https://mp.weixin.qq.com/s/7yCfo6YukxKQ0YvbzGjXvA。除该理由外，法院还分析了姐妹公司同受控制、人格混同以及严重损害债权人利益，其他要件符合横向人格否认的构造。

向妹公司传达指令的工具，则仍属于横向人格否认的适用范围。

（二）行为要件：控制和滥用的判断

行为要件包括控制行为和滥用行为，缺一不可。根据新《公司法》第 23 条第 2 款的规定，控制主体需对横向关联公司有控制行为，且需利用这些公司实施滥用公司法人独立地位和股东有限责任的行为，即只有同时存在控制行为和滥用行为时，才可能进行横向人格否认。

根据控制行为的程度高低以及滥用行为的具体情形，横向人格否认分为两种行为模式。结合既有裁判和《九民纪要》的观点，滥用行为主要分为人格混同、过度支配与控制、资本显著不足三类情形，满足其一即可构成纵向人格否认。**但笔者认为，在横向人格否认中，第一，若控制行为的程度超出合理范围，实际上满足了过度支配与控制这类滥用行为的标准，则各横向关联公司因丧失决策独立性而应互相承担连带责任。第二，若控制行为的程度仍在正常商业经营的合理范围内，则须考察各横向关联公司是否因滥用行为而形成人格混同，若形成则互相承担连带责任，反之则不。**此外，资本显著不足主要关注债务人与其股东而非关联公司的关系，故与横向人格否认制度不适配，司法中亦鲜见以此横向否认人格的案例。同时，新《公司法》规定的“逃避债务”虽实质上以控制行为和滥用行为为判断基础，但这并不属于行为要件，而属于过错要件。

横向人格否认的两类行为模式如图 4-6 所示。

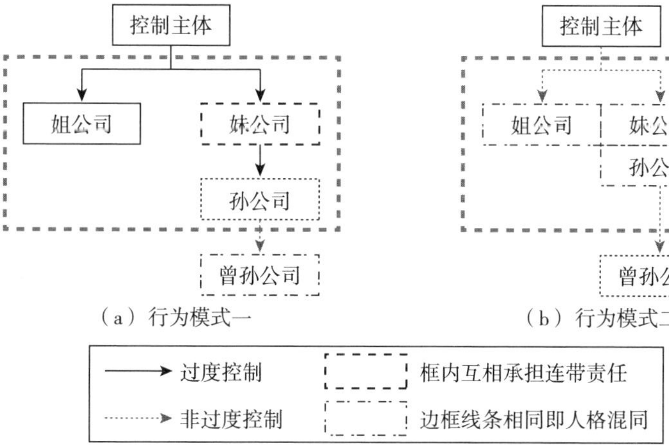

图 4-6　横向人格否认的两类行为模式

1. 行为模式一：过度支配与控制

过度支配与控制的核心在于丧失独立意志和利益。根据《九民纪要》的观点，过度支配与控制，是指操纵公司的决策过程，使公司完全丧失独立性，沦为控制主体的工具或躯壳。根据三角刺破理论，责任系从债务人流向控制主体，再流向其他受控主体。也就是说，控制主体与受控主体应对彼此的债务承担连带责任（对应顺向与逆向人格否认），据此逻辑，此时的横向人格否认不过是纵向人格否认的多次运用。无论受控主体间有无人格混同，都不影响连带责任的承担。

问题在于，如何判断过度支配与控制。控制程度上，过度控制是指公司决策并非为自己利益，而是为了控制主体或其他主体的利益。如北京市第三中级人民法院认为，无偿转让客户资源即属于过度支配与控制。① 即面临特定公司机会时，存在人为划分，在盈利和成本承担上并不平等。② 由是观之，《九民纪要》第11条中的利益输送等情形均属于因控制而不再能基于自身独立利益作出理性决策的行为模式。**控制主体上，结合法律法规③和域外法经验④，主要包括以下四个方面：第一，系新《公司法》第265条规定的控股股东，或者可以通过与其他投资者的协议达到类似影响；第二，有权任免董事会多数成员，或者在董事会有半数以上投票权；第三，根据公司章程、协议、近亲属关系或类似关系有权控制公司的财务、经营政策和交易；第四，控股主体数量可以不止一个，共同控制也是控制。⑤**

---

① 参见北京斯普乐电线电缆有限公司诉德州锦城电装股份有限公司、第三人天津市日拓高科技有限公司股东损害公司债权人利益责任纠纷案，北京市第三中级人民法院（2019）京03民终2577号民事判决书。

② 参见邓峰：《普通公司法》，中国人民大学出版社2009年版，第175页。

③ 参见财政部《关于印发〈企业会计准则——关联方关系及其交易的披露〉的通知》（财会字〔1997〕21号）（已失效）、《企业所得税法实施条例》第109条、《税收征收管理法实施细则》第51条、《特别纳税调整实施办法（试行）》第9条、《上市公司信息披露管理办法》第62条第4项，以及各证券交易所股票上市规则。

④ 《英国1985年公司法》第736条和《英国2006年公司法》第1159条从表决权、董事会成员任免等角度对控股公司（holding company）和子公司（subsidiary）作出较为详细的界定。《英国1985年公司法》可参见 Companies Act 1985, Legislation, https://www.legislation.gov.uk/ukpga/1985/6/section/736/enacted；《英国2006年公司法》可参见 Companies Act 2006, Legislation, www.legislation.gov.uk/ukpga/2006/46/part/38/crossheading/meaning-of-subsidiary-and-related-expressions。

⑤ 《企业会计准则第36号——关联方披露》第3条第3款规定："共同控制，是指按照合同约定对某项经济活动所共有的控制，仅在与该项经济活动相关的重要财务和经营决策需要分享控制权的投资方一致同意时存在。"

控制方式上，间接控制也属于控制。如A控制B且B控制C时，则认定A控制C，即连续控制规则。[①]

2. 行为模式二：非过度控制+人格混同

行为模式二的核心在于人格混同，受控程度仅须达到关联公司对应标准即可。首先，受控公司须已形成人格混同。根据企业整体理论，受控公司已丧失"身份"，仅是企业集团的一个经济部门，此时不应继续承认其在法律形式上的拟制人格，而应根据经济事实要求其承担连带责任。[②]其次，受控程度无须达到"过度"标准，仅须达到关联公司对应标准即可。实践中对于需否将"关联公司"作为横向人格否认的要件存在争议，[③]有法院先判断是否关联公司，再判断行为、结果，[④]也有法院不把关联公司设置为必须要件。[⑤]笔者认为，若两家公司满足人格混同，且在对控制主体的认定上采用上文的实质标准，似乎较难出现非关联公司之间形成人格混同的情形，因此，"关联公司"是否为横向人格否认的要件，并无明显区别。不过，既然立法规定了"控制"，且控制主体对人格混同的公司确有一定程度控制，横向人格否认时仍须达到关联公司标准。最后，关联公司宜采用宽松标准，以免出现已形成人格混同的公司因不构成关联公司而无法适用人格否认的情况。最高人民法院在指导案例68号中的观点值得赞同，"公司法所称的关联公司，既包括公司股东的相互交叉，也包括公司共同由第三人直接或者间

---

① 根据财政部《关于印发〈企业会计准则——关联方关系及其交易的披露〉的通知》（财会字〔1997〕21号）（已失效）附件二《〈企业会计准则——关联方关系及其交易的披露〉指南》的规定，控制，指有权决定一个企业的财务和经营政策，并能据以从该企业的经营活动中获取利益。控制可以通过各种方式来实现。

② See Adolf A.Berle, Jr., *The Theory of Enterprise Entity*, 47 Columbia Law Review 343（1947）.

③ 认为无须以"关联公司"为要件的理由如下：（1）关联公司判断标准不明确；（2）可作为参照的"关联关系"所覆盖公司的范围较为宽泛；（3）仅因为非"关联公司"就事先排除横向人格否认的可能性，并不合理。

④ 参见惠州市新合源科技有限公司、惠州市九鸿科技有限公司等买卖合同纠纷案，广东省博罗县人民法院（2022）粤1322民初2661号民事判决书；贵州友尊经贸有限公司、钦州永盛锰业有限公司等买卖合同纠纷案，贵州省贵阳市中级人民法院（2021）黔01民终2512号民事判决书；广东晨宝复合材料有限公司与梁某、云浮西雅图石英石有限公司、广东绿业装饰材料有限公司买卖合同纠纷案，广东省佛山市三水区人民法院（2019）粤0607民初4474号民事判决书。

⑤ 参见淄博顺泽建筑劳务有限公司、淄博九疆市政工程有限公司等建设工程施工合同纠纷案，山东省淄博市中级人民法院（2022）鲁03民终1411号民事判决书；苏州裕达装饰工程有限公司、安徽辉煌农业生态环境开发有限责任公司等装饰装修合同纠纷案，安徽省歙县人民法院（2020）皖1021民初1383号民事判决书。

接控制，或者股东之间、公司的实际控制人之间存在直系血亲、姻亲、共同投资等可能导致利益转移的其他关系”。[①]

人格混同的判断有一定模糊性，财产、人员、业务是主要判断标准。一方面，人格混同不应有固定标准，而应在个案中综合判断。最高人民法院亦如是认为，“人格混同的表现形式多样，混同的手段也不断翻新，一旦确定某一表现形式构成人格混同的表征，则某些公司必然尽力规避这些表征，同时依然保有实质混同，使债权人的取证和法院认定判断是否构成人格混同的难度大大增加”。[②] 另一方面，总结主要判断要素，有助于构建判断更完整的光谱，便于确定混同程度。一般认为，财产、业务、人员是判断人格混同的主要标准。财产混同，是指财产归属不明、难以区分；人员混同，是指组织架构以及人员存在严重的交叉或重叠，“一套人马，多块牌子”；业务混同，是指关联公司所从事业务相同且经营过程中不分彼此，大量交易的实际主体无法辨认。

财产混同是人格混同的核心标准。一方面，实践中，有裁判认为仅凭人员、业务混同即可认定人格混同。[③] 有实证研究发现，公司集团人格否认中各种刺破理由经常同时适用，业务混同的影响强于财产混同和人员混同，并认为《九民纪要》对财产混同的规定过于注重形式（如对财务记载和账簿等的要求），但满足财务记载和账簿的要求并不难，未必表明没有混同问题；而现实中，公司集团成员之间通常存在密切的业务关系，故其认为更关注业务混同的做法值得肯定。[④] 另一方面，《九民纪要》第 10 条认为人格混同最主要的表现是公司的财产与股东的财产是否混同且无法区分。在兴化市亿超服饰有限公司与科倍企业发展（上海）有限公司等加工合同纠纷案中，上海市第二中级人民法院认为，“人格混同主要表现为财务混同，因此，即使可认定三家公司之间存在人员和业务的混同，亦不

① 参见上海欧宝生物科技有限公司诉辽宁特莱维置业发展有限公司企业借贷纠纷案，最高人民法院指导案例 68 号（2016 年）。

② 刘净：《指导案例 15 号〈徐工集团工程机械股份有限公司诉成都川交工贸有限责任公司等买卖合同纠纷案〉的理解与参照》，载《人民司法》2013 年第 15 期。

③ 参见中山市旺来实业有限公司与中山市美译光电科技有限公司、中山市美怿光电科技有限公司买卖合同纠纷案，广东省中山市第二人民法院（2015）中二法民二初字第 1167 号民事判决书。

④ 参见黄辉：《公司集团背景下的法人格否认：一个实证研究》，载《中外法学》2020 年第 2 期。

能认定其构成人格混同。”[①] 类似裁判认为，财产混同是最重要的标准，其余标准应作为补强标准。[②] 一份对关联公司人格否认的实证研究发现，仅有7.37%的案例丝毫不提财务/财产混同。[③] 笔者认为，人员、业务有所混同是正常商业现象，不能仅据此判断人格混同，而应当以财产混同为核心标准和必要条件，若无财产混同则无人格混同。

财产混同须以财务记载不清、无法区分账目为前提。《九民纪要》第10条将没有财务记载作为财产混同的前提。最高人民法院在深圳市创梦天地科技有限公司、北京大道天相科技有限公司等著作权许可使用合同纠纷案中亦认为，“在有财务记载的情况下，则证明股东与公司之间的法律关系是借贷或者借用，股东与公司是两个独立的民事责任主体。即，如果公司作了财务记载，一般不构成人格混同。反之，股东无偿使用公司资金、财产，不作财务记载，可以证明公司人格不独立，已成为股东的工具、另一个自我。这时，应否定公司的人格。”[④]

财务公司是关联公司间存在较频繁资金往来的典例，其会否当然导致公司集团内公司间的横向人格否认？为加强企业集团资金集中管理和提高企业集团资金使用效率，一些企业集团选择成立财务公司，作为集团司库，负责吸收成员单位存款、办理成员单位贷款、票据贴现、资金结算与收付以及提供成员单位委托贷款等业务。从审判实务来看，目前鲜见因财务公司的存在造成关联公司人格否认的案例。笔者认为，财务公司的存在并不意味着各关联公司当然的财产混同，仍应以财务账目清晰与否为准。尽管财务公司在经营过程中不可避免地会接受来自集团较强的行政干预，一定程度上缺乏自主经营权和相对独立性，但不支持当然认定财产混同的理由有二：第一，财务公司起到的积极作用应被肯定，当然性地否定人格带来的制度成本过高；第二，人格否认的出发点在于防止因公司人格混同损害债权人利益，若关联公司财产仍可在财务账目上区分清楚，则实际未对债权人造成损害，自不应否认人格。当然，若财务公司管理不符合

---

① 上海市第二中级人民法院民事判决书，(2020)沪02民终6157号。

② 参见中铁二十一局集团第四工程有限公司与成都润庆置业有限公司、成都润鼎置业有限公司合同纠纷案，四川省崇州市人民法院(2020)川0184民初1号民事判决书。

③ 参见石一峰：《关联公司人格否认动态判断体系的构建》，载《环球法律评论》2022年第3期。

④ 最高人民法院民事判决书，(2021)最高法知民终380号。

《企业集团财务公司管理办法（2022）》等规定，借财务公司之名，将之作为转移财产的工具，致使各关联公司财产混同，则应进行横向人格否认。故债权人可着重关注债务人与财务公司之间的财务往来是否符合一般业务表征、有无不当流向其他关联公司而无财务记载等情形。

综上所述，笔者总结了人格混同的判断原则、具体要素和常见证据。结合司法实践和相关制度中的标准①，判断人格混同的原则有二：第一，个案中综合其他补强要素判断财产是否混同。第二，判断财产混同须着重考虑财务记载是否清晰，以及往来金额的大小和频率。具体要素和常见证据如表4-5所示。

表4-5　人格混同具体要素和常见证据

判断标准	财产	业务	人员	宣传与联系方式
具体要素	账簿、账户混同，债务、财产登记混同，同一套财务系统，相互报销、不当冲账，代为对外收付款，代为发放工资、缴纳社保，无偿使用资金、财产，往来业务不结算款项，交易方对关联公司择一开票	经营范围重合、经营决策未履行必要程序、相互投资、交叉持股，使用同一商标或专利、使用同一办公场所与机器设备、公司印章统一保管、主要客户相同	人事统一安排、重要岗位人员兼任、彼此存在亲属关系	广告标语相同、字号标识相同、电话传真相同、电子邮箱地址相同、网址相同
常见证据	裁判文书、财务会计报告、审计报告、账簿、原始凭证、记账凭证、银行账户流水单、发票、代还款协议、抵债协议、担保协议等	企业信用信息公示报告，交易协议，收发货单，上市公司公告，往来邮件，实际经营场所照片，商标、专业技术等权利及办公场所、机器设备的共用记录	劳动合同、社保缴纳记录，决议文件，工商内档	官方网站、名片
备注	以上证据并非只能用于证明一项标准，需根据其包含的具体信息确定			

3.“逃避债务”并非行为要件，其意义有限

新《公司法》规定的“逃避债务”属于过错要件。“逃避债务”应指故意而非

① 例如，破产法上的破产实质合并制度。第一，最高人民法院《全国法院破产审判工作会议纪要》和最高人民法院指导案例163号、165号明确了破产实质合并的适用标准。第二，破产实质合并的裁定不能作为相关企业必然人格混同的证据。理由为：(1)破产实质合并的适用标准不只有人格混同，还有债权人利益保护；(2)相关企业被裁定破产实质合并后，债权人即已有权请求关联公司承担连带责任，无须再主张适用横向人格否认制度。第三，单就财产混同这一标准，破产实质合并与横向人格否认之间并无差别，其判断标准可供参考。

过失，[1]实践中，在满足其他要件的情况下即可完成对该要件的证明，无须债权人对此另行举证。

判断“逃避债务”须以控制行为和滥用行为为基础，故其作为独立要件的意义有限。关于被告如何证明自己并非故意逃避债务的问题，江苏省高级人民法院在上海高金股权投资合伙企业等与江苏省有色金属华东地质勘查局增资协议纠纷案中，以混同表象“系基于标的公司特殊的政策改制背景而产生，与股东以转移资产、逃避债务为目的而产生的混同表象存在本质差别”[2]为由，认为不构成人格混同。还有法院以仅为商业风险[3]、转移资产目的是贷款而非逃债[4]、资产转让有相应对价[5]为由，认为不满足逃避债务的故意要件。笔者认为，这不过是说理部分在形式上对逃避债务有所侧重，本质仍是对滥用行为的判断，逃避债务并无明显独立意义。

债权人明知债务人人格并不独立，仍与其交易的，并不排除横向人格否认的适用。有观点认为，如果债权人明知公司人格不独立，则不应否认法人人格。例如，上海市高级人民法院民事审判第二庭发布的《关于审理公司法人人格否认案件的若干意见》第12条规定，“对下列情形，人民法院不宜适用法人人格否认原则：(一)(债权人明知)公司债权人明知股东实施了滥用公司法人独立地位和股东有限责任行为，但仍与公司进行交易的……”美国法上，债权人缺乏应有的注意和小心时，即便公司存在不公正的自我交易，亦会因债权人的过错而不刺破公司面纱。[6]笔者认为，债权人恰恰是了解到债务人人格并不独立，基于对公司集团整体资产的信赖而与其交易，合理期待可通过人格否认制度获偿。若在其他要件均满足的情况下，仅因债权人交易时已知晓债务人人格非独立的事实而驳回

---

① 参见最高人民法院民事审判第二庭编著：《〈全国法院民商事审判工作会议纪要〉理解与适用》，人民法院出版社2019年版，第146页。

② 江苏省高级人民法院民事判决书，(2014)苏商终字第00406号。

③ 参见湖南世雄房地产集团有限公司与吴某、易某军等人建设工程施工合同纠纷案，湖南省怀化市中级人民法院(2016)湘12民终315号民事判决书。

④ 参见武汉广厦房地产开发有限公司阳新分公司民间借贷纠纷案，江西省九江市中级人民法院(2016)赣04民终1248号民事判决书。

⑤ 参见四川资中西南水泥有限公司等诉王某民间借贷纠纷案，四川省高级人民法院(2017)川民再120号民事判决书。

⑥ 参见邓峰：《普通公司法》，中国人民大学出版社2009年版，第208页。

诉请，而承担债务人公司失败的风险，则可能会助长控制主体的滥用行为，亦违背企业整体理论。

（三）结果要件：严重损害债权人利益

新《公司法》第23条将结果要件规定为“严重损害公司债权人利益”，相关争议有二：第一，是否需要结果要件？第二，如何认定“严重损害”？

否认法人人格应当符合“严重损害公司债权人利益”这一结果要件。反对保留结果要件的理由为，该要件缺乏客观判断标准，债权人难以对“严重损害”进行举证。而支持保留该要件的理由为，“无损害则无救济”。① 多地高级人民法院的意见亦认为需设置结果要件。② **司法实践中，个别既有裁判对“严重损害公司债权人利益”这一结果要件说理严重不足。**以最高人民法院指导案例15号为例，该裁判观点仅着重认定人格混同，对损害债权人利益要件说理不足，似乎认为人格混同即可推定满足损害结果要件。笔者认为，根据新《公司法》第23条第1款、第2款的规定，无论是纵向还是横向否认法人人格，都需要满足“严重损害公司债权人利益”这一要件。

若债权人可证明存在滥用行为，则推定满足结果要件，无须证明债务人无偿债能力。关于结果要件的证明，实践中主要有两种标准：（1）若债权人可证明存在滥用行为，即可推定满足该要件；（2）除了证明滥用行为外，债权人还需进一步证明债务人无偿债能力。第二种标准更为严格，对人格否认采取慎重态度。如上海市高级人民法院民事审判第二庭《关于审理公司法人人格否认案件的若干意见》第12条规定，债务人对于到期债务有清偿可能的（不能清偿状态不具有持续性），应限制人格否认制度的适用；但对具体宽限期限未有规定。《九民纪要》规定，损害债权人利益是指公司财产不足以清偿公司债权人的债权。裁判中对于偿债能力的判断标准较为混乱，包括经法院强制执行仍无法清偿③ 或偿债能力

① 参见王某平、重庆永诺建材有限公司等与公司有关的纠纷案，重庆市第五中级人民法院（2021）渝05民终6106号民事判决书；中铁二十一局集团第四工程有限公司与成都润庆置业有限公司、成都润鼎置业有限公司合同纠纷案，四川省崇州市人民法院（2020）川0184民初1号民事判决书。

② 参见重庆市高级人民法院《关于审理股东滥用公司法人独立地位和股东有限责任赔偿纠纷案件的指导意见》第1条第1款、上海市高级人民法院民事审判第二庭《关于审理公司法人人格否认案件的若干意见》第5条。

③ 包括终结执行和终结本次执行。

大幅下降[①]；长期无法正常经营或经营困难、停产停业甚至已注销；不能清偿的债务数额较小；债权没有足额担保[②]等。相比之下，笔者更认同第一种标准。理由在于，在我国不少公司的所有权和经营权并无明显分离的背景下，更应保护债权人利益，为节省债权人行权成本、提高债务人和关联方偿债效率，无须采取严格的损害结果要件，仅需债务人不能清偿到期债务即可认为严重侵害债权人利益。正如广东省高级人民法院法官认为的，只要股东存在违反公司财务制度或其他滥用公司法人人格的行为，导致公司未能向其债权人及时清偿到期债务的，都可视为造成"严重损害"。[③]主流裁判中采用严格标准的亦属少数，大部分裁判要么直接忽视结果要件，要么认为"滥用法人独立地位已严重损害债权人利益"[④]，对结果要件一笔带过，推定满足。

结果要件无须以其他方式无法救济为前提。肯定观点认为，为维护有限责任原则，只有其他制度无法救济债权人时，才能否认公司人格，且从结果要件本意出发，在债务人还享有对第三方债权时，仍具备偿债能力，不应否认人格，不属于严重侵害债权人利益。重庆市高级人民法院采取谦抑态度，在《关于审理股东滥用公司法人独立地位和股东有限责任赔偿纠纷案件的指导意见》(渝高法〔2009〕34号)第1条第2款中规定，"能够适用其他民事法律规定对债权人利益进行救济的，人民法院不应适用公司法第二十条第三款的规定"。贵州省高级人民法院在杨某等与重庆德杰企业管理咨询有限公司等合资、合作开发房地产合同纠纷案中亦认为，如果作为债务人的企业对外还有未获清偿的债权，债权

① 参见广州市奎业建材有限公司与中铁二十二局集团第四工程有限公司等建设工程施工合同纠纷案，最高人民法院(2017)最高法民中2458号民事裁定书；玉环朗格阀门有限公司、玉环中达阀门有限公司与公司有关的纠纷案，浙江省台州市中级人民法院(2019)浙10民终2149号民事判决书；江门市丰品五金电子有限公司与广州市花都区大顺五金铸造厂等买卖合同纠纷案，广东省广州市中级人民法院(2020)粤01民终19985号民事判决书；龙口市澳帆汽车配件有限公司、东营金凯汽车配件有限公司承揽合同纠纷案，山东省东营市中级人民法院(2021)鲁05民终272号民事判决书；谢某洪、江门市新会区锦华包装材料有限公司与梁某昌、王某开、王某敏、赖某奇、万某海、陈某买卖合同纠纷案，广东省江门市中级人民法院(2021)粤07民终271号民事判决书。

② 参见中国信达资产管理股份有限公司山东省分公司与山东兴鲁有色金属集团有限公司、东营兴鲁防腐工程有限公司与公司有关的纠纷案，山东省东营市中级人民法院(2020)鲁05民初249号民事判决书。

③ 参见张磊:《认缴制下公司法人人格否认规则的司法适用新探》，载《法律适用(司法案例)》2018年第8期。

④ 参见冯某胜、济宁市博翊一统商贸有限公司等定作合同纠纷案，山东省济宁高新技术产业开发区人民法院(2022)鲁0891民初1107号民事判决书。

人可以通过行使代位权或撤销权使自己的债权受偿，没有必要适用法人人格否认。二审最高人民法院对其观点予以认可。① 最高人民法院民事审判第二庭编著的《〈全国法院民商事审判工作会议纪要〉理解与适用》采取的是模糊态度，认为“可以考虑优先”适用代位权和撤销权。② 但笔者认为，代位权、撤销权并不优先适用，理由在于：第一，代位权、撤销权制度隐含逻辑为债务人仍有偿债能力，不符合上文考量；第二，代位权、撤销权下，债权人可受偿数额可能不足以完全覆盖债权，且债务人的相对人可能还有其独立抗辩事由，优先适用并无实益；第三，代位权、撤销权的证明较为困难；第四，其与人格否认的制度逻辑不同，不宜限制债权人的选择权，彼此并行不悖，无法互相替代。③

（四）法律责任：主体、形态与范围

关于满足横向人格否认各构成要件后的法律责任问题，新《公司法》第 23 条仅笼统规定“各公司应当对任一公司的债务承担连带责任”，对于如何判断责任主体、形态与范围并无明确规定，有必要逐一分析。

1. 责任主体：受到过度支配 / 形成人格混同的公司，不当然地包括控制主体

如前所述，横向人格否认制度主要打击两类行为模式，各姐妹公司及其子公司、孙公司等受到直接或间接过度支配与控制的公司（行为模式一），以及形成人格混同的关联公司（行为模式二），均应当对彼此债务承担连带责任。问题在于，控制主体是否应承担连带责任？如需承担，依据是什么？

控制主体承担连带责任的依据系纵向人格否认制度，在横向人格否认场景下，控制主体的责任仍需从程序和实体视角单独判断。由于法律并未规定控制主体在横向人格否认时当然地承担连带责任，故判令其承担责任仍须满足以下两点：（1）债权人已明确对其提出诉请；（2）其满足新《公司法》第 23 条第 1 款的规定（在“过度支配与控制”行为模式中当然满足，在另一模式则未必满足）。由于横向人格否认场景下控制主体与债务人之间往往存在纵向滥用行为，债权人

① 参见贵州省高级人民法院民事判决书，（2017）黔民初 161 号；最高人民法院民事判决书，（2020）最高法民终 70 号。

② 参见最高人民法院民事审判第二庭编著：《〈全国法院民商事审判工作会议纪要〉理解与适用》，人民法院出版社 2019 年版，第 147 页。

③ 参见刘俊海：《现代公司法（上册）》（第 3 版），法律出版社 2015 年版，第 672 页。

可在设计诉讼策略时并行主张横向与纵向人格否认，将控制主体与关联公司一并列为被告，即便法院最后未支持由其承担连带责任，亦不失为一种从商誉、征信等方面施压的方式，利于在诉讼和谈判中占据主动。

纵向人格否认中，实际控制人亦应承担连带责任。新《公司法》第 23 条第 1 款仅规定股东为纵向人格否认责任主体，未规定实际控制人是否责任主体。实际控制人可能的担责路径有三：(1)债权人就实际控制人的滥用行为行使代位权、撤销权；(2)实际控制人在清算阶段的责任；(3)实际控制人对公司债权人的侵权责任。首先，如前所述，代位权、撤销权存在对应金额不足以覆盖债权等问题。其次，有法院认为债权人可依《公司法解释(二)》第 18~20 条关于清算阶段实际控制人侵害债权人利益的规定，要求实际控制人承担责任。[①] 但该路径仅限于清算阶段，不具备普适性。最后，以新《公司法》第 23 条或者《民法典》第 1165 条第 1 款为请求权基础，债权人可要求实际控制人承担侵权责任，[②] 以实现法律对不同控制主体的一致评价。适用新《公司法》第 23 条系基于目的性扩张或类推适用的方法，[③] 将实际控制人纳入该条中的“侵权人”，正如最高人民法院所述，2013 年《公司法》第 20 条“规制股东滥用公司法人格之立法目的自应涵盖公司实际控制人滥用公司法人格之情形”。[④] 适用《民法典》第 1165 条第 1 款则系基于侵害债权的一般规定。综上所述，侵权责任的路径更为合理，实务中债权人无须区分具体请求权基础的差异，可将相应规定一并列为法律依据。

2. 责任形态与范围：一般连带责任，全额而非部分

被否认人格的公司的责任形态应为一般连带责任，且应就债权全额范围连带。责任形态上，实践中，大部分法院直接判令关联公司承担连带责任，采用一

① 参见胡某清、福州超艺家俱有限公司买卖合同纠纷案，福建省漳州市中级人民法院(2018)闽 06 民终 1601 号民事判决书。

② 参见王艳丽、张枫波：《法人人格否认制度对公司实际控制人的适用与反思》，载《经济问题》2022 年第 6 期。

③ 参见虞政平、王朝辉、吴飞飞：《论公司人格否认规则对实际控制人的适用》，载《法律适用》2021 年第 2 期。

④ 参见杜某洪、杜某洪买卖合同纠纷再审申请案，最高人民法院(2019)最高法民申 6232 号民事裁定书。

般连带说，仅有极少数裁判采用补充连带说（横向关联公司仅就直接债务人无法清偿部分承担补充连带责任）[①]。《〈全国法院民商事审判工作会议纪要〉理解与适用》对纵向人格否认采用的是补充连带说。[②] 而上海市高级人民法院则持一般连带说。[③] 笔者认为，从保护债权人利益、提高偿债效率的倾向以及维持结果要件与法律效果的体系一致出发，被否认人格的公司责任形态应当为一般连带责任，执行程序中债权人可以依据生效判决同时对债务人及其被否认人格的公司申请执行。责任范围上，连带责任范围应包括债权人全额债权。有观点认为，责任范围应以被实际占用的金额为限，以减少对于有限责任和公司独立人格的冲击。笔者认为，不应限制债权人可追偿数额，理由如下：第一，前述两类行为模式都是对有限责任和公司独立人格的巨大破坏，被告不应继续享有保护。第二，若限制责任范围，则无法体现人格否认相对于代位权、撤销权的制度优势，不能发挥威慑作用。第三，实际占用金额常常难以确定，这在人格混同行为模式中尤为突出。

（五）其他问题

1. 债权人如何证明

人格混同证明难题的解决方式主要有三种：（1）举证责任倒置；（2）申请调查证据；（3）适用初步证据标准。具体分析如下：第一，举证责任倒置缺乏依据，违背《民法典》第 1165 条第 2 款关于过错推定须有法律明文规定的精神，最高人民法院亦认为不适用举证责任倒置。[④] 第二，申请调查证据有积极作用，但仍存在一定障碍。申请调查证据分为由律师依调查令调查和申请法院调查[⑤]。调查证据

① 参见王某武、宋某萍等追偿权纠纷再审案，最高人民法院（2021）最高法民再 180 号民事判决书。

② 参见最高人民法院民事审判第二庭编著：《〈全国法院民商事审判工作会议纪要〉理解与适用》，人民法院出版社 2019 年版，第 160 页。

③ 上海市高级人民法院民事审判第二庭《关于审理公司法人人格否认案件的若干意见》第 13 条规定："……股东以债权人先行起诉公司，其仅就公司不能清偿部分承担补充责任为由提出抗辩的，法院不予支持。"

④ 参见杜万华总主编、王松等卷主编：《最高人民法院司法观点集成（新编版）·民商事卷增补（2018）》（Ⅳ），中国民主法制出版社 2018 年版，第 1850 页。

⑤ 参见最高人民法院《关于适用〈中华人民共和国民事诉讼法〉的解释》第 94 条、第 95 条和最高人民法院《关于民事诉讼证据的若干规定》第 20 条的规定，当事人由于客观原因无法自行收集证据时，可以向法院申请调查搜集。

的障碍之一在于，律师无法依调查令直接向对方当事人调查，[①]在横向人格否认的适用空间非常有限；障碍之二在于，债权人作为公司集团外部人员，难以知晓不太常见的证据，无法说明关联性[②]。例如，有法院认为，“仅因推测其中可能存在与案件有关证据即申请法院调取大量资料以完成自身举证责任，不符合法律规定”。[③]鉴于此，从保护债权人利益、降低证明难度的角度，未来可考虑适当放宽对于申请调查证据时的关联性要求。

司法中，常以“初步证据标准＋申请法院调取证据”的方式降低债权人的证明难度。有学者认为，初步证据标准是在法律欲减轻一方证明责任时，除非对方当事人举出相反的证据，否则法官将据此认定欲证明的事实成立的证据。[④]最高人民法院认为，在债权人可提供初步证据证明股东滥用行为时，法院可根据公平原则和诚实信用原则，确定进一步证明是否存在滥用行为的举证责任由公司或股东承担。[⑤]地方法院相关判决亦认为，“谁主张、谁举证”的规则过于严苛，只要债权人提供初步的证据证明公司与实际控制人或股东存在公司法人人格否认的较大可能性，使法官产生合理的怀疑即可。[⑥]

笔者认为，将上述两种方式结合的做法值得赞同，并认为应从以下方面理解初步证据标准。第一，债权人仍需最先提出证据，并负有行为意义上的证明责任（对应学理上的“具体的主观证明责任”[⑦]），即在法官心证程度低于证明标准时，

---

① 参见湖北省高级人民法院、湖北省人民检察院、湖北省公安厅、湖北省司法厅《关于印发〈关于在民事审判程序和执行程序中实行律师调查令的若干规定（试行）〉的通知》（鄂高法〔2019〕156号），广东省高级人民法院、广东省司法厅《关于印发〈关于在民事诉讼中实行律师调查令的规定〉的通知》（粤高法〔2020〕34号），浙江省高级人民法院《关于规范律师调查令制度的办法》。

② 依据最高人民法院《关于民事诉讼证据的若干规定》第20条的规定，债权人应当说明“需要由人民法院调查收集证据的原因及其要证明的事实以及明确的线索”。

③ 参见吉林东丰农村商业银行股份有限公司与吉林市富薪木业有限责任公司、吉林市顺鑫木业有限责任公司、吉林市新经开木业有限责任公司、齐某华、吕某明、杨某、董某金融借款合同纠纷案，吉林省高级人民法院（2020）吉民终347号民事判决书。

④ 参见王娱瑷：《我国初步证据的类型化适用及其规则完善》，载《江西社会科学》2021年第7期。

⑤ 参见刘德权总主编、俞宏雷卷主编：《最高人民法院司法观点集成（新编版）·商事卷》（Ⅰ），中国法制出版社2017年版，第625页。

⑥ 参见张家界市湘粤教育科技有限公司、慈利县银澧学校等建设工程施工合同纠纷案，湖南省张家界市中级人民法院（2022）湘08民终503号民事判决书。

⑦ 学理上，证明责任分为行为意义上的证明责任和结果意义上的证明责任，又分别称为主观证明责任和客观证明责任。前者是动态的，后者是静态的（真伪不明时承担不利证明后果）。其中，主观证明责任又分为抽象的和具体的，前者是指最先提出证据的义务；后者是指法官心证低于／高于证明标准时，本证／反证方负有继续提出证据的义务。

债权人负有继续举证的义务。第二，初步证据标准降低了债权人对横向人格否认各要件的证明标准，债权人提出的证据达到该标准时，即已完成阶段性证明，由对方负有提出证据的义务，否则因法官心证已达到证明标准，待证事实得以证明。第三，结果意义上的证明责任仍由债权人承担，即待证事实真伪不明时，债权人仍应承担证明不能的不利后果。

初步证据的类型并不局限，只要能达到较大可能性的标准，使法官内心产生合理怀疑即可转移举证责任。例如，最高人民法院在国发节能环保发展集团有限公司、北京国发机关后勤服务有限公司股东损害公司债权人利益责任纠纷案中认为，债权人提供的自网络下载打印的招聘信息和各方在诉讼中提供的营业执照复印件可作为初步证据，以证明被告三家公司股东住所地、联系方式、高管人员、业务范围等存在混同情形。为查明股东是否存在财务混同，法院调取的银行账户明细反映三家公司之间存在多笔大额资金往来，但三家公司无法作出合理解释，且拒绝司法审计，此时可认定举证已达到高度可能性的证明标准，三家公司之间存在人格混同，应当承担连带责任。[①] 还有债权人提供了债务人及其股东的银行账户交易明细作为初步证据，法院要求债务人对资金往来的用途举证说明或作出合理解释，否则判令承担连带责任。[②]

2. 同受控制的合伙企业责任

若同受控制的主体除公司外还有合伙企业，可否进行横向“人格”否认？例如，同受控制的公司、合伙企业互相转移财产以逃避债务时，债权人可否一并请求承担连带责任？可能出现的情况有两类：(1) 直接债务人为合伙企业，关联方为公司；(2) 直接债务人为公司，关联方为合伙企业。对该问题，新《公司法》和《合伙企业法》均无规定。

追究横向关联方责任的进路有以下几种：第一，代位权和撤销权，但存在前述弊端（如追偿数额可能无法覆盖全部债权）。第二，先刺破到控制主体（合伙人补充连带责任或者公司纵向人格否认），再反向刺破到关联方（逆向“人格”否

---

① 参见国发节能环保发展集团有限公司、北京国发机关后勤服务有限公司股东损害公司债权人利益责任纠纷案，最高人民法院（2020）最高法民申 5116 号民事裁定书。

② 参见河南省伟祺园林有限公司、王某军合资、合作开发房地产合同纠纷案，最高人民法院（2020）最高法民申 1106 号民事裁定书。

认)。尽管实践中已有一些法院支持公司逆向人格否认，[①]但限于缺乏明确规定，裁判依据并不统一，且亦有反对裁判，存在不被支持的风险。第三，侵权法上的一般过错侵权(《民法典》第1165条第1款)。第四，参照适用新《公司法》第23条第2款。

笔者认为，从横向人格否认的制度目的和公司/合伙企业的组织形态区别来看，并无理由否定同受控制的公司与合伙企业间的横向“人格”否认。债权人或可考虑充分展现案件事实，说明横向“人格”否认的必要性，并参照新《公司法》的规定，结合诚信、公平原则等进行充分说理，借以形成有利裁判。

四、小结

新《公司法》为横向人格否认规则提供了明确法律依据，笔者背靠理论、着眼实践，剖析六大难题，以飨实务同行。从诉讼两造的视角出发，以下建议可供参考：

第一，债权人需注重证据的搜集和保留。人格混同是人格否认的核心判断标准，其证明存在难度，需综合各种证据影响法官心证。除保留既有证据外，债权人还可参考上文表格自行搜集证据，如对于关联公司间人格混同作出认定的他案判决，可通过裁判文书网、上市公司公告、新闻报道等途径检索。还可向法院申请调查搜集证据。

第二，横向关联公司及其控制主体需重视保留关于公司独立决策的证据。需关注决策权力分配是否符合公司自身利益，保留股东会、董事会决议和纪要等文件，并且能够对于公司之间转移交易机会等存在人格不独立嫌疑的现实背景提供合理解释和相关证据。

① 参见黄某铭、泰安祥和置业有限公司民间借贷纠纷案，山东省泰安市中级人民法院(2018)鲁09民终2529号民事判决书；连云港裕源房地产开发有限公司、杨某桂股权转让纠纷案，浙江省宁波市中级人民法院(2019)浙02民终3319号民事判决书；辽阳市宗骏商贸有限公司、辽宁东建工程集团有限公司案，辽宁省鞍山市中级人民法院(2018)辽03民终3920号民事判决书；南京銮通建筑安装工程有限公司等与南京市雨花台区豪顶吊顶材料销售中心等买卖合同纠纷案，江苏省南京市中级人民法院(2017)苏01民终346号民事判决书；山东中垦美晶米业有限公司、中信银行股份有限公司济宁分行金融借款合同纠纷案，山东省济宁市中级人民法院(2018)鲁08民终3234号民事判决书；深圳创维融资租赁有限公司与华信泰如国际新能源有限公司、天津国贸石化有限公司合同纠纷案，广东省深圳市中级人民法院(2018)粤03民初873号民事判决书。

第三，横向关联公司及其控制主体需重视人格独立常见证据。为避免被认定人格混同，需注重审计报告、账簿、资金账户等反映的财务独立性，单独管理印章、营业执照、经营场所等业务工具，尽量避免法定代表人、董监高人员兼任的情形。